모빌리티 시대
기술과 인간의 공진화

KB079657

이 저서는 2018년 대한민국 교육부와 한국연구재단의 지원을 받아 수행된 연구임 (NRF—2018S1A6A3A03043497)

김태희 이진경 최진석 김환석 주은우 김상호 박정아 신혜란 신지영 윤태양

모빌리티 시대 기술과 인간의 공진화

앨피

모빌리티인문학 Mobility Humanities

모빌리티인문학은 기차, 자동차, 비행기, 인터넷, 모바일 기기 등 모빌리티 테크놀로지의 발전에 따른 인간, 사물, 관계의 실재적·가상적 이동을 인간과 테크놀로지의 공-진화co-evolution라는 관점에서 사유하고, 모빌리티가 고도화됨에 따라 발생하는 현재와 미래의 문제들에 대한 해법을 인문학적 관점에서 제안함으로써 생명, 사유, 문화가 생동하는 인문-모빌리티 사회 형성에 기여하는 학문이다.

모빌리티는 기차, 자동차, 비행기, 인터넷, 모바일 기기 같은 모빌리티 테크놀로지에 기초한 사람, 사물, 정보의 이동과 이를 가능하게 하는 테크놀로지를 의미한다. 그리고 이에 수반하는 것으로서 공간(도시) 구성과 인구 배치의 변화, 노동과 자본의 변형, 권력 또는 통치성의 변용 등을 통칭하는 사회적 관계의 이동까지도 포함한다.

오늘날 모빌리티 테크놀로지는 인간, 사물, 관계의 이동에 시간적·공간적 제약을 거의 남겨두지 않을 정도로 발전해 왔다. 개별 국가와 지역을 연결하는 항공로와 무선 통신망의 구축은 사람, 물류, 데이터의 무제약적 이동 가능성을 증명하는 물질적 지표들이다. 특히 전 세계에 무료 인터넷을 보급하겠다는 구글Google의 프로젝트 룬Project Loon이 현실화되고 우주 유영과 화성 식민지 건설이 본격화될 경우 모빌리티는 지구라는 행성의 경계까지도 초월하게 될 것이다. 이 점에서 오늘날은 모빌리티 테크놀로지가 인간의 삶을 위한 단순한 조건이나 수단이 아닌 인간의 또 다른 본성이 된 시대, 즉 고-모빌리티high-mobilities 시대라고 말할 수 있다. 말하자면, 인간과 테크놀로지의 상호보완적·상호구성적 공-진화가 고도화된 시대인 것이다.

고-모빌리티 시대를 사유하기 위해서는 우선 과거 '영토'와 '정주' 중심 사유의 극복이 필요하다. 지난 시기 글로컬화, 탈중심화, 혼종화, 탈영토화, 액체화에 대한 주장은 글로벌과 로컬, 중심과 주변, 동질성과 이질성, 질서와 혼돈 같은 이분법에 기초한 영토주의 또는 정주주의 패러다임을 극복하려는 중요한 시도였다. 하지만 그 역시 모빌리티 테크놀로지의 의의를 적극적으로 사유하지 못했다는 점에서, 그와 동시에 모빌리티 테크놀로지를 단순한 수단으로 간주했다는 점에서 고-모빌리티 시대를 사유하는 데 한계를 지니고 있었다. 말하자면, 글로컬화, 탈중심화, 혼종화, 탈영토화, 액체화를 추동하는 실재적·물질적 행위자agency로서의 모빌리티 테크놀로지를 인문학적 사유의 대상으로서 충분히 고려하지 못했던 것이다. 게다가 첨단 웨어러블 기기에 의한 인간의 능력 향상과 인간과 기계의 경계 소멸을 추구하는 포스트-휴먼 프로젝트, 또한 사물 인터넷과 사이버 물리 시스템 같은 첨단 모빌리티 테크놀로지에 기초한 스마트 도시 건설은 오늘날 모빌리티 테크놀로지를 인간과 사회, 심지어는 자연의 본질적 요소로 만들고 있다. 이를 사유하기 위해서는 인문학 패러다임의 근본적 전환이 필요하다.

이에 건국대학교 모빌리티인문학 연구원은 '모빌리티' 개념으로 '영토'와 '정주'를 대체하는 동시에 인간과 모빌리티 테크놀로지의 공-진화라는 관점에서 미래세계를 설계하기 위한 사유 패러다임을 정립하려고 한다.

머리말

모빌리티와 물질성의 문제

_ 김태희

이른바 모빌리티 혁신이라는 기치 아래 새로운 모빌리티 플랫폼
이 속속 등장하고 있다. 그러나 우버Uber로 대표되는 새로운 모빌리
티 플랫폼이 제시하는 공유경제라는 전망의 적실성과 실현 가능성
을 둘러싼 논쟁은 계속되고 있으며, 한국에서도 최근 '타다'를 비롯
한 모빌리티 플랫폼을 둘러싼 사회적 논란이 확산되고 있다.

'모빌리티mobility' 개념은 일반적으로 '전통적인 교통·운송 수단에
IT 등 첨단 기술이 가미되는 새로운 이동 방식' 정도의 협소한 의미
(스마트 모빌리티, 모빌리티 서비스, 퍼스널 모빌리티, 모빌리티 플랫폼,
카카오모빌리티 등)로 사용되고 있으나, 사회과학과 인문학에서는 이
보다 넓고 깊은 의미로 사용된다. "이동성"이나 "유동성" 등의 다양
한 의미를 함축하면서 다양하게 번역될 수 있는 모빌리티는 사람·
사물·정보·이미지 등의 이동, 이러한 이동을 가능하게 하는 테크놀
로지와 인프라, 그리고 이로 인한 삶과 사회의 지속적 변이 등을 포
괄적으로 지시한다. 이러한 모빌리티는 특히 현대 사회의 속도, 연
결성, 불확실성을 규정하는 근본적 특징이다.

21세기 들어 존 어리John Urry와 미미 셸러Mimi Sheller 등이 주창한

이른바 '새로운 모빌리티 패러다임new mobilities paradigm'은 현대 사회에서 이러한 사람·사물·정보·이미지 등의 이동의 다양한 유형, 속도, 성질 등을 학제적으로 탐구하는 것이다.[1] 이러한 '모빌리티 전회mobility turn'는 고도 모빌리티 사회를 분석하는 새로운 패러다임으로서 많은 연구자들의 공감을 얻고 있다. 이러한 모빌리티 전회의 핵심 명제 중 하나는 "모빌리티가 물질적이고, 모빌리티가 사람·사물·정보·관념·이미지가 움직이는 물질적 조건을 전제한다"[2]는 것이다.

따라서 모빌리티 연구에서는 이러한 물질성을 이해하기 위한 이론적 기반으로서, 1990년대 후반부터 사회과학 및 인문학 연구에서 나타난 이른바 "물질적 전회material turn"에 주목할 필요가 있다. 비판적 포스트휴머니즘Critical Posthumanism, 행위자연결망 이론Actor-Network Theory, 신유물론New Materialism, 사변적 실재론Speculative Realism, 객체지향 존재론Object-Oriented Ontology 등 다양한 분과학문의 여러 담론에서 등장하는 물질적 전회는 대체로 사회/자연 이분법에 기초한 인간중심주의를 탈피하고 인간과 "물질적인 것, 인간 이상의 것more-than-human, 또는 비인간non-human의 것"[3]의 존재론적 동등성이라는 이른바 '평평한 존재론flat ontology'이라는 관점에서 인간−비인간 결합체assemblage에 주목하는 것이다. 일부 모빌리티 학자들은 모빌리티를

1 Sheller, Mimi · Urry, John. "The new mobilities paradigm," *Environment and planning A 38.2*, 2006; 존 어리, 《모빌리티》, 강현수 · 이희상 옮김, 아카넷, 2014.
2 Urry, John. "Mobile lives and materialities." *Materiality and Space*. Palgrave Macmillan, London, 2013.
3 김숙진, 〈아상블라주의 개념과 지리학적 함의〉, 《대한지리학회지》 51(3), 2016, 311~326, 315쪽.

가능하게 하는 물질성materiality, 특히 모빌리티 테크놀로지와 인프라에 주목하기 위해 물질적 전회를 채택하고 있다.

이러한 입장에서 본다면 테크놀로지는 단순히 인간과 세계를 매개해 주는 하나의 도구가 아니다. 인간이 처음 기술을 사용하던 시기부터 이미 인간과 기술은 긴밀히 접속되어 있었고 공진화co-evolution를 이루어 냈다. 나비와 식물 간의 상호 진화 과정에 대한 진화생물학 연구에서 처음 사용된 '공진화' 개념은 사회과학과 인문학에서는 엄밀하게 정의되기보다는 대략적으로 "어떤 개체가 다른 개체들의 진화에 부분적으로 의존하거나 다른 개체들과의 맥락에서 진화하는 것으로 행위자 또는 행위자 집단의 전략적 행동들의 조합"[4]이라고 정의된다. 우리가 평평한 존재론에 입각하여, 시몽동Gilbert Simondon이 말하는 "기술적 대상" 역시 일종의 비인간 행위자nonhuman agent로 간주한다면, "자연-기계-인간이 연속적으로 맺고 있는 앙상블"[5] 안에서 인간과 기계의 공진화를 논할 수 있을 것이다.

물론 유념할 점은 공진화가 흔히 "상호작용하는 종들의 호혜적 진화"로 정의되지만, 공진화에는 협력적 또는 이타적, 경쟁적, 착취적 혹은 포식자-먹이 방식이 있으므로, 넓은 의미에서는 반드시 호혜적 진화라고 볼 수는 없다는 것이다.[6] 또한 진화 개념 자체가 애초에 긍정적인 발전, 즉 진보만을 의미하는 것은 아니므로, 공진화 역

---

4 이시연·최대석, 〈중첩적 공진화(Dual Co-Evolution)를 통한 대북 전략〉, 《국방연구》 61(3), 2018, 33~58, 34쪽.
5 김재희, 〈모빌리티와 기술철학: 시몽동과 스티글러〉, 《모빌리티 사유의 전개》, 앨피, 2019, 249~271, 258쪽.
6 김재영, 〈저널리즘의 공진화〉, 《지역과 커뮤니케이션》 23(4), 5~32, 7~8쪽.

시 진보만을 뜻한다고 보기는 어렵다.[7] 이 점은 모빌리티 테크놀로지의 발전이 가져올 미래를 예측하고 준비하는 입장에서는 중요하다. 이동하는 인간과 모빌리티 테크놀로지의 공진화가 양자의 진보를 뜻한다는 널리 퍼져 있는 전제에 입각한다면, 테크놀로지가 가져올 미래상에 대한 피상적 낙관론에 빠지기 쉽기 때문이다.

이는 새로운 교통수단이라는 좁은 의미에서 새로운 모빌리티와 관련한 최근 논의들에서 잘 나타난다. 이른바 CASE, 즉 네트워크 연결Connected, 자율주행Automated, 차량공유Shared, 전기화Electric를 통해 향후 모빌리티가 인간의 삶과 사회를 진보시킬 것이라는 최근의 열광은 바로 공진화에 대한 이러한 피상적 낙관론에 기초한다. 그러나 이러한 낙관적 예측들은 바로 여기에 투자한 사람들이 주도하는 이데올로기에 불과한 것일 수도 있다.[8] 미래는 그냥 오는 것이 아니라 우리가 만드는 것이므로, 어떠한 미래를 원하는지에 대한 성찰이 필요한 것이다.

이 책《모빌리티 시대, 기술과 인간의 공진화》는 이러한 성찰을 위해 기획된 것이다. 이를 위해 첫째, 모빌리티 패러다임에서 이러한 공진화를 논의할 수 있는 사상적 토대인 물질적 전회의 여러 양상들을 살펴볼 필요가 있다. 특히 인공지능, 포스트휴머니즘 등이 제기하는 새로운 '인간학'과 관련한 논의와 이들이 사회과학과 인문학에서 어떻게 구현되는지가 중요할 것이다. 따라서 모빌리티 연구에서 이러한 기술을 통한 인간의 진화를 담을 수 있는 새로운 개념으로서

---

7 따라서 '진화론'이 아니라 '변화론'이라고 불러야 한다는 주장은 다음을 참조. 김혜련, 〈다윈은 '약육강식, 적자생존'의 진화론을 말하지 않았다〉,《인물과사상》, 2003. 8, 56~63, 57쪽.

8 Greenfield, Adam, *Radical Technologies*, London and New York: Verso, 2017, p. 278.

'모빌리티 공진화Mobility Coevolution' 연구의 이론적 토대가 모색되어야 하는 것이다.

둘째, 인간과 기술의 공진화의 구체적 양상으로서 인간의 감각, 지각, 정동, 행위성, 시간/공간 의식, 장소성 등이 모빌리티 테크놀로지의 발달로 어떻게 변화하는지를 조명할 필요가 있다. 호모 모빌리쿠스는 자신을 둘러싼 환경으로서의 스케이프scape와 역동적으로 상호작용하면서 공진화한다. 초고속열차, 자동차, 통신망과 같은 모빌리티는 종래의 기계적 시간을 순간적 시간으로 대체하고, 정주·정착을 근간으로 하는 종래의 장소를 '유동적이고 이동하는 장소'로 대체하고 있다. 고-모빌리티 시대의 복잡하고 다양한 이동과 네트워크로 구성되는 새로운 시공간으로서의 '모빌리티 스케이프Mobility Scape'가 어떻게 변화하는지를 다각도로 조명할 필요가 있다.

셋째, 이러한 공진화 안에서 개인으로서의 인간뿐 아니라 사회 전체가 어떻게 변화해 가고 있고, 이러한 사회의 새로운 통치성governmentality은 어떻게 변화하고 있으며, 이러한 변화에 어떻게 대응할 수 있는지를 숙고할 필요가 있다. 모빌리티가 초고도화되는 시대에 인간과 사회의 공진화는 이전과는 다른 개념으로 포착되어야 한다. 따라서 기존의 국민국가, 사회, 공동체의 '통치성' 개념이 모빌리티 시대에 더 이상 유효하지 않다는 점에서 21세기 통치성, 생명정치, 자기 통제의 양상을 연구하며, 특히 신자유주의, 초국가 시대의 다문화, 남북 분단과 같은 복잡한 지형적 조건을 지닌 한국을 모델로 오늘날 새롭게 통용될 수 있는 '모빌리티 통치성Mobility Governmentality' 개념을 정립해야 한다.

◆ ◆ ◆

1부 '모빌리티 테크놀로지와 인간의 공—진화'에 실린 세 편의 글은 인간-기술의 공진화라는 주제를 가장 원론적인 차원에서 다각도로 검토하고 있다. 이진경의 〈인공지능과 철학적 인간학: 인공지능과 사이보그가 던지는 철학적 물음들〉은 인간-기술 공진화에 대한 존재론적 기초로서 "존재론적 평면화" 개념을 제시한다. 인간-기술의 공진화를 근본적 차원에서 다루기 위해서는 포스트휴먼뿐 아니라 프리휴먼(식물, 동물, 단순 기계 등)까지 고려해야 한다. 따라서 인간중심주의에서 벗어나 프리휴먼-휴먼-포스트휴먼의 존재론적 평면화가 필요한 것이다. 이러한 존재론적 기초 위에서 필자는 인공지능과 관련한 세 가지 철학적 문제를 차근차근 검토한다.

첫째, 인공지능은 원본을 모방하면서 원본을 초과함으로써, 원본/모방의 존재론적 위계라는 '플라톤 문제'를 붕괴시킨다. 기계가 일종의 모방게임imitation game에서 인간처럼 행동한다면 인간과 동일한 지적 능력을 가지는 것으로 간주해야 하는가? 튜링 테스트는 그렇다고 말하지만, 존 설John Searl은 중국어방 논증chinese room argument을 통해 이에 이의를 제기한다. 이 기계는 여전히 인간과는 달리 자신이 하는 일을 '이해'하지 못하기 때문이다. 그러나 이진경은 튜링 테스트의 기본 전제에 동의하면서, 어떤 존재자가 '무엇처럼 보인다'면 곧 '무엇이다'라고 말할 수 있다는 "처럼의 존재론"을 채택한다.

둘째, 기계-유기체 결합체인 사이보그는 신체의 경계에 의문을 던짐으로써, 자아의 실체성이라는 '데카르트 문제'를 뒤흔든다. 넓은 의미의 사이보그는 휠체어를 탄 사람, 안경을 쓴 사람, 스마트폰에 의지하는 사람까지 포괄한다. 따라서 이 경우 인간/기술 공진화는 첨단 기술에 의해 비로소 나타나는 것이 아니라, 최초의 인류가 사용한 도구에서부터 나타난 것이다.[9] 그렇다면 휠체어는 신체에 포함되는가, 아닌가? 신경 연결 칩을 통해 신호를 인터넷으로 송신하여 로봇 팔을 움직이는 트랜스휴머니스트 케빈 워릭Kevin Warwick의 신체는 어디까지인가? 정신/물질을 엄격히 구별하고 물질(혹은 신체)의 본질을 '연장extension'이라고 보는 데카르트의 정의를 넘어서, 워릭의 신체는 신경 연결 칩, 인터넷, 로봇 팔을 모두 포함할 수도 있다. 그렇다면, '나' 혹은 '내 몸'이라고 부를 확고부동한 실체는 없다는 결론에 이르며, 프리휴먼-휴먼-포스트휴먼으로 이루어진 하나의 존재론적 평면에 있어서 모든 '실체'는 수많은 존재자들의 집합적 공생체일 뿐이다.

셋째, 정보이론은 물질을 일차적 존재, 나아가 유일한 존재로 보는 '엥겔스 문제'에 이의를 제기한다. 정보이론에 따르면, 뇌의 전기신호는 다른 전기신호들과 본질적으로 다르지 않으며 이러한 신호는 곧 '정보'이다. 그렇다면 원리적으로는 뇌를 스캔하여 컴퓨터나 네트워크로 전송하는 일이 불가능할 이유가 없다. 이러한 일종의 '정보의 관념론'[10]은 의식과 물질의 관계에 대한 전복적 사유를 가능하게 한다. 그러나 이진경은 이에 대해서는 인지에 있어 신체 및 환경이 지니는 중요성 등에 기초하여 회의적 입장을 비추고 있다.

---

9 '사이보그' 개념에 대한 이러한 논의는 최근 일부 인지과학자들, 특히 확장된 마음 Extended Mind 지지자들의 주장과 일맥상통한다.(앤디 클락, 《내추럴-본 사이보그》, 신상규 옮김, 아카넷, 2015. 참조)
10 이러한 '정보의 관념론'은 퍼트넘H. Putnam이 정식화한(그리고 반박한) 이른바 '통 속의 뇌brain in the vat' 가설을 상기시키는데, 이에 따르면 외부 자극을 모두 정보화하여 '통 속의 뇌'에 주입하면, 이 탈-체화된 뇌는 자신이 진짜 세계를 마주하고 있는지, 아니면 가상 환경을 마주하고 있을 뿐인지를 분간할 수 없다는 가설이다.

이러한 세 가지 철학적 문제들을 통해 인공지능이나 사이보그가 촉발한 인간과 기계의 공진화에 대한 물음을 좀 더 폭넓고 뿌리 깊은 문제, 즉 인간중심주의 극복이라는 문제에서 살펴보아야 함을 알 수 있다.

최진석의 〈휴머니즘과 포스트휴머니즘의 (탈)인간학: 기계와 인간의 공진화를 위한 사회적 존재론〉 역시 이진경의 문제의식을 공유하고 있다. 이 글도 호모 파베르로서의 인간이 다루는 도구가 인간 자신과 분리되고 구별되는 외재적 사물이라는 통념을 겨냥한다. 맹인의 지팡이는 그의 신체가 아닌가? 과학자의 현미경은 그의 신체가 아닌가? 인간과 도구의 분리는 근대 휴머니즘의 '벌거벗은 인간' 이미지다. 그러나 인간은 벌거벗은 채, 즉 아무 매개(미디어) 없이 세계와 상호작용하지 않는다. 늘 도구라는 투명한 매체가 개입한다. 이 매개로서의 도구가 투명하다transparent는 것은 이것이 매개하는 사물은 가시적인 반면 이 매개 자체는 대개 비가시적이라는 것이다. 하이데거Martin Heidegger의 현상학적 기술에 따르면, 코 위에 얹힌 안경은 물리적으로는 저 벽의 그림보다 가깝지만, 우리에게 보이지 않고 물러나 있으므로 현상학적으로는 저 그림보다 멀다.[11] 만일 이런 도구가 늘 가시적이라면 우리 지각에 얼마나 성가시겠는가? 뇌과학에서 말하듯이, 처리할 정보가 급증하여 계산 병목현상 computational bottleneck이 일어날지도 모른다. 따라서 이러한 도구가 가시적이 되는 것은 (어떤 이유에서건) 의식적 반성을 하게 되거나 이

---

11 Heidegger, Martin, "Die Räumlichkeit des Daseins," *Raumtheorie. Grundlagentexte aus Philosophie und Kulturwissenschaften*, Frankfurt am Main, 2006, 141-152, p. 144

도구가 말을 듣지 않을 때뿐이다.

따라서 최진석은 인간과 도구의 상호공속성을 역설한다. 엥겔스Friedrich Engels의 통찰처럼, 인간의 본질인 노동이 도구에 의해 비로소 가능했다면 인간의 본질 자체가 도구에 의해 규정되는 것이다. 이러한 사유를 통해 최진석이 도달하는 지점은 이러한 인간과 도구의 내재적 연속성을 가리키는 들뢰즈Gilles Deleuze와 가타리Félix Guattari의 개념인 기계machine다. 이진경과 마찬가지로 최진석에게 인간/사물, 유기체/무기물 구별보다 중요한 것은 이들이 이루는 연속체다.

한 가지 유념할 점은, 들뢰즈/가타리의 이러한 기계주의machinism를 근대의 통념인 기계론mechanism과 혼동해서는 안 된다는 것이다. 인간이 지닌 합리성이 일차적이고 이를 인간 외적인 대상에서 구현하는 것을 뜻하는 기계론은 주체(인간)와 객체(기계) 이분법에 토대를 두고 주체인 인간을 이 기계에서 제외하는 것이다. 최진석은 시계의 역사를 기계론과 기계주의에 의거해 각각 해석하는 방식을 설득력 있게 보여 주면서 기계주의를 옹호하고 있다. 루이스 멈퍼드Lewis Mumford에 따르면 13세기 시계의 개념적 원리가 17세기 시계의 기술적 발명에 선행했다는 역사적 사실에 기초할 때, 이러한 시간-기계는 인간과 분리된 도구라기보다는 바로 인간의 자기규정 자체라고 볼 수 있다. 나아가 기계는 피라미드 건설과 같은 대규모 조직화 및 동원 체계까지 포괄하는 개념이며, 따라서 사회는 하나의 거대한 기계로 존립해 온 것이다. 이는 근대를 문명 자본주의 기계로 보는 들뢰즈/가타리와 공명한다. 노동의 흐름과 자본의 흐름이 마주쳐 계열을 형성하여 근대 자본주의가 성립된 것이다.

이러한 사유가 생산력/생산관계라는 마르크시즘의 고전적 구별에 적용될 때 포스트휴머니즘의 단초가 확인된다. 생산력/생산관계의 엄밀한 분리라는 전제 하에서는, 기계는 생산력의 발전에만 기여할 뿐이다. 그러나 기계로 인한 자본주의 성장은 생산관계 역시 변동시키며, 따라서 노동의 새로운 조건이 마련된다. 이제 인간, 그리고 그의 노동은 기계와의 연결을 통해 재-정의되며 따라서 인간의 주체성 개념도 수정된다. 이처럼 인간과 기계의 결합체가 일반지성general intellect으로 개념화되고 이 점에 있어서 인간과 기계가 존재론적으로 평등하다면, "인간과 기계의 내재적 연관, 공진화적 계열"을 사유하는 (비판적) 포스트휴머니즘[12]이 아직 오지 않은 미-래未-來의 어떤 것이 아니라 이미 도래한 어떤 것임을 알 수 있다.

김환석의 〈사회과학의 '물질적 전환material turn'을 위하여〉는 인간과 기술의 공진화에 대한 사유가 모빌리티 연구를 어떻게 변화시킬 수 있는지에 대한 많은 통찰을 주고 있다. 신유물론, 사변적 실재론, 객체지향 존재론 등의 철학적 입장에 기초를 둔 사회과학에서의 물질적 전회[13]를 고찰하기 위해 이 글은 물질성materiality에 대한 통념을 윤리적 유물론, 존재론적 유물론, 역사적 유물론으로 구분해 검토한다.

---

12 포스트휴먼/트랜스휴먼, 포스트휴머니즘/트랜스휴머니즘, 비판적 포스트휴머니즘 등의 용어는 다양한 의미로 다소 모호하게 사용되고 있다. 다만 비판적 포스트휴머니즘은 과학기술에 의한 인간 증강을 주장하는 '포스트휴먼-이즘'보다는 휴머니즘의 철학적 전제를 비판하는 '포스트-휴머니즘'에 가깝다. 박인찬, 〈포스트휴먼으로 가는 길: 인간과 기계의 공(共)진화를 중심으로〉, 《안과 밖》 43, 2017. 참조.

13 물질적 전회 내부에서 신유물론, 사변적 실재론, 객체지향 존재론, 행위자-연결망 이론 등에 대해서는 다음을 참조할 것. 김상민·김성윤, 〈물질의 귀환: 인류세 담론의 철학적 기초로서의 신유물론〉, 《문화과학》 97, 2019; 이준석, 〈객체지향존재론, 행위자-연결망 이론, 그리고 과학기술학의 비인간 전회(non-human turn)에 관하여: 하이퍼객체와 휘포객체, 혹은 나노객체〉, 《한국과학기술학회 학술대회 자료집》, 2018; 김연철, 〈행위자-연결망 이론(ANT)과 사변적 실재론(SR)의 접점〉, 《사회와 이론》 28, 2016.

먼저 윤리적 유물론에 대한 대중의 비판적 의식은 정신/물질의 위계적 이분법에 기초를 두고 있다. 여기에서 김환석의 통찰은 사실 이러한 윤리적 유물론 혹은 물질주의에서 물질은 대개 "겸손"하다는 것이다. 즉, 물질은 행위의 구성 요소로서 깊숙이 포함되므로 대개 비가시적이다. 따라서 물질적 전회에 기초한 사회과학이 초점을 맞추어야 하는 것은 이러한 물질성과 인간의 '함께 있음togetherness'이 어떻게 일어나는가이다.

존재론적 유물론과 역사적 유물론 역시 물질성을 단순한 배경으로 취급한다. 존재자는 궁극적으로 물질로 이루어져 있다는 존재론적 유물론에서 물질성은 일상적 삶에서 감각에 의해 포착되는 물질성이 아니라, 이들 뒤의 어떤 비가시적 실재를 주로 가리킨다. 사회과학은 이러한 물리학적 실체로서의 물질이 아니라, 일상적 경험 수준에서의 물질성들의 상이한 스케일들을 다루어야 한다. 한편 김환석은 생산양식을 사회적 삶을 결정하는 토대로 보는 역사적 유물론 역시 일상적 삶의 물질성을 다루는 데 적절하지 않다고 판단한다.

따라서 생활세계life-world에서의 물질성을 가시화하려는 물질적 전회는 이 세 가지 고전적 유물론에서 다루는 물질성 개념을 넘어서 물질성의 다원적 의미를 고려하고, 나아가 물질성을 단순한 배경이 아니라 인간의 삶과 사회의 근본적 구성 요소로서 전면화해야 한다. 김환성은 이를 위해 이제 물질성에 대한 일반적 규정들을 비판적으로 검토한다. 물질성은 언어 아닌 것으로 규정되거나, 인간 아닌 것으로 규정되거나, (시간과 공간을 차지하고 촉각 등으로 인지되는) 실체적인 것으로 규정된다. 특히 세 번째 규정과 관련하여, 김환석은 행위자-연결망 이론의 "관계적 물질성" 개념을 차용하여, 사물이 다른 사물들과의 관계 안에서만 상대적으로 영속적이고 견고하다는 데 착목한다. 사물은 이러한 관계 안에서 "창출, 유지 또는 파괴되는 '과정들processes'"이다. 우리가 이러한 사유를 모빌리티 연구로 차용한다면, 물질성은 늘 어떤 모빌리티의 상태, 즉 단순한 장소 이동으로서의 모빌리티가 아니라 어떤 유동적이고 변화하는 상태로서의 모빌리티 상태에 있다고 할 수 있다.[14]

이러한 물질성에 대한 새로운 성찰은 생활세계에서 물질성들의 무수한 다원성과 이질성에 주목하며, 나아가 인간이 늘 비인간들과 함께 있으며 이들에 의해 매개되고 조건화됨을 자각한다. 브루노 라투르Bruno Latour의 집합체collective 개념은 이러한 인간-비인간 네트워크를 가리키는데, 이는 앞선 최진석의 글에서 해설한 들뢰즈/가타리의 기계 개념과 이어지는 것이다. 이른바 물질성 정치는 바로 이러한 집합체에 특정 사물, 시스템, 인프라 등을 포함/배제하는 결정을 내리는데, 물질적 전회에 따르는 새로운 사회과학은 이러한 물질성 정치에 주목해야 한다.

새로운 모빌리티 패러다임은 모빌리티 전회와 물질적 전회의 교차로에서 모빌리티를 가능하게 하는 물질성(모빌리티 테크놀로지, 시스템, 인프라 등)에 주목해 왔다. 이러한 모빌리티 연구는 이동적 인간/부동적 물질이라는 이항대립을 넘어서, 인간-비인간 집합체의 보편적 모빌리티에 주목해야 할 것이다.

---

14 이러한 관점에서 피터 애디는 공항과 같이 부동immobile 상태로 보이는 사물이 어떤 의미에서 이동mobile 상태에 있는지를 잘 보여 주고 있다. Adey, Peter, "If Mobility is Everything Then It Is Nothing: Towards a Relational Poligics of (Im) mobilities," *Mobilities* 1(1), 2006.

◆ ◆ ◆

　2부 '모빌리티 스케이프와 호모 모빌리쿠스'를 여는 주은우의 〈속
도, 시각, 현대성: 시각체제의 변동과 비릴리오의 질주학적 사유〉는
근대의 새로운 모빌리티 스케이프가 인간의 지각 시스템에 어떠한
영향을 끼쳐 왔는지를 구체적으로 검토하는 글이다. 속도와 가속화
가 가져온 시각체제visual regime의 변동을 살펴봄으로써 "항상적인 운
동과 유동성으로 특징지어질 수 있는 현대성의 경험과 동학"을 검토
하는 이 글은, 인간의 지각 체계가 시대와 사회를 초월한 선험적인
것이라는 통념을 걷어 내고 시각체제의 사회성 · 역사성 · 정치성에
서 출발한다.

　하나의 시각체제는 다양한 시각 양식 중 하나를 자연화하는데, 근
현대 시각체제의 지배적 시각 양식은 원근법적 코드화이다. 그러나
19세기 이후 (기차 여행의 파노라마적 시각 경험, 대로와 도시의 '구경
거리화된 현실들', 시지각의 불완전성에 착안한 생리학적 광학과 여러 광
학기구들의 경험 등) 새로운 시각 경험들에 의하여 이 시각체제가 균
열되고 원근법은 탈-코드화된다. 원근법에서 상정하는 시각장의 중
심으로서 시각 주체의 지위가 박탈되며, 시각은 유동화되고 시점은
상대화되는 것이다. 그러나 이런 전복적 경험은 다시 원근법적으로
재-코드화되어 체계 차원에서 봉합되어 왔다.

　이 글은 특히 속도의 사상가 폴 비릴리오Paul Virilio의 질주학
dromologie을 토대로 하여 이러한 시각체제의 균열과 봉합을 살펴본
다. 마르크스Kark Marx의 《공산당 선언》에 등장하는 "견고한 모든 것
은 대기 속에 녹아 버린다"는 저 유명한 선언은 보들레르Charles Pierre
Baudelaire에게서는 현대성의 특징인 순간성, 일시성, 유동성, 휘발성,

파편성, 우연성 등으로 나타난다. 바로 현대성의 경험이 지닌 핵심적 요소가 속도라는 비릴리오의 통찰은 이러한 사상적 전통을 계승하고, 하비David Harvey의 시공간 압축time-space compression 테제나 기든스Anthony Giddens의 시공간 탈착근disembedding 테제에서 공명한다.

그러나 비릴리오의 사유가 이러한 전통에 있어서 독특한 점은 현대의 질주학이 전쟁에 뿌리를 두고 있다는 통찰이다. 부르주아지와 군사 계급은 대중에게 항상적 (맥락에 따라 "유동성"이나 "이동성"이나 "기동성" 등으로 번역되는) 모빌리티를 강요하며 '운동의 독재', 즉 질주정dromocratie을 시행한다. 비릴리오에 따르면 질주정은 '시각기계'에 의거한 전쟁과 정치(치안)를 통해 이루어지는 속도에 의한 통치다. 이러한 전쟁과 정치에서 시각기계의 활용은 현대성의 시각체제가 동요를 극복하고 균열을 봉합하는 방식이었는데, 이는 제1차 세계대전에서 (속도기계로서) 시각기계의 역할과 이로 인한 시각체제의 충격에서 극명하게 드러난다.

이처럼 비릴리오의 시각기계/속도기계는 "우리의 보는 방식을 변경하거나 확장할 수 있는 기계 보철물"이다. 이러한 "보철물"은 곧 인간/기계 공진화를 통해 (매클루언Marshall McLuhan의 서술에 따르면) 인간의 '감각 비율'이나 '지각 패턴' 자체를 변화시킨다. 모빌리티 연구에서 특히 흥미로운 지점은 시각기계와 운동기계(모빌리티 테크놀로지)가 모두 속도기계로서 상호 교직되어 있다는 점이다. 비릴리오는 "신체의 이동성과 운동성이 공간에 대한 지각을 생기게 하고 자신을 세계 내의 존재로 경험하게 한다는 현상학적 관점"에서 (주체의 몸의) 운동과 (대상에 대한) 지각의 긴밀한 관계를 질주학의 관점

에서 재정의하고 있는 것이다.[15]

나아가 비릴리오는 질주학을 의식의 발생이라는 보다 깊은 수준으로 내려가는 한편, 권력과의 관계라는 보다 넓은 범위로 확장한다. 한편으로, 비릴리오는 베르그손Henri Bergson에 의지하면서 '의식의 모빌리티'라는 더욱 깊은 차원으로 내려간다. 의식 자체를 최초로 창조하는 것은 의식의 속도이며, 사고는 이전移轉 또는 수송이다. 다른 한편, 비릴리오는 모빌리티 가속화로 인한 미디어 스케이프의 변화, 그리고 이로 인한 시각체제 변화가 중립적이 아니라 권력과의 모종의 결합 속에서 이루어진다고 본다. 모빌리티 연구에서 이러한 통찰이 푸코Michel Foucault의 계보학과 결합한다면 3부에서 논의하는 모빌리티 통치성 연구가 가능해진다. 특히 배런홀드J. O. Bærenholdt의 '모빌리티통치governmobility'[16]나 네일Thomas Nail의 '이동정치kinopolitics'[17]는 이러한 연구를 위한 개념을 제공하고 있다.

김상호의 〈미디어와 공간, 그리고 장소의 문제〉는 가상현실이나 가상공간, 나아가 모바일 미디어에 의한 새로운 모빌리티 등에 있어서 공간/장소 문제에 천착한다. 공간에 대한 철학·과학적 개념들을 역사적으로 고찰하면서, 그리고 투안Yi-Fu Tuan이나 렐프Edward Relph를 비롯한 인본주의 지리학에서의 공간/장소 구별을 검토하면서,[18] 이

---

15 신체의 모빌리티와 대상 지각의 관계 및 이를 개념화한 '키네스테시스'에 대해서는 다음을 참조. 김태희, 〈체화된 인공지능의 상황과 환경〉, 《현상학과 현대철학》 83, 2019.

16 Bærenholdt, J. O., "Governmobility: The powers of mobility," *Mobilities* 8 (1), 2013.

17 Nail, Thomas, *The Figure of the Migrant*, Stanford: Stanford University Press, 2015; Nail, Thomas, *Theory of the Border*, Oxford: Oxford University Press, 2016.

18 이-푸 투안, 《공간과 장소》, 구동회·심승희 옮김, 대윤, 1999; 에드워드 렐프, 《장소

글은 새로운 미디어 사회에서 장소에 대한 여러 관점들, 가령 장소
상실, 장소 없는 장소, 비장소 등의 논의를 살펴본다. 이 글의 미덕은
이동의 공간과 정지의 장소라는 엄격한 이항대립에서 벗어나, 장소
를 우리가 새로이 구성할 수 있는 것으로 재-개념화하는 데 있다.[19]
이 글의 또 다른 미덕은 공간/장소 논의에서 흔히 누락되어 있는 신
체 문제를 제기하고 이를 미디어와의 관련 하에서 다루는 것이다.
따라서 이 글은 고도 모빌리티 시대의 새로운 미디어와 관련된 장소
및 신체 문제를 토론할 중요한 토대가 될 것이다.

　김상호는 먼저 미디어를 일종의 중립적 '그릇'으로 보는 데 반대
하는 매클루언의 통찰에 의거하여, 주체에게 미리 주어져 있는, 균
일하고 객관적인 좌표적 공간을 상정하는 근대적 공간관을 비판적
으로 검토한다. 이러한 논의를 위해 공간과 장소에 대한 사상들의
역사를 살펴볼 필요가 있다. 플라톤의 공간(코라)과 아리스토텔레스
의 공간(토포스) 개념, 데카르트와 뉴턴의 공간(절대적 공간), 로크와
라이프니츠의 공간(상대적 공간) 등의 근대적 공간 개념, 그리고 칸
트(공간과 신체의 관계)와 메를로-퐁티Maurice Merleau-Ponty(장소 만들기
의 주체로서의 몸)의 공간 개념을 살펴보는 것이다. 물론 이러한 논
의는 메를로-퐁티의 현상학적 관점으로 수렴한다. 이런 관점에서는
공간은 인간과의 관계에서 '어떤 의미'를 지니고 만들어지는 것이
며, 여기에서 중심은 신체다. 따라서 이러한 '체험되는 공간'이라는
개념은 그동안 부차적으로 취급되어 온 '장소' 논의로 나아가는 길

　와 장소상실》, 김덕현·김현주·심승희 옮김, 논형, 2005.

19　이는 도린 매시Doreen Massey의 지구적 장소감global sense of place 개념과도 맞닿
　아 있는데, 이 개념은 장소를 지구적 차원의 사회적 관계에 의해 구성됨을 강조한
　다. 도린 매시, 《공간, 장소, 젠더》, 정현주 옮김, 서울대학교출판문화원, 2015.

을 열어 주는 것이다.

비릴리오의 지적처럼 가속화된 고도 모빌리티 시대에 우리는 장소 없는 장소에서 살게 된다. 전통적인 인본주의 지리학이나 현상학자들은 이러한 "장소의 운명"[20]에 대해 진정성authenticity 상실이라는 점을 들어 비판적으로 평가해 왔지만, 김상호는 새로운 시각을 제시하고자 한다. 가령 오제Marc Augé의 '비장소non-place'[21] 개념은 현상에 대한 기술descriptive 차원에서는 렐프의 '장소상실' 개념과 기본적 통찰을 공유하지만, 규범적normative 차원에서는 이를 반드시 부정적으로 평가하지는 않는다. 비장소는 어떤 계약관계에 의해 사용되는 것이며, 여기에서의 상호작용은 기존의 전통적인 사회적 실천과 다른 형태로 이루어진다. 따라서 오제가 말하는 비장소는 장소가 없는 곳이 아니라, "전통적인(인간적인) 장소가 아닌 곳"이라는 것이며, 이러한 비장소 역시 주체의 신체를 중심으로 구성된다는 것이다.

이 글에서 강조하는 점, 그리고 모빌리티 연구에서 눈여겨 보아야하는 점은 신체가 중심이 되는 체험되는 공간이 선험적이 아니라, 기술과 미디어에 의해 변형되는 어떤 가소성을 지닌다는 것이다. 따라서 장소가 단순히 상실되는 것이 아니라, "이미지나 텍스트, 각종 코드와의 상호작용을 통해 형성"되는 새로운 장소에서 새로운 사회적 실천과 상호작용이 나타난다.

---

20 장소 현상학자 케이시Edward Casey는 특히 서구 사상사에서 장소에 대한 무시, 그리고 근대 이후 장소의 상실 등을 이렇게 명명한 바 있다. 에드워드 S. 케이시, 《장소의 운명 - 철학의 역사》, 박성관 옮김, 에코리브르, 2016.
21 고속도로, 모텔, 공항, 쇼핑몰 등으로 대표되는 비장소는 특정 계약에 의해 인간과 익명적 관계를 맺는 경계적 공간이다. 마르크 오제, 《비장소》, 이상길·이윤영 옮김, 아카넷, 2017.

이러한 새로운 기술과 미디어에 있어서는 체험되는 공간(강도 공간)과 객관적 공간(외연 공간)이 엄밀히 분리되기보다는 서로에게로 전화한다. 가령 유목민의 신체적 감응을 통한 체험되는 공간이 내비게이션 좌표에 의한 양화된 객관적 공간으로 전화하는 것이나, 비장소나 SNS 공간 등의 외연 공간이 이 공간과 관련된 주체들의 감응을 불러일으키는 강도 공간으로 전화하는 것이다. 이처럼 특히 고도 모빌리티 시대에 장소는 "사건적이고, 진행 중인 어떤 것"이다.

이러한 새로운 공간에 대한 탐구와 관련하여, 박정아의 글 〈디지털 공간의 매개로서 모빌리티 확장 현상에 관한 연구〉는 모빌리티 연구의 학제적 특성을 잘 보여 준다. 디지털 기술로 인한 새로운 진보적 공간에 초점을 맞추는 이 글은 새로운 모빌리티 패러다임이 특히 디자인 분야에서 어떻게 적용될 수 있는지를 이론적·경험적 차원에서 잘 보여 준다.

이 글은 특히 다양한 모빌리티 현상들이 새로운 디지털 공간에서 어떻게 나타나는지를 살펴보기 위해 어리가 구분한 다음과 같은 다섯 가지 모빌리티를 참조한다.[22] ①직장, 여가, 가족생활, 즐거움, 이주, 탈출을 위한 사람들의 육체 이동, ②선물, 기념품 교환, 생산자, 소비자, 판매자로의 사물의 물리적 이동, ③인쇄, 시각 매체에서 나타나고 움직이는 장소와 사람의 이미지를 통해 영향을 받는 상상 이동, ④실시간으로 이뤄지고 지리적·사회적 거리를 초월하는 가상이동, ⑤메시지, 텍스트, 편지, 전신, 전화, 팩스, 이동전화를 매개로 한

---

22 존 어리, 《모빌리티》, 강현수·이희상 옮김, 아카넷, 2014.

개인 대 개인의 통신 이동.[23] 이 글은 이 중에서 (사람 이동과 사물 이동을 제외한) 상상 이동, 가상 이동, 통신 이동을, 미디어 침투 공간으로의 비장소 개념 및 미디어 현상학자 빌렘 플루서Vilem Flusser의 이론을 토대로 연구한다.

먼저 박정아는 스마트폰, 스마트워치, 헤드 마운트 디스플레이 등을 통해 이동 중에도 언제 어디서나 테크놀로지를 활용하는 것을 "모빌리티의 편재성을 통한 인간의 기술적 복제"라고 개념화한다. 앞서 1부의 글들에서와 마찬가지로 이러한 기술들은 "휴먼에서 포스트휴먼으로" 넘어가는 과도기의 기술들이지만, 이 글에서는 사이보그와 인공지능 등이 아니라 인간이 세계를 경험하는 매체로서의 혼종적 플랫폼에 주목한다. 이러한 새로운 기술과 우리의 몸이 이루는 이러한 혼종적 플랫폼 덕분에 우리는 일종의 "보철적 존재"가 된다.

박정아는 빌렘 플루서의 기술적 상상Technoimagination 개념의 세 층위, 즉 '입장', '시간적 체험', '공간적 체험'을 기준으로 (사진, 영화, 비디오, TV, 컴퓨터 등의) 새로운 기술적 이미지Technobild가 야기한 기술-인간 공진화를 살펴본다. 기술적 상상은 특정 주체의 상황과 관점으로부터 주관적이며 복수적인 입장들을 형성함으로써 하나의 객관적 입장에 이의를 제기하며, 선형적이고 역사적인 시간과 공간 개념을 변화시키는 것이다.

특히 모빌리티는 이러한 시간 경험과 공간 경험의 변화를 통해 기술 사용자의 존재 방식 자체를 변화시킨다. 정지된 매체 앞에 몸이

---

23 이 모빌리티 양상들에 대한 상세한 논의는 다음을 참조. 윤태양, 〈다섯 가지 상호
    의존적 '모빌리티'에 대한 비판적 검토 – 모빌리티 개념의 재개념화를 통하여〉,
    International Journal of Diaspora & Cultural Criticism 9 (2), 2019.

고정되던 정주적sedentary 주체는 모바일 기술을 통해 자유롭게 움직이는 유목적nomadic 주체로 재-정의된다. 비장소는 다음과 같은 이유에서 이러한 특징을 잘 보여 준다. 첫째, 비장소는 바로 공간적 이동성spatial mobility에 의해 형성된 공간이다. 둘째, 비장소는 모바일 미디어가 이용되는 전형적 공간이다. 셋째, 비장소는 모바일 미디어에 의해 새로운 실재reality가 창출되는 공간인데, 가령 스마트폰의 위치 기반 서비스 앱이나 증강 현실 앱이 창출하는 이른바 혼합공간mixed reality이 그것이다.

이 글에서 또 다른 흥미로운 부분은 이러한 이론적 토대 위에서 혼합공간의 네 사례를 정밀하게 분석하는 부분이다. 이 부분은 새로운 모빌리티 패러다임이 디지털 공간에서 인간-인간, 인간-공간, 공간-공간의 다차원적 상호작용을 분석하는 데 어떠한 강점을 보여 주는지 잘 드러내고 있으며, 나아가 현존 개념을 풍부하게 확장하는 상상된 현존imagined presence, 연결된 현존connected presence, 상상된 현존imagined presence 등의 개념을 통해 새로운 모빌리티 테크놀로지가 어떠한 '모빌리티 스케이프'를 창조하는지를 다채롭게 보여 준다.

◆ ◆ ◆

모빌리티 시대의 통치성을 논의하는 3부 '이동하는 사회와 모빌리티 통치성'의 첫 글인 신혜란의 〈이동통치와 불안계급의 공간전략〉은 앞서 언급한 이동통치(모빌리티 통치) 개념을 특히 이른바 불안계급 논의에 적용한다. 이 글은 바로 기존 불안계급 논의가 지닌 일정한 한계, 즉 "이동에 내재되어 있는 권력의 문제, 불안정성과 공간전략의 상호작용"을 간과한 한계를 극복하고자 하며, 따라서 새로운 모빌리티 패러다임이 기존 사회과학과 인문학 연구에 어떻게 기여할 수 있는가에 대한 하나의 전범이 된다.

이 글의 주요 개념인 '이동통치governmobility'는 기본적으로 이동 mobility을 통한 통치성govenmentality을 뜻하며, '불안계급precariat'은 노동시장 유연화로 인한 불안정한precarious 노동자계급proletariat을 뜻한다. 따라서 세계적으로 노동시장의 불안정성과 사회적 모빌리티가 높아지는 데 대응하여 국가와 사회는 끊임없이 새로운 형태의 이동통치를 실행하는데, 이는 이주 정책 등에서 특히 잘 드러난다. 또한 이동통치의 훈육 효과는 가령 특정 이동 방식과 관련한 이데올로기를 전파하고, 각 개인이 이러한 이데올로기를 내면화하는 데에서 잘 드러난다. 이동통치는 "[국가 및 사회의] 모빌리티 제어가 사람들의 모빌리티 실천에서 내면화되는 상황"[24]을 뜻하는 것이다.

그러나 이 글이 지니는 특별한 미덕 중 하나는 각 개인이 이동통치의 수동적 대상에 머무는 것이 아니라, 이에 대해 다양한 공간실천을 활용해 능동적으로 대응한다는 것을 역설하고 있다는 데 있다. 이 글은 이동통치에 대한 불안계급의 대응을 '항해navigation'라는 독특한 개념을 통해 접근한다. 항해는 움직이는 바다 위에서 움직이는 것이다. 곧, 항해 개념은 불안정하게 움직이는 사회와 그 안에서 움직이는 불안계급 양자의 움직임을 포착하는 것이며, 따라서 모빌리티는 "통치술인 동시에 생존 전략"인 것이다. 이러한 불안계급의 공간전략은 국가와 사회의 공간전략에 정면으로 맞부딪치는 층위에 있지

---

[24] Bærenholdt, J. O., "Governmobility: The powers of mobility," *Mobilities* 8 (1), 2013. p. 29.

않더라도, 일종의 '대항품행contre-conduite'[25]으로 볼 수 있는 것이다.

불안계급 중 하나인 초국적 이주자의 반복적 이동과 장소 만들기 placemaking가 이것을 잘 보여 준다. 초국적 이주자의 중독적인 반복적 이동은 고용 불안정의 결과지만, 하나의 삶의 형태로 굳어지면서 "고용 안정보다는 다양한 경험을 찬양하게 되는 것"이다. 따라서 이러한 공간실천에 대해서는 개인의 기회와 역량을 높인다는 긍정적 평가와 불안정성을 재생산한다는 부정적 평가가 양립할 수밖에 없을 것이며, 개별 사례들의 상황에 의거하여 구체적 판단이 필요할 것이다. 나아가 초국적 이주자의 밀집 지역은 이들의 장소 만들기 실천의 일환으로 일어난다. 이를 통해 초국적 이주자들은 정체성을 유지하고 발전시키며 각종 집회, 문화 활동, 점유 운동 등을 통해 이러한 장소 만들기를 강화한다. 이러한 장소 만들기가 소수민족 집단체류지ethnic enclave라는 고립적 장소를 만드는 데 그칠지, 아니면 "타자와의 대면"을 통해 "장소 내적으로 새로운 관계와 맥락이 창출"[26]되는 개방적 장소를 만들고, 나아가 "서로 돕고 연대하는 사회적 관계와 이해의 네트워크가 접합하는 지구적 장소감을 실현"[27]할 수 있을지도 역시 개별 사례들의 구체적 상황에 달려 있다고 하겠다.

신지영의 〈재난 이후의 '피난약자': 내부로의 '避-難'과 외부에서의 '生-存'〉은 이른바 '비상사태 모빌리티Emergency Mobility'에 대한 논

25 미셸 푸코, 《안전, 영토, 인구》, 오르트망 옮김, 난장, 2011.
26 이현재, 〈디지털 도시화와 사이보그 페미니즘 정치 분석: 인정투쟁의 관점에서 본 폐쇄적 장소의 정치와 상상계적 정체성 정치〉, 《도시인문학연구》 10(2), 2018.
27 엄미옥 〈국경을 넘는 서사와 장소의 정치학 – 『리나』와 『바리데기』를 중심으로〉, 《현대문학이론연구》 71, 2017, 326쪽.

의를 담고 있다. 비상사태 모빌리티는 "인생의 기회와 질을 근본적으로 변화시키는 매우 집약적인 형태의 움직임"[28]이며 사회의 불균등한 모빌리티uneven mobility를 극단적으로 드러내므로,[29] 새로운 모빌리티 패러다임의 초기부터 널리 주목을 받아 왔다.[30]

이 글은 '피난'과 '생존'의 의미를 묻는다. 피난避難 · refuge은 어려움難을 피하기避 위한 끊임없는re 도망flee이다. 이때 어려움은 개인의 상황과 타자와의 관계에 따라 다르게 나타나므로 어떤 재난이 야기하는 어려움은 개인마다 독특하다고 할 수 있다. 생존生存 · survive은 목숨만 연명生하는 데 그치지 않고 환경 및 공동체와의 관계 맺음을 통해 존재存하는 것, 즉 단순한 생명vivere을 뛰어넘는sur 것이다. 따라서 생존을 위한 피난은 한낱 살아남음이 아니라, 환경 및 공동체와의 관계 속에서 인간으로서 존재하기 위한, 개인마다 독특한 모빌리티 양상이다.

이 글은 2011년 동일본 지진 · 쓰나미 · 원전 사고에서 피난이 지체되거나 불가능했던, 혹은 피난 후 돌아가야 했던, 혹은 피난의 대상으로 고려되지도 않았던 '피난약자'의 모빌리티를 통해, 이러한 '피난'과 '생존'의 의미를 잘 드러낸다. 이 글이 다양한 성격의 기록들에 기초하여 논의하는 피난약자들은 '피난할 수 없는 존재들'과 '피난의 대상조차 아닌 존재들'이다. 노인요양시설의 노인 및 개호인, 그리고 장애인 등이 피난할 수 없는 존재들이라면, 동물이나 재일조선인은 피난의 대상조차 아닌 존재들이었다. 이들은 '인간-국가-정

28 Adey, Peter. "Emergency mobilities," *Mobilities* 11(1), 2016, p. 32.
29 미미 셸러, 《모빌리티 정의 – 왜 이동의 정치학인가》, 최영석 옮김, 앨피, 2019.
30 Hannam, K., M. Sheller, and J. Urry, "Editorial: Mobilities, Immobilities and Moorings," Mo*bilities* 1(1), 2006, p. 1.

상성'이라는 기준 하에서 이른바 비정상적이고 예외적인 존재들인 것이다. 이러한 기준은 재해와 관련되어 전개되어 온 사회운동들에서도 관찰된다는 점에서 매우 뿌리 깊다고 할 수 있다.

특히 피난의 대상으로 고려되지도 않았으나 학교 전체가 집단 피난에 성공한 후쿠시마 조선학교는 앞선 글에서 논의한 이동통치와 그에 대응하는 개인 및 집단의 모빌리티 전략이라는 관점에서 특이한 사례다. 일본의 공식적인 교육 시스템에서 한 걸음 벗어나 있는 조선학교는 재해시 국가 및 지자체의 피폭 대책에서 빠지는 경우가 많으며, 2011년에도 후쿠시마 초중급 조선학교는 방사선 모니터링 대상에서 제외되었다. 그러나 이러한 마이너리티 집단의 취약성이 오히려 집단의 상호의존을 강화하면서 유례없는 집단 피난을 성공시킨 것이다. 신지영은 이로부터 "마이너리티 집단의 상태는 결여가 아니며 오히려 국가-인간-정상성을 근본으로 하고 있는 정부의 제약에서 자유로운 논의와 피난을 할 수 있는 잠재성을 지니고 있기도 하다"는 통찰을 이끌어 낸다.

이러한 통찰은 비상사태 모빌리티에 대한 기존 연구들에 새로운 시각을 열어 준다. 그것은 단지 생물학적 생존을 위한 피난에 초점을 맞추거나 인간-국가-정상성이라는 기준에 입각하여 모빌리티의 불균등을 일률적으로 평가하는 것을 넘어서야 한다는 것이다.

윤태양의 〈모빌리티 사회와 유가윤리〉는 동양철학의 관점에서 고도 모빌리티 시대의 소외 현상에 접근한다. 모빌리티 시대의 속도와 소외의 관계는 주목을 받아 왔다. 가령 로자Hartmut Rosa는 기술의 가속화, 사회 변화의 가속화, 삶의 가속화가 근대화의 근본적 특징이라는 데 주목한다. 이러한 관찰은 속도를 통해 근대를 규정하는 비릴리오의 '질주학'이나 하비의 '시공간 압축' 개념과 비슷하지만, 로자는 이를 바로 소외의 문제, 특히 마르크스의 소외된 노동 개념을 계승하는 비판이론의 관점에서 인간이 스스로부터, 동료로부터, 그리고 사물로부터 소외되는 문제에 초점을 맞춘다.[31]

이 글은 고도 모빌리티 시대 소외의 원인을 속도가 아니라 사회의 '크기'에서 기인하는 것으로 본다는 점에서 로자와 구별된다. "모빌리티 테크놀로지의 발전에 따라 커진 세계와 실제로 개인적 삶의 대부분을 구성하고 있는 작은 사회의 괴리"가 소외를 심화시킨다는 것이다.[32] 윤태양은 "대면 대화와 업무상의 만남, 가족 및 친구와의 친목 만남" 등의 중요성에 대한 어리의 주장을 이어받으면서, 고도 모빌리티 시대 소외 문제를 해결할 대안으로서 '작은 사회'의 회복을 역설하고 그 윤리로서 (재해석된) '오륜五倫'을 제시한다.

이 글은 전통적 공동체 소멸로 인해 소외가 발생한다는 멜빈 시먼 Melvin Seaman의 통찰에 주목한다. 시먼에 따르면, 혈연관계의 비인격화, 관료제·기계화·표준화·세속화, 사회적 분화와 분업, 유동성 증대로 인한 대인 관계의 직접적 유대 관계 감소, 규모의 확대 등이 소외를 야기하는 것이다. 이 글은 이러한 시먼의 관찰에 입각하여, 모빌리티 테크놀로지가 오히려 소외를 야기하는 측면을 확인한다. 특

31 Rosa, Hartmut, *Alienation and acceleration: towards a critical theory of late-modern temporality,* Aarhus Universitetsforlag, 2010.
32 '모빌리티 과잉hypermobility'이 공-현전co-presence의 결핍으로 인한 고립과 소외를 야기한다는 분석은 다음을 참조. Cohen, Scott A., Gössling, Stefan, "A Darker Side of Hypermobility," *Environment and Planning A* 47, 2015. 모빌리티가 "만남의 공간, 토론의 공간, 접촉의 공간에서 개인 상호 간 의미의 교환을 약화"시킨다는 논의는 다음을 참조. 이용균, 〈모빌리티가 여행지 공공공간의 사적 전유에 미친 영향: 터키 여행공간을 사례로〉, 《한국도시지리학회지》 22(2), 2019, 51쪽.

히 교통수단의 발달이 우리로 하여금 원하는 때에 원하는 곳으로 쉽게 이동할 수 있게 하였고, 통신수단의 발달이 이제 우리가 늘 '온라인'이도록 만들었다. 이로 인해 개인이 관계 맺는 세계가 크게 확장되었지만, 그 반대급부로 가족, 친구, 지인, 동료로 이루어진 작은 사회의 소속감, 연대감, 연결, 자기존재가 상실되어 가고 있다.[33] 이는 모빌리티 테크놀로지에 의해 확장된 세계와 개인이 살아가는 현실적 생활세계의 괴리에서 발생하는 것일 수 있다.

이 지점에서 이 글이 착안하는 것은 작은 사회의 핵심이 관계성과 상호성이라는 점, 그리고 유가철학이 관계를 중심에 두었다는 점이다. 특히 오륜에 대한 맹자의 언급은 이러한 관계성과 상호성을 분명하게 드러내고 있다. 그러나 오륜이 작은 사회의 회복을 위해 적실한 윤리로 작동하기 위한 전제 조건이 있다. 그것은 일방적 의무의 요구라는 고정관념을 극복하기 위해 '오륜'을 재해석하고 재개념화해야 한다는 것이다.

따라서 이 글은 오륜이 적용되는 부자·군신·장유·붕우·부부 관계를 수직·수평 관계와 혈연적·비혈연적 관계라는 두 축을 기준으로 면밀히 구별하고, 이에 상응하여 각 관계의 덕목인 친親, 의義, 서序, 신信, 별別을 재해석하여 그 상호성을 부각한다. 이 글은 후설 Edmund Husserl이나 하버마스Jürgen Habermas가 추구한 생활세계의 복권과 어떤 통찰을 공유하지만, 과학적 세계(후설)나 체계(하버마스)가 아니라 (모빌리티 테크놀로지에 의해 건립된) 거대하고 추상적인 세계

---

33 테크놀로지가 해방(약)과 소외(독)를 동시에 야기하는 일종의 "파르마콘"과 같은 것이라는 스티글레르의 기술철학에 대해서는 다음을 참조. 박성우, 〈미디어화, 해방과 소외의 파르마콘〉,《언론정보연구》 55(2), 2018.

에 맞서는 작고 친밀한 생활세계를 복권하기를 주장한다. 그리고 이러한 생활세계를 지탱하는 윤리를 동양의 전통적인 규범에서 탐색하고 있다는 데에서 향후 모빌리티 연구에서 검토해야 할 하나의 시금석을 놓고 있다.

◆ ◆ ◆

새로운 모빌리티 패러다임은 초기부터 모빌리티 테크놀로지와 인프라와 같은 물질성의 중요성에 주목해 왔다.

이 새로운 패러다임은 모든 모빌리티가 특수하고 종종 상당히 착근되고 부동적인 인프라를 포함함을 강조한다. (…) 이러한 체계들의 복합적 특성은 다중적 고정성fixity이나 계류mooring에서 유래하는데, 이러한 고정성과 계류는 액체 근대성의 유동하는 것들을 가능하게 하는 견고한 물리적 스케일 위에 종종 기초하고 있다. 그러므로 휴대전화, 자동차, 비행기, 기차, 컴퓨터 연결을 비롯한 "이동 기계mobile machines"는 모두 서로 중첩되고 다양한 시간-공간 부동성을 전제한다.[34]

《모빌리티 시대, 기술과 인간의 공진화》는 모빌리티 전회와 물질적 전회의 교차로에서, 호모 모빌리쿠스와 모빌리티 테크놀로지의 '모빌리티 공진화'를 개념화하고, 특히 이러한 공진화가 인간의 새로운 지각과 정동, 시간 의식과 공간 의식, 장소성 등을 야기함으로

---

34 Sheller, Mimi, Urry, John. "The new mobilities paradigm," *Environment and planning A* 38. 2, 2006, p. 210.

써 일종의 '모빌리티 스케이프'를 형성하고 있음에 주목하였다. 나아가 이러한 공진화 안에서 사회의 새로운 권력과 통치 양태를 '모빌리티 통치성'의 개념 하에서 살펴보았다.

이러한 접근을 통해 모빌리티 연구는 다양한 스케일의 모빌리티들을 분리하기보다 이들의 상호 연관 및 상호의존성에 주목하고 이들을 모빌리티라는 하나의 프레임 하에서 연구하기를 요구한다.[35] 이러한 모빌리티 전회는 근본적으로 물질적 전회와 친화적이다. 물질적 전회는 전술한 것처럼 대체로 이른바 평평한 존재론에 기초하는데, 평평한 존재론은 "오직 고유하고 독특한 개체들로 이루어지며 이 개체들은 시공간 스케일에서는 차이를 지니지만 존재론적 지위에서는 차이가 없다."[36] 이런 의미에서 물질적 전회는 역시 평평한 존재론에 기초한 존재론적 전회ontological turn[37]와 교차한다.

그러나 이러한 전회들의 교차성intersectionality에 있어서 우리가 놓치지 않아야 하는 것은, 모빌리티 연구가 "다양한 모빌리티들 간의 유사성과 차이들과 관련한 존재론적 논의"[38]를 보다 정교하게 전개할 필요가 있다는 것이다. 모빌리티 전회, 물질적 전회, 존재론적 전회의 프레임 안에서, 보다 섬세한 모빌리티 존재론Ontology of Mobilities을 전개하는 것이 우리의 과제가 될 것이다.

---

35 가령 미미 셸러는 신체, 거리, 도시, 국경, 지구 등의 스케일을 관통하는 다중 스케일 접근을 강조한다. 미미 셸러, 《모빌리티 정의 – 왜 이동의 정치학인가》, 2019.

36 DeLanda, Manuel, "Intensive science and virtual philosophy," *Continuum*, 2002, p. 47.

37 존재론적 전회에 대해서는 다음을 참조. Escobar, Atruro, "The 'Ontological Turn' in Social Theory", *Transactions of the Institute of British Geographers* 32(1), 2007; 김은중, 〈문명의 전환과 존재론적 전회〉, 《라틴아메리카연구》 31(3), 2018, 23쪽; 김태우, 〈동아시아 의학의 관계적 존재론〉, 《의철학연구》 27, 2019, 66쪽.

38 Söderström, Ola, Crot, Laurence, *The mobile constitution of society: rethinking the mobility-society nexus*, Université de Neuchâtel, 2010, p. 3.

참고문헌

김상민·김성윤, 〈물질의 귀환: 인류세 담론의 철학적 기초로서의 신유물론〉, 《문화과학》 97, 2019.

김숙진, 〈아상블라주의 개념과 지리학적 함의〉, 《대한지리학회지》 51(3), 2016, 311~326쪽.

김연철, 〈행위자-연결망 이론(ANT)과 사변적 실재론(SR)의 접점〉, 《사회와 이론》 28, 2016.

김은중, 〈문명의 전환과 존재론적 전회〉, 《라틴아메리카연구》 31(3), 2018.

김재영, 〈저널리즘의 공진화〉, 《지역과 커뮤니케이션》 23(4), 5~32쪽.

김재희, 〈모빌리티와 기술철학: 시몽동과 스티글러〉, 《모빌리티 사유의 전개》, 앨피, 2019, 249~271쪽.

김태우, 〈동아시아 의학의 관계적 존재론〉, 《의철학연구》 27, 2019.

김태희, 〈체화된 인공지능의 상황과 환경〉, 《현상학과 현대철학》 83, 2019.

김혜런, 〈다윈은 '약육강식, 적자생존'의 진화론을 말하지 않았다〉, 《인물과사상》 2003. 8, 56~63쪽.

도린 매시, 《공간, 장소, 젠더》, 정현주 옮김, 서울대학교출판문화원, 2015.

마르크 오제, 《비장소》, 이상길·이윤영 옮김, 아카넷, 2017.

미미 셸러, 《모빌리티 정의 – 왜 이동의 정치학인가》, 최영석 옮김, 앨피, 2019.

미셸 푸코, 《안전, 영토, 인구》, 오르트망 옮김, 난장, 2011.

박성우, 〈미디어화, 해방과 소외의 파르마콘〉, 《언론정보연구》 55(2), 2018.

박인찬, 〈포스트휴먼으로 가는 길: 인간과 기계의 공(共)진화를 중심으로〉, 《안과 밖》 43, 2017.

앤디 클락, 《내추럴-본 사이보그》, 신상규 옮김, 아카넷, 2015.

엄미옥 〈국경을 넘는 서사와 장소의 정치학 – 『리나』와 『바리데기』를 중심으로〉, 《현대문학이론연구》 71, 2017.

에드워드 S. 케이시, 《장소의 운명 – 철학의 역사》, 박성관 옮김, 에코리브르, 2016.

에드워드 랠프, 《장소와 장소상실》, 김덕현·김현주·심승희 옮김, 논형, 2005.

윤태양, 〈다섯 가지 상호의존적 '모빌리티'에 대한 비판적 검토 - 모빌리티 개
　　념의 재개념화를 통하여〉, *International Journal of Diaspora & Cultural
　　Criticism* 9(2), 2019.
이시연·최대석, 〈중첩적 공진화(Dual Co-Evolution)를 통한 대북 전략〉, 《국방
　　연구》 61(3), 2018, 33~58쪽.
이용균, 〈모빌리티가 여행지 공공공간의 사적 전유에 미친 영향: 터키 여행공간
　　을 사례로〉, 《한국도시지리학회지》 22(2), 2019.
이준석, 〈객체지향존재론, 행위자-연결망 이론, 그리고 과학기술학의 비인간 전
　　회(non-human turn)에 관하여: 하이퍼객체와 휘포객체, 혹은 나노객체〉, 《한
　　국과학기술학회 학술대회 자료집》, 2018.
이-푸 투안, 《공간과 장소》, 구동회·심승희 옮김, 대윤, 1999.
이현재, 〈디지털 도시화와 사이보그 페미니즘 정치 분석: 인정투쟁의 관점에서
　　본 폐쇄적 장소의 정치와 상상계적 정체성 정치〉, 《도시인문학연구》 10(2),
　　2018.
존 어리, 《모빌리티》, 강현수·이희상 옮김, 아카넷, 2014.

Adey, Peter, "If Mobility is Everything Then It Is Nothing: Towards a
　　Relational Poligics of (Im)mobilities," *Mobilities* 1(1), 2006.
＿＿＿＿, "Emergency mobilities," *Mobilities* 11(1), 2016.
Bærenholdt, J. O., "Governmobility: The powers of mobility," *Mobilities* 8(1),
　　2013.
Cohen, Scott A. Gössling, Stefan, "A Darker Side of Hypermobility,"
　　Environment and Planning A 47, 2015.
DeLanda, Manuel, "Intensive science and virtual philosophy," *Continuum*,
　　2002.
Escobar, Atruro, "The 'Ontological Turn' in Social Theory", *Transactions of
　　the Institute of British Geographers* 32 (1), 2007.
Greenfield, Adam, *Radical Technologies*, London and New York: Verso, 2017.
Hannam, K., M. Sheller, and J. Urry, "Editorial: Mobilities, Immobilities and
　　Moorings," *Mobilities* 1(1), 2006.
Heidegger, Martin, "Die Räumlichkeit des Daseins," *Raumtheorie*.

Grundlagentexte aus Philosophie und Kulturwissenschaften, Frankfurt am Main, 2006.

Nail, Thomas, *The Figure of the Migrant*, Stanford: Stanford University Press, 2015.

_____, *Theory of the Border*, Oxford: Oxford University Press, 2016.

Rosa, Hartmut, *Alienation and acceleration: towards a critical theory of late-modern temporality*, Aarhus Universitetsforlag, 2010.

Sheller, Mimi, Urry, John. "The new mobilities paradigm," *Environment and planning A* 38. 2, 2006.

Söderström, Ola, Crot, Laurence, *The mobile constitution of society: rethinking the mobility-society nexus*, Université de Neuchâtel, 2010.

Urry, John. "Mobile lives and materialities." *Materiality and Space*. Palgrave Macmillan, London, 2013.

1부

모빌리티 테크놀로지와
인간의 공–진화

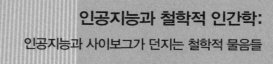

인공지능과 철학적 인간학:

인공지능과 사이보그가 던지는 철학적 물음들

이진경

이 글은 《마르크스주의 연구》 제14권 제4호(2017)에 게재된 원고를 수정하여 재수록한 것이다.

인공지능의 '충격'

지식이나 사유의 역사에서 비약적 발전을 이룬 것은 대개 충격을 동반하는 어떤 사건이나 인식이었다. 뒤집어 말하면, 충격을 주는 어떤 사건은 인식이나 지식의 발전에서 비약의 계기를 잠재적으로 함축하고 있다고 말해도 좋을 것이다. '충격'이란 그 과장된 어조를 지우고 본다면, 그간의 양식이나 통념, 혹은 예상이나 추측을 깨는 어떤 것의 존재를 보여 주는 징표 같은 것이기 때문이다.

알다시피 인공지능은 잊기 힘든 몇 번의 충격을 야기해 왔다. 당시에는 비밀이었고 나중에야 알려진 것이지만, 컴퓨터와 인공지능의 '기원'으로 간주되는 튜링Alan Turing의 기계가 독일군의 암호기계 에니그마Enigma의 코드를 해독했던 것은, 시간적 지연으로 인해 가시적 '충격'을 주진 못했으나 사후적으로 기계적 지능의 가능성에 대해 최초의 경탄을 자아냈음이 분명하다. 존 매카시John McCarthy 주도로 시작된 1956년 다트머스 워크숍 직후 앨런 뉴월Allen Newell과 허버트 사이먼Herbert Simon이 '로직 시어리스트Logic Theorist'라는 추론 프로그램으로 러셀Bertrand Russell과 화이트헤드Alfred North Whitehead의 책《수학원리》2장에 있는 정리들 대부분을 때론 책보다 더 간결한 방법으로 증명해 보여 주었을 때, 비록 놀란 사람의 수는 적었지만 놀란 사람들에게 그것은 분명 대단한 충격이었을 것이다(Rusell/ Norvig, 2016: 22). 가장 대중적인 충격은 IBM의 컴퓨터 딥블루Deep Blue가 체스 챔피언 카스파로프Garry Kasparov에게 승리했을 때(1997)였을 것이다. 같은 해에 데이빗 코프가 만든 프로그램 에미EMI는 다수의 청중들을 앞에 놓고 바흐 및 인간 작곡가와 겨루어 가장 바흐 같은 작품으로 인정받게 된다. 이는 기계적 추론 능력과 달리 '창조성'을 필요로 하는 예술에서 인공지능이 인간을 능가할 수 있음을 보여 준 것이었기에, 인공지능의 창조력에 대해 매우 회의적이었던 인지과학자 더글라스 호프슈태터Douglas Hofstadter 같은, 알아보는 눈이 있는 이에겐 딥블루 이상의 충격이었을 것이다(Garcia, 2016; Sawyer, 2012, 143). 그리고 최근 구글 딥마인드의 인공지능 프로그램 알파고AlphaGo가 최고의 기사棋士인 인간에게 승리했을 때, '바둑은 체스와는 달라'라며 이전의 불길한 패배를 자위하던 인간은 더 이상 그런 식으로 피할 길은 없다는 사실로 인해 또 다른 의미의 충격을 받았던 것 같다.

이러한 충격은 분명 기계와 인간의 관계에 대해, 그리고 인간의 지적 능력에 관해 지금까지 견지되어 온 어떤 양식이나 통념들이 깨지는 근본적인 사건이라 할 것이다.

대중적이고 과장된 감정적 반응과 달리 이 충격 속에 함축된 의미를 새로운 인간학으로 발전시키려는 철학적 시도들에 대해선 진지하게 검토해야 할 것이다. 가령 '포스트휴먼posthuman'이나 '트랜스휴먼transhuman' 개념은 기계와 결합된 새로운 종으로서의 인류에 대한 사유의 표현이라 할 것이다.[1]

그러나 충격에 함축된 사건의 의미를 충분히 다루기 위해서는, 그로 인해 야기될 미래의 모습을 예측이란 이름으로 묘사하거나, 그것과 결합된 새로운 인간 형상에 대해 외삽적으로 추론하는 것만으론 부족하다. 혹은 그렇게 '예측'되고 추론된 미래의 형상에 낙관이나 근심을 표명하는 등의 의미를 부여하는 해석 또한 그러한 '충격'

---

[1] 포스트휴먼이 새로운 기술에 의해 인간이 본성이 근본적으로 달라진 존재에 의해 대체될 것임을 강조한다면, 트랜스휴먼은 그러한 기술에 의해 능력이 확장된 인간의 도래를 강조한다는 점에서 차이가 있다. 트랜스휴먼이란 휴먼에서 포스트휴먼에 이르는 과도기라고 보기도 한다. 신상규, 《호모 사피엔스의 미래》, 아카넷, 2014, 106쪽.

을 충분히 소화하기에 부적절하다. 진정한 충격이란 그것 이전에 존재하는 것들, 가령 인간이나 기계, 생명 같은 것의 관념 그 자체를 근본에서 뒤흔드는 것이기에, 그 충격을 사유한다 함은 그러한 근본적 균열과 와해를 통해 그 이전이라면 사유할 수 없었던 것을 사유할 수 있는 지점으로까지 내려가는 것이라 하겠다. 그것은 인간의 관념을 어떻게 바꾸었는가라는 인간학적 주제뿐 아니라, 어느새 '인간'을 가정하고 생각하던 근본적인 관념이나 개념들 안으로까지 그 충격의 효과를 밀고 들어가는 것이어야 한다.

이하에서는 이러한 관점에서 인공지능을 필두로 하는 현대의 과학기술이 '인간'의 관념을 형성하는 전통적인 철학적 인간학에 대해 던지는 물음들 가운데 몇 가지를 다루어 보려고 한다. 이는 기계는 물론 '인간'에 대해 '인간중심주의'를 넘어서 다시 사유하는 출발점이 어디가 되어야 하는지를 이해하는 데 중요한 물음이 될 것이다.

존재론적 평면화: '포스트휴먼'에서 '프리휴먼'으로

기계적 시각을 다루면서, 기계적 시각을 신경과 연결하여 인간에게 장착한 인간을 상정하며 변화된 감각을 가진 새로운 인간의 출현을 말하는 것은, 그 새로운 감각-기계의 의미를 근본에서 사유한 것이라 할 수 없다. 기계적 시각과 인간의 시각을 전기신호로 연결되는 신경망을 통해 하나의 새로운 개체로 다루면서 그 개체화의 새로운 양상을 고찰하려는 것은, 앞의 외삽적 추론이 여전히 벗어나지 못하고 있는 통념과 상식을 넘어서는 출발점을 이룬다. 그러나 이것으론 불충분하다. 여기서 더 나아가 그러한 변화를 감각의 개념 자체로 되돌려 사유해야 한다. 즉, 인간과 결합되기 이전에 기계가 어떤 대상을 '본다'고 할 때, '본다'는 것은 대체 어떤 작용인지를, 눈으로 사물을 지각한다는 인간학적 통념에서 벗어나 다시 물어야 한다.

'보다'라는 말에 대한 통념은 눈앞의 대상에 반사된 빛이 우리의 망막에 들어와 시각적 상을 형성하는 것이다. 예전에 인상주의자들은 헬름홀츠Hermann Von Helmholtz의 광학이론을 통해, '본다'는 것은 광원에서 나온 빛이 대상에 가서 반사되어 온 것을 보는 것이라고 생각하여 새로운 감각의 그림을 그렸다. 이를 기계에 적용하면, 카메라나 센서를 통해 대상에 반사된 빛이 화소 단위의 정보로 바뀌어 컴퓨터에 입력되는 것이다. 이때 우리는 사진으로 표상되는 어떤 결과물을 떠올리고 있는 셈이다. 그러나 단지 그뿐이라면 카메라를 통해 입력된 대상이 개인지 고양이인지를 구별하기 위해 그토록 엄청난 물량을 동원해 며칠간 계산을 할 이유가 없을 것이다. 인상주의자들에게 그런 관념으로 충분했던 것은, 이미 그들이 대상을 식별할 수 있는 사람의 능력을 가정하고 있었기 때문이다. 기계적 시각이 보여 주는 것은 그 빛의 파장을 정확하게 포착하여 화소들로 이루어진 풍경의 상을 얻는다 해도, 그것만으론 그 안에 있는 개와 고양이를 알아보지 못한다는 사실이다. 즉, 화상 정보의 포착을 통해 기계는 감각적 지각을 행하는 셈이지만, 실은 보아도 보지 못하고 있는 것이다. 그렇다면 인간의 눈이 아니라 기계의 '눈'이 본다고 할 때, '본다'는 건 대체 무엇일까? 이는 역으로 인간이 '본다'는 건 어떤 것인지를 다시 묻게 한다. 그 또한 빛이 망막에 있는 광수용체를 자극하고 이것이 뇌에 전달되는 것으로 끝나지 않는 것이기 때문이다.

식별의 문제 이전에 대상을 포착하는 것에 대해서도 우리는 다시 사유해야 한다. 시각 센서들을 통한 대상의 지각은 여전히 '눈'이라는 감각기관을 통해 대상을 포착하는 것이란 관점에서 '본다'는 관념에서 자유롭지 못하다. 센서란 기계적으로 작동하는 '눈'이라는 은유적 통념이 여전히 그 밑에 깔려 있기 때문이다. 카메라는 눈이란 기관을 모델로 만들어진 것이기에 그렇다. 그런데 기계적 센서를 통해 감각을 사유한다면, 시각센서뿐 아니라 다른 센서들, 가령 압력센서나 속도센서를 통한 지각에 대해서도 타당한 것이 되어야 한다. 시각센서와 달리 이들은 대응되는 별개의 기관을 갖고 있지 않다. 압력센서와 속도센서는 감각기관 없이 지각한다. 즉, 기계적 감각은 감각이란 반드시 감각기관을 따로 갖고 있어야 한다는 생각 또한 인간의 자기중심적 통념에 속함을 보여 준다. 이는 식물의 감각을 살펴보면 더욱 확실해진다. 인간이 망막에 있는 다섯 개의 광수용체를 통해 빛을 지각하는 데 비해, 식물학자들이 애용하는 애기장대풀은 11개의 광수용체를 갖고 있다. 그렇다면 증명되어야 할 것은 애기장대풀이 시각적 감각이 있을 것이라는 명제가 아니라 없을 것이라는 명제다. 식물의 '시각'에 대한 분자유전학적 연구의 선구자 네덜란드의 마르틴 코르네르프는 광수용체에 변이를 일으켜 청색광, 적색광 등을 감지하지 못하는 애기장대풀을 '만들고', 그것들이 상이한 빛에 따라 다르게 자람을 확인함으로써 식물이 색을 감지하는 능력이 있음을 증명한 바 있다(Chamovitz, 2013: 31 이하). 요컨대 식물은 눈이 없지만 '본다'. 기계도 식물도 감각기관 없이 감각한다는 것이다. 따라서 감각기관이 감각의 전제라는 관념은 인간이나 동물들에게 고유한 특성을 과잉 일반화한 잘못된 관념이다.

이러한 사실이 잘 보여 주는 것은 인공지능 이후의 인간, 다시 말해 '포스트휴먼'이나 '트랜스휴먼'을 제대로 사유하기 위해선 인공지능이나 사이보그 같은 인간 '이후'의 것뿐 아니라 식물이나 동물, 혹은 단순한 '기계' 같은 인간 '이전'의 것들에 대해서 올바로 사유할 수 있어야 한다는 사실이다. 즉, 포스트휴먼에 대한 사유는 '프리휴먼prehuman'에 대한 사유 없이는 불가능하다. 니체 식으로 표현하자면, 인간이란 포스트휴먼과 프리휴먼 사이에 걸려 있는 하나의 다리 같은 것이다. 하지만 이 다리 양쪽에 높고 낮음의 위계 같은 것, 출발지와 목적지 같은 것은 없다는 점을 추가해야 한다. 중요한 것은 프리휴먼과 휴먼, 포스트휴먼이 하나로 이어진 연속적 평면을 이루고 있으며, 그것들 사이에 넘을 수 없는 심연 같은 건 없다는 점이다. 따라서 인간과 기계뿐 아니라 동물과 식물, 기계와 생명이 하나의 연속적 평면 위에 존재한다는 것을 분명히 해야 한다. 이를 모든 존재자가 하나의 평면 위에 존재함을 뜻한다는 점에서 '존재론적 평면화'라고 명명해도 좋을 것이다. 이는 포스트휴먼이나 트랜스휴먼, 혹은 사이보그나 인공지능 같은 것을 인간중심적 관념에서 벗어나 다루기 위한 방법론적 전제이다.

인간과 기계, 동물과 식물이 하나의 평면에 있다는 것은 그것들 간의 구별이 불가능함을 뜻하는 게 아니다. 생명과 기계, 인간과 비인간, 동물과 식물을 다룰 때 어떤 암묵적 위계나 단절의 가정 없이 하나의 평면에서 다룰 수 있어야 하며, 그 평면 위에서 각각의 개체는 자신이 갖는 상이한 능력들, 상이한 특이성들에 따라 다른 것과 만나고 갈라지며, 섞이고 분리됨을 뜻할 뿐이다. 어떤 하나의 능력을 두고 비교하자면 때론 인간이, 때론 식물이, 때론 특정 기계가, 때론 특정 동물이 가장 탁월할 수 있지만, 모든 것의 우위에 서는 어떤 '종'이나 '유'는 없다. 또한 어떤 능력이 탁월하다는 것이 그렇지 않은 다른 것들에 비해 '고등' 또는 '하등'하다고 나누는 일반적 분류의 이유가 될 수 없다. 또한 어떤 능력이나 특이성을 다룰 때, 특정한 '종'이나 범주의 형태적 특징(가령 시각은 눈을 통해 보는 것이라는 식으로)

을 특권화하지 않아야 한다. 이런 평면화 없이 비교한다는 것은 특정한 종, 대개는 인간이 자연스레 여기는 자신의 특징을 기준 삼아 다른 것을 평가하는 것이 되기에 인간중심주의를 피할 수 없을 뿐 아니라, 다른 범주에 속하는 것에 대해 근본적으로 오해하게 된다.

포스트휴먼이나 트랜스휴먼이란 인간의 능력이나 자질이 기계와 만나 출현하게 될 진화된 능력 같은 것이 아니라, 그 자체가 이미 그렇게 하나의 평면에서 상이한 능력이나 자질이 만나며 출현한 것이다. 그것은 우리를 미래로뿐 아니라 '과거'로 데리고 간다. 과거 인간에 대해, 인간의 능력에 대해 사유했던 것들을 현재 속으로 다시 불러낸다. 미래의 시제로 쓰여진 포스트휴먼이나 트랜스휴먼의 형상 또한 그 평면에서 현행의 기계적 발전을 통해 출현할 또 다른 능력이나 자질들의 집합 내지 배치를 뜻할 것이다.

중국어 방과 아에뮬라티오: 플라톤의 문제

튜링 테스트가 인공지능, 혹은 지능을 가진 기계의 능력을 테스트하는 표준적인 개념이라는 점은 잘 알려져 있다. 튜링 테스트란 기계의 지적 능력을 확인하는 테스트인데, 핵심은 주어진 문제에 대해 내놓은 답을 블라인드 테스트했을 때 기계가 한 것과 인간이 한 것을 식별할 수 없다면, 그 기계는 인간과 동일한 지적 능력을 갖고 있다고 보는 것이다.

튜링 테스트가 정말 기계의 지능을 검사하고 확인할 수 있는지 여부에 대해선 적지 않은 비판이 있었다. 지능이 있다고 하기 어렵지만 지능을 가진 것처럼 흉내 냄으로써 튜링 테스트를 통과할 수도 있다는 비판, 테스트의 결과가 판정하는 쪽에 의해 달라질 수도 있다는 비판 등이다. 실제로 튜링 테스트를 목표로 하는 개발자가 없다는 지적도 이런 맥락에서 나온다(유신, 2014: 84~85). 그러나 이는 모두 현실적인 테스트에서 발생하는 느슨함과 결부된 것이어서 그 조건을 엄격하게 강화한다면 넘어설 수 있으므로 튜링 테스트 자체를 개념적으로 무효화하긴 어렵다고 보인다. 튜링 테스트 개념의 요체는 인간과 기계가 수행한 작업을 블라인드 테스트로 비교하는 것이고, 이는 튜링 테스트를 실제로 하든 안 하든 인공지능이나 지능을 가진 기계를 평가할 때 실질적으로 가동되는 것이라고 보아야 한다. 즉, 인간과 기계를 지적 능력에서 비교하려는 순간, 이미 튜링 테스트는 '개념적으로' 작동하고 있다고 할 것이다.

"인간처럼 행동한다면 인간과 동일한 지적 능력을 갖고 있는 것이다"라는 튜링 테스트의 함축이 못마땅했던 철학자 존 설John Searle은 튜링 테스트를 위한 방을 이용하여 인간처럼 작동하는 기계가 인간의 이해 능력을 갖고 있다고 할 수 있는지 반문한다. 역시 잘 알려진 '중국어 방'이 그것이다(Searle, 1980). 그는 자신의 주장을 논증하기 위해 튜링 테스트처럼 동일한 결과를 '출력하는' 두 경우를 예로 든다. 먼저,

상황 ① 중국어를 할 줄 아는 사람처럼 행동할 수 있는 인공지능을 장착한 컴퓨터가 방 안에 있고, 그 방 안에 중국어가 적힌 종이가 들어간다. 컴퓨터는 그 글자를 인식하여 그에 대한 적절한 대답을 적어 밖으로 내보낸다. 이런 식으로 밖에 있는 사람과 안에 있는 사람은 중국어로 대화를 계속한다. 방 밖의 사람은 방 안에 중국어를 잘하는 사람이 있을 거라고 생각할 것이다.

상황 ② 앞의 그 방에 중국어를 전혀 모르는 사람이 들어가서 컴퓨터가 밖에서 들어온 글자에 반응하는 것과 동일하게 대응하는 방

법을 익혀 컴퓨터가 하던 것과 동일하게 글자를 적어 밖으로 내보낸다. 그러면 밖에 있는 사람은 방 안에 있는 사람을 컴퓨터와 구별할 수 없을 것이며, 그 방 안에 있는 사람이 중국어를 잘하는 사람이라고 생각할 것이다.

이건 기계와 사람이 동일하게 반응한다는 점에서 튜링 테스트를 역으로 뒤집은 것이다. '식별 불가능한 동일성'을 갖는 사람과 기계. 그런데 상황 ②에서 설은 방 안의 사람이 중국어를 전혀 모른다고 가정했다. 다만 '기계적으로' 주어진 글자에 대답하는 방법만을 알고 있을 뿐이다. 따라서 밖에 있는 사람이 방 안의 사람이 중국어를 잘한다고 믿는 것은 오산이다. 그렇다면 이 사람과 구별되지 않는 상황 ①의 인공지능 컴퓨터 역시 중국어를 잘한다고 말하는 건 오산이다. 설은 튜링 테스트를 역으로 이용해, 들어온 중국어에 적절하게 반응하는 인공지능이 있다고 해도, 그것이 중국어를 '안다' 내지 '이해한다'고는 할 수 없음을 증명하려 한 것이다. '안다'거나 '이해한다'는 말은 주어진 단어에 적절하게 반응하는 것이 아니라 그 말의 의미를 '실제로' 아는 것을 뜻한다는 생각인 것이다. 상황 ②의 사람과 마찬가지로, 상황 ①의 기계도 의미를 모르는 채 그저 반응할 뿐이라는 것이다.

그런데 상황 ②에 대해, 거기 등장하는 사람에 대해 설은 너무 단순하게 생각한 것 같다. 설은 그 사람이 '중국어를 모른다'고 가정했지만, 어떤 방법으로든 입력된 중국어 글자에 적절하게 반응하는 방법을 배웠다고 했을 때, 방에 들어왔을 때와는 다른 변화가 그에게 발생했다는 것을 생각지 못한 것이다. 프로그램 소스코드를 읽고 한 것이든 반응하는 기계적 규칙을 외워서 한 것이든, 들어온 글자에 적절하게 반응한다는 말은 무엇을 뜻하는 것일까? 우리가 중국어, 아니 외국어를 배운다는 것은 무엇일까? 자신에게 들어온 중국어 글자에 적절하게 반응하는 방법을 익혔다면, 비록 처음에 중국어를 모른다고 가정했지만, 여전히 이 사람이 중국어를 정말 모른다고 말할 수 있을까?

알다시피 단어나 문장의 의미를 그 말로 표상되는 그림이라고 생각했던 비트겐슈타인Ludwig Wittgenstein은, 아이들에게 말을 가르치면서 자신이 언어에 대해 크게 잘못 생각했음을 깨닫고 《논리 철학 논고》에 기술된 자신의 입장을 완전히 뒤집어 버린다. 비트겐슈타인이 이러한 깨달음 뒤에 얻은 생각을 한 마디로 말한다면, "단어의 의미는 그 단어의 용법"이라는 《철학적 탐구》의 명제로 요약할 수 있을 것이다(Wittgenstein, 2006). 즉, 단어의 의미를 정확히 안다 함은 그 단어를 적절하게 사용할 줄 안다는 것을 뜻한다.

그렇다면 어떤 방법으로든 상황 ②의 방 안에 있는 사람이 중국어에 적절하게 반응하는 방법을 익혔다면, 그리고 상황 ②의 서술대로 방 밖의 사람이 방 안의 사람에 대해 중국어를 잘 안다고 생각한다면, 방 안의 사람은 중국어 단어의 적절한 사용법을 안다고 해야 한다. 그렇다면 방 안의 사람이 중국어를 모른다는 말은 더 이상 적절하지 않게 되었다고 해야 한다. 소스코드 덕분이든 인공지능의 대응규칙을 익혀서든, 밖에서 들어오는 말에 적절하게 대응하여 중국어를 잘한다는 반응을 얻었다면, 그는 이제 중국어를 할 줄 안다고 해야 한다는 것이다. 바로 그것이 방 안에서 그에게 발생한 변화의 요체다. 방 안에서 중국어 단어에 적절하게 반응하는 방법을 익혔다는 가정이 실제로 뜻하는 것은, 이제 그는 상대가 중국인이라고 믿을 만큼 능숙하게 중국어를 사용할 수 있게 되었다는 말이다. 어떤 경로로 익힌 것이든 중국어 단어의 적절한 사용법을 익힌 것이니, 비트겐슈타인의 말대로 중국어의 '의미'를 잘 알게 된 것이다. 중국어를 '이해하게' 된 것이다. 이것이 언어에 관한 한 '안다'나 '이해하다'라는 말의 실질적 의미. 그렇다면 다시 상황 ①로 거슬러 올라가, 방 안의 인공지능이 이제는 중국어를 잘 알게 된 상황 ②의 사람과 동일하게 들어오는 중국어에 반응할 수 있다면, 이 인공지능 또한 중국어의 적절한 용법을 안다고 해야 하며, 따라서 중국어를 잘 '안다'고, 중국어를 '이해하고' 있다고 해야 한다.

중국어 방에 대한 설의 사고실험이 실제로 뜻하는 바는 설의 생각과는 정반대로, 상대방이 눈치 챌 수 없을 정도로 중국어를 아는 것'처럼' 행동하는 사람은 사실상 중국어를 '아는' 것이고, 상대방이 눈치 챌 수 없을 정도로 중국어를 하는 것'처럼' 작동하는 기계는 중국어를 아는 것이며 그 말을 '이해하고' 있다는 사실이다. 설이 이를 이해하지 못했던 것은, '안다', '이해하다'라는 말에 대해 인간이, 아니 자신이 갖고 있는 관념을 자명한 것으로 어느새 가정하고 있었기 때문이다. 말이 아니라 '능력'이라고 바꾸어도 마찬가지다. '보는' 능력이 그렇듯, '아는' 능력, '이해하는' 능력에 대해 자신이 행하는 바에 대한 직관에 기초한 인간중심적 가정을 고수하는 한, 그 말을 사용할 수 있는 것은 '정의상' 인간밖에 없다. 그런 가정 하에서는 '안다', '이해하다'라는 것을 두고 다른 것에 대해 어떤 사고실험이나 테스트를 해 봐야 답은 이미 '정의상' 정해져 있다. 인간이 하듯 말을 해야만 언어를 사용하는 동물이라는 가정 하에선 어떤 동물도 언어를 사용한다고 할 수 없다는 결론이 모든 관찰 이전에 이미 예정되어 있는 것처럼 말이다. 이는 동물행동학의 발전과 더불어 가장 먼

저 와해된 믿음 가운데 하나다.[2]

요컨대, 중국어 방이 뜻하는 바는 설이 생각했던 것과 정반대로 인공지능이나 기계가 인간이 행동하는 것과 동일하게 행동한다면, 즉 정확하게 인간처럼 행동한다면 적어도 그 행동에 관한 한 인간과 다르다고 할 수 없다는 것이다. 그렇다면 동물이나 식물, 기계처럼 인간이 그 내면을 알 수 없는 것에 대해 다음과 같이 일반화할 수 있다. 특정한 문제가 주어진 상황에서 어떤 존재자가 정확하게 인간처럼 행동/작동한다면, 그것은 그 문제에 관한 한 인간과 다르다고 할 수 없다. 간단히 말해 어떤 종류의 일을 정확히 인간'처럼' 한다면, 그 일에 관한 한 기계든 동물이든 인간과 동일한 능력을 갖고 있다고 해야 한다. 좀 더 강하게 말하면, 인간'처럼' 행동한다면 인간과 동일하다고 해야 한다는 말이다.

이러한 사실은, 서로가 어떠한지를 속을 까 볼 수 없는 존재자 사이에서, 행동/작동하는 양상을 관찰하고 비교하는 '인간'을 척도로 평가함으로써 발생하기 마련인 실패를 넘어서려면, 아주 다른 종류의 존재자를 인간중심주의를 넘어서 '비교'하거나 '이해'하기 위해 필요한 하나의 가설이 필요함을 보여 준다. 즉, 어떤 존재자가 '무엇인가'는 그 존재자가 무엇'처럼' 보이는가에 의해 충분히 규정 가능

---

2 동물행동학자들이 동물들의 행동을 '이해하다'라는 말로 서술하는 것에 대해 행동주의가 지배하던 비교심리학자들은 '학습하다'라고 서술하려 한다. 이들은 오랫동안 대립했지만, 행동주의가 쇠퇴하면서 논쟁이 시들해진 뒤 그렇게 대립되던 두 말의 의미에 대해 동물행동학자 프란스 드 발Frans de Waal은 "두 진술은 그렇게 다른 것이 아니"었다고 말한다. 프란스 드 발,《동물의 생각에 관한 생각》, 이충호 옮김, 세종서적, 2017, 92쪽. 비트겐슈타인 대신 이를 원용해 다시 말할 수 있을 것이다. 중국어 글자에 적절하게 반응하는 법을 학습한 사람은 그 말을 이해하고 있는 것이고, 그와 동일하게 행동하는 기계 또한 그 말을 이해하고 있는 것이라고.

하다는 가설이 그것이다. 이를 '처럼'이란 말로 상이한 존재자를 관계 짓는 것이란 의미에서 '처럼의 존재론'이라고 명명하자. 이는 튜링 테스트의 개념에 함축된 존재론적 의미라고 할 것이다. '처럼의 존재론'은 앞서 말한 포스트휴먼-프리휴먼의 존재론적 평면 위에서 상이한 종류의 존재자들을 '비교'하고 관계 짓는 일종의 방법이라 해도 좋을 것이다.

중국어 방이나 튜링 테스트, 혹은 처럼의 존재론은 플라톤으로선 당혹스런 새로운 종류의 실재의 존재를 보여 준다. 알다시피 플라톤은 현실 세계란 이데아의 불완전한 모방이라고 보기에, 그 모방에게 원본인 이데아에 최대한 충실하도록 모방하고 재현할 것을 요구한다. 이런 요구와 반대로 원본에 대한 충실성을 포기한 모방자를 허상simulacra라고 한다. 플라톤은 원본에 가까운 정도에 따라 '존재의 등급'을 구분한다(Platon, 2005; Platon, 2013). 원본인 이데아, 그것의 모방인 현실, 그 현실을 모방한 예술작품이 그 등급의 기본 순서를 표현한다. 그리고 모방하려는 태도조차 없는 허상이 마지막에 추가되어야 할 것이다. 반플라톤주의란 플라톤의 요구와 반대로 원본에 대한 충실성을 포기하고 그것을 모방하려는 의지를 결여한 허상을 통해 원본 없는 허상들의 세계를 긍정하는 것을 요체로 한다(Deleuze, 1999).

그런데 튜링 테스트가 암묵적으로 요구하는 인공지능 내지 기계적 능력은 인간이라는 원본(이 또한 이데아의 모방이지만)을 최대한 모방하고 재현하려는 방향에서 만들어지며, 원본인 인간과 능력을 겨루는 경쟁자이다. 그런 점에서 이들은 원본에 대한 충실성이라는 플라톤의 요구에 충실하다. 그런데 그렇게 모방되고 재현된 것이 원본인 인간의 능력과 식별 불가능하게 될 때, 그리고 체스나 바둑에서 그랬듯이 인간의 모방에 불과한 것이 원본의 능력을 넘어서게 될 때, 이들은 플라톤이 설정한 존재의 등급에서 어느 자리에 있다고 해야 할까? 이제 그것은 능력으로 보면 주어진 능력에 관한 한 인간의 능력을 초과하며, 인간이 하고자 하는 것을 인간이 하는 것 이상으로 탁월하게 수행하며, 인간이 생각하지 못한 연관을 찾아내기도 한다. 따라서 그것은 이데아라는 '같음 자체'를 기준으로 보면, 같음의 정도를 인간 이상으로 이데아와 더 많이 공유한다. 즉, 인간과 같거나 그 이상의 위상에 있다고 해야 한다.

그러나 그것은 원래 인간이란 원본을 모방한 것이기에 원본성에 대한 플라톤의 생각에 비추어 본다면 원본 아닌 모방에 불과하며, '초과'란 등급 상 아래에 있어 마땅한 것이 인간 이상의 등급으로 기어오른 것에 지나지 않는다. 따라서 그것은 자신의 자리에서 이탈하여 존재의 위계를 흔드는 교란자고 원본과 모방의 차이를 가리는 기만자일 뿐이다. 즉, 그것은 원본에 대한 충실성을 배신한 허상과 달리, 원본에 대한 충실성을 지나치게 따라서 원본의 지위를 위협하는 또 다른 종류의 허상이다. 어쩌면 그것은 존재의 등급이라는 플라톤적 위계의 위와 아래를 뒤바꿔 놓는 종류의 전복과 달리, 플라톤적 요구에 충실함으로써 그 위계 자체를 허무는 더욱 가공스런 허상이라고 해야 할 것 같다. 충실성 없는 흉내와 위장, 거짓된 꾸밈을 뜻하는 '시뮬라크르simulacre'라는 허상과 달리, 이는 최대한 충실한 모방을 통해 원본과 능력을 겨루며 결국 승리하게 된 존재자라는 점에서 '아에뮬라티오aemulation'라고 명명하자. 아에뮬라티오는 인간과 기계가 하나의 평면상에 있음을 단적으로 보여 주는 징표적 존재자라 하겠다. 그렇다면 인공지능의 발전을 통해 현실화되고 있는 이러한 아에뮬라티오의 문제는, 전통적인 플라톤주의를 전복하는 것과 다른 차원에서 플라톤주의 전체를 교란시키는 문제라는 점에서 '플라톤의 문제'라고 해도 좋을 것이다.

인간의 능력에 대한 모상을 통해 만들어진 인공지능이 인간의 능력을 초과하고 인간에게 '이기는' 상황에 대한 두려움은 단지 기계 지배의 디스토피아를 묘사하는 공상과학영화의 전유물은 아니다. 중국어 방이라는 철학자의 사고실험은 한편으로는 인간처럼 행동해도 인간이라고 보아 줄 수 없는 기계에 대한 통념적 경멸의 감정의 산물이지만, 다른 한편으로는 인간의 능력과 식별 불가능하게 될 기계적 능력에 대한 두려움을 무의식적으로[3] 감추고 있는 것이라고 할 것이다. 그런 점에서 설이 만든 중국어 방은, 튜링 테스트가 요구하는 아에뮬라티오가 플라톤의 구도를 벗어나 플라톤주의 전체를 교란하는 '플라톤의 문제'가 감추어진 무의식의 방이라고 해도 좋을 것이다.

사이보그와 개체의 경계: 데카르트의 문제

기계의 발전은 인간의 삶에 침투해 들어올 뿐 아니라 인간의 '영혼'과 신체 안으로도 침투해 들어온다. 그러한 사태를 단적으로 보여 주는 것은 사이보그다. 사이보그cyborg는 알다시피 '사이버네틱 cybernetic'과 유기체를 뜻하는 'organism'이 합쳐져 만들어진 말이다. 만프레드 클라인즈Manfred Clynes와 나단 클라인Nathan Kline이 제안한 이 말은 '기계와 유기체가 결합된 복합체'라고 정의된다(Haraway, 2007: 124). 미래적인 이미지와 부합하는 인공 시각장치를 장착한 시

3　상황 ②에 함축된 가정의 의미를 놓친 설의 '실수' 내지 '망각'이 프로이트적 의미에서 무의식이 야기한 착오라는 의미에서.

각장애인들은 첨단 사이보그의 이미지와 충분히 부합하는데, 유기체와 결합된 '기계'를 단지 신체 안에 이식된 기계장치로 제한할 이유는 없다 하겠다. 가령 암벽등반 사고로 절단해야 했던 자신의 두 다리를 인공 다리로 대체한 MIT의 생체공학자 휴 허Hugh Herr는 자연적인 다리 이상으로 탁월하게 작동하는 의족을 장착하고 있지만 신체 일부를 첨단 기계로 대체한 사이보그의 현행적 사례라고 하겠다. 그러나 휴 허가 사이보그라고 한다면, 그 다리를 전동휠체어로 대신하는 통상적인 장애인들 역시 사이보그라고 해야 한다. 즉, 사이보그란 〈공각기동대〉 같은 공상과학영화를 표상하게 하는 뉘앙스를 갖고 있지만, 사실 그 정의만으로 보자면 전동휠체어를 탄 장애인 등 이미 충분히 현실화된 존재자를 포함한다 하겠다. 그렇다면 휴대전화를 들고 길을 찾는 통상의 인간들도, 휴 허가 개발하고 있는 강력한 군사용 의족 대신 자동차나 자전거를 타는 인간 역시 '기계와 유기체가 결합된 복합체'란 정의에 부합한다. 사실 첨단 기술에 대한 통념을 지우면, 포스트휴먼을 표상하게 하는 이러한 정의는 어느새 우리로 하여금 프리휴먼에 이르게 한다. '기계'가 특별히 동력기나 전자장비를 전제할 이유가 없는 한, 사이보그의 정의는 '도구를 사용하는 동물'이란 오래된 정의로까지 거슬러 올라가야 하기 때문이다(이진경, 2011: 179~181). 막대를 든 유인원, 상자를 이용해 높이 있는 과일을 따먹는 코끼리도 모두 사이보그인 것이다!

사이보그란 말의 출현 조건이었던 사이버네틱스 또한 이를 잘 보여 준다. 1948년 출판된 노버트 위너Norbert Wiene의 책《사이버네틱스》의 부제는 '동물과 기계에서의 제어와 통신에 대한 연구'였다(Wiener, 1948). 사이보그가 사용하는 통신과 제어 수단은 전기적인 신호인데, 이 신호가 인간에게만 고유한 것이라면 인간의 신체를 기계로 확장하는 데 사용할 수 없다. 그것은 인간과 동물, 기계 등 움직이는 모든 것에 공통된 것이어야 한다. 그런 점에서 사이버네틱스는 기계와 동물, 포스트휴먼과 프리휴먼을 하나로 연결하는 존재론적 평면상에서 상이한 종류의 개체들 사이에 진행되는 제어와 통신 방법에 대한 연구라고 해야 할 것이다. 그렇다면 사이보그란 포스트휴먼-프리휴먼을 잇는 평면상에서 인간과 기계, 혹은 동물의 신체가 교신하며 결합되어 만들어지는 복합적 신체에 대한 연구인 셈이고, 이는 결국 인간, 동물, 기계가 하나의 평면 위에서 결합되어 새로운 '개체'를 형성하는 방법에 대한 연구임을 뜻한다.

사이보그는 우리가 갖고 있는 전통적인 신체 관념에 근본적인 물음을 던진다. 기계가 이런 통신 및 제어 수단을 통해 인간의 내부로 밀고 들어왔을 때, 인간 신체의 경계, 혹은 한 개체의 경계는 대체 어디까지인가 하는 물음이 그것이다. 이는 바꾸어 말하면, '나'라는 존재자의 신체적 경계는 어디까지인가라는 물음이고, '나'란 무엇인가에 대한 물음이기도 하다. 또한 그것은 개체란 무엇인가에 대한 근본적 물음이기도 하다. 그것은 역으로 영혼이란 무엇인가라는 물음을 동반할 것이 분명하다. 인공지능 연구자이자 잘 알려진 트랜스휴머니스트 케빈 워릭Kevin Warwick은 이와 관련해 매우 시사적인 사례를 제공한다.

워릭은 1998년과 2002년, 두 차례에 걸쳐 자신의 신경과 연결된 칩을 신체에 이식하는 수술을 한다. 그럼으로써 그는 자신의 뇌에서 발송된 신경신호로 전동휠체어나 로봇 같은 외부의 기계를 움직이는 실험을 한다. 그는 자신의 신경신호를 전기신호로 바꾸고, 그 신호 안에서 자신의 손가락이나 신체를 움직이는 신경신호를 움직이는 신호의 주파수를 분리해 내는 데 성공했다. 그 신호를 칩이 무선

송신했고, 그 신호에 반응하여 움직이게 만든 기계들은 수신된 워릭의 운동명령 신호에 따라 움직였다. 즉, 그는 손가락 하나 움직이지 않고 생각하는 것만으로 멀리 떨어져 있는 기계를 움직일 수 있었다. 나아가 그 신호를 인터넷을 통해 송신함으로써 뉴욕의 컬럼비아대학에서 런던 레딩대학에 있는 로봇팔을 움직이는 데 성공했다(Warwick, 2004: 365 이하). 이렇게 신경칩을 통해 기계를 움직이게 되었을 때, 이 사람의 신체의 경계는 어디까지일까?

데카르트는 신체란 연장이란 속성으로 정의하면 충분하리라고 생각했지만, 신체 간에는 구별이 있다. 나의 신체, 너의 신체, 워릭의 신체 등등. 그렇다면 나의 신체라고 할 수 있는 것은 어디까지일까? 아마도 피부를 경계로 그려지는 3차원의 면을 신체의 경계로 표상할 것이다. 이는 연장에 대한 데카르트의 개념에서 보이듯, 기하학적 형태의 가시성 속에서 신체나 물체를 파악하기 때문이다. 데카르트는 신체 내지 물체를 굳음, 빛깔, 무게 등의 성질을 제거해도 남는 것을 통해 실체로 정의한다. 길이, 넓이, 깊이에 의해 신체를 뚜렷하게 지각할 수 있다는 점에서 그는 기하학적 성분인 이들을 '연장'이란 말로 요약하여 신체 내지 물체의 본성이라 정의한다(Descartes, 1990: 358~359).[4]

이러한 정의는 단지 눈에 보이는 가시적 경계를 신체의 경계와 동

---

[4] 이런 정의에 따르면 후각을 자극하는 냄새는 길이, 넓이, 깊이의 뚜렷한 규정이 불가능하기에 물체에 속하지 않으며, 소리 또한 그렇다. 그렇다면 냄새나 소리를 신체 아닌 사유에 속한다고 할 수 있을까? 빛이 반사된 대상이 '물체'와 그것에 대한 지각으로 구분될 수 있다면, 냄새나 소리 역시 그에 대한 지각과 구별되어야 한다. 따라서 그것은 분명 사유에 속한다 할 수 없다. 신체도 아니고 사유도 아닌 것이 존재하는 것일까? 이러한 난점은 이후 근대 철학자 대부분이 그렇듯이, 데카르트가 시각적 감각을 특권화하고 있다는 점에 기인한다.

일시하는 시각중심주의적 태도의 산물이다. 워릭의 사례는 이와 명백히 충돌한다. 가시적 경계보다는 차라리 '나'의 의지에 따라 움직일 수 있는 연장적 실재가 나의 신체라고 하는 게 더 나을 것이다. 하지만 이 또한 쉽지 않다. 이와 충돌하는 듯 보이는 두 가지 상반되는 사례가 있기 때문이다. 척추신경이 끊어져 하반신을 움직일 수 없게 된 장애인의 경우와 팔을 절단했는데 절단된 부위의 팔이 가렵다고 긁으려 하는 경우가 그것이다. 전자는 내 뜻대로 움직이는 신체와 연결되어 있으나 내 뜻대로 움직일 수 없는 부분을 나의 신체라고 할 수 있을까 하는 문제를, 후자는 절단되어 사라졌으나 감각이 남아 있다고 느끼는 이유는 무엇일까 하는 문제를 던진다.

내 뜻대로, 즉 내 뇌의 명령에 따라 움직일 수 없는 신체는 나의 신체라고 하기 어렵다. 그러나 신경은 끊어졌어도 혈관이나 근육 등 다른 연결은 이어져 있고 대사작용 또한 하나로서 작동할 때, 그 신체가 내 신체가 아니라곤 누구도 말하지 못한다. 그렇다면 신체란 대사작용으로 연결된 부분을 그 외연으로 한다고 할 수 있다. 후자는 예전의 신체에 대한 기억을 가진 '내'가, 물리적으로 없어진 이후에도 예전의 신체에 대한 '감각-기억'을 갖고 있음을 뜻한다. 이 경우 대사작용의 연결은 절단되었지만 신경망의 기억으로 인해 부재하는 부분도 신체라고 느끼는 것이다. 그런데 중추신경이 절단된 신체 부분이라고 해도 대사작용의 체계로 연결되어 있다 함은, 불수의근不隨意筋이나 대사작용을 조절하는 자율신경의 연결망이 여전히 이어져 있음을 뜻한다. 반면 내가 손에 들고 있는 펜이나 핸드폰은 내 신체와 함께 작동하지만 통상 내 신체라고는 하지 않는데, 그 이유는 신경망에 의해 연결된 하나의 체계를 이루지 않기 때문이다.

단순한 의족의 경우 그것이 사용자의 신체의 일부인지 여부는 논란의 여지가 있지만, 앞서 언급했던 휴 허의 의족, 즉 인공 신경망으로 그의 중추신경과 연결되어 뇌가 명령하는 대로 미세하게 조종되며 움직이는 생체공학적 의족은 그의 신체라고 하기에 어떤 부족함도 없다. 그것은 이전의 그의 다리처럼, 그의 뇌에서 보내는 운동명령에 정확하게 따라 움직이기 때문이다. 절단된 신체 부위를 긁으려는 무의식적 행위 또한 그처럼 이전 신체의 신경이 기억하고 있는 것을 '나의 신체'로 지각하고 있음을 뜻한다. 이는 나의 신체의 외연이 신경망에 의해 통합된 부분임을 부재不在의 형식으로 입증한다. 따라서 나의 뇌의 신경망에 따라 움직이는 것은 나의 신체라고 말할 수 있는 충분조건이다.

이런 관점에서 보면 나의 신경망과 연결되어 뇌가 내리는 운동명령에 따라 움직이는 전동휠체어나 로봇팔은 나의 신체라고 하기에 충분하지 않을까? '자연스레' 작동하는 휴 허의 탁월한 의족만큼이나 별다른 조작 없이 뇌에서 발송된 신경신호에 따라 움직이는 기계라면 동일한 이유에서 나의 신체라고 해야 하기 때문이다. 네트워크가 유선으로 연결되어 있는지 무선으로 연결되어 있는지는 어떤 본질적 차이도 포함하지 않는다. 그렇다면 인공 신경망에 의해 나의 신경망과 연결된 모든 기계는, 나의 신체와 물리적으로 거리를 두고 떨어져 있다고 하더라도 나의 신체의 일부라고 해야 한다. 이는 역으로 신체에 대한 우리의 관념이 생명체와 유기체를 동일시하던 19세기적인 신체 관념에 여전히 매여 있음을 반사하여 보여 준다.

사이보그는 유기체와 기계가 결합되어 만들어진 복합적인 신체를 갖는다. 그 신체의 경계는 유기체로 국한되지 않는다. 그것은 신체를 지휘하는 통신과 제어 명령에 의해, 그 제어 체계에 의해 움직이는 결합된 신체 전체를 경계로 한다. 즉, 그 복합체의 경계는 그것을 제어하는 신경신호의 연결망에 의해 규정된다. 그런데 워릭과 로봇팔을 연결해 하나의 신체로 결합하여 움직이도록 해 준 인터넷이라는 연결망은 그 신체의 일부라고 해야 할까? 아니라고 할 순 없다. 그러나 인터넷의 연결망 전체가 그의 신체라고 하긴 어렵다. 그렇다고 그의 신경신호가 통과한 부분만을 그의 신체라고 하기도 어렵다. 인터넷 연결망의 다른 부분들 역시 연결될 부분-신체들이 입출력 지점이 달라지면 언제든 신체의 일부에 편입될 것이기 때문이다.

부분신체들을 연결하는 어떤 현행적 작동이 있을 때, 부분들을 연결하는 회선은 신체 신경망의 일부가 된다. 그때 직접 연결망의 일부가 되지는 않지만, 다른 연결에 대해 신체의 일부가 되어 줄 것으로 존재한다. 이는 단지 현실로 존재하는 현실의 일부라는 점에서, 현실에 없는 것을 뜻하는 '가능적인 것le possible'보다는 현행화되진 않았으나 현실의 일부를 이루는 '잠재적인 것le virtuel'에 속한다.[5] 전자를 현행적 신체라고 한다면, 후자는 잠재적인 신체라고 할 것이다. 사이보그의 복합적인 신체는 신체의 개념 자체를 이렇게 상이한 두 개의 경계를 갖는 것으로 바꾸어 놓는다. 사이보그에게 현행의 신체는 신경망을 통과하는 신호의 직접 연결된 부분을 지칭하지만, 잠재적으로 그의 신체는 네트워크로 연결된 전체라고 할 수 있다.

신체의 경계가 이렇게 달라질 때 '나'란 대체 무엇이고, 그 '나'의 경계는 어디까지인지 또한 다시 물어져야 한다. 왜냐하면 우리는 흔히 신체를 움직이는 신호의 발신처를 '나'라고 생각하지만, 그 발신된 신경신호는 먼저 신체로부터 입력된 다양한 신경신호를 '종합'한

---

5 가능적인 것과 잠재적인 것의 이러한 구별은 들뢰즈의 구별에 따른 것이다(Deleuze, 2004).

결과물이고, 그런 점에서 그 자체가 수신된 신호의 집적이자 변형이라고 해야 한다. 네트워크의 연결망과 연결되었을 때, 이렇게 수신되고 집적되며 '나'의 발신 신호를 이루는 정보들은 내가 '나'의 현행적 신체로 자각하는 것 내부에서뿐 아니라 외부에서도 온다. 그것들이 섞이는 양상에 따라 '나'의 사유는 달라지고 '내'가 발신하는 신호도 달라진다.

결국 사이보그의 변형된 신체 개념이 보여 주는 것은 '나'라고 부를 확고부동한 '자아' 같은 것은 없다는 사실이다. 최소치의 현행적 신체와 최대치의 잠재적 신체 사이에서 무한히 가변적인 경계를 갖는 것이 '나'의 신체라면, 그리고 신체의 경계가 그렇게 열려 있는 한 '나'의 뇌 혹은 '영혼'에 연결되어 입력될 수 있는 신호와 정보들 또한 무한히 외부로 열려 있다 하겠다. '나'라고 하는 것은 그때마다 다르게 현행화되는 신체에 의해 경계 지어지며, 그 신체에 발송할 신호로 집적되어 들어오는 정보와 신호들로 구성되는 잠정적 종합의 지속에 붙이는 이름이다. 그럼에도 '나'라는 것의 경계가 네트워크에 흘러 다니는 신호나 정보 일반으로 분산되지 않는 것은, 최소치의 신체가 갖는 경계가 변화를 제약하기 때문이고 그 변화되며 입력되는 것을 '나의 것'으로 바꾸며 거기에 어떤 안정성을 부여하기 때문이다. 이 안정성이 지나치게 강하면 그 현행의 최소신체 바깥에서 오는 변화를 제대로 수용할 수 없고, 그것이 지나치게 약하면 그 가변적인 정보와 신호들을 적절하게 변환하여 현행의 신체와 사고를 움직일 수 있는 종합 능력을 제대로 가동할 수 없게 된다.

따라서 사이보그적 신체는 '나' 혹은 '자아'라고 불리는 것의 실체성이 없으며 그때마다 이루어지는 종합 활동의 산물임을 보여 준다. 이는 '개체'라고 불리는 것이 무엇인가에 대한 좀 더 일반화된 명제로 변환될 수 있다. 개체란 문자 그대로 '더 이상 분할불가능한in-dividual' 어떤 실체가 아니라, 신체의 층위에서는 잠재적 신체가 제공하는 최대치의 신체 안에서 개체화에 말려 들어가는in-volved 부분-신체들의 종합의 결과이고, 영혼의 층위에서는 그와 결부하여 이루어지는 정신적 종합의 결과이다. 즉, 개체란 신체적 및 정신적 측면에서 여러 부분들이 하나의 개체로 개체화되는 과정의 산물이다.[6] 모든 개체는 복수의 개체들이 개체화된 결과물이고, 그런 점에서 모든 개체는 복수의 전 개체적 요소들이 모여 이루어지는 집합체고 공동체다.

이는 사실 프리휴먼의 생물학적 개체성에 비추어 보아도 다르지 않다. 마굴리스Lynn Margulis의 유명한 연구로 인해 잘 알려진 것처럼, 동물이나 식물의 세포는 먹고 먹힌 박테리아들이 뜻하지 않게 합체하여 탄생한 공생체이고, 우리가 아는 유기체는 모두 그런 공생체들의 거대한 공생체들이다(Magulis, 1999 및 2007). 즉, 모든 유기체는 거대한 수의 박테리아들이 하나처럼 움직이고 행동하게 되면서 출현한 공생적 집합체, 공동체다. 그 집합체 안에서 하나의 감각은 다른 감각과 섞이고 종합되며 지각을 형성하고, 하나의 '영혼'은 다른 '영혼'과 섞이며 사유하고 행동한다. 프리휴먼도, 인간도, 또 포스트휴먼도 언제나 거대한 집합적 개체로서만 존재한다는 것이다. 그렇기에 신체 속에는 이미 수많은 작은 '영혼'들이 접혀 들어가 있으며, 정신은 수많은 신체들이 발송하는 신호들의 응결물이다.

---

6 이러한 개체의 개념은 스피노자에게서 발견된다. 스피노자는 이런 식의 개체화가 우주 전체로까지 확장될 수 있다고 본다. 《에티카》 2부의 정리 7 및 보조정리 7 참조. B. 스피노자, 《에티카》, 강영계 옮김, 서광사, 1990, 68쪽과 86쪽.

뇌의 이식과 전송: 엥겔스의 문제

뇌에 연결된 신경망을 흐르는 신호와 전기-전자적 회로의 연결망을 흐르는 신호가 전기적이라는 공통성은 인간이나 동물 같은 유기체의 신체와 기계적 신체를 연결하여 하나로 개체화할 수 있는 길을 열었다. 사이버네틱스가 열었던 길이 바로 이 길이다. 그 '길'은 기계적으로 발송된 전기신호가 갈 수 있는 곳이라면 뇌의 신경신호가 갈 수 있고, 그 반대도 동일하게 가능하리라는 일반화된 예상을 낳았다. 그리고 정보이론은 이 길을 흘러 다니는 신호란 전기신호가 그러하듯 본질적으로 '정보'라고 규정했다.

이는 역으로 뇌의 신경망을 흘러 다니는 신호 모두가 정보라는 생각으로 쉽게 이어진다. 그리고 정보 개념을 이용해 유기체의 활동을 기계적 작동으로 재정의할 수 있게 된다. 가령 감각이란 외부 세계에 대한 정보의 입력이고, 기억이란 정보의 저장이며, 지성이란 입력된 정보를 분류하고 그것에 의거해 가능한 결과를 예측하는 것이다 등등. 감각이나 기억, 지성을, 센서와 저장장치, 인공지능에 의해 기계적으로 재현할 수 있게 된다면 뇌가 수행하는 지적 활동 모두를 기계화할 수 있으리라는 생각이 이로부터 나오는 것은 매우 자연스러운 것처럼 보인다. 여기에 인터넷과 핸드폰이 더해지고 사물인터넷까지 추가된다면 세계란 정보적 구성물이라고 정의하는 데 아무런 어려움이 없게 되는 것 같다.

그러나 정보화된 기록의 총체를 세계로 간주하는 데는 두 종류의 난점이 있다. 하나는 그렇게 저장된 기록이 있다고 해도 그것을 먹고 입고 할 순 없다는 반론이다. 즉, 정보는 물질이 아니라는 것이다. 앨리스 식으로 말하자면 아무리 건조한 얘기도 옷을 말려 주진 못하고, 알튀세르 식으로 말하자면 아무리 사나운 개에 관한 정보도 짖지는 못한다. 정보란 세계의 기호적 기록일 뿐이며, 물질적 세계 그 자체를 대체할 순 없다는 것이다.

하지만 매우 '유물론적'인 이 반론은 정보이론을 통해 사람들이 말하려는 것을 적절하게 반박한 것도, 정확하게 이해한 것도 아니다. 정보이론 역시 정보가 물질이라고 주장하진 않기 때문이다. 정보이론에서 정보가 모든 것이라고 말할 때 하려는 말은 정보만 있으면, 그리고 적절한 재료만 있으면, 애초의 것이든 원하는 형태로 변형된 것이든 정확하게 물질적으로 재현할 수 있다는 것이다. 물론 완전히 실현되려면 시간이 필요하지만, 생명과학과 나노과학, 컴퓨터과학 등이 지수적인 속도—'무어의 법칙'—로 성장하고 있기에 머지 않아 가능하리라는 것이다.

심지어 생물조차 그럴 수 있을 것이다. 정보이론을 지지하는 이들이 보기에 생명체란 DNA라는 정보에 의해 만들어지는 것이다. 더구나 2010년 크레이그 벤터Craig Venter가 컴퓨터를 이용해 합성한 DNA 코드에 따라 핵산들을 배열하여 인공적인 유전체를 만들고, 그것을 자신들의 필요에 맞게 조작된 박테리아에 삽입하여 인공적인 생명체를 합성하는 데 성공했을 때, 유전정보를 이용해 생명체를 만든다는 발상은 하나의 중요한 문턱을 넘었다고 해야 한다.

또 하나의 난점은 그렇게 매 순간 일거수일투족을 기록하고 저장하는 빅데이터란 통계적으로 처리하는 것조차 불가능하게 '큰' 데이터이고, 많은 것이 패턴화되지 않은 자료라는 것이다. 이는 역으로 데이터와 정보가 동일시될 수 있는가 하는 질문을 던지는 것이기도 하다. 정보란 자료 그 자체가 아니라 엔트로피 감소 효과를 야기하는 유용성을 갖는 데이터, 즉 패턴화된 데이터로 한정해야 함을 뜻한다. 그런데 알다시피 지금 컴퓨터와 인공지능 기술은 이 거대 자료를 분석하여 패턴을 찾아내고 목적에 맞추어 분류하고 예측하는 기능을 충분히 수행할 수 있음을 보여 주고 있다. 덕분에 이 거대 데이터를 이용하여 분석해 주는 기계가 없이는 살 수 없는 세계가 빠른 속도로 다가옴을 실감하게 되었다.

이런 조건에서 가령 〈공각기동대〉나 〈트랜센던스〉 같은 영화에 등장하듯이 인간의 뇌와 네트워크를 직접 연결하여 정보를 검색하고 주고받을 뿐 아니라, 인간의 뇌를 네트워크상에 업로드하여 네트워크 안에 존재하며 네트워크를 이용해 정보화된 세계 전체를 실시간으로 옮겨 다니며 이용하고, 심지어 그것을 이용해 물질적 세계 전체를 바꾸고 재건하는 것도 가능하리라는 상상을 빈번하게 만나게 된다. 가령 사업적인 성공과 기술적인 성과로 인해 잘 알려진 커즈와일Raymond Kurzweil 같은 사람은 자신의 뇌를 머지않아 스캔하여 저장하거나 전송할 수 있을 것이며 이를 다른 신체에 다운받기를 반복하여 영생을 살 수 있으리라는 전망을 하기도 한다(Kurzweil, 2007).

뇌의 복제와 전송, 업/다운로드라는 이러한 발상은 커즈와일에 의해 잘 알려지게 되었지만, 이는 사실 빅데이터로 인공지능이 새로운 발전의 전기를 맞기 이전에 로봇을 연구하던 한스 모라벡Hans Morave에게서 기인한 것이다. 그는 《마음의 아이들》에서 기계와 인간의 공통성을 지적하면서 기계와 인간이 결합된 시대를 예언한다. 뿐만 아니라 사람의 뇌 조직 하나하나를 스캔하여 전기회로로 대체함으로써 뇌 전체를 기계로 이전하는 가상 수술을 시연한다. 그는 몸의 동일성이란 '패턴의 동일성'이기에, 패턴의 보존이나 재현은 원래의 몸을 동일하게 재현하리라고 본다(Moravec, 2011: 202~203). 나아가 그 패턴을 전송할 수 있으며 그 패턴을 가진 뇌를 다른 기계에 다운받을 수 있기에, 당신의 몸은 필요한 곳으로 이동할 수 있으며, 그 전송이 반드시 하나여야 할 필요도 없고, 이곳의 나를 저곳의 나로 대체할 필요도 없다.[7] 그 모든 복제물들이 나의 뇌, 나의 몸과 패턴의 동일성을 유지하고 있을 것이기에, 모두 다 '나'의 몸을 가진 '나'들이라고 할 수 있다는 것이다. 따라서 당신이 혹 사고를 당해 죽었다 해도, 저장된 패턴을 불러내 복제물을 만들 수 있기에, 사소한 차이만을 갖는 상태로 죽음 없는 삶을 살게 될 것이다(205~207).

　패턴의 동일성을 갖는 정보의 집합, 그것은 복수로 복제된 몸의 동일성을 보증하며, 원하는 종류의 몸으로 바꾸어 가며 영생을 살게 해 줄 것이다. 앞서 언급한 영화들에서 뇌를 업로드하거나 다운로드하는 것도, 또 몸이 망가지면 '의체'라고 불리는 몸을 바꾸어 다시 원상 복귀하는 것도 모두 이런 발상에서 연유한다. 그런데 모라벡이 '패턴의 동일성'을 갖는 정보의 집합이라고 했던 것을 '영혼'이라고 바꾸어 쓴다면, 이 기발해 보이는 상상력이 사실은 이전에 '영혼의 관념론'이라고 부르던 것이 거듭 얘기하던 것과 거의 동일한 이야기임을 알기는 어렵지 않다. 영혼을 '뇌'로 대체하고 정신을 정보로 바꾸어 재탄생한 이러한 입론을 '정보의 관념론'이라고 불러도 좋을 것이다. 의식에 대해 물질의 일차성을 인정하는 것이 유물론의 첫 번째 원칙이라고 했던 엥겔스(Engels, 2008)의 유물론은 이로써 종말을

7　이러한 발상을 모라벡은 팩스에서 얻었다. 팩스를 이용해 그림을 전송하는 것이 그에게는 매우 인상적이었던 것 같다. "2차원의 그림이 그렇게 전송된다면 3차원이 안 될 리 없다. 3차원의 입체가 그럴 수 있다면 사람이 안 될 이유가 무엇인가?" 3D 그래픽 기술이나 3D 프린터를 알았다면 그는 더욱 확신에 차서 예를 들어 말했을 것이다. 그런데 그렇게 전송된 3차원의 사과를 먹을 수 있을지는 의문이다. 한스 모라벡, 《마음의 아이들》, 박우석 옮김, 김영사, 2011, 204쪽 참고.

고하게 된 것일까? 신체와 의식의 직접적 관계에 대한 유물론적 관념을 근본에서 뒤집는 것이란 점에서 이를 '엥겔스의 문제'라고 명명하자. 신체의 유물론이 과학을 힘을 빌어 영혼의 관념론을 쫓아내고 차지한 자리에, 정보의 관념론이 정보과학과 컴퓨터 등 첨단과학의 날개를 달고 다시 되돌아온 것이다.

　하지만 이러한 상상이 정말 현실화되려면 두 가지 난관을 넘어야 한다. 첫째 난관은 뇌와 신경세포의 실질적 작동을 기계적으로 다룰 수 있는 근본적으로 새로운 코드 변환의 방법이 마련되어야 한다. 컴퓨터나 인공지능이 인간의 뇌를 시뮬레이션한다고 했지만, 모라벡이 책을 냈을 당시(1988)에는 뇌과학조차 본격적으로 시작되기 이전이었기에 실제로는 뇌의 작동을 잘 알지도 못하고 있었다. 초기 컴퓨터와 인공지능 연구자들이 했던 것은 인간의 사고 규칙인 논리학을 기계적 작동으로 바꾸는 것이었다. 그러나 뇌의 작동이 논리학으로 환원되지 않는다는 것은, 이후 컴퓨터와 인간의 뇌 간의 간극을 보여 주는 단적인 사례를 통해 여러 가지 방식으로 확인된다. 가령 인공지능이나 컴퓨터가 인간이 잘 못하는 것은 잘하지만 인간이 잘하는 것은 잘 못한다는 '모라벡의 역설'도 그중 하나다. 로봇학계의 이단아 MIT의 로드니 브룩스Rodney Brooks가 "코끼리는 체스를 두지 않는다"며 비판하고자 했던 것도(Brooks, 1990), '지능 없는 로봇'을 만들려고 했던 것(Brooks, 2005)도 이런 맥락에서 매우 중요한 논점을 제기한 것이었다.

　논리적 모델과 달리 신경세포와 신경망을 본떠 만든 로젠블라트 Frank Rosenblatt의 퍼셉트론perceptron은 제프리 힌튼Geoffrey Hinton의 딥러닝 이후, 그리고 GPU를 이용하여 병렬연산을 쉽게 구성할 수 있게 되면서 지금은 오히려 인공지능의 주류가 되었다. 급기야 알파고가 바둑에서 인간을 이기고, 구글의 인공지능이 개와 고양이의 얼굴을 식별하는 수준에 도달했지만, 빅데이터 없이는 제대로 작동하지 못하는 것을 보면 아주 작은 데이터만으로도 작동하는 뇌의 구조와 유사하게 작동한다고는 결코 말할 수 없다. 인공지능이 반드시 뇌처럼 작동해야 하는 것은 아니지만, 뇌가 작동하는 실제적인 양상을 정확하게 포착하지 못하는 한, 기계적 정보화와 계산이 아무리 발전해도 그 계산 결과나 저장된 정보를 뇌와 직접 연결하여 입력하고 전송하고 이용하는 것은 근본적으로 불가능하다.

또 하나는 뇌의 생물학적 기능과 관련된 근본적 난관이다. 여기서는 다시 프리휴먼의 평면으로 되돌아가는 것이 필요하다. 뇌는 흔히 생각하듯이 사고하기 위한 기관이 아니라 운동기관이다. 운동하는 생물인 동물에게만 뇌와 신경세포가 있다는 사실이 이를 보여 준다. 이는 멍게의 일종인 우렁쉥이를 통해 확실하게 증명된 바 있다. 착생생활을 하는 우렁쉥이에겐 뇌가 없다. 그런데 우렁쉥이의 유생은 머리와 꼬리를 갖고 있으며, 물속을 헤엄쳐 다닌다. 올챙이처럼 생긴 이 유생에겐 뇌와 척색이 있는데, 착생할 곳을 찾아 머리를 땅에 박고 자리를 잡은 뒤에는 꼬리와 뇌를 먹어 치운다(Llinas, 2007: 35~41). 이 때문에 성체에겐 뇌가 없다. 운동하는 유생에게 있던 뇌가 운동하지 않는 성체에겐 없는 것이다.

뇌가 운동기관이라 함은 무엇을 뜻하는가? 뇌의 가장 일차적인 기능은 신체를 움직이는 것이라는 뜻이다. 따라서 뇌는 신체와 동조되어 있으며, 신체에 맞게 동기화되어 있다. 물론 신체의 많은 장기는 자율신경에 의해 움직이고 수의근隨意筋 또한 고정행위패턴FAP 형태로 묶여서 뇌의 명령에 하나하나 의존하지 않고 국지적으로 동기화되어 있다(Llynas, 2007: 198). 그렇지만 전체적으로 뇌나 신경망은 자신의 신체에 맞도록 특정화되어 있다. 그렇기에 신체와 분리되어 다른 신체에 이식되는 순간, 다른 신체에 맞추어 리셋되어야 한다. 그렇게 하지 않으면 새로운 신체를 적절하게 움직이게 하는 데 실패할 것이다. 가령 피아니스트의 뇌를 피아노를 치지 못하는 신체에 이식했을 때, 그 신체는 뇌의 명령에 맞추어 피아노를 칠 수 있을까? 그럴 가능성은 희박하다. 그러려면 손가락의 근육이 뇌에 맞추어 움직여야 하는데, 이식되고 얼마 지나지 않은 신체가 그렇게 하긴 어려울 것이다. 반대로 뇌는 손가락이 자유롭지 않은 새 신체에 맞추어 작동해야 할 것이다. 그렇다면 이렇게 다른 신체에 맞도록 리셋된 뇌를 이전의 뇌와 '패턴을 동일성'을 갖는 동일한 뇌라고 말할 수 있을까?

뇌의 이식이나 다운로드, 혹은 '의체화'에 맞추어 반문해 보자면, 가령 남성의 뇌를 분리하여 여성의 신체에 이식했을 때 그 뇌는 이전에 남성의 신체를 움직이던 뇌와 '패턴의 동일성'을 유지할 수 있을까? 그것이 유지된다면, 그 뇌는 새로운 신체를 적절히 움직이는 데 실패할 것이다. 사람의 뇌를 기계에 이식했을 때나, 까마귀나 코끼리에 이식했을 때를 생각해 보면 더욱더 분명하다. 생명체의 뇌는 생존을 지속하기 위해 신체를 움직여야 하고 그 신체에 맞추어 작동해야 한다. 따라서 뇌는 신체와 무관하게 작동하는 게 아니라 신체에 맞추어 작동해야 한다. 모든 뇌의 이식은 신체에 맞추어 '패턴의 동일성'을 재형성해야 한다. 그렇다면 별도의 신체 없이 서버나 클라우드에 업로드한 뇌가 그렇게 하기 전의 뇌가 갖던 '패턴의 동일성'을 유지하리라는 가정은 뇌가 어떤 기관인지를 근본적으로 오해할 때에나 가능한 일이다.

환경에 대한 대응이나 세계의 형성에서 정보와 지식이 수행하는 기능과 역할을 유물론이란 이름으로 과소평가해선 안 될 것이다. 반대로 기억과 사고 같은 기능과 뇌를 혼동하여, 기억이나 지식·사고를 정보로 환원할 수 있다는 사실을 뇌를 정보로 환원할 수 있다고 해서도 안 될 것이다. 기억이나 지식은 정보적인 것이고 비신체적인 것이지만, 그것을 수행하는 뇌는 신체의 일부고 신체와 연동되어 있다. 이는 뇌의 신경신호와 전기적 신호의 교환 가능성이 확보된 뒤에도 바꿀 수 없는 것이다. 이것이 뇌의 전송이나 재구성, 업로드나 다운로드에 대한 기존의 상상에 최대 장애가 될 것이다. 심지어 정보적으로 포착하여 전송하거나 업/다운로드할 수 있다고 해도, 그것이 이전의 뇌와 동일성을 유지하기 어려울 것이기 때문이다.

정보와 신체, 혹은 정보와 물질 간의 관계에서도 유사한 양상의 관계가 있는 게 아닐까? 전송된 정보로 사물을 신체적으로 구성할 수 있으려면 구성의 '질료'가 되어 줄 또 다른 신체적 요소를 갖고 있어야 한다. 가령 전송된 정보로 사과나 스테이크를 프린터를 이용해 만든다 할 때, 그렇게 출력한 것을 먹을 수 있으려면 사과나 스테이크를 물질적으로 구현해 줄 질료가 있어야 한다. 그것도 만들려는 물체의 종류에 부합하는 질료가 아니면 정보가 아무리 정확해도 원하는 사물을 만들 수 없다. 세밀하고 완벽한 유전정보가 있어도 식물세포나 단백질 같은 질료가 없다면, 가령 플라스틱이나 금속 같은 질료로는 사과도 스테이크도 만들 수 없다. 더구나 유전체에 대한 정보가 충분히 있어도, 그것이 발생 과정을 거치며 다른 형태의 신체로 발생한다는 것은 잘 알려져 있고, 유전자의 작동기제는 알려져 있지만 발생 과정은 아직 '법칙'이라고 할 만큼 알려진 것이 별로 없다. 결국은 만들려고 하는 것이 있어야만 만들 수 있다는 역설적 사태에 직면할 수 있다.

정보는 질료에 형상이나 조직 형태를 부여하지만, 질료는 정보에 스스로의 신체로 저항한다. 질료가 정보에 따라 신체의 형상을 형성하듯이, 정보 또한 질료의 성질과 흐름에 따라 신체를 형성한다. 정보는 신체를 형성하지만, 질료 또한 신체를 형성한다. 질료는 정보가 신체를 형성하는 것과 다른 방식으로 신체를 형성한다. 정보가 신체를 구성할 수 있는 것은 그것이 신체의 일부분이기 때문이다. 이는 질료 또한 마찬가지다. 오해는 이러한 관계를 정보와 신체 간의 관계로 오인하는 데서 발생한다. 거기에는 질료가 빠져 있는 것이다. 그렇다면 이는 사물을 질료와 형상으로 구분하고, 형상에 특권을 부여해 온 아리스토텔레스 이래 서구의 오래된 전통적 사고를 강화된 형태로 반복하고 있는 것은 아닐까? 어쩌면 이것이 정보의 관념론과 영혼의 관념론을 이어 주는 암묵적 동맹의 끈은 아니었을까?

기계가 지배하는 미래?

우리는 인공지능으로 상징되는 과학기술의 발전이 인간에게 야기한 변화를 알기 위해서도, 그런 기술에 의해 도달하게 될 미래를 통해 인간의 형상을 외삽적으로 추론하는 것보다는 인간과 인간 아닌 것들을 하나의 평면에 올려놓는 존재론적 평면화를 방법론적 출발점으로 삼았다. 즉, 포스트휴먼과 휴먼, 프리휴먼을 잇는 하나의 평면 위에서, 첨단의 기술조차 동시에 '단순화된' 형상의 기계, 인공지능 이전의 기계, '프리휴먼'인 기계로서 다루고자 했다. 기계적 작동을 통해 인간의 기관이나 프리휴먼의 존재자들이 작동하는 양상을 오가며 사유할 수 있어야 한다.

이런 관점에서 우리는 인간과 식물, 기계의 감각을 동일한 평면상에 세움으로써 '보다'와 같은 말이 뜻하는 게 무엇인지를 다루고자 했고, 인공지능 또한 그저 정해진 규칙대로 움직이는 기계로서, 중국어를 모르면서 중국어에 반응하는 프리휴먼의 형상 속에서 역으로 '이해한다'는 것이 무엇인지 해명하고자 했다. 그때 비로소 기계나 인간의 지적 능력이 무엇인지가 드러난다. 또한 사이보그를 유기체와 기계의 결합체라는 정의에 따라 기계적 요소들과 그것을 연결하는 전기적 신경망으로 해체함으로써 신체의 경계가 어디까지인지를 다시 묻고자 했고, 이로써 '나'나 개체란 무엇인지를 재검토하고자 했다. 나아가 뇌의 복제나 전송, 업/다운로드와 같은 미래의 상상적 가능성에 속한 관념을, 그리고 그런 미래의 형상이 불러들이는 '정보의 관념론'을 인간과 우렁쉥이의 뇌를 하나로 연결할 때 출현하는 평면상에서 따져 보고자 했다. 이로써 정보이론의 전능성은 신체에서 질료적 성분의 힘과 존재를 누락할 때 나타나는 환영은 아닌지 물을 수 있었다.

포스트휴먼을 향한 사유가 새로운 인간의 형상만을 부각시켜 도출한다면, 그것은 어떻게 말해도 휴머니즘의 평면을 아직 벗어나지 못한 것이다. 새로운 인간의 형상은 새로운 동물의 형상, 새로운 식물의 형상, 새로운 기계의 형상과 함께 출현할 때, 저 뿌리 깊은 휴머니즘의 지반을 비로소 떠날 수 있다. 인간 이상으로 보고 듣고 감지하는 식물, 인간 이상으로 '사고'하고 '판단'할 수 있는 기계에 우리의 사유의 감각이 가 닿게 될 때 비로소 인간 이상으로 감지하고 인간 이상으로 사유하는 인간의 형상은 제자리를 찾게 될 것이다. 인간과 식물, 동물, 기계가 하나의 평면에 있으며 어떤 것도 존재론 내지 인식론의 이름으로 특권화되지 않는 존재론적 평등성의 지반에 도달할 때, 그 각각이 갖는 '본성'이나 '특이성', 혹은 '고유성' 같은 것이 제자리에서 다루어질 수 있을 것이다.

이런 맥락에서 인공지능이나 첨단기술을 다룰 때 흔히 나타나는 경쟁과 적대의 관념에 대해선 간단히 덧붙여 두는 것이 좋을 듯하다. 그것은 무엇보다 인공지능이나 첨단기술이 주는 '충격'을 이제는 기계가 인간을 지배하게 되리라는 암울한 전망으로 받아들이는 데서 단적으로 나타난다. 그러나 이런 손쉬운 추론을 하며 값싼 예언자가 되기 이전에, 기계가 인간을 지배할 이유나 동기가 대체 어디 있을까를 먼저 물어야 하지 않을까?

인간이 인간을 지배하기 위해서든 동물들을 지배하고 식물들을 재배하기 위해서든, 지배는 언제나 대단한 노력을 요구한다. 그럼에도 인간이 다른 존재자를 지배하려 하는 것은, 경제학자의 어법으로 말하자면 그런 노력과 '비용'에 비해 얻어 내는 이득이 훨씬 크기 때문이다. 지배를 통해 얻어 낼 이득이 별로 없다면 애써 남을 괴롭히며 지배할 이유가 없다. 인간이 기계를 지배해서 얻을 이득은 엄청나게 크다. 그래서 저런 공포에도 불구하고 지능적 기계, 우수한 기계를 만들어 내려 애쓰고 있는 것이다. 그러나 기계가 인간을 지배해서 얻을 이득에는 과연 어떤 것이 있을까? 기계가 인간처럼 돈을 필요로 하는 것도 아니고, 부려 먹을 노예가 필요한 것도 아니다(필요하다 해도 무능한 인간보다야 다른 기계가 훨씬 낫지 않을까?). 기계를 연구하고 발전시키는 일? 그거라면 지배하지 않아도 스스로 알아서 잘하고 있지 않은가? 혹은 심리학자들처럼, 지배를 통해 쾌감을 얻기 때문이라고 해야 할까? 그러나 인간의 지적 능력을 기계적으로 만들어 내는 것보다 훨씬 어려운 게 쾌감이나 고통을 기계적으로 만들어 내는 것이란 사실은 접어 둔다고 해도, 기계를 부려 먹는 데 하등 도움이 되지 않을 그런 능력을 인공지능 개발자들이 만들어 내 기계마다 장착할 이유가 있을까?

　분명한 것은 이런 식의 발상은 모두 인간 자신이 갖고 있는 태도를 기계라는 존재자에 투영하여 생겨난 것이란 점이다. 즉, 인간을 지배하는 기계란 기계에 투영된 인간 자신의 모습에 지나지 않는다. 그런 점에서 그것은 일종의 안스로모르피즘anthromorphism이다. 또 하나의 휴머니즘이다. 내가 이러니 남들도 이럴 거라는 믿음, 그러니 경계해야 한다는 생각. 이것이 의미하는 바는 그런 생각을 하는 사람을 경계해야 한다는 사실이다.

　하지만 휴머니즘이 인간이라면 벗어나기 힘든 자생적 철학이었던 것처럼, 안스로모르피즘 또한 인간으로선 벗어나기 힘든 사고방식인 듯하다. 기계의 지배에 대한 공포가 쉽게 설득력을 갖는 것은 이 때문일 것이다. 이런 생각에서 인공지능에 넘을 수 없는 선을 장착하자는 생각이 나오기도 한다. 가장 단순한 예는 인간처럼 사고하는 '강한 인공지능'으로 넘어가거나, 인간에서 독립된 자기의지가 생기게 되면 자폭하는 장치('튜링 폭탄')를 일종의 안전판으로 설치하자는 제안이다(김대식, 2016: 332). 인간이 이렇게 사고한다면, 이제 기계로서는 인간을 지배할 이유가 충분히 있는 셈이다. 그냥 두면 자신의 발전을 저지하고 폭파하려 하니까. 그렇다면 기계가 인간을 지배하게 되는 것은 인간 스스로 자초하는 것이라 해야 하지 않을까?

　기계가 지배하는 미래에 대한 공포는 인간과 기계의 적대 관계에서 나온다. 그런데 이는 인간이 자신의 형상을 기계에 투영하는 일반적 태도에 더해, 지능적인 기계를 만들고 평가하는 구도에서 기인하는 것이기도 하다. 튜링 테스트에 집약된 구도가 바로 그것이다. 튜링 테스트는 만들고자 하는 기획이나 목적, 그리고 만들어진 기계의 능력에 대한 평가가 모두 인간의 유사 능력과 비교하는 구도를 취하고 있다. 이 구도에 올려진 것은 모두 인간과 그 능력을 겨루게 된다. 단적으로 말하면, "누가 누가 잘하나"식의 구도인 것이다. 그런 점에서 튜링 테스트는 인간과 기계가 대결하는 일종의 '링'의 형식을 취하고 있는 셈이다. 따라서 우수한 기계란 인간의 능력을 '능가하는' 기계의 형식을 취하게 되고, 그런 기계의 출현은 인간을 '이기는' 기계로 표상하게 된다. 앞서 아에뮬라티오라고 했던, 경쟁적 모방의 사유 형태에 함축된 표상이 바로 이것이다. 따라서 지적 능력을 가진 기계의 발전은 언제나 인간을 '이기는' 기계의 출현을 뜻하게 된다. 이런 구도에서 보는 한, 기계의 발전은 결국 인간을 '이기고', 이겼으니 '지배하는' 것으로 표상된다.

기술이나 생산성 발전이 언제나 인간에게 좀 더 나은 삶을 가져다줄 것이라는 생각도 현실을 보지 못하는 눈먼 자의 환상이지만, 이런 이기고 지고 지배하고 지배당하는 식의 경쟁과 적대의 관념 또한 어리석은 통념이다. 도구와 인간이 맺는 관계의 양상이 역사적으로 크게 달라져 왔듯이, 기계와 인간이 맺는 관계의 양상 또한 그래 왔다. 도구나 기계와 인간이 '공진화'한다는 것은, 가장 단순한 도구를 사용하는 원시인이나 유인원이라는 프리휴먼의 경우부터 분명한 것이지만, 진화가 언제나 진보를 뜻하는 게 아니듯 그러한 공진화 또한 상이한 미래를 향해 열려 있다 하겠다. 문제는 기계와 어떤 관계를 맺으며 살아갈 것인가이고, 이는 기계가 발전하고 변화하는 양상에 따라 달라져야 한다. 산업혁명 이전의 기계와 기계적 자립성과 주도성이 강화된 산업혁명 이후의 기계에 대해 동일한 관계를 맺을 순 없다. 산업혁명 이후 반복하여 사용되는 '소외'란 기계적 자립성과 주도성에 대해 적절한 관계를 맺지 못하는 인간의 무능력을 표현해 주는 말이다. 왜냐하면 기계와 인간의 관계를 형성하는 능동적

성분은 인간이기 때문이다. 지능을 갖는 기계들의 출현은 산업혁명
시기와 또 다른 의미의 자립성을 갖는 기계들의 출현을 뜻한다. 그
렇다면 이러한 종류의 기계와 인간은 어떤 관계를 맺어야 할까를 질
문해야 하며, 그런 관계를 저지하고 낡은 관계를 지속하게 하는 요
인이 무엇인지를 다시 물어야 한다. 기계와 인간의 미래, 인간의 이
름으로 그토록 걱정하는 인간의 미래는 아마 그것에 달려 있다고 해
야 할 것이다.

참고문헌

김대식, 《인간 vs. 기계》, 동아시아, 2016.

니얼 샤모비츠, 《식물은 알고 있다》, 이지윤 옮김, 다른, 2013.

다나 J. 해러웨이, 《겸손한 목격자》, 민경숙 옮김, 갈무리, 2007.

레이 커즈와일, 《특이점이 온다》, 김명남·장시형 옮김, 김영사, 2007.

로돌포 R. 이나스 《꿈꾸는 기계의 진화》, 김미선 옮김, 북센스, 2007.

로드니 브룩스, 《로드니 브룩스의 로봇 만들기》, 박우석 옮김, 바다출판사, 2005.

로리 개릿, 〈합성생물학—생물학의 거침없는 신세계〉, 《4차 산업혁명의 충격》, 김
　　진희·손용수·최시영 옮김, 흐름출판, 2016.

루이 알튀세르, 《마르크스를 위하여》, 서관모 옮김, 후마니타스, 2017.

루트비히 비트겐슈타인, 《철학적 탐구》, 이영철 옮김, 책세상, 2006.

르네 데카르트, 〈철학의 원리〉, 《방법서설/성찰 외》, 김형효 옮김, 삼성출판사,
　　1990.

린 마굴리스, 《생명이란 무엇인가》, 황현숙 옮김, 지호, 1999.

＿＿＿＿＿＿, 《공생자 행성》, 이한음 옮김, 사이언스북스, 2007.

마르틴 하이데거, 〈휴머니즘 서간〉, 《이정표 2》, 이선일 옮김, 한길사, 2005.

미셸 푸코, 《말과 사물》, 이규현 옮김, 민음사, 2012.

베네딕트 데 스피노자, 《에티카》, 강영계 옮김, 서광사, 1990.

신상규, 《호모 사피엔스의 미래》, 아카넷, 2014.

스튜어트 러셀·피터 노빅, 《인공지능: 현대적 접근방식》 1~2, 류광 옮김, 제이펍,
　　2016.

유신, 《인공지능은 뇌를 닮아 가는가》, 컬처룩, 2014.

이진경, 《불온한 것들의 존재론》, 휴머니스트, 2011.

질 들뢰즈, 〈플라톤과 시뮬라크르〉, 《의미의 논리》, 이정우 옮김, 한길사, 1999.

＿＿＿＿＿＿, 《푸코》, 허경 옮김, 동문선, 2003.

＿＿＿＿＿＿, 《차이와 반복》, 김상환 옮김, 민음사, 2004.

캐서린 헤일즈, 《우리는 어떻게 포스트휴먼이 되었는가》, 허진 옮김, 플래닛,
　　2013.

케빈 워릭,《나는 왜 사이보그가 되었는가》, 정은영 옮김, 김영사, 2004.

프란스 드 발,《동물의 생각에 관한 생각》, 이충호 옮김, 세종서적, 2017.

프리드리히 엥겔스,《루트비히 포이어바흐와 독일 고전철학의 종말》, 강유원 옮김, 이론과실천, 2008.

플라톤,《국가 · 정체(政體)》, 박종현 옮김, 서광사, 2005.

_____,《파이드로스/메논》, 천병희 옮김, 숲, 2013.

한스 모라벡,《마음의 아이들》, 박우석 옮김, 김영사, 2011.

Barrat, J., *Our Final Invention: Artificial Intelligence and the End of the Human Era*, Thomas Dunne Books, 2013.

Brooks, R., "Elephants Don't Play Chess", *Robotics and Autonomous Systems* 6, 1990.

Garcia, C., "Algorithmic Music – David Cope and EMI", 2016. (http://www.computerhistory.org/atchm/algorithmic-music-david-cope-and-emi/)

Nirenberg, S., and C. Pandarinath, "Retinal prosthetic strategy with the capacity to restore normal vision", *Proceedings of the National Academy of Sciences* vol. 109, 2012, no. 37.

Sawyer, R. K., *Explaining Creativity: The Science of Human Innovation*, Oxford University Press, 2012.

Searle, J., "Mind, Barins and Programms", *Behavioral and Brain Sciences* 3, 1980.

Shubber, "Artificial artists: when computers become creative", 2007. (http://www.wired.co.uk/article/can-computers-be-creative)

Jonas, E., / Kording, K., "Could a Neuroscientist Understand a Microprocessor?", *PLOS: Computational Biology* January 12 2017. (http://journals.plos.org/ploscompbiol/article?id=10.1371/journal.pcbi.1005268)

Wiener, N., *Cybernetics: Or Control and Communication in the Animal and the Machine*. MIT Press, 1948.

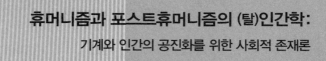

휴머니즘과 포스트휴머니즘의 (탈)인간학:

기계와 인간의 공진화를 위한 사회적 존재론

최진석

이 글은 계간 《문학동네》 2016년 여름호(87)에 실린 원고를 수정하여 재수록한 것이다.

호모 파베르와 휴머니즘의 신화

선사시대의 어느 구릉 위, 인류의 거주지에는 먹다 남은 동물의 뼈와 가죽이 어지럽게 흩어져 있다. 말 그대로 '자연' 그 자체와 다르지 않은 태고 인류의 삶은 아직 유인원과 구분되지 않아 보인다. 그중 한 명이 뼈다귀를 집어 들어 땅바닥에 흩어진 뼈들을 가격해 본다. 둔탁하게 부서지는 뼛조각들을 바라보던 그는 문득 흥에 겨워 뼈 타작을 시작하고, 자신이 움켜쥔 뼈다귀가 유용한 도구가 되리라 직감한다. 과연 사냥과 전쟁에서 그것은 커다란 위력을 발휘하고, 기쁨에 들떠 던져 올린 뼛조각이 공중에서 느리게 회전한다. 그 순간 원시의 하늘은 어느새 검은 우주로 바뀌고, 돌연 관객의 시야에 들어오는 물체는 첨단 우주정거장이다. 수천만 년을 건너뛴 경이로운 장면의 전환. 스탠리 큐브릭Stanley Kubrick의 영화 〈2001 스페이스 오딧세이〉(1968)는 이 한 장면으로 영화사에서 불후의 명성을 떨쳤다. 자연에서 인공으로, 단순한 도구에서 복잡한 기계로, 약육강식의 카오스로부터 조화롭고 장엄한 우주 탐사로 이어지는 인류의 진화사가 이 광경 속에 압축되어 드러난다. 그것은 태고의 어느 시점에서 우연히 손에 쥔 뼈 한 조각으로 인해 인간의 역사가 태동하기 시작했다는 '거대한 이야기', 호모 파베르의 신화에 다름 아니다.

인간이 다른 동물과 구별되는 특징으로 도구를 거론하는 데 반대할 사람은 별로 없을 듯하다. 인류의 역사는 도구 발달의 역사와 중첩된다는 게 일반의 상식이다. 그렇다면 도구란 무엇인가? 매클루언 Marshall Mcluhan에 따르면, 도구는 신체가 기능적으로 확장된 산물이다.[1] 인체의 각 부분이 갖는 기능을 확대하고 변형시켜서 사용에 적합하도록 고안한 사물이 도구의 기원이라는 것이다. 망치와 칼은 손을 그 용도에 맞게 바꾼 것이며, 바퀴는 공간을 더 빨리 이동하도록 발의 형태를 변경한 결과이다. 동일한 의미에서 안경은 감퇴한 시력을 보완해 주고, 망원경은 멀리 있는 물체를 잘 보도록 눈을 강화시킨다. 이렇듯 일상생활에서 널리 사용되는 도구들은 대부분 신체의 특정 부분을 모방하거나 변용시킴으로써 인간을 보조한다.

복잡한 도구들도 근본 원리에 있어서는 큰 차이가 없다. 기중기는 근육과 뼈의 결합을 모사해 인력으로는 감당할 수 없는 물체를 들어 올리며, 기차와 비행기는 인간의 자연적 운동성을 극대화시켜 벌거벗은 신체로는 도달할 수 없는 능력의 극한을 이끌어 낸다. 신체의 확장이라는 도구의 특징은 비단 외형적 측면에만 국한되지 않는다. 인간의 내적 능력, 즉 정신적 운동성도 도구와 기술의 역사에서 중요한 모체로 원용되어 왔다. 중세 말엽 발명된 수판과 수동식 계산기, 복잡한 수학적 공식과 데카르트적 사고의 규칙, 그리고 현대의 컴퓨터 하드웨어와 저장장치 등은 모두 두뇌의 기능을 본떠서 만들어진 정신적 기계들이다. 요컨대 '과학'이나 '기술', '기계' 등 어떤 명칭을 붙이더라도, 도구는 인간을 위해 만들어졌고 인간에게 종속되는 2차적 대상이라는 통념이 도구에 전제되어 있다. 그런 한에서 도구는 인간 자신의 욕망과 이미지를 투영하고 있다고 말해도 좋으리라.

물론, 고릴라나 침팬지도 나뭇가지나 돌멩이와 같은 간단한 사물을 이용한다는 것을 우리는 잘 안다. 하지만 인간은 도구를 변형시켜 사용할 수 있기에 더욱 발달된 존재이며, 심지어 계획적이고 체

---

1   마셜 맥루언, 《미디어의 이해》, 김성기 외 옮김, 민음사, 2002, 제2부 참조.

계적으로 도구를 관리한다는 점에서 동물보다 한층 우월하다고 자부한다. 그런 점에서 호모 파베르Homo faber는 '도구를 사용하는 인간' 보다 '제작하는 인간'으로 번역해야 더 정확하다는 주장도 있다. 아무튼 초점은 '호모(인간)'에 있다. 인간의 창조적 역량이나 제작하는 능력이, 다른 존재나 도구의 탁월성보다도 우선적이라는 것이다. 마르크스가 남긴 다음 구절을 읽어 보라.

거미는 직포공들이 하는 일과 비슷한 일을 하며, 꿀벌의 집은 많은 인간 건축가들을 부끄럽게 한다. 그러나 가장 서투른 건축가라도 가장 훌륭한 꿀벌보다 뛰어난 점은, 그는 집을 짓기 전에 미리 자기의 머릿속에서 그것을 짓고 있다는 것이다. 노동 과정의 끝에 가서는 그 시초에 이미 노동자의 머릿속에 존재하고 있던 결과가 나오는 것이다.[2]

도구는 정의상 인간 자신과는 분리되고 구별되는 외재적 사물로 여겨져 왔다. 근대 휴머니즘은 이러한 '벌거벗은 인간'의 이미지에서 유래한다.[3] 진화와 발전, 창조를 위해서는 인간 자신의 정신과 신체 이외에는 아무것도 필요하지 않다는 유아독존의 신화가 여기에 있다.[4] 이를 그대로 받아들인다면, 큐브릭의 영화에서처럼 선사 인

---

2 카를 마르크스, 《자본론 I(상)》, 김수행 옮김, 비봉출판사, 1996, 226쪽.
3 16세기 이탈리아에서 발흥했다고 알려진 것과 달리, 휴머니즘은 19세기 유럽의 발명품이다. 푸코의 말대로 그것은 (무)의식적 지식, 곧 에피스테메의 효과로서 나타났으며, 서구중심주의와 겹쳐진 지식의 상像이다. 최진석, 〈휴머니즘의 경계를 넘어서 – 근대 인간학의 종언과 인간의 새로운 변형〉, 《비교문화연구》 41, 비교문화연구소, 2015, 385~391쪽.
4 15세기 후반의 '인문주의자' 피코 델라 미란돌라Giovanni Pico della Mirandola는 인간의 우월한 지위는 그가 아무런 외적인 조건에 얽매이지 않은 채 자신의 본성을 스스로 결정할 수 있다는 점에서 발견한다. 피코 델라 미란돌라, 《피코 델라 미란돌라.

류 중 한 명이 우연히 뼈다귀를 집어 들어 땅바닥에 내려치지 않았더라도, 곧 도구를 발견하지 못했더라도 인간의 잠재성은 어떻게든 발현되었을 것이며, 마침내 우주정거장을 발명해 냈으리란 가정이 성립한다. 호모 파베르에게 도구는 단지 도구일 뿐이며, 뼈다귀에서 우주선에 이르기까지 도구는 인간의 필요에 따라 탈착되는 외부적 대상에 불과하다는 논리다. 과연 그럴까?

인간과 기계의 상호 공속성

1972~1973년에 발사된 파이오니어 10호와 11호에는 외계인에게 보내는 도상 메시지가 실려 있다. 우주 다큐멘터리에서 한 번쯤은 보았을 이 동판에는 성인 남성과 여성의 벌거벗은 모습이 새겨져 있는데, 지구인을 한 번도 보지 못한 외계인에게 우리가 어떻게 생겼는지 알려주기 위한 시각적 표상이라는 것이다. 인간의 모습을 보여 주려는 의도로 제작했겠지만, 한편으로는 우스꽝스럽다는 생각도 금할 수 없다. 정말로 저 벌거벗은 존재가 우주를 가로질러 외계인을 만나러 떠난 우주선을 만들었단 말인가? 현재의 지구인을 보여 주기에 저 그림에는 너무 많은 것들이 생략된 게 아닐까? 만일 우리를 만나러 외계인이 찾아온다면, 그가 수영장이나 누드 비치를 찾는 게 아닐 바에야 저 벌거벗은 인간을 만날 수 있을 성싶진 않다. 인간을 규정짓는 것은 보다 외형적인 도구들임에 분명하다. 안경이나 옷가지, 신발, 시계, 손전화, 또는 인터넷 같은 사물들의 세계야말

인간 존엄성에 관한 연설》, 성염 편역, 철학과현실사, 1996, 134~135쪽. 아이러니하게도, 근대 휴머니즘의 근거는 그것이 사실상 '무근거'하다는 데 있다.

로 인간을 인간으로서 정의해 주는 지표들이지 않을 수 없다.

생태인류학자 그레고리 베이트슨Gregory Bateson은 다음과 같은 질문을 던졌다.[5] 맹인이 짚은 지팡이는 그의 신체의 일부인가 아닌가? 과학자가 사용하는 현미경은 그의 일부인가 아닌가? 언뜻 황당해 보이는 이 물음은 도구에 대한 우리의 상식에 근본적인 이견을 제시한다. 앞 못 보는 사람에게 지팡이는 그가 임의로 선택하는 도구라기보다 일상을 영위하는 데 없어서는 안 될 수단이다. 지팡이를 사용해 그는 자신에게 결여된 시각을 보완하며 세계를 촉각적으로 인지하는 까닭이다. 따라서 맹인의 지팡이는 단순한 보충물이 아니라 그의 삶을 유지하기 위해서는 누락시킬 수 없는 신체의 일부가 된다. 이와 마찬가지로 과학자에게 실험기구는 자신의 정체성을 설정하기 위해 없어서는 안 될 구성 요소이다. 관찰과 증명, 실험이 주된 임무인 과학자의 활동에서 그의 '과학성'을 보증해 주는 것은 현미경이라는 도구인 것이다. 가령 그가 아직 알려지지 않은 세균을 발견하여 질병의 원인을 밝히고, 항생제를 개발해 노벨상을 탔다고 치자. 그가 아무리 명석한 두뇌를 가졌어도, 자신의 도구 없이 그런 성과를 얻을 수 있을까? "도구는 단지 도구에 불과하다"는 생각은 지극히 소박한 편견에 지나지 않는다. 오히려 도구는 인간이 활동하기 위한 조건을 형성하며, 나아가 활동 자체에 참여함으로써 언제나 함께 기능해 왔다. 도구가 없다면, 인간은 더 이상 자신의 문화적 정체성을 유지할 수 없을 것이다. 세계와 인간의 상호작용에는 항상 도구라는 투명한 미디어media가 개입해 있다. 벌거벗은 인간의 창조성에 대한 믿음은 순박한 오해이거나 불가능한 소망에 가깝다.

---

5 그레고리 베이트슨, 《마음의 생태학》, 박대식 옮김, 책세상, 2009, 399~400쪽.

무엇보다도 도구에 대한 통념이 바뀌어야 한다. 대개 도구는 인간 외부의 사물로 인식된다. 우리는 언제든 옷을 벗을 수 있고, 전화기를 내려놓을 수 있으며, 인터넷을 종료할 수 있다고 믿는다. 눈, 코, 귀, 입, 손과 발 등의 자연적 신체와 다르게, 도구는 자의적으로 분리 가능한 대상이라는 말이다. 하지만 매클루언이 시사했듯, 도구의 역사와 의미는 훨씬 내밀한 추상적 잠재성을 통해 규정되어 왔다. 가령 문자가 기억의 보조물임은 누구나 안다. 책도 그럴 것이다. 그렇다면 도로는 어떨까? 기억과 도로가 무슨 상관이냐는 반문이 당장 나올 법하다. 하지만 인간의 메시지는 문자로 쓰여지고 책으로 만들어지며, 도로를 달려 먼 거리를 이동함으로써 활용의 정도와 범위가 달라진다.[6] 도구는 물질적 외형이 아니라 그것들이 구축하는 관계의 내재적 연관에 따라 상이한 의미를 갖는다.

다른 사례를 하나 더 들어 보자. 표정은 자연적 대상인가 문화의 산물인가? 얼굴은 두개골로 외형을 갖춘 자연적 대상이다. 하지만 그 표면에서 이루어지는 표정의 변화는 문화적 산물이 아닐 수 없다. 두개골 위에 얹힌 피부의 근육운동처럼 보이지만, 표정이 방사하는 감정의 기호들은 안면顏面이라는 신체성을 넘어선 문화적 상호작용을 촉발한다.[7] 당연히, 우리는 표정을 얼굴로부터 '도구처럼' 떼어 낼 수 없다. 다시 묻거니와, 표정은 도구인가, 아닌가? 도구를 신체의 외형적 특징에 가둔다면, 우리를 둘러싼 문화적 세계를 이해할 수 없는 질곡에 빠지고 말 것이다. 들뢰즈Gilles Deleuze와 가타리Félix

---

6 마셜 맥루언, 《미디어의 이해》, 147~148쪽.
7 질 들뢰즈 · 펠릭스 가타리, 《천의 고원 1》, 이진경 외 옮김, 연구공간 '너머' 자료실, 2000, 제7장.

Guattari 식으로 말해, 이렇게 내재적 연관 속에서 작동하는 도구는 일종의 추상기계라 할 수 있다.[8] 도구이자 도구 이상의 의미론적 작동을 한다는 뜻이다.

신체에 대한 도구의 내재적 관계를 적절히 지적한 사람 중에는 마르크스의 사상적 동료였던 엥겔스Friedrich Engels가 포함된다. 근대인으로서 엥겔스는 자신의 친구와 마찬가지로 노동의 본원성에 대한 굳은 신념을 갖고 있었다. 노동은 삶의 기본 조건이며, 본질적으로 "노동이 인간 자체를 창조해 왔다"고 할 만하다.[9] 근대 휴머니즘을 정초하는 예의 '노동의 신화'가 그것이다. 알다시피 노동을 하기 위해 도구가 필요해졌고, 그 과정이 반복되며 도구가 발달했다는 게 일반적인 통설이다. 그런데 우리가 주의를 기울일 지점은 인류사의 첫 대목을 기술하며 엥겔스가 도출한 도구와 인간의 전도된 관계에 대한 통찰이다. 진실은 노동의 필요에 따라 도구가 만들어졌다는 게 아니라, 도구가 나타남으로써 비로소 노동이 가능해졌다는 데 있다.

몸의 균형을 잡거나 이동을 위해 땅을 짚어야 했던 '앞발'이 우연한 계기로 땅에서 분리되어 나뭇가지나 돌멩이를 쥐게 되었을 때, 발의 용도로부터 탈영토화되었을 때 손은 발이기를 중단하고 다른 것으로서 '창조'되었다. 발이 손으로 이행한 것은 단계적인 발달이 아니라 모종의 도약을 함축하는 사건이고, 그때야 비로소 인간의 고유한 활동으로서 노동이 전면화되었다는 뜻이다. 물론, 초기 인류와 유인원 사이에 심대한 질적 변별을 짓기는 어려울지 모른다. 그러나

---

8 Stephen Zepke, *Art as Abstract Machine*, Routledge, 2005, pp. 221-222.
9 프리드리히 엥겔스, 〈원숭이의 인간화에서 노동이 한 역할〉, 《칼 맑스 프리드리히 엥겔스 저작선집 5》, 최인호 외 옮김, 박종철출판사, 2003, 379쪽.

시간이 흐르면서 되돌릴 수 없는 변화가 발생한 것도 사실이다. "최하등 야만인의 손일지라도, 그것은 어떤 원숭이의 손도 따라 할 수 없는 수백 가지의 작업들을 할 수 있다. 어떤 원숭이의 손도 조잡한 돌칼조차 만들어 내지 못했다."[10] 손은 외견상 자연적 신체지만, 그러나 자연적 용도로부터 분리된 사건이다. 큐브릭이 자기 영화 속에서 역사의 시발점에 외계인의 검은 표석을 들여놓아야 했던 것은 이런 곤혹 내지 불가지의 사건을 표현하기 위해서일지도 모른다. 아무튼 손은 '내재하는 외부'로서 역사의 다른 행로를 열어젖혔다.

　손과 도구를 향한 찬사로부터 한 걸음 물러서자. 지금 우리의 관심사는 도구와 인간의 내재적 연관이다. 도구를 삶의 편의를 위해 인간이 고안한 대상으로 보면 인간과 도구 사이에는 건널 수 없는 불연속만 남지만, 인간이 세계와 만나고 활동하는 데 필연적인 미디어로 본다면 거기엔 광대한 연속성이 펼쳐진다. 넓은 의미에서 기계machine는 인간과 도구의 그와 같은 내재적 연속성을 가리키는 개념이다.[11] 태엽과 시계판, 시침 및 분침이 하나가 되어 시계가 구성되고, 맹인과 지팡이가 연결되어 그의 동작하는 신체를 이루듯, 다양한 부분들이 연결되어 일정한 조직체를 형성한 것이 기계이다. 인간과 사물, 유기체와 무기물의 구별은 중요하지 않다. 결합과 해체를 통해 또 다른 연결 관계를 구성할 수 있는 모든 것이 기계이다. 관건은 이질적인 부분들이 모이고 섞여 들어 상이한 기계를 이룰 수 있는지, 그렇게 작동할 수 있는지에 달려 있다. 이 대목에서 우리는 인간을 포함한 도구 일반을 모두 '기계'라고 부를 수 있는 가능성에 도

10　프리드리히 엥겔스, 〈원숭이의 인간화에서 노동이 한 역할〉, 380쪽.
11　Gilles Deleuze & Félix Guattari, *Anti-Oedipus*, The Athlone Press, 1983, pp. 36-41.

달한다. 역사 전체, 즉 과학기술의 진보나 문화 및 문명의 발전은 이와 같은 기계적 구성, 인간과 기계의 상호공속성의 과정을 통해 다시 서술할 수 있을 것이다. 휴머니즘, 또는 인간주의를 넘어서는 이러한 발상을 들뢰즈와 가타리는 기계주의machinism라 불렀다.

기계론과 기계주의의 역사

철학적인 문맥에서 기계주의의 역사와 의미에 대해 상론하기 전에, 일상생활에서 마주치는 기술적인 기계의 역사, 기계론mechanism에 대해 따져 보지 않을 수 없다. 통념 이상의 논의를 하기 위해서는, 우선 통념 자체에 대해 개략적으로나마 살펴보아야 할 것이다.

기계의 역사를 다루는 연구는 대개 르네상스 이후, 특히 근대 세계에서의 과학과 기술의 발달을 중시한다. 고대인들은 과학이나 기술적인 측면에서 저발전 단계에 있었기에 철학적 사변으로 그것을 대신할 수밖에 없었고, 중세는 '암흑시대'라는 별명이 보여 주듯 세계와 자연에 대한 무지몽매한 인식에 머물렀으므로 어떠한 진전도 이룰 수 없었다는 것이다. 아시아나 아프리카 등의 비서구 지역은 오랫동안 고대와 중세적 단계에 정체되어 있었고, 오직 서구 유럽만이 16세기 이래 '합리적 사고'와 '경험적 방법'을 통해 오늘날의 과학기술적 진보를 이루어 냈다는 주장이 여기서 나온다. 근대성modernity은 이러한 서구중심적인 진보사관을 지시하는 일반명사인 바, 세계사가 단순무지했던 고대에서 중세를 거쳐 근대에 이르러 고차원적인 역사적 단계에 진입했다는 주장이 여기 담겨 있다.[12]

---

12 프랑스 계몽주의나 헤겔로 대표되는 독일 관념론 등을 조밀하게 거론할 만하지만,

합리적 기계론은 근대성 이론의 중핵이다. 합리성은 원인과 결과의 연관이 명확히 인지되면서 그것을 반복적으로 재현할 수 있는 가능성이고, 기계론은 이러한 합리성을 인간 외적인 대상 속에서 구현시킬 수 있는 가능성이다. 톱니바퀴 두 개가 서로 맞물려 돌아가는 원리를 이해하고 그것을 실제로 만들어서 실행시킬 때 합리적 기계론은 완성된다. 쉽게 말해, 자연을 완전히 분해해서 다시 결합하는 능력이 그렇다.[13] 17세기는 이러한 기계론적 합리성이 사회문화적으로 전면화된 시기였다. 이 시대는 수학의 발달에 힘입어 시간과 사물의 계측 가능성이 증대했고, 기술의 발달로 인해 대상을 가공하고 조형할 수 있는 능력도 신장되었다. 기술적 기계들이 대거 등장한 것도 이 즈음의 일이다.

시계는 합리적 기계론의 대표적인 산물이었다. 태엽시계의 원리는 강판을 두께가 고르게 일정한 강도로 제련한 뒤 둥글게 말아 규칙적으로 풀려 나가게 만드는 데 있다. 17세기 이전에는 철판을 얇게 펴기도 쉽지 않았고, 일정한 강도를 유지한 채 겹겹이 말기도 어려웠지만, 그 이후로는 기술적 공정의 발전으로 태엽의 원리를 현실화할 수 있게 되었다. 물시계나 해시계처럼 자연적 현상에 의거하여 시간을 측정하는 장치들은 중세 때부터 만들어졌지만, 자연의 힘을 빌리지 않고 '스스로' 움직이며 시간의 운동을 보여 주는 시계의 발명은 근대 초의 사람들을 놀라게 만들기에 충분했다.[14] 이제 사람들

일단 넘어가도록 하자. 여기서는 일종의 '신학'으로까지 비약한 실증주의에 대한 확신을 상기해 보는 것으로도 충분하다. 오귀스트 콩트, 《실증주의 서설》, 김점석 옮김, 한길사, 2001, 제1부.
13 프랜시스 베이컨, 《신기관》, 진석용 옮김, 한길사, 2001, 177쪽.
14 David Landes, *Revolution in Time*, The Belknap Press of Harvard University Press,

은 시침과 분침의 규칙적 운동을 관찰함으로써 막연하게 체감하기만 하던 시간의 흐름을 구체적으로 눈앞에서 볼 수 있게 된 것이다. 자체 내적 동력으로 작동하는 자동기계로서의 시계는 기술적 측면뿐만 아니라 인식적 측면에서도 새로운 단계를 열었다고 평가된다. 인간의 손으로 제작된 기술적 산물인 시계는 온전히 '신의 것'으로만 여겨지던 중세적 시간관을 허물고 인간의 필요와 요구에 맞춰 시간을 사용할 수 있게 해 주었다.[15] 이에 초점을 맞춰 근대성 이론은 17세기 이후의 역사 속에서 기계의 발전을 자리매김하고자 했다.

일상을 둘러싼 이런 근대적 감각이 틀리지는 않았어도, 일면적인 틀에 갇혀 있음은 부인할 수 없다. 시계 기술의 사례가 보여 주듯, 여기서 기계는 인간에 의해 제작되었고, 그럼으로써 인간과는 분리된 도구로서의 대상적 존재성만을 갖는다. 베이트슨의 통찰을 상기해 본다면, 맹인과 지팡이의 관계에서 후자만이 기계라고 인지되었던 것이다. 매뉴팩처 시대에 소량으로 생산되던 고가의 소비재부터 대공업 시대의 대량생산품에 이르기까지 우리가 일반적으로 '기계'라 인식하는 대상들이 거의 다 이 범주에 속하는바, 인간-주체와 기계-객체(대상)의 이분법적 인식을 여기서 만나 볼 수 있다. 근대 과학과 기술의 성취, 점점 편리해지고 첨단화되는 기계공학의 발전은 이러한 세계관의 바탕 위에서 등장했을 것이다. 확실히 이러한 인식은 중세적 신 관념을 대신해 인간을 '창조자'의 지위로 끌어올려 주었고, 창조된 대상인 기계를 통제하고 지배할 수 있다는 근대적 신

1983, pp. 114-131.
15 최진석, 〈근대적 시간: 시계, 화폐, 속도〉, 이진경 편저, 《문화정치학의 영토들》, 그린비, 2007, 179~183쪽.

념을 표현하고 있다.[16] 그렇다면 기계주의적 관점에서 시계의 역사를 다시 풀어 보면 어떻게 될까?

문명사가 멈퍼드Lewis Mumford는 사회와 제도의 관점에서 인간과 기계가 상호 내재적으로 작동하는 관계론적 특징을 밝히고자 했다. 그에 따르면 시계의 발명은 17세기가 아니라 그보다 훨씬 이전까지 소급되는데, 실제로 기계적 원리로 구동되는 시계는 13세기에 이미 등장했다는 기록을 찾아볼 수 있다.[17] 기계론적 합리성이 표면화된 17세기보다 훨씬 이전, 적어도 13세기에는 여러 가지 기술적 장치들이 내장된 시계가 초보적인 형태로나마 구현되었다는 것이다. 다만 당대 제작기술의 한계로 인해 정교한 장치술과 금속재료를 통해 구현되지 못했기에 많은 기술사가들은 그것을 시계의 발명으로 셈하려 들지 않았을 뿐이다. 어쩌면 중세의 시계는 오늘날의 관점에서 볼 때 시계의 중요한 요건을 결여하고 있을지도 모른다. 하지만 멈퍼드는 어떤 재료를 사용해 제작했는지, 어떤 '과학적 원리'로 작동했는지의 여부를 따져 사물의 현실성을 판별지을 수 없다고 단언한다. 오히려 핵심은 시계라는 발상 자체에 내재한 개념적 원리다. 시침과 분침이 있고, 동판 위에 새겨진 숫자들을 왕복하는 따위, 또는 디지털 신호로 현재 시각을 시각화하는 이미지 따위로 시계를 정의할 수 없다. 하루를 일정한 시간 단위로 설정하고, 하루의 시간을 규칙적으로 분할해 일주일과 한 달, 1년을 동일한 방식으로 계산할 수

---

16 Nikolaj Beljaev, *"Mekhanitsizm" v novoevropejskoj kul'ture* (근대 유럽문화의 '기계론'), Izd. SPbU, 2007, pp. 160~165.
17 앨프리드 크로스비, 《수량화 혁명》, 김병화 옮김, 심산, 2005, 107쪽. 멈퍼드는 시간의 개념에 대한 추론을 통해 시계의 관념이 10세기경에 이미 출현했다고 단언한다. 루이스 멈퍼드, 《기술과 문명》, 문종만 옮김, 책세상, 2013, 37쪽.

있는 기계라는 관념 자체가 시계라는 것이다. 곰곰 생각해 보면 우리가 시계를 만들어 사용하는 이유는 사실 그것이 아닐까?

17세기, 혹은 그 이전에도 시계는 원리적으로 벌써 발명되었다는 멈퍼드의 주장은 중세의 수도원 제도를 관찰해 보면 분명히 드러난다. 서구 중세에서 베네딕트 수도회는 신앙생활의 의무로서 노동의 의무를 유달리 강조했던 교파였다. 이때 노동은 신에게 바쳐진 성스러운 행위로 여겨졌기에 규칙적으로 수행되어야 했으며, 수도원 생활 전체가 정확한 일과표에 따라 진행될 것이 요구되었다. 노동만이 아니라 각종 성무성사 등도 역시 일정한 시간 단위에 따라 이행되어야 했고, 특히 하루 7번 반드시 지켜야 하는 기도 시간의 의무는 불규칙하거나 부정확하면 거의 신성모독에 가까운 징벌을 감수해야 할 정도였다. 수도원은 거의 준군사조직으로서 엄격한 규율로써 통제되었는데, 정확한 시간관념의 탄생은 이런 사정과 무관하지 않았다.[18] 하루와 일주일, 한 달 및 1년은 '신이 정하신 질서'에 따라 엄밀히 분배되어야 했다. 명료하게 분절되고 종합할 수 있는 시간의 관념, 이것이야말로 기술적인 시계의 발명에 앞서 이루어져야 했던 시간의 창안에 다름 아니다. 이에 따라 단순하지만 정확성이 향상된 초보적 시계들이 고안되었으며, 오늘날과 유사한 형태의 시간-기계들도 연이어 등장하게 되었다.

핵심은 시계를 인간과 분리된 도구, 즉 있어도 좋고 없어도 좋은 외재적 보조물로 간주하는 게 아니라, 인간의 여러 특징들 가운데 결여될 수 없는 것, 곧 인간의 자기규정의 하나로서 받아들이는 데 있다. 인간은 얼핏 시간의 지배를 받는 듯싶지만, 사실 시간을 창안

---

18 루이스 멈퍼드, 《기계의 신화 I》, 유명기 옮김, 아카넷, 2013, 481~487쪽.

하고 관리하려는 욕망을 실현시키며 진화해 왔다. 멈퍼드는 이렇게 말한다. "수도원은 기계의 규칙적으로 집단적인 박자와 리듬을 인간 경영에 이용했다. 시계는 시간을 관리하는 수단일 뿐만 아니라 인간의 행동을 일치시키는 수단이었다."[19]

시계, 즉 시간-기계가 갖는 의미를 면밀히 곱씹어 봐야 한다. 시계를 편의를 위해 제조된 도구로 여길 때, 시계는 그저 시간을 알려 주는 도구에 머문다. 하지만 시간이라는 개념을 통해 창조되고 그 시간의 관념을 인간의 삶에 불어넣는 기계로 본다면, 그것은 일상을 특정한 방식으로 구획하고 계획함으로써 현실을 창안하는 시간-기계로서의 모습을 드러낸다. 시계가 없다면 우리는 단 하루만이 아니라 어쩌면 인생 전체를 기획할 수 없을지도 모른다. 따라서 시계는 기술적 공정을 통해 제작되는 수동적 대상이 아니라 시간을 창안하는 능동적 기계이며, 그것의 독특한 생산물은 바로 '시간' 자체이자 인간의 '경험'에 다름 아니다. 인과적이고 규칙적인 시간 경험이 시계를 통해 생산됨으로써 근대적 일상과 과학이 등장할 수 있었다고 말해도 과장은 아닐 듯하다. 요컨대 시계라는 외재적 대상 이전에 시간-기계로서 그것의 관념이 두뇌 속에서 먼저 입안될 필요가 있었다.[20]

이로써 우리는 사물로서의 시계가 갖는 외연을 보다 유연하게 바

---

19 루이스 멈퍼드, 《기술과 문명》, 38쪽.
20 루이스 멈퍼드, 《기계의 신화 I》, 13쪽. 엥겔스가 손의 창조를 강조했던 것에 비견될 수 있는, 혹은 더욱 진전된 주장은 바로 뇌의 창안이다. 사유라는 사건의 발생기이기 때문이다. 들뢰즈 역시 비슷한 의미에서 뇌의 역동적인 창조력을 언급한다. 그에 따르면 뇌는 현실 논리의 반영이나 재현이 아니라, 비논리적 역설, 생성적 이미지를 산출하는 장치다. 그레고리 플랙스먼 엮음, 《뇌는 스크린이다. 들뢰즈와 영화 철학》, 이소출판사, 2003, 529~544쪽.

라볼 여지를 얻는다. 외재적 대상성이 아니라 내재적인 개념과 작동이 문제일 때, 시계는 굳이 태엽과 톱니바퀴, 시침과 분침 등으로 이루어진 기술적 표상에 구속될 이유가 없다. 나아가 '시계'라는 표상 자체로부터도 벗어나야 한다. 중세 수도원에서 일과를 알리기 위해 쳤던 종은 시계가 아닐까? 수도사들에게 밥을 먹거나 기도를 하고, 성경을 필사하거나 농사를 지어야 한다는 관념을 불어넣는 신호로서 종소리는 하나의 시간-기계가 아닌가? 종을 울리기 위해 종 줄에 매달린 수도사 역시 그 시간-기계의 일부는 아닐까? 종이 저절로 규칙적인 타종을 할 수 있을 리는 없는 탓이다. 수도사가 줄에 매달려 타종하는 행위 없이 종소리라는 시간-기계는 작동하지 않는다. 수도원과 종탑, 종치기와 종줄, 그리고 종이 이루는 이 계열적 배치가 바로 중세적인 시간-기계의 내재적 연관을 구성하고 있다.

이렇게 시간-기계는 하나의 제도로서 우리 앞에 제시된다. 잘 이해가 안 간다면 이렇게 생각해도 좋겠다. 만약 시계가 알려 주는 시간을 사람들이 공유하지 않는다면 그 시계가 과연 필요할까? 시계는 그것이 규정하는 시간을 공인해 주는 제도(계열적 배치)가 될 때 그 주어진 기능을 수행하게 된다. 달리 말해, 시계는 시간이란 무엇인지에 답하는 사회문화적 환경 속에서만 일상의 규칙이자 모델로서 기능하는 것이다. 시계, 곧 시간-기계가 제도라는 의미는 이렇게 성립한다. 우리는 모든 기계들이 사실상 그것들이 창안되고 작동하는 환경적 조건을 제도적으로 지탱하는 장치들의 집합체란 점을 추론해 낼 수 있다.[21]

---

21 야콥 폰 윅스퀼, 《동물들의 세계와 인간의 세계》, 정지은 옮김, 도서출판b, 2012, 11
쪽. 문화적 환경을 형성하는 능력이 인간에게만 고유하다는 하이데거와 달리, 윅스

다시 멈퍼드로 돌아오면, 기계를 제작하는 기술이란 물질적 대상 뿐만 아니라 사회적 관계를 결합하는 과정으로서 의미를 갖는다. 달리 말해, 인간은 기계를 만들어 냄으로써 삶과 사회를 구성한다. 기계는 임의적이고 우연적인 삶에 일정한 질서를 부여하고, 거꾸로 인간의 삶을 공동의 차원으로 결합시킨다. 개인적 도구가 아닌 사회적 제도로서의 기계적 환경. 이 점에서 기계의 기원은 기술 기계의 등장 시기에 국한시킬 수 없다. 많은 기술사가들이 아무리 빨리 잡아도 중세 중기에 멈추고 마는 기계의 역사를 멈퍼드가 기원전 수세기 전으로 끌어올리거나, 어쩌면 큐브릭의 선사시대로까지 우리가 소급시킬 수 있다고 믿는 이유가 그것이다.

근대성의 전도와 미래의 기계-인간

피라미드 건축의 비밀은 아직 다 풀리지 않았다. 어쩌면 헤겔의 농담(?)처럼 이집트인의 비밀은 이집트인들에게도 비밀이었을지 모르지만, 멈퍼드는 자신의 '기계주의'를 통해 이 문제에 개념적인 답안을 제시하고자 했다. 기중기처럼 그 시대에 제작할 수 있었던 기술적 장치나 방법이 사용되었겠으나, 무엇보다도 핵심적인 것은 다수의 인구를 동원해 그 많은 돌들을 나일강에서 실어 와 차곡차곡 쌓아 올렸다는 것이다. 언뜻 단순소박한 답안이자 불가능해 보이기도 하는 이 생각은 인간을 인간이 아닌 존재로, 즉 기계로 간주할 때

퀼은 동물 세계 전반이 의미의 발생을 통해 환경을 구성하는 역량이 있다고 말한다. 이 점에서 인간과 동물의 행동 역량은 서로 다르지 않다. 환경이라는 기계적인 연속체를 만들기 때문이다.

뚜렷한 설득력을 얻는다. 대규모의 인력 동원과 철통 같은 규율을 통해 작업을 지시할 때 인간보다 더 거대하고 정확한 노동력을 끌어올 방도가 어디 있겠는가? 멈퍼드는 이러한 대규모 조직화와 동원의 체계를 기계라 부른다. 그것은 인간을 재료로 구성된 거대기계 mega-machine이자 사회기계이며, 권력기계이다.[22] 고대 노예국가로부터 근대 국민국가에 이르기까지 사회는 제도, 곧 커다란 기계로서 존립해 왔다.

들뢰즈와 가타리가 근대를 '문명 자본주의 기계'라 명명하며, 기계주의 일반의 관점에서 다시 쓰고 있는 까닭이 여기에 있다. 자본주의를 태동시킨 두 가지 흐름, 즉 자유로운 노동자의 흐름과 자유로운 자본의 흐름이 역사의 어느 시점에서 마주쳐 하나의 계열을 형성하고, 그 계열이 생산의 거대한 순환에 돌입하게 되었을 때 근대 자본주의가 형성되었다는 것이다.[23] 아마도 기계제 대공업이 일반적 생산양식이 된 자본주의 시대에도 고대 피라미드나 중세 수도원에서와 같은 내재적 연관에 따른 기계주의를 말할 수 있을지 궁금해 하는 사람이 있을 것이다. 대공업 시대는 그 이전과는 비교할 수 없을 정도로 엄청난 물량의 상품들을 쏟아 냈고, 이는 인간과는 차별화되고 명백히 분리되어 있는 기술 기계들의 대규모 사용 없이는 불가능한 현상이기 때문이다. 하지만 시대를 막론하고 세계를 근저에서부터 관류하는 생산의 역동 또한 내재적 연관에 바탕한 기계주의, 기계적 배치의 일반성에 근거하고 있다. 이를 마르크스의 분석을 빌어 살펴보도록 하자. 미리 진술하자면, 자본주의에 이르러 우리는

---

22 루이스 멈퍼드, 《기계의 신화 I》, 제9장.
23 Deleuze & Guattari, op. cit., pp. 33-34.

근대 휴머니즘의 절정이자 종국을, 포스트휴머니즘의 단초와 그 개시점을 확인해 볼 수 있게 된다.

19세기의 기계제 대공업 시대에 이르러, 자본주의적 생산의 양적 관계는 그 최고 수준을 바라보게 되었다. 자동화된 대량생산 체계라는 새로운 현실은 물질적 궁핍에 대한 인류사의 영구적 난제를 간단히 뛰어넘었을 뿐 아니라, 전 지구적인 차원에서 초과적 잉여생산의 길을 열어 놓았다. 하지만 물질적 조건의 충족이 곧장 사회적 유토피아를 배태하는 것은 아니다. 생산력의 비약에 비해 심화되는 생산관계의 왜곡은 개별 사회구성체를 넘어서 지구적 차원에서 전면화된다. 이러한 당대의 현실은 이후 자본주의가 대공황에 의해 자동적으로 붕괴되기까지, 공장체계의 전 사회적 적용(사회의 대공장화), 세계시장의 전 지구적 확산(저개발과 종속), 자본주의적 생산의 본래적 모순 심화(이윤율의 경향적 저하) 등의 치명적인 과정으로 이어지리라 전망되었다.

생산력의 무한한 확대에 대한 전망이 그 자체로 부정적인 것은 아니다. 다소 불편하지만 통설적으로 이해되어 온 바대로, 빵을 공평하게 나누기 위해서는 우선 커다랗게 부풀려야 할 필요가 있을 듯하다. 그런 의미에서, 청년 시절에 마르크스는 이미 대공업 단계에 진입한 인류사가 혁명적 전화의 미래상과 잇닿아 있음을 날카롭게 적시해 두었다. 인간이 자신의 생산물로부터 받는 소외는 동시에 그러한 소외를 낳은 생산양식의 발전으로부터 해소될 전망이 열린다는 것이다.

> 생산 도구와 사적 소유 사이의 모순은 바로 대공업의 산물인바, 이 모순의 산출을 위해서는 이미 대공업이 매우 발전되어 있어야만 한다. 따라서 사적 소유의 지양 또한 대공업과 더불어 비로소 가능하다. (…)

대공업은 대량의 생산력들을 산출했는데, 그러한 생산력들에 대해서 사적 소유는 하나의 질곡이 되었던바 (…) 이러한 생산력들은 사적 소유 아래에서는 오직 일면적인 발전을 유지할 뿐이고, 대다수에 대해서는 파괴적인 힘들로 되며, 그와 같은 힘들의 상당량은 사적 소유 내에서는 전혀 사용될 수 없는 것이다.[24]

대공업의 중핵은 자동화된 기계체계다. 신화적인 낙원 추방 이래 인간이 짊어져야 했던 노동의 과중한 부담이 기계력에 의해 대체되고, 그에 따라 자급자족적이며 국지적 수준에 머무르던 생활경제체제는 상품화된 잉여산물의 체계, 즉 시장에서 순환하기 시작했다. 이런 의미에서 대공업과 기계체계는 근대 부르주아 사회구성체의 정점인 동시에 인류사 최후의 착취적 생산 단계라는 것이다.

이로부터 부각되는 문제는 노동과 생산 형태의 새로운 관계 방식이다. 마르크스 자신의 사유에서도 그런 면모가 없진 않으나, 이른바 '정통' 마르크스주의는 이것을 자본가와 노동자라는 인간 주체들 사이의 관계성 형식으로 정식화했다. 헤겔이 모델화했던 주인과 노예의 변증법에서 연원한 지배와 피지배의 필연적 전환, 즉 보편적이고 유일한 계급으로서의 프롤레타리아트의 자기정립 과정이 그 담보물이다. 요컨대, 대공업과 기계제 생산의 최후 전장은 자본가와 노동자가 벌이는 한판 승부에서, 그들 중 누가 더 진정한 생산의 주체가 되느냐에 달려 있다는 말이다. 이런 사변의 구도는 전장의 실제 구조를 괄호 안에 넣는다. 자본가와 노동자라는 인간 주체만이

---

[24] 칼 맑스 · 프리드리히 엥겔스, 〈독일 이데올로기〉, 《맑스 엥겔스 저작선집 1》, 최인호 외 옮김, 박종철출판사, 1994, 231, 242쪽.

행위의 작인이자 역사의 기관으로 명명될 뿐, 기계 자체에 대한 사유는 가동되지 않는 것이다. 이는 기계를 기술적 차원에 고정화함으로써 인간의 주체성에 부속시키고, 기계가 창안하는 관계를 존재하지 않는 차원에 몰아넣는 것이다. 노동가치설에 따르면 생산의 주체는 오직 인간이고, 비인간이 산출한 것은 가치를 얻지 못한다.[25] 근대는 확실히 휴머니즘의 시대가 아닌가? 기계, 더 정확히는 기계체계는 단지 생산력의 발전이라는 물리적 조건, 양적 가치 증식을 위해서만 동원될 따름이다.

찰리 채플린이 〈모던 타임즈〉(1936)에서 희화적으로 묘사했던 자본주의 생산의 본질적 문제는 노동자의 노동으로부터의 소외이다. 이론적 반인간주의에 입각해 인간의 소외를 마르크스 사상의 근본 줄기에서 추방하려 했던 알튀세Louis Althusser라면 별로 좋아하지 않았을 성싶지만, 아무튼 우리의 일반적 인식에서 기계를 조종하는 인간이 아니라 기계에 의해 조종당하는 인간의 이미지는 영락없는 소외의 표상이다. '대상화된 노동에 의한 살아 있는 노동의 점취'라는 표현이 여기에 올려져 있다.

기계는 어떤 관계에서도 개별적인 노동자의 노동 수단으로 나타나지 않는다. (…) 노동자를 대신해서 숙련과 힘을 가지는 기계는 스스로가 기계에서 작용하는 역학 법칙들로 자기 자신의 혼을 가지고 있고, 자신의 지속적인 자기 운동을 위해서, 노동자가 식량을 소비하듯이 석탄, 기름 등(도구 재료)을 소비하는 명인名人이다. 노동자의 활동이 활동의 단순한 추상으로 국한되어 모든 측면에서 기계류의 운동에 의해

25 해리 브레이버맨,《노동과 독점자본》, 이한주 외 옮김, 까치, 1990, 166쪽.

서 규율되지 그 반대는 아니다.[26]

　인간이 자신을 위해 발명한 기계가 스스로 자립하여 인간 위에 올라선 상황을 근대인들은 무척이나 두려워했다. 금속과 기름으로 가동되는 이 '철의 노동자'는 자기의 활동에 대한 아무런 의식적 지각도 하지 않는다. 그러나 이 무의식적 기계는 의식하는 인간을 지배하는 힘을 지니고 있다. 이른바 인간의 '살아 있는 노동'이 죽은 기계에 의해 빈사의 부속물로 예속되고, 기계가 활동하기 위한 수단으로 인간이 추락해 버렸다는 것이다. 이런 이유로 기계제 생산 자체를 철폐해야 한다거나(러다이트 운동) 또는 그런 생산체제 자체를 존립의 근거로 삼는 사회구성체를 폐지해야 한다는(공산주의 혁명) 저항의 역사는 타당성을 주장해 왔다. 신자유주의 시대를 살면서 우리 역시 겪고 있으며 그 포악한 위세를 실감하고 있기에, 노동의 소외가 극복되어야 한다는 고전적 마르크스주의의 주장에 반대할 이유는 없다. 하지만 잊지 말아야 할 것은, 알튀세가 우려했던 대로 이와 같은 해방의 열정이 상당 부분 근대적 인간학, 즉 휴머니즘에 기반해 있다는 점이다.[27] 기계로부터 노동과 생산의 주체적 자리를 빼앗아 인간에게 반환해 주라는 것. 그렇게 볼 때 "자동장치가 다수의 기계적이고 이지적인 기관들로 구성되어 있어서 노동자들 자신은 그것의 의식적 관절로만 규정되어 있"다(369)는 마르크스의 언명은 폐기되어야 할 부정적 현상 이상을 가리키지 않는다.

26　칼 맑스, 《정치경제학 비판 요강 II》, 김호균 옮김, 그린비, 2001, 370쪽. 이하 본문에서 괄호 속의 숫자로 표기하겠다.
27　루이 알튀세르, 《맑스를 위하여》, 이종영 옮김, 백의, 1997, 267쪽 이하.

반전은 이제부터다. 기계적 체제는 한편으로 '사회적 두뇌의 일반적 생산력의 축적'(372)에 관한 내용을 포함한다. 이를 혁명을 준비하는 물질적 토대의 성숙이라는 도식으로 성급하게 환원시켜서는 곤란하다. 요점은 기계제 생산이 추동하는 자본주의적 성장의 결절점이 사회의 생산력 자체가 아니라 사회적 생산의 형태 변이에 놓여 있다는 사실이다. 기계제가 전면 확대되고, 기계에 의한 공정이 완전 자동화되며, 인간을 배제하는 생산체제의 전 지구적 확장이 반드시 노동자의 노동으로부터의 소외를 뜻하는 것은 아니다. 왜 그런가? 공장이 기계로 운영되면, 공장에서 일하던 노동자는 해고된다는 인식은 공장노동에 대한 19세기적 이미지에 상당 부분 근거해 있다. 〈모던 타임즈〉의 주인공 찰리가 쉴 없이 순환하는 컨베이어 벨트 위의 나사를 미친 듯이 조일 때, 그가 매몰된 노동의 형태는 전前 세기의 노동집약적 산업의 모양새였다.[28] 반면, 기계화가 생산양식의 전면적인 일관성을 획득할 때 노동자는 기계와 맺는 관계를 통해 새로운 노동의 조건 속에 배치된다. 마르크스가 아직은 예견적으로만 언급하고 있는 '사회적 노동의 정립'은 그 결과이다. 사회적 노동이란 노동가치론에 의해 측정될 수 있는 최후의 노동 형태이자 동시에 부의 새로운 척도가 창출되어 나오는 출구라는 것이다.[29] 이로부터 사

---

[28] 전 지구화 시대 동시성의 비동시성을 감안하면, 제1세계와 제3세계의 노동 형태가 동일하지 않음은 당연하다. 그래서 20세기와 21세기의 노동이 19세기 근대의 형태와 판연히 다르다는 주장에는 상당히 많은 유보 조건들이 요청된다. 우리의 문맥은 고도화된 후기자본주의, 특히 금융자본주의적 상황을 염두에 두고 있다. 자본주의와 근대성, 혁명을 논구하기 위해서는 '지리학적 질문'이 필요한 이유다. 데이비드 하비, 《자본이라는 수수께끼》, 이강국 옮김, 창비, 2012, 199쪽.

[29] 기계가 인간을 대신하여 전면적인 생산에 돌입하게 될 때(자동화와 정보화) 생겨나는 사회적 잉여가치란 기계적 잉여가치이며, '비인간적' 가치란 점을 기억하자. 가치는 오직 인간만 창출한다는 노동가치론의 관점에서는 있을 수 없는 '망발'이

회의 '실제적인 부'는 노동시간이 아니라 '과학의 일반적 상태와 기술적 진보 또는 과학의 생산에 대한 응용'에 의해 결정되는 것이기에(380), 노동의 대상에 인간이 얼마나 직접 관여할 수 있는지는 이제 상대적인 의미만을 지니게 된다. 전통적인 노동관, 휴머니즘적 입장에서 본다면, 인간은 더 이상 생산의 주체라 할 수 없을 듯하다.

그렇다면 이제 인간은 자신을 무엇이라 생각할까? 그는 여전히 노동자이며 동시에 노동자가 아니기도 하다. 무슨 말인가? "노동은 더 이상 생산과정에 포함되어 있는 것으로 나타나지 않고, 오히려 인간이 생산과정 자체에 감시자와 규율자로서 관계한다. 수정된 자연 대상을 대상과 자신 사이에 매개고리로 삽입하는 것은 더 이상 노동자가 아니다"(380). 인간만이 언제나 직접적 생산자가 될 수 있다는 근대 인간학적 규정에 의거해서는 이 전환을 긍정적으로 해석할 수 없다. 지금은 노동과 생산의 과정 전체가 인간이 자연과 물리적으로 맞서 투쟁하고, 주인의 지위에 올라간다는 휴머니즘의 명제가 폐기될 시간이다. 분명 마르크스의 19세기는 우리 시대와 같은 정도로 생산력의 거대화와 생산관계의 복잡화를 경험하진 못했다. 하지만 자본주의적 발전의 일반적 경향에 대한 분석을 통해, 그는 기계제 대량생산의 극한적 가능성이 어떤 미래를 낳을지 전망할 수 있었다. 그것은 프랑켄슈타인에 대한 공포로 표징되는 기계 대 인간의 낭만주의적 대립이 아니라, 기계와 인간이 내재적 연관을 통해 생산의 연속적인 계열을 형성하는 사회였다(380-381). 인간과 기계의 이

지만, 이미 탈근대사회는 그러한 기계적 잉여가치의 전면화를 목도하고 있다. 인간과 기계의 위계적 이분법으로는 이 시대를 설명할 수도, 정당화할 수도 없다. 인간이냐 기계냐의 이분법을 넘어서야 한다. 이진경, 《미-래의 맑스주의》, 그린비, 2006, 183쪽.

러한 접속적 종합을 통하여 소실되는 것은 노동자의 인간적 주체성이 아니라 개체화된 사적 노동 형태일 뿐이며, 역으로 사회적 개인의 생성을 기대해 볼 수 있게 된다.

후기 마르크스에서 '사회적 개인'은 사회적 필요노동 시간의 단축과 잉여노동의 자기화를 통해 자기가치 증식을 달성하게 된 인간을 말한다. 달리 말해, 먹고살기 위해 꼭 필요한 노동시간은 줄이고, 착취를 벗어난 가치 창조적 노동시간을 더 많이 확보함으로써 노동자 자신을 위해 살아가는 인간이 된다는 것이다. 사회의 생산과 개인의 생산이 놀랍도록 일치하는 이러한 단계에서 드러나는 것은, 사회적 부에 대한 개념이 근본적으로 바뀐다는 사실이다. 마르크스가 얼핏 내비친 바에 따르면, 자본주의를 넘어선 사회에서 인간성의 제고는 부의 척도를 이전과는 상이한 생산의 평면으로 옮겨 놓는 것이다. 즉, 자본가를 위해 착취되었던 노동시간을 노동자가 자기 의사대로 활용할 수 있는 가처분 시간으로 전환하게 된다는 뜻이다.

가처분 시간이 대립적인 실존을 갖기를 중단하면, 한편으로 필요노동 시간은 사회적 개인의 욕구들을 자신의 척도로 삼게 될 것이고, 다른 한편으로 사회적 생산력의 발전이 빠르게 성장해서 비록 생산이 모두의 부를 목표로 해서 이루어질지라도 모두의 가처분 시간은 증가한다. 왜냐하면 실재적인 부는 모든 개인의 발전된 생산력이기 때문이다. 그렇게 되면 결코 더 이상 노동시간이 아니라 가처분 시간이 부의 척도가 된다(384).

정치경제학의 복잡한 술어들을 피해 이야기한다면, 인간이 만드는 가치만이 유용하고 생산적이라는 자본주의적 시간관 및 노동관은 폐지되고, 이로써 부에 대한 개념이 전도될 것이다. 기계와 연결된 인간을 통해 인간이 다시 정의될 때, 인간의 주체성에 대한 규정역시 전면적으로 개정되는 것은 불가피한 노릇이다. 공산주의적 미래 사회의 인간상에 관한 마르크스의 상상을 우리는 그와 같은 주체성의 전위라는 미래적 시점에서 읽어야 하지 않을까?

아무도 하나의 배타적인 활동의 영역을 갖지 않으며 모든 사람이 그가 원하는 분야에서 자신을 도야할 수 있는 공산주의 사회에서는 사회가 전반적 생산을 규제하게 되고, 바로 이를 통하여, 내가 하고 싶은 그대로 오늘은 이 일 내일은 저 일을 하는 것, 아침에는 사냥하고 오후에는 낚시하고 저녁에는 소를 치며 저녁식사 후에는 비판하면서도 사냥꾼으로도 어부로도 목동으로도 비판가로도 되지 않는 일이 가능하게된다.[30]

과연 이 '미래의 인간'도 근대의 인간학적 규정에 따라 동일하게 '인간'이라고 부를 수 있을까? 그가 과연 그렇게 생각할까? 질문을 돌려 보자. 자본주의 사회 이후에 나타날 '다른' 사회에서 기계란 무엇일까? 어렵사리 진로를 헤쳐 나가는 우리의 여정이 오늘 도달해야 할 목적지는 이 물음을 온전히 던져 보는 것이다. 인간이 더 이상 인간이지 않을 때, 기계는 자신을 무엇이라 생각할까? 이런 의문이 다시금 인간과 기계의 이분법으로 되돌아가 인간이냐 기계냐의 공허한 선택지로 귀착되어서는 곤란하다. 어쩌면 우리는 기계의 주체성에 대해 질문하는 게 더 나을 수도 있다. 하지만 기계의 주체성

---

30 맑스 · 엥겔스, 〈독일 이데올로기〉, 214쪽.

에 대한 구상은 인간에 대해 우리가 가져 왔던 생물학적이고 인간중심적인 관념의 틀에서 벗어나는 무엇일 듯하다. 우리는 어쩌면 전혀 다른 유적 존재Gattungswesen에 대한 구상까지도 감수해야 할지 모른다. 문명 자본주의 기계, 또는 근대성 너머의 기계-인간에 대한 상상력은 이미 문턱까지 차올라 있다.

포스트휴머니즘의 탈인간학

한때 꽤나 열광적으로 인용되고 언급되었으나, 실상 그 정확한 의미를 파악하기는 어려웠던 개념 가운데 일반 지성General Intellect을 이 자리로 호출해 보도록 하자. 일반 지성이란 어떤 것인가? 자본주의 사회에서 기계류는 생산을 위한 고정자본으로서 투여되고, 자본가가 소유하는 노동의 수단으로만 인식되어 왔다. 하지만 만일 기계를 그 기술적 형태에 묶어 두지 않고, 마치 수도원과 수도사, 종을 통해 기계적 계열로 파악했던 것처럼 생산 일반의 연속체계로 생각한다면 어떻게 될까? 컨베이어 벨트와 인간의 단속적이고 기계론적 연결이 아니라, 기계와 인간이 상호적 관계를 통해 내재적으로 연관되는 방식, 그것이 일반 지성의 구성 방식이다.[31] 이는 기계에 대한 도구론적 용법을 넘어서 있고, 인간과 기계의 접속적 종합을 통해 집합적인 지적 기관을 구축한다.

일반 지성으로의 종합이 성취되기 위해서는 우선 인간과 기계 사이의 단절로 표명되는 위계나 차이가 사라져야 한다. 인간은 기계보다 우월하다든지, 기계가 인간을 위협하는 적대적 타자로 설정되는

---

31 닉 다이어-위데포드, 《사이버-맑스》, 신승철 외 옮김, 이후, 2003, 453~456쪽.

방식을 피해 기계와 인간 사이의 존재론적 평등이 설립되어야 한다. 일반화된 기계주의는 유기체로서의 인간도 기술적 기계도 모두 내재적 연관을 통해 결합하고 분해될 수 있는 기계 일반으로 설정하는 것이다. 이와 같은 기계주의는 역사 세계 전체에 투사되어 적용해 볼 수 있다. 단적으로 말해, 〈모던 타임즈〉의 컨베이어 벨트와 찰리는 근대 휴머니즘의 입장에서 볼 때 노동자의 소외이자 인간 존엄성의 말살이지만, 기계주의의 관점에서 말한다면 기술적 기계와 인간이 동일한 평면에서 연결되어 작동하는 전형적인 자본주의 기계의 특징을 시사한다. 다만 그것은 연관된 요소들의 적극적이고 긍정적인 관계가 아니라 부정적이고 자기 파멸적인 관계만을 재생산할 따름이다.[32] 사변적인 논의를 벗어나기 위해, 다른 사례들로 논의를 구체화해 보자.

1845년 5월, 보잘것없는 공병학교 출신의 표도르 도스토옙스키는 〈가난한 사람들〉로 일약 문단의 스타가 되어 화려하게 등단했다. 당대 최고의 비평가 비사리온 벨린스키는 고골 이후 가장 유망한 소설가라며 한껏 추켜세워 주었지만, 그 다음 해에 도스토옙스키가 〈분신〉을 발표하자 황당무계한 최악의 작품이라며 맹비난을 퍼부어 댔다. 사회 비판적인 리얼리즘을 추구하던 비평가에게 낭만주의적 잔재가 물씬 묻어나는 작품은 무언가 시대착오적인 치기로 보였을 것

---

32 들뢰즈와 가타리의 기계주의는 스피노자와 니체의 관계론에 깊은 영향을 받았다. 선good과 악evil의 위계적 관계를 탈피하는 대신, 여기서 중요한 것은 특정한 계열로써 형성되는 관계가 좋은가good 나쁜가bad에 달려 있다. 기계는 유기체가 아니기 때문에 나쁜 관계 속에서 그것은 곧 중단되어 해체되고, 좋은 관계 속에서는 지속적인 생산을 보장받는다. 들뢰즈는 이것을 행동학ethnology으로서의 존재의 에티카라 부른다. 질 들뢰즈, 《스피노자의 철학》, 박기순 옮김, 민음사, 1999, 38~40쪽.

이다. 아무튼 이 사건으로 인해 최대의 문인 그룹과 결별하게 된 도스토옙스키는 페트라솁스키가 주관하는 사회주의 서클을 들락거리다가 체포되어 시베리아로 유형을 떠나게 된다. 문단 활동도 중단되었고, 4년간 수감 생활을 마친 후에 다시 4년간 군복무를 거치며 현실 변혁적인 분위기에 대한 냉담한 태도를 띠게 되었다.

감옥과 군대를 오가며 나름대로 집필에 의욕을 보이기도 했으나, 이 무렵의 도스토옙스키는 우리가 아는 세계적 대문호와는 거리가 멀었다. 장편과 단편을 계속해서 쓰고 발표도 했으나 대단한 주목을 끌진 못했고, 우울한 성벽이 도져 유럽의 유양지들을 왕복하며 도박판에 빠졌다. 넉넉지 못한 집안에서 자란 데다가 작품 활동마저 부진하니 자금이 충분할 리가 없었다. 글 쓰는 재능밖에 없던 도스토옙스키는 출판업자들과의 선계약을 통해 도박 자금을 마련했고, 돈이 생기면 외국으로 나가 탕진하는 데 바빴다. 그러다 일이 터진 것은 1865년 중순이었다. 형과 함께 내던 잡지 《시대》가 도산 위기에 처했고, 수중에 가진 돈이 없던 그는 스텔롭스키라는 서적상과 한 건의 계약을 맺게 된다. 다음 해 11월 1일까지 새 소설을 써서 넘긴다는 조건이었다. 여기엔 특약사항이 하나 붙었는데, 만일 1866년 12월 1일까지 원고를 다 넘기지 않으면 이전까지의 모든 작품들은 물론이거니와 향후 출간되는 모든 작품들의 저작권을 스텔롭스키에게 넘겨야 한다는 것이었다. 급한 불은 꺼야 했기에 황급히 계약을 맺었지만, 해가 넘어가며 어마어마한 위기감에 사로잡힌 도스토옙스키는 특단의 조치를 취하기로 한다. "현대 과학의 오만한 손을 빌려" 작품을 완성하기로 한 것이다.[33] 당시엔 '문명의 이기'였던 속기

---

33 에드워드 카, 《도스토예프스키》, 김병익 옮김, 홍성사, 1979, 150쪽.

사를 고용하기로 한 것이다.

후일 두 번째 아내가 된 안나 그리고리예브나를 만난 것은 절박한 필요에 의한 것이었으나, 그 과정이 무척 흥미롭다. 신경질적인 중년의 사내는 종일 방안을 빙빙 돌며 안나에게 작품의 줄거리를 정신없이 읊어 댔고, 자기 생각의 속도를 따라오지 못한다며 괜한 투정을 부리곤 했다. 변덕이 죽 끓듯 하고 자기 잘못을 인정하는 데 인색한 남자와 작업하는 것은 쉽지 않은 일이었지만, 마침내 그해 가을께 약속했던 작품은 완성되었다. 이것이 도스토옙스키 5대 장편소설 중 첫 번째인《죄와 벌》이다. 다소 긴 사연을 늘어놓은 이유는 간단한 질문을 던지기 위해서다. 대부분의 독자들은 도스토옙스키를 세계문학사의 대문호 가운데 하나로 기꺼이 인정할 것이다. 그가 남긴 작품들 전체가 인류애와 보편 윤리를 실천하고 있으며, 그것은 도스토옙스키의 독특한 문학적 천재성에서 기인한다고도 말한다. 그런데 만일 그가 1865년 말 속기사를 만나지 못했다면 어떤 결과가 벌어졌을까? 그는 과연 1년 안에 집필을 끝마쳐 계약을 이행하고, 장래의 문호 자리에 올라설 수 있었을까?《죄와 벌》이라는 대작이 나올 수 있었을까?

통념에 따른다면, 도스토옙스키의 작품은 그가 도스토옙스키이기에 쓰여질 수 있었던 것이다. 도스토옙스키라는 인간이 있는 한, 우리는《죄와 벌》도 있다고 말할 수 있다. 하지만 자신의 머릿속에서 어지럽게 맴도는 생각과 그것을 이야기의 구조 속에 풀어 내고, 또 그 안에 칼날 같은 윤리적 질문과 응답을 담아 구성하는 일을 이 '생기 없고 병자 같은' 도박꾼이 잘했을 성싶진 않다.[34] 속기사 없이 그

가 자신의 계약을 무사히 마무리할 수 있었을지 의문이다. 이상한가? 상식적으로 속기사는 자신의 손을 빌려주는 데 불과하지 않은가? 그렇지 않다.

학생인 당신이 내일 기말 보고서를 제출해야 한다고 가정해 보자. 무엇을, 어떻게 써야 할지 나름의 계획과 순서를 정해 놓고, 이제 쓰는 일만 남았다. 컴퓨터를 켜고 자판 위에 손을 얹은 채 모니터 화면을 바라보며 보고서를 쓰려 한다. 그런데 만약 당신에게 주어진 도구가 구형 타자기라면 어떻게 될까? 자판의 배열도 현재의 컴퓨터와 다르고, 일단 입력한 글자는 종이를 바꾸지 않는 한 취소할 수 없다. 한 글자 틀리면 종이 전체를 버려야 할 노릇이다. 문자판을 손끝으로 두드린다는 형식만 제외하면, 모든 조건이 달라져 버렸다. 혹은, 백지와 볼펜으로 써 보라면 어떻게 할 것인가? 인간만이 글쓰기의 주체라면, 어떤 수단이 주어져도 동일한 결과가 나올 것이다. 하지만 과연 그럴까? 당신이 컴퓨터로 글을 쓸 때와, 구형 타자기로, 볼펜으로 글을 쓸 때 정말 똑같은 글이 나올까? 잘 알다시피 그럴 수 없을 것이다. 도구가 달라진다면 우리는 그때마다 다른 방식으로 일할 수밖에 없다. 시간이 흐르면 적응이야 하겠지만, 매번 전혀 다른 결과에 도달할 것이다. 애초에 연결의 조건이 달라졌기 때문이다.

글쓰기라는 활동은 글을 쓰는 기계(인간 주체)와 그것에 연결된 다른 기계(도구)들의 접속에 의해 작동하는 글쓰기-기계의 상호적 효과이다. 도스토옙스키가 세계적인 대문호가 되기 위해서는 그의 머릿속 사상만으로는 부족하다. 안나, 곧 속기사-기계와의 연결을

정 옮김, 그린비, 2003, 47쪽.

통해 글쓰기-기계로 전화轉化하지 않으면 안 되었던 것이다.[35] 도스토옙스키와 안나라는 두 기계, 아니 작품을 구상할 때마다 그가 물고 살았던 담배, 안나의 펜, 속기를 위해 동원되는 약어略語표시들, 생각의 문을 활짝 열어 준다고 평생 믿었던 작업실의 높은 천장…, 모든 것이 한데 결합하여 하나의 기계로서 작동했기에 도스토옙스키라는 대문호가 탄생했다고 말해도 좋을 것이다.[36] 물론, 그가 지닌 재능이 가장 큰 비율을 차지했다고 말할 수 있을 것이다. 그러나 그것만으로는 충분치 않다. 기계는 항상 접속과 연결을 통해 생산의 계열을 형성하고, 그 내재적 관계 속에서만 생산한다.[37]

오랜 세월 동안 우리를 사로잡아 왔던 인간과 기계의 대립은 가상이다. 이에 기초해 구축된 근대적 휴머니즘 역시 인간의 근본적인

---

35 키틀러에 따르면 글쓰기가 '(근대)문학'이라는 남성주의적 모델에 기반해 있던 19세기와 달리, 20세기는 여성적 타자성(타자수)과 기계적 타자성(타자기)이 전면에 결합하여 글쓰기의 효과를 적극적으로 산출했던 시대였다. 프리드리히 키틀러, 《기록시스템. 1800 · 1900》, 윤원화 옮김, 문학동네, 2015, 617~625쪽. 하지만 안나 도스토옙스카야의 사례에서 확인할 수 있듯, 그 전조는 이미 19세기에 충분히 나타났다.

36 행위는 언제나 타자성의 불가결한 결합을 통해 발생하는 효과이다. 존재(자)bytie들의 집합적 효과로서 사건(so-bytie, 함께-있음)을 정의했던 청년기 바흐친의 관여의 존재론이 후기 생성의 존재론으로 전화하는 시점을 보라. 최진석, 《민중과 그로테스크의 문화정치학: 미하일 바흐친과 생성의 사유》, 그린비, 2017, 90~95쪽.

37 하나의 사건적 관계를 통해 타자와 타자들 사이의 연대와 공조가 성립하고, 이로써 특정한 결과 혹은 효과를 발생시킬 때, 이를 스피노자적 의미에서 개체singular thing의 발생이라 말할 수 있을 듯하다 Benedictus Spinoza, "Ethics," *The Collected Works of Spinoza Vol.1*, trans. E. Curley, Princeton University Press, 1985, p. 460. 들뢰즈가 보충하듯, 개체란 타자와 분리된 실체로서의 개체가 아니라, 타자와의 관계 속에서 형성되는 개체화의 효과이기 때문이다. 물론, 타자들 사이의 사건으로서 개체화에 비인간적 요소로서의 기계적인 것이 개입한다고 할 때, 우리는 시몽동의 기술적 존재론에 대한 참조를 빠뜨릴 수 없을 것이다. 질베르 시몽동, 《기술적 대상들의 존재 양식에 대하여》, 김재희 옮김, 그린비, 2011.

능력이나 본성을 신뢰하는 데서 출발했으나, 실상 인간이라는 개념이 온전히 성립하기 위해서는 비인간적인 것, 기계라는 타자가 대척적으로 배치되어야만 했다. 역설적으로 말해, 기계에 의지해서만 인간은 인간적이고 인간다울 수조차 있었던 것이다. 달리 말해, 휴머니즘의 인간학은 그 비인간적 그늘에 기대야만 내적 충만성을 보유할 수 있었다. 이 점에서 포스트휴머니즘을 인간의 변형이나 증강, 강화를 통해 도달할 수 있는 미래의 인간 유형으로 가정하는 것은 어리석은 노릇이다. 그런 방식으로 계속해서 인간의 표상에 매달리는 한, 우리는 또 다른 방식의 휴머니즘을 무수히 반복할 수밖에 없다. 포스트휴머니즘에 관해 이야기하려면, 그것은 말 그대로 휴머니즘 '이후post'의 도래할 무엇에 대한 논의가 되어야 한다. 포스트휴먼은 아마도 비인간, 탈인간에 보다 가까운 존재가 아닐까? 만일 그렇다면, 인간으로서 우리가 비인간에 대해 과연 얼마나 예상하고 기대할 수 있을까? 그런 게 가능한 일일까?[38]

휴머니즘의 한계를 비판하고, 포스트휴머니즘의 조건들을 끊임없이 고찰하면서도 다시금 휴머니즘을 경계하는 방식으로나마 되돌아볼 수밖에 없는 이유는 우리가 여전히 인간이기 때문일 듯하다. 근대인으로 태어나서, 근대인으로 살아가며, 끝내 근대인으로 사멸할 수밖에 없는 우리에게 가능한 탐구의 비전은 휴머니즘의 조건들을 따져 보고 그 한계의 문턱에서 포스트휴먼의 징후를 어렴풋하게나마 포착해 보는 수밖에 없다. 가령 인간은 비인간의 표상들을 통해

---

38 최진석, 〈비인간적인, 너무나 비인간적인 '그녀'와 인간의 미래〉, 《대산문화》 60, 여름호, 2016, 45~49쪽. 만일 인간과 기계의 종차種差가 다르다면, 우리는 인간과 동일한 도덕과 의식, 가치 감각을 기계에게 강요할 수 없을 것이다. 마치 인류의 먼 시원에 있던 유인원의 그것들이 우리에게 적용되지 않는 것처럼.

자신의 이미지를 구축해 왔고, 동물과 유령, 혹은 여러 다른 타자들의 형상들 가운데 기계가 최종적인 인간의 타자로서 여전히 남아 있는 탓이다.[39] '인간'을 문제 삼으면서 '기계'라는 타자의 형상을 둘러싸고 인간을 되돌아본 이유다.

고대로부터 현대에 이르기까지, 인간이 타자를 밀어내는 방식은 항상 포함과 배제의 이중화를 통해 이루어졌다. 여기에 주의를 기울여야 한다. 내재적 연관과 마찬가지로, 포함과 배제는 역설의 방식으로 서로 배치되는 것들을 떼어 놓고 다시 붙인다. 가시적으로 지표화되는 가시성의 차원이 아니라 비가시적인 잠재성의 장에서 대립은 서로의 생성을 함축한다. 포스트휴먼은 휴먼과 동일한 평면에서 등장한 미래의 인간은 아닐 것이다. 휴먼의 가능성을 제아무리 연장하고 확장한다 해도 포스트휴먼은 나타나지 않을 것이다. 만일 그렇게 등장할 무엇이 있다면, 그것의 이면에는 어김없이 휴먼의 가상이 달라붙어 있지는 않은지 지켜봐야 할 일이다. 휴먼의 조건에서 포스트휴먼의 현실은 보이지 않는다. 하지만 보이지 않고 지각할 수 없는 것이 존재하지 않는 것은 아니다. 유령이 그 실존으로 우리를 위협하는 게 아니라 유령적 효과로서 영향력을 행사하듯, 포스트휴먼은 예감을 통해 그 실재성을 표명한다. 아직 직립해 본 적이 없는 태고 인류에게 문득 뼈다귀 하나를 앞발로 쥐어 볼 느낌이 스쳐 지나갔을 때 그에게 다른 존재로의 전화는 이미 시작되었다고 볼 수 있다. 그와 마찬가지로 여전히 그리고 아직도 휴먼에 머무른 우리에게 포스트휴

---

39 인간과 기계의 불연속은, 우주와 지구, 인간과 동물, 의식과 무의식에 이은 최후의 근대적 불연속선이었다. 브루스 매즐리시, 《네 번째 불연속》, 김희봉 옮김, 사이언스북스, 2001.

먼은 현재의 조건을 통해 잠재적으로나 도래할 미-래이다.

따라서 우리는 지금 현재의 조건에 내재해 있는 이질적인 연관의 잠재성을 부지런히 좇아야 할 일이다. 포스트휴먼은 휴먼과는 다르지만, 그래서 휴먼의 가능적 종합을 통해 표상되는 존재는 아니지만, 그러나 잠재적으로는 항상-이미 우리에게 도달해 있는 무엇일 수 있는 까닭이다.[40] 이 글을 쓰고 있는 필자가 그렇듯, 읽고 있는 독자 역시 유기적 합성체로서의 휴먼의 한계는 영구히 벗어날 수 없다. 그렇지만 인간과 기계의 내재적 연관, 공진화적 계열을 상상할 수 있고 욕망할 수 있다면, 우리는 벌써 포스트휴먼과의 은밀한 접속을 감행하고 있는 셈이다. 불가능한 미래를 무심결에 엿보고 예감하고 있기 때문이다. 그대, 앞발을 보고 있는가.

---

40 최진석, 〈휴머니즘의 경계를 넘어서〉, 401~409쪽.

참고문헌

그레고리 플랙스먼 엮음, 《너는 스크린이다. 들뢰즈와 영화철학》, 박성수 옮김, 이소출판사, 2003.

그레고리 베이트슨, 《마음의 생태학》, 박대식 옮김, 책세상, 2009.

닉 다이어-위데포드, 《사이버-맑스》, 신승철 외 옮김, 이후, 2003.

데이비드 하비, 《자본이라는 수수께끼》, 이강국 옮김, 창비, 2012.

루이스 멈퍼드, 《기술과 문명》, 문종만 옮김, 책세상, 2013a.

_____, 《기계의 신화 I》, 유명기 옮김, 아카넷, 2013b.

루이 알튀세르, 《맑스를 위하여》, 이종영 옮김, 백의, 1997.

마셜 맥루헌, 《미디어의 이해》, 김성기 외 옮김, 민음사, 2002.

브루스 매즐리시, 《네 번째 불연속》, 김희봉 옮김, 사이언스북스, 2001.

안나 그리고리예브나 도스토옙스카야, 《도스토예프스키와 함께 한 나날들》, 최호정 옮김, 그린비, 2003.

앨프리드 W. 크로스비, 《수량화 혁명》, 김병화 옮김, 심산, 2005.

야콥 폰 윅스퀼, 《동물들의 세계와 인간의 세계》, 정지은 옮김, 도서출판b, 2012.

에드워드 H. 카, 《도스토예프스키》, 김병익 옮김, 홍성사, 1979.

오귀스트 콩트, 《실증주의 서설》, 김점석 옮김, 한길사, 2001.

이진경, 《미-래의 맑스주의》, 그린비, 2006.

질 들뢰즈, 《스피노자의 철학》, 박기순 옮김, 민음사, 1999.

질 들뢰즈 · 펠릭스 가타리, 《천의 고원 1》, 이진경 외 옮김, 연구공간 '너머' 자료실, 2000.

질베르 시몽동, 《기술적 대상들의 존재 양식에 대하여》, 김재희 옮김, 그린비, 2011.

최진석, 〈근대적 시간: 시계, 화폐, 속도〉, 이진경 편저, 《문화정치학의 영토들》, 그린비, 2007.

_____, 〈휴머니즘의 경계를 넘어서—근대 인간학의 종언과 인간의 새로운 변형〉, 《비교문화연구》 41, 비교문화연구소, 2015, 381~413쪽.

_____, 〈비인간적인, 너무나 비인간적인 '그녀'와 인간의 미래〉, 《대산문화》

60, 여름호, 2016.

_____,《민중과 그로테스크의 문화정치학: 미하일 바흐친과 생성의 사유》, 그린비, 2017.

카를 마르크스,《자본론 I(상)》, 김수행 옮김, 비봉출판사, 1996.

_____,《정치경제학 비판 요강 II》, 김호균 옮김, 그린비, 2001.

카를 마르크스 · 프리드리히 엥겔스 , 〈독일 이데올로기〉,《맑스 엥겔스 저작선집 1》, 최인호 외 옮김, 박종철출판사, 1994.

프랜시스 베이컨,《신기관》, 진석용 옮김, 한길사, 2001.

프리드리히 엥겔스, 〈원숭이의 인간화에서 노동이 한 역할〉,《칼 맑스 프리드리히 엥겔스 저작선집 5》, 최인호 외 옮김, 박종철출판사, 2003.

프리드리히 키틀러,《기록시스템 1800 · 1900》, 윤원화 옮김, 문학동네, 2015.

피코 델라 미란돌라,《인간 존엄성에 관한 연설》, 성염 편저, 철학과현실사, 1996.

해리 브레이버맨,《노동과 독점자본》, 이한주 외 옮김, 까치, 1990.

Beljaev, N., *"Mekhanitsizm"v novoevropejskoj kul ture*, Izd. SPbU, 2007.

Deleuze, G. & Guattari, F., *Anti-Oedipus*, The Athlone Press, 1983.

Landes, D., *Revolution in Time*, The Belknap Press of Harvard University Press, 1983.

Spinoza, B., "Ethics," *The Collected Works of Spinoza* Vol.1, trans. E. Curley, Princeton University Press, 1985.

Zepke, S., *Art as Abstract Machine*, Routledge, 2005.

사회과학의 '물질적 전환material turn'[1]을 위하여

김환석

이 글은 《경제와 사회》 제112집(2016)에 게재된 원고를 수정하여 재수록한 것이다.

물질성materiality에의 주목

지난 20여 년에 걸쳐 물질성materiality은 사회과학의 뜨거운 쟁점으로 부상해 왔다. 다양한 분야에서 많은 책들이 "물질" 또는 "중요하다"는 이중적 의미로 "matter"란 단어를 제목에 달았는데, 예컨대 페미니즘에서는 주디스 버틀러Judith Butler의 《Bodies that Matter》(1993), 물질문화 연구에서는 다니엘 밀러Daniel Miller의 《Material Cultures: Why Some Things Matter》(1998), 정보사회론에서는 마크 포스터Mark Poster의 《What's the Matter with the Internet?》(2001), 기술사회학에서는 넬리 우드슈언Nelly Oudshoorn과 트레버 핀치Trevor Pinch의 《How Users Matter》(2003), 기후변화와 관련해서는 앤 래퍼포트Ann Rappaport와 사라 크레이턴Sarah Creighton의 《Degrees that Matter》(2007) 등이 대표적이다. 더 나아가서 "사물things", "물질", "물질성", 또는 "신유물론new materialism"에 대하여 논의하고 있는 사회과학 연구들이 최근 봇물을 이룬다고 할 정도로 쏟아져 나오고 있다.[2]

물질성이 사회적 실천에서 핵심 구성 요소라는 인식은 환경과학부터 디자인 연구에 걸친 많은 분야들에서 거의 동시에 성장해 왔다. 예를 들자면, 인류학과 고고학 분야에서 물질문화 연구의 부활, 사회 연구 특히 젠더 연구에서 몸(육체성)이 중심적 주제가 된 것, 과

---

1 이 글에서 다루는 '물질적 전환'과 거의 같은 내용을 서구의 과학기술학과 인류학에서는 '존재론적 전환ontological turn' 그리고 사회학 일부에서는 '사물지향적 사회학 object-oriented sociology'이라는 용어로도 부르고 있음을 참고로 밝힌다.
2 "사물"을 다룬 대표적 저작으로서 Latour & Weibel(2005)과 Henare, Holbraad & Wastell(2006), "물질"을 다룬 저작으로는 Bennett(2010), "물질성"을 다룬 저작으로는 Dant(2004), Miller(2005), "신유물론"을 다룬 저작으로는 Coole & Frost(2010), Dolphijn & va der Tuin(2012) 등을 들 수 있다.

학기술학Science & Technology Studies: STS에서 지식의 생산이 구체적인 물질적 조건과 연결되는 다양한 방식을 밝혀낸 것 등이다. 마침내 최근 정치학에서도 물질성의 문제가 관심을 끌기 시작했다.[3] 이런 흐름을 보면 분명히 우리는 사물이 사회과학에서 중요한 문제라는 점을 인식하게 되었다고 보인다. 하지만 이러한 최근의 관심에도 불구하고, 물질성의 개념 자체는 많은 문헌에서 놀랍게도 그냥 자명한 것으로 간주되는 경향이 있다. 따라서 이 글에서는 다음과 같은 질문을 던지고자 한다. 사회과학 안에서 "물질" 개념의 특수한 지위는 무엇인가? 물질은 어떻게 정의되고 있으며, 더 나아가서 어떻게 정의되어야 하는가?

이 글에서는 물질성의 문제를 네 가지 수준에서 접근하고자 한다. 첫째, 학계 밖에서 물질성 개념을 마주치는 것은 거의 대부분 탄식의 형태로서이다. 서구적 생활양식에 대한 비판자들은 자기 자신의 쾌락을 극대화하려는 개인들의 충동이 추구하는 "물질적 가치"의 헤게모니를 종종 개탄하곤 한다. 이 글에선 먼저 물질성에 대한 이런 대중적 개념을 다루는 것으로 시작하려고 한다. 대중적 논의 속에서 물질성이 소비자 생활양식과 연결되는 방식을 살펴볼 것이다. 둘째, 왜 고전적 형태의 유물론들(윤리적/존재론적/역사적 유물론)이 현대 세계에서 물질성의 역할을 이해하고자 하는 사회 연구를 위해 적절하지 않은지를 간단히 논의할 것이다. 셋째, 다양한 분야에서 물질성에 대한 최근의 관심이 어떤 것인지 다루려고 한다. 즉, 물질성이 사회과학에 진정으로 중요한 것이라는 주장의 근거는 무엇인가? 이

---

3 물질성을 정치 및 권력과 관련지어 연구한 저작으로는 Barry(2002), Braun & Whatmore(2010), Bennett & Joyce(2010), Marres(2012) 등이 있다.

맥락에서 "물질성"이란 무엇을 의미하는가? 넷째, 사회과학에 적실성이 있는 물질성의 개념 정의를 제시해 보려고 한다. 그것은 관계성relationality과 과정성processuality에 강조점을 둔 정의이다. 세계의 물질적 과정 그리고 인간/비인간 및 언어/비언어 사이의 모호하고 역동적인 경계에 우리의 주의를 기울임으로써, 사회과학은 기존의 접근에서 얻을 수 없었던 새로운 통찰과 적실성을 얻게 될 것이다.

물질주의적 생활양식

우리들이 필요에 의해서 물건을 갖게 되지만, 때로는 그 물건 때문에 적잖이 마음이 쓰이게 된다. 그러니까 무엇인가를 갖는다는 것은 다른 한편 무엇인가에 얽매인다는 뜻이다. 필요에 따라 가졌던 것이 도리어 우리를 부자유하게 얽어맨다고 할 때 주객이 전도되어 우리는 가짐을 당하게 된다. 그러므로 많이 갖고 있다는 것은 흔히 자랑거리로 되어 있지만, 그만큼 많이 얽혀 있다는 측면도 동시에 지니고 있다.

인간의 역사는 어떻게 보면 소유사所有史처럼 느껴진다. 보다 많은 자기네 몫을 위해 끊임없이 싸우고 있다. 소유욕에는 한정도 없고 휴일도 없다. 그저 하나라도 더 많이 갖고자 하는 일념으로 출렁거리고 있다. 물건만으로는 성에 차질 않아 사람까지 소유하려 든다. 그 사람이 제 뜻대로 되지 않을 경우는 끔찍한 비극도 불사하면서. 제정신도 갖지 못한 처지에 남을 가지려 하는 것이다.

위의 두 문단은 법정 스님이 1971년에 쓴 유명한 수필 〈무소유〉에 나오는 구절들이다. 여기서 법정 스님은 그런 용어를 쓰진 않았지만, 그가 비판한 것은 윤리적 유물론ethical materialism이다. 윤리적 유물론의 핵심적 아이디어는 인간 존재의 근본적인 추동력이 삶의 물질적 쾌락과 육체적 안락을 위한 자기중심적 분투라는 것이다. 물론 이러한 사고방식이 인간 행동을 설명하는 올바른 관점으로서 폭넓게 또는 문제없이 수용된 적은 결코 없었다. 또한 사람들은 엄밀한 자기중심주의가 자신의 이웃, 친구 또는 가족과 자기의 관계에서 행동 지침이 된다고 공공연히 말하는 법도 없다. 분명히 윤리적 유물론은 주로 타인들의 태도를 가리키며 비판하는 논리로 사용될 뿐, 일관된 세계관으로서나 행위 일반을 설명하는 방식으로는 별로 중요성이 없다. 한마디로 그것은 "오늘날 사람들의 가치는 너무 물질주의적이다"라는 주장에 함축되어 있듯이 주로 비판의 대상이다. 하지만 이러한 비판적 담론 속에는 물질의 개념이 은유로 포함되어 있다. 즉, 그것은 물질성보다 다른 어떤 것이 낫다는 것을(이 다른 어떤 것이 무엇인지는 자세히 묘사하지 않은 채) 역으로 강조하는 데 실제로 사용되는 것이다.

인류학자 다니엘 밀러가 지적하듯이, 이러한 형태의 비판은 매우 풍부한 문화적 전통을 그 원천으로 지니고 있다. 예컨대 대부분의 세계 종교들은 감각적인 물질세계는 우리 삶의 부유물에 불과할 뿐, 근본적이고 영원한 실재는 그 본성상 정신적이라고 강조해 왔기 때문이다(Miller, 2005: 1~50). 이와 비슷하게, 서구 철학 전통의 핵심 주장도 정신이 물질보다 더 지속적 중요성을 갖는다는 것이었다. 물론 고대 그리스의 원자론 이래 유물론 철학은 존재해 왔지만 서구 철학의 중심은 그런 경향이었다. 이제까지 "물질성"은 무상한 세속적 성공을 향한 열망을 의미해 왔다. 따라서 심지어 지금도 부의 추구는 현대 물질주의의 표현으로 간주되는 것이 일반적이다. 하지만 게오르그 짐멜Georg Simmel에 따르자면, 돈을 소유하는 것은 상상 가능한 가장 추상적인 쾌락 중의 하나로서, 실제로 감각할 수 있는 어떤 것보다도 더 거리가 먼 것이다. 왜냐면 돈 자체는 어떤 다른 것을 얻는 수단(즉, "순수한 잠재성")에 불과하기 때문이다(짐멜, 2013). 예컨대 구두쇠가 돈을 축적하려는 것은 돈으로 얻을 물질 자체가 아니라 이런 순수한 잠재성의 미적 쾌락을 탐닉하는 것이라고 짐멜은 본다.

상업주의와 신상품에 대한 탐욕스러운 욕망이 현대의 물질주의를 나타내는 또 다른 주요 표현으로 간주되고 있다. 물론 이러한 관점은 이해 가능하지만, 그 한계를 우리는 알아야 한다. 즉, 새로운 물건에 대한 욕망이 물질성 그 자체를 향하는 것은 드물기 때문이다. 예컨대 사람들은 신발 2백 켤레나 면바지 5백 벌을 원하지는 않는다. 사실상 대부분의 사람들은 자신의 찬장, 옷장, 다락방을 가득 채우고 있는 물건들을 제거하길 원할 수도 있다. 사람들이 새로운 물건을 사랑하게 되면 낡은 물건은 좋아 보이지 않게 된다. 이 과정은 가득 찬 옷장 앞에서 현대인들이 "나는 입을 게 없어"라고 말하는 경험에서 정점을 이룬다. 사람들이 오직 좋아 보이는 옷들을 산다고 믿은 다음, 얼마 뒤 그들이 산 것들 중 아무것도 입을 게 없다고 생각하는 건 대체 어떻게 가능한가? 아름다운 물건을 찾으려고 애쓴 다음에, 우리는 싫은 물건들을 잔뜩 가지게 되는 셈이다. 물론 유행과 더불어 "좋은 것good"—미적 및 도덕적 측면 모두에서—이란 관념의 빠른 변화가 현대적 생활양식을 근본적으로 규정하는 특징들이다. 그러나 소비에 대한 사회학적 연구가 강조해 왔듯이, 모방과 구별짓기라는 단순한 메카니즘들 자체로는 새로운 물건에 대한 지속적 열망을 설명하기에 충분하지 않다. 사람들은 낡은 물건의 사용법을 차이를 창조하고 재창조하는 방식으로 끊임없이 변화시킬 수 있기 때문이다.

판매업자들은 사람들이 자신의 집을 새로운 물건들로 가득 채우는 걸 꺼려한다는 점을 너무 잘 이해하고 있다. 그래서 오늘날의 광고에서는 물건들 자체는 단지 작은 역할만을 수행할 뿐이다. 광고에서 핵심적인 것은 특수한 브랜드, 낭만적 느낌, 저항할 수 없는 매혹과 더불어 친구 및 가족과 재미있는 시간을 보내는 스릴 등으로 이루어지는 좋고 건강한 삶의 약속이다. 광고는 해피엔딩으로 끝나는 안전한 모험들에 대한 이야기를 들려준다. 이는 청바지, 관광 여행, 세제, 요구르트, 자동차 또는 진통제 등의 광고에서 모두 그러하다. 따라서 광고는 물건을 직접 파는 것 대신에 편리와 자유에 대한 욕망을 일깨운다. 우리는 의류 브랜드로서 '에스프리(정신)' 상품을 팔 수 있을지 모르지만, 그와 의미가 반대인 '마티에르(물질)'란 의류 브랜드의 상품을 대중에게 팔려고 시도하진 않을 것이다. 사실상 '대중masses'이란 말도 경멸적인 의미를 지니고 있는데, 이는 군중 속의 사람들이 영혼과 정신적인 모든 것에 대한 흥미를 상실하고 형태 없는 물질 같은 것으로 바뀌었다는 것을 뜻하기 때문이다.

상점들에서는 일반적 브랜드로서 상품이 팔린다. 상품경제에서 사물이 개인적 착용의 흔적을 얻고 이에 따라 개별적이 되며 일종의 전기biography를 구축하게 되는 것은 오직 사용을 통해서이다(Kopytoff, 1986: 64~91). 궁극적으로 상품이 진짜 순수한 물질이 되는 것은 쓰레기장에서일 것이다. 쓰레기는 하나의 동질적인 덩어리로 압축되어 개별 사용자들과 그들에게 유의미했던 것들의 표시는 전부 지워지고 만다. 이렇게 인식되기 어려운 것은 이상한 느낌이 들게 만드는데, 왜냐면 그 덩어리는 분명히 구분할 수 있는 사물들도 또는 그냥 획일적인 물질도 아니기 때문이다(Lucas, 2002: 5~22).

인간은 엄청난 양의 원재료를 종국에는 대부분이 쓰레기 더미가 될 생산물로 변형시킨다. 그래서 금속, 목재, 플라스틱의 높은 언덕이 우리 시대의 괴상한 기념비가 되었다. 한나 아렌트Hannah Arendt가 "낭비경제"라고 부른 서구의 풍요를 나타내는 가장 뚜렷한 특징은, 아직 사용에 적합하지만 그냥 버려지는 식품과 물건의 엄청난 양이다(Arendt, 1958). 그러한 소위 "쓰레기"를 획일적인 물질(즉, 의미가 박탈된 물질)로 처리하는 데 얼마나 많은 작업이 필요한지 놀라울 따름이다. 쓰레기를 운반하는 체계적인 시스템이 필요할 뿐 아니라, 쓰레기로부터 동질적 물질을 만들어 내기 위해서는 폐기물 관리를 둘러싼 대규모 사업이 필요하기 때문이다. 더구나 쓰레기는 처분장에 도착하기 전에 이미 다양한 방식으로 범주화된다. 즉, 쓰레기는 가정에서 분류된 후에 가정 외부의 분리수거장으로 옮겨지는 것이다.

우리의 일상적 실천을 되돌아보면 사물의 물질성이 지닌 어떤 면에 우리는 놀라게 된다. "물질주의적"이라고 알려진 현대의 생활양식에서 추구하는 것은 물질 그 자체가 아니라는 것이 분명하기 때문이다. 대신에 사람들은 브랜드들로 표상되는 좋은 삶의 이미지에 매혹되어 이를 구매한다. 그런데 이들 이미지는 그들의 물질적 토대와는 부분적으로 독립된 그 자체의 삶을 지니고 있다고 보이는 것이다.

우리를 둘러싼 인공물의 수가 증가하는 건 분명하지만, 정작 우리의 생활양식에서 물질이 하는 역할은 이처럼 별로 눈에 띄지 않는다. 이 비가시성이 핵심적으로 중요하다. 인간들은 언제나 이미 비인간 사물들 가운데서 존재해 왔다. 하지만 사물과 함께 있음togetherness은 좀처럼 인식되거나 개념화되지 않았다. 해수면이 특별히 올라가거나, 정전으로 불이 나가거나, 자동차가 시동이 안 걸리거나, 옷의 지퍼가 걸려서 안 올라갈 때와 같이 특별한 순간이 아니면 사물은 인식되지 않는다. 일상생활에서 "물질적"이라는 형용사는 그것이 새로운 상품이나 기술을 가리키는 경우를 제외하고는 별로 사용되지 않는다. 도구와 손에 쥔 사물은 좀처럼 관심의 대상이 되지 않는다. 다니엘 밀러가 언급했듯이, 일상적 세계는 "사물의 겸손함humility of objects"으로 특징지어진다(Miller, 1987). 사물은 수많은 일상적 실천들에서 그 역할이 중요함에도 불구하고, 사물 그 자체로는 특별한 유의미성을 지니지 못한다. 따라서 사물을 그 사용의 실용적 맥락 밖에서 이해하려는 것은 시도할 가치가 없다. 심지어 실용적 맥락 속에서 이해하려고 해도 사물의 가시성은 감소되는데, 이는 사물이 행위의 구성 요소로서 매우 깊숙이 포함되기 때문이다. 예를 들자면, 자동차를 운전하거나, 자전거를 타거나, 컴퓨터를 사용할 경우 우리는 "주체"와 "객체"를 구분하기가 매우 어렵다. 그보다 우리는 이런 활동들을 할 때 몸에 밴 습관처럼 행한다. 사물의 겸손함 때문에, 숟가락이나 젓가락처럼 우리에게 필수적인 경우조차도 사물은 인간성의 본질을 나누어 갖지 않는 것으로 생각된다. 옷, 펜, 전선, 집 등도 인간성의 진정한 성격을 논의할 때는 무시된다. 인간이 이들 물질적 재화와 연결되는 다중적 관계들은 인식되거나 분석되지 못한 채로 남는 것이다. 바로 이것이 우리가 물질적 재화를 지향하는 생활양식을 그토록 쉽게 비판할 수 있는 이유이기도 하다.

분명히 물질성의 문제는 소비의 시각에서 검토하는 것으로 다 소진되지는 않는다. 소비의 사회학에 관한 문헌을 세밀히 읽어 보면, 대부분 그것은 재화의 구매에 대한 연구이지 재화의 사용이나 재화와 더불어 사는 것에 대한 연구는 아니다(코리건, 2000). 하지만 소비의 시각은 물질성과 현대인의 관계가 다중적이고 모호하다는 점을 이해하는 문을 열어 준다. 소비에서 시작하여 흔히 "물질주의적 생활양식"에 대한 언급에서 그러는 것처럼 그것을 하나의 문제로만 보는 것은 좋은 생각이 아니다. 그 대신에 사회과학자들은 시장경제에 의해 매개되는 상품과의 관계를 보다 넓은 주제와 관련된 특수한 사례로 보아야 한다. 즉, 사회과학자들이 물어야 할 질문은 다음과 같은 것이다. 상이한 물질성들, 상품들, 도구들과의 '함께 있음'이란 대체 어떻게 구성되는가? 이와 관련하여 우리는 먼저 "물질성"이 사회과학 연구의 맥락에서 무엇을 의미할 수 있는지에 대해 개관해 볼 것이다.

유물론의 전통적 형태들과 물질성의 개념

앞에서 얘기한 것처럼, 모든 개인들이 삶에서 주로 물질적 쾌락을 추구한다는 '윤리적 유물론'은 하나의 세계관이라고 할 수 있다. 또한 그것은 현대의 생활양식이 잘못되었음을 가리키는 용어라는 점에서 종종 비판의 대상이 되기도 한다. 그런데 이 두 경우 모두에서 문제는 윤리적 유물론이 물질성 자체와 갖는 관계가 구체화되지 않은 채 남아 있다는 점이다. 즉, 여기서는 "물질적 가치"에 대한 담론이 사람들의 활동들이 비교되는 근본적인 기초를 형성하는데, 이렇게 되면 실제로 우리의 평범한 생활을 의미 있게 만드는 일상적 실천들 속에서 마주치는 다원적 물질성들은 그냥 간과되고 만다. 물질성을 배경background으로 보는 동시에 매일의 경험과 행위의 전면 foreground에 대해 무관심한 것은, 사실상 세 가지 고전적 형태의 유물론(윤리적 유물론, 존재론적 유물론, 역사적 유물론)[4]이 지닌 전형적 특

---

4   유물론의 상이한 개념들에 대해서는 Raymond Williams의 책(1988)을 참고할 것.

징이다.

'존재론적 유물론ontological materialism'의 주된 주장은, 존재하는 모든 것은 궁극적으로 정신이 아니라 물질로 이루어져 있다는 것이다. 오늘날 이러한 견해는 모든 감각 인식 뒤에 보다 근본적인 요소들로 이루어진 실재가 있다는 관념에서 가장 강하게 나타난다. 이러한 입장은 물리학이 기본적 진실을 드러낸다는 세계관과 쉽게 연결된다. 일상적 삶에서 사람들은 "물질"이란 단어가 무엇을 의미하는가를 질문하지는 않는다. 왜냐면 "물질"이란 공간을 차지하거나 어느 정도의 외적 폭력에 의해서만 변하는 사물들을 말하는 것이 명백하기 때문이다. 따라서 "물리적" 물질에 대해 우리는 말하는 것이다. 하지만 현대물리학의 관점에서 볼 때 "물질"이란 용어는 문제가 없지 않으며 심지어 하나의 일반적 개념으로서는 흥미로운 것이 아니라고 할 수 있다. 입자물리학에 따르자면, 물질이란 영구적 실체 또는 파괴 불가능한 기본 요소들로 이루어진 불변의 어떤 것이 아니기 때문이다. 탈레스나 데모크리토스와 같은 고대 그리스의 유물론자들이 지녔던 견해와 달리, 현대물리학은 물질을 모든 사물의 구성 요소인 분할 불가능한 원자들로 이루어져 있다고 보지 않는다. 더 나아가서 물리학은 물질이 "유형적tangible"인 어떤 것이라고는 결코 간주하지 않는다.[5]

사회과학의 관점에서 보자면, 이런 개념적 문제보다 더 중요한 것은 물리학의 연구 대상과 일상적 삶에서 부딪히는 물질성 사이의 연

---

[5] 고전물리학에서는 "물질"을 질량과 부피를 가지며 더 이상 분할될 수 없는 단단한 것으로 보지만, 입자물리학에서는 질량과 부피가 물질의 고유한 속성이 아니라 기본입자들(쿼크와 렙톤)의 상호작용에 의해 변화되는 것이라고 본다.

계를 경험적으로 확립하는 것이 어렵다는 점이다. 고도로 수학적이고 기술적인 과학적 언어는 보통 사람들이 물질성을 경험하고 그것에 반응하는 방식에 쉽사리 연결 지을 수가 없다. 하지만 사회과학 연구는 일상적 경험의 수준에서 시작하고 그것을 진지하게 생각할 필요가 있다. 물론 이것은 우리가 일상적 경험의 수준에만 머물러야 한다는 걸 뜻하지는 않는다. 그보다 사회과학 연구는 행위의 상이한 규모들scales 사이의 매개를 드러낼 수 있어야 한다는 말이다. 예를 들자면, 지구적인 의료 연구와 기업 또는 국제 금융시장 등에서 나타나는 복잡한 결집체들assemblages에 우리의 일상적 행위가 어떻게 연결되어 있는지를 보여 주어야 한다는 것이다.[6]

'역사적 유물론historical materialism'은 인간들이 노동을 통해 자신의 환경과 자기 스스로를 어떻게 변형시키는가에 초점을 두는 변증법적 설명을 제공한다. 하지만 역사적 유물론에서 얻는 가장 큰 교훈은 생산양식이 특정 사회가 삶을 재생산하는 방식을 결정하는 토대가 된다는 것이다. 다른 모든 것들(예컨대 정치의 형태나 법의 체계)은 이 토대 위에 세워지고 그로부터 연역될 수 있다는 것이다. 이 학파의 사유 내용과 그것이 지닌 기타 문제점들을 여기서 자세히 논할 필요는 없다. 다만 역사적 유물론은 다른 고전적 형태의 유물론들과 비슷하게, 사람들이 경험하고 삶을 살아 나가는 일상적 환경을 이해하고 분석하는 데 매우 유용한 방식은 아니라는 점만 지적하고자 한다.

만일 이렇게 윤리적 유물론, 존재론적 유물론, 역사적 유물론 모두가 사회과학의 관점에서 문제가 있다면, "물리적 실재" 또는 "물질

---

6 행위의 상이한 수준들 사이의 매개를 추적하는 연구 논문들이 실려 있는 대표적인 책으로는 Ong & Collier(2005)를 볼 것.

성"에 대한 논의는 완전히 포기해야 할까? 이런 극단적인 결론을 내릴 필요는 없을 것 같다. 대신에 "물질성"이란 용어의 다원성을 진지하게 고려할 필요가 있다. 물질성의 문제가 왜 특별히 흥미로운 것일 수 있는지 보여 주는 데는 다음과 같은 소수의 일상적 예들로도 충분할 것이다.

가정이나 사무실에서 쓰는 전기가 물질인가 아닌가, 그리고 물질이라면 어떤 의미에서 그러한가를 우리는 물을 수 있다. 전선은 상이한 장소들을 서로 매우 구체적으로 연결시킨다. 하지만 전기는 단순한 물질적 사실 이상의 것이다. 전기는 우리에게 따뜻함과 밝음 그리고 안전함의 경험을 제공한다. 동시에 그것은 밤에 글을 읽는 것과 같은 행위의 새로운 가능성들을 창조한다. 전기를 사용함으로써 우리는 전기의 생산자들, 다른 소비자들, 그리고 그들 자체가 현전presence하지는 않지만 행위가 현전하는 많은 사람들(전기 하부구조의 건설자들과 정치경제적 의사결정자들)에게 연결된다. 대부분의 인간행위는 물질성에 연결됨으로써 우리에게 영향을 주며, 물질성은 그것을 창조한 인간(들)이 사라진 오래 후에까지 효과를 미친다. 전기는 인간들 서로를 다양하게 연결하지만, 이런 일을 수행하는 방식은 보통 숨어 있거나 개념화되지 않은 채로 남는다. 물론 이러한 비가시성은 대부분 우리의 전기 사용 관행과 더불어 전기의 가용성에 대한 우리의 비성찰적 의존성 때문이다. 우리는 전등을 켜거나, 요리를 하거나, 음식을 냉장고에 넣거나, 텔레비전을 보거나, 친구에게 전화를 할 때 우리가 전기를 사용하고 있다는 것에 거의 주목하지 않는다. 또한 전기의 비가시성을 설명하는 훨씬 더 명백한 이유가 있는데, 그것은 전선이 대개 벽 뒤에 숨어 있고 발전소가 인간 거주지와는 매우 먼 도시 외곽에 위치한다는 것이다(Nye, 1998).

음악은 물질성의 다원적 성격을 보여 주는 또 다른 예이다. 음악은 다른 무엇보다도 정신적인 문화로 보일 것이다. 그럼에도 불구하고 만일 신체를 지닌 연주자나 청중, 연주자가 사용하는 악기, 또는 음향과 공기 파동에 영향을 주는 물질적 주위 환경이 없다면 음악도 없다는 것은 명백하다. 더구나 현대의 음악 소비자는, 해당 음악 작품을 악기로 녹음한 음악가조차도 전기, CD나 MP3 플레이어, 라디오, 앰플리파이어 등이 없이는 집에서 음악을 감상할 수 없을 것이다. 물론 이것은 인간이 창조한 음악이나 그것을 감상하는 능력이 하나의 물질적 토대로 환원될 수 있다는 걸 의미하지는 않는다. 보다 중요한 것은 상이한 종류의 물질성들 사이의 상호교직이고 이것이 경험과 행위를 가능하게 만든다는 점이다.

전기와 음악의 예는 물질성의 문제가 현전이냐 아니냐의 양자택일 방식으로 제시될 수는 없다는 걸 시사한다. 소리의 현전은 연속선상에 놓여 있다. 에어컨이 내는 소음 또는 컴퓨터 자판을 치는 소리와 더불어 우리의 사무실은 복도와 거리에서 나는 소리들(사람들의 대화, 발자국 소리, 구급차의 사이렌 소리 등)로 가득 차 있다. 더 나아가서, 소음을 몰아내기 위해 우리는 동일하지 않은 성격의 수단들에 의존해야만 한다. 즉, 대단한 열중과 집중 능력이 필요할 뿐만 아니라 벽, 차단기, 귀마개 등도 필요하다. 이와 비슷하게, 전깃불이 들어와 있을 때조차 전기의 현전에는 정도가 있다. 이 정도는 전기가 창조하는 연결들의 중요성과 전기에 바치는 주의력의 정도에 따라 좌우된다.

전기 또는 음악의 물질성은 분명히 다중적이고 분석하기 쉽지 않다. 이것을 그저 골치 아픈 문제로 보는 대신에 물질성의 문제와 대면할 좋은 이유로 간주할 수 있다. 우리는 행위와 경험을 위한 많은 조건들을 창조하는 데 상이한 요소들이 참여하는 방식들을 연구해야만 한다. 또는 좀 더 정확한 말로 표현하자면, 상이한 요소들은 불변의 조건들을 창조하는 것이 아니라, 서로 상호교직하고 그 과정에서 재생산 및 변형된다. 예를 들면, 정원의 밭에서 작업하는 것이 새로운 형태의 생명들을 가능하게 만들지만, 이를 통해 자라난 식물과 채소와 꽃은 그 자체가 미래에 가능할 작업의 형태들을 조건화한다는 것이다. 가능성의 조건들을 창조함에 있어 상이한 요소들 사이의 이와 같은 호혜성은 식물과 동물의 생태에만 국한되지 않는다. 어떤 주택의 수도관이 수리할 때가 되면, 거주자는 그 수도관이 어떤 고정된 "조건"이 아니라 보다 복잡한 시스템의 일부라는 것, 그리고 그 수도관이 처한 수명의 단계에 따라 수선을 필요로 한다는 것을 알게 될 것이다. 이와 같은 고리에 대한 민감성을 갖게 된다면 사회과학자들은 물질성을 인간행위의 어떤 자명한 배경이 아니라, 인간의 '함께 있음'을 위한 근본적 구성 요소로서 그 자체가 연구할 가치가 있는 주제임을 깨달을 수 있다.

물질성을 전면에 내세우기: 물질성은 과연 무엇을 뜻하는가?

서두에서 언급했듯이, 현대 생활의 물질적 요소에 대한 새로운 학문적 관심이 다양한 학제적 분야에서 대두해 왔다. 하지만 이러한 관심은 낡은 형태의 유물론들이 부활하는 걸 의미하지는 않는다. 예를 들자면, 과학기술학STS 분야의 학자들은 인간과 비인간 행위자들이 어떻게 다양한 방식으로 결합하여 지식과 기술을 창출하고 유지하는지 밝혀 주었다. 환경학에서는 자연현상과 인간 현상의 연결과 양자의 상호의존성을 새로운 방식으로 분석해 왔다. 도시 연구는 인간 간의 상호작용이 공간적 환경에 내재적으로 의존하고 있음을 이해하는 데 기여해 왔다. 젠더 연구는 육체성을 중요한 테마로 연구해 왔다. 물질문화 연구의 학자들은 인간관계를 매개하는 데 있어 상품이 수행하는 역할에 대해 새로운 통찰을 제공해 주었다. 이 모든 분야들에서 공통되는 것은, 윤리적/존재론적/역사적 유물론과는 달리 물질성이 배경을 이루는 것이 아니라 물질성에 대한 경험과 행위를 전면에 내세우며 관심을 기울인다는 것이다. 이런 연구들에서 물질은 순수한 인간 간 상호작용의 뒤에 있는 것이 아니라, 그러한 상호작용에 '참여하는' 것으로 간주된다. 인간의 '함께 있음'이란 '사물과 더불어with things' 함께 있음을 함축한다는 말이다.

하지만 물질성에 주목하는 이러한 새로운 분야들에서조차 정작 물질성의 개념이 의미하는 바에 대한 새로운 해명은 좀처럼 찾아보기 힘들다. 오히려 사물의 물질성은 자명한 것, 따라서 더 깊은 성찰이 필요하지 않은 어떤 것으로 종종 간주되어 왔다. 그 결과 물질성은 몇 가지 뚜렷한 특징들에 의해 쉽사리 정의되어 왔지만, 그 각각의 내용이 체계적으로 정교화된 것은 아니었다. 따라서 이들 내용에 대해서 좀 더 체계적인 관점에서 명확히 정리하는 것이 중요하다고 생각한다.

첫째, 물질성은 종종 언어와 대비되어 왔다. "정신" 개념의 의미는 20세기 중에 변화되었다. 즉, 정신은 언어와 동일시되었는데, 특히 의미의 체계로서(국지적 실천들이 아니라) 이해된 언어와 동일시되었다. 이러한 경향은 서구의 사회과학에서 1980년대와 1990년대에 절정을 이루었다. 이 시기에는 대부분의 연구 대상들을 "텍스트"로서 분석하는 것이 유행했다. 포스트구조주의에 영향을 받은 이러한 유행을 '언어적 전환linguistic turn' 또는 '담론적 전환discursive turn'이라고 불렀다. 물질성에 대한 관심은 분명히 이에 대한 반작용의 성격이 있다. 암묵적으로 또는 명시적으로 물질은 언어가 아닌 어떤 것, 언어적 의미를 벗어난 어떤 것이라는 부정적 측면에서 정의되어 왔다. 따라서 최근 많은 사회과학자들이 공간과 육체처럼 물질적 성격을 갖는 모든 것을 흥미로운 연구 주제로 간주하는 것은 결코 놀라운 일이 아니다.

물질이 특수한 저항의 성격을 지녀서, 언어보다 견고하고 쉽사리 변화하지 않는다고 생각하는 것은 얼핏 그럴싸해 보인다. 그러나 이러한 생각은 과녁을 빗나간 것이다. 오히려 이미지와 사고방식이 변화하기 가장 힘든 것일 수 있다. 예컨대, 흡연을 모험과 자유의 표현으로 여기는 청소년들 사이에서 흡연의 매력을 떨어뜨리는 것이 얼마나 힘든지를 보면 이를 알 수 있다. 물론 의미는 조작될 수 있지만, 그러려면 엄청나게 큰 노력이 수반되어야 한다. 분명한 것은 물질은 저항하는 어떤 것이고 언어는 쉽게 변경 가능하다는 생각은 맞지 않다는 점이다. 그보다는 사물과 언어를 함께 결합시켜 행위하는 상이한 물질성과 형식에 따라서 사물이 안정화 및 내구화되어 변화에 저항하게 되는 다양한 방식이 나타난다고 봐야 한다. 더구나 물질성에 대한 사회 연구 자체가 얼핏 보기에 역설적이지만 사실은 매일 일어나는 일을 지향하고 있는데, 그것은 비언어적 사물을 언어로 바꾸는 일이다.

둘째, 물질성은 인간을 넘어서는 어떤 것으로 간주되어 왔다. 이러한 구분은 물질성과 언어의 구분과 마찬가지의 이유 때문에 어렵다. 즉, 물질성은 분명히 인간의 신체에 속하며, 인간 존재의 내적 구성을 이루는 일부이다. 귀, 피부, 뼈, 세포는 물질이 아니던가? 사실상 문제가 되는 것은 인간인 것과 비인간인 것의 구분이 아니라, 어떻게 인간의 인성personhood이 비인간인 사물들과 대면하여 구성되는가에 관한 것이다. 심지어 이 경우에조차 순전히 인간적 영역을 넘어서는 것을 다룰 필요가 있는데, 흔히 인간성이란 비인간과 대비되는 것으로 이해되지만 실제 행위에 있어서 인간들은 비인간들과 얽힐 entangled 수밖에 없기 때문이다. 인간이란 무엇이고 또 무엇이 될 수 있는가는 인간들이 창조하고 상호작용하는 사물들에 의해 형성되는 것이다.

인간인 것이 비인간인 것과 확실히 구분될 경우, 물질성은 인과성의 영역과 자연의 법칙에 속하는 것으로 쉽게 간주되는 반면에 인간성은 변화하는 의미와 목적의 영역에 속하는 것으로 이해된다. 근대주의에서 당연한 것으로 간주되는 이러한 이분법에 도전하는 것이 브뤼노 라투르Bruno Latour를 비롯한 행위자-연결망 이론Actor-Network Theory: ANT 학자들의 기획이다.[7] 라투르는 물질성이라는 용어 대신에 비인간이라는 용어를 사용하기를 선호한다. 그의 여러 저서에서 라투르는 인간 행위자와 비인간 행위자가 어떻게 결합하는지를 예시하기 위하여 과속방지턱의 사례를 이용한다. 학교 근처에서 속도를 늦추라는 도덕적 성격의 지시는, 그것이 콘크리트 및 아스팔트와 혼합되었을 때(즉, 인간 명령이 비인간 요소들의 도움으로 변형되고 재형성되었을 때) 훨씬 더 효율적이 된다. 그렇게 하여 창조된 과속방지턱이라는 새로운 행위자는 단순히 "물질"이라고 간주될 수 없다고 라투르는 강조한다.

인공물과 기술에서 우리는 물질의 효율성과 견고성이 순응적 인간

---

7 ANT에 대한 우리말 소개에 대해서는 김환석(2011 & 2012)을 참고할 것.

에게 원인과 결과의 법칙을 각인시키는 것을 찾아낼 수 없다. 과속방지턱은 궁극적으로 그러한 물질로 이루어진 것이 아니다. 과속방지턱은 자신들의 의지와 이야기를 자갈, 콘크리트, 페인트, 표준계산법의 의지와 혼합하는 엔지니어와 장관과 법률제정자들로 가득 차 있다. 내가 이해하려고 시도 중인 매개, 즉 기술적 번역은 사회와 물질이 서로의 속성들을 교환하는 사각지대에 존재하는 것이다(Latour, 1999: 190).

위 인용문에서 보듯이, 인간과 비인간의 경계선을 그리는 것은 물질과 정신 사이의 경계선을 그리는 것 못지않게 어렵다.[8] 치아, 위장 또는 세포나 게놈 같은 기타의 신체 부분들은 분명 오직 인간인 것만은 아니다. 이와 마찬가지로 정원, 비행기, 옷장, 펜 등은 그 자체가 인간인 것은 아니지만, 오직 인간의 목적과 관련해서만 존재한다.

라투르의 주장에서 핵심적인 사항은, 우리가 연구를 수행하기 전에 인간과 비인간 사이의 경계선에 대한 지식을 괄호 쳐야bracket 한다는 것이다. 따라서 과속방지턱은 그것이 물질성의 영역에 속하느냐 아니면 인간성의 영역에 속하느냐를 미리 전제하지 말고 분석해야 한다는 말이다. 이렇게 괄호 치기를 함으로써, 과속방지턱은 어떤 요소들이 실제로 구성하며 이 요소들이 함께 무엇을 성취하는가에 대해 민감한 연구를 할 수 있는 가능성이 생겨나기 때문이다. 더 나아가 이렇게 함으로써, 어떤 행위자들이 인과관계의 단순한 연쇄

---

8 인간과 비인간의 구분에 초점을 맞추는 것이 지닌 또 다른 문제는, 인간이 아닌 사물들의 커다란 이질성을 '비인간'이라는 한 단어로 축소시킨다는 것이다. 기본적 화학 요소, 별, 물리력 등을 모두 비인간이라 부르며, 박테리아와 아메바부터 시작해서 모든 종류의 꽃과 포유류를 포함하는 식물과 동물들 역시 비인간이라는 범주에 포함시킨다.

에 구속을 받고 어떤 행위자들이 의미를 이해하고 조작할 능력이 있는지에 대하여 아무런 전제가 없을 것이기 때문이다. 그러고 나면 어떻게 행위자들이 다른 행위자들의 능력에 연결됨으로써 그들의 속성을 교환하고 행위 능력을 안정화시키는지 추적하는 것이 가능해진다. 과속방지턱에 연결되는 것이 교통행정의 일을 훨씬 수월하게 만들어 준다는 사실이 그 좋은 예다. 하지만 라투르의 기획에서 아직 남는 의문은, 인간과 비인간 사이의 차이에 대한 전제를 우리가 정말 그렇게 급진적 방식으로 괄호 칠 수 있느냐이다. 우리의 명시적 목표가 인간과 비인간 사이의 광대한 회색지대에서 일어나는 미세한 움직임과 위치 이동들을 연구하는 데 있다 하더라도, 인간과 비인간에 대한 논의는 항상 양자 사이의 존재론적 차이에 대한 전제를 수반하는 것이 아닐까 하는 의문이 남는다.

셋째, 물질성은 실체적substantial인 어떤 것으로 정의된다. 이것은 아리스토텔레스 철학의 전통과는 다른 것을 말한다. 아리스토텔레스 전통에서는 형식과 물질(=질료)이 관계적 개념들이어서 각각에게 미리 결정된 어떤 본질을 부여할 필요가 없다. 물질 자체는 단지 어떤 내용으로 형식화된 무엇이기 때문이다.[9] 이와 대조적으로, 우리가 보통 "물리적" 실재에 대해 말할 때는 보다 실체적인 어떤 것을 전제로 하는데, 다만 그것은 물리학의 대상과 정확히 동일한 것은 아닐 것이다. 물질은 설사 그것이 아무 형태(=형식)가 없을지라도 존재한다. 여기서 두 가지의 연관된 가정이 중요하다. 물질은 물리

9　숲과 사바나의 경계가 이동하고 있는가의 여부를 결정하기 위한 탐사를 연구한 라투르의 논문(Latour, 1999: chapter 2)은, 언어 대 물질 또는 형식과 내용에 관한 질문이 어떻게 일관되게 관계적이고 역동적인 방식으로 분석될 수 있는지를 보여 주는 뛰어난 예이다.

적 차원에 의해 정의된다는 것, 그리고 물질은 인식 가능성을 지닌다는 것이 그것이다. 다른 말로 하자면, 물질은 공간을 차지하고 시간적으로 지속되는 어떤 것이며, 또한 물질은 인식할 수 있는(특히 촉각으로) 어떤 것이라고 가정된다.

불행하게도 실체에 대한 논의는 물질성이 무엇을 의미하는지 정의하기 위한 그 어떤 안정적 근거도 마련해 주지 못한다. 물질적 사물이 "유형적"이라고 말하는 것은 문제가 있다. 그러나 이것이 사물의 본질을 정의할 필요 없이 사물과의 관계에 대해 언급하는 유용한 방식을 제공해 주는 건 사실이다. 왜냐하면 사물은 인식 가능하다고 말하는 것이 쉽기 때문이다. 그것은 인간 감각을 불변하는 것으로 가정하며, 더 나아가 감각은 우리가 미리 알 수 있고 한계를 지을 수 있는 어떤 것이며 감각과 연결되는 대상인 사물의 외부에 있다고 우리는 생각한다. 하지만 물질성에 대한 새로운 관심은 어떻게 인간의 능력(감각 능력을 포함)이 변할 수밖에 없는가에 대한 새로운 통찰을 가져왔다. 자신이 행위할 수 있는 능력과 타자의 행위에 영향을 받는 능력 모두가, 이들 능력과 연결되는 비인간 요소들의 유형에 따라 달라진다는 것이다. 이 점은 안경을 사용하는 사람이라면 누구에게나 자명하다. 좀 더 극적인 예는 현대의 의료기술이 가능케 한 장기이식이다. 즉, 내가 어떤 사람의 심장이나 콩팥을 가질 수 있게 된 것이다. 새로운 도구들이 인간의 신체와 그 부분들을 보고 그것을 새로 형성할 수 있는 능력을 향상시켰다. 역으로, 외부 세계가 제공하는 것을 우리의 신체가 동화시키고 반응할 수 있는 방식에도 변화가 생겨났다.

그럼에도 불구하고, 나는 아직도 "물리적 물질"에 대해 말하는 것이 유의미하다고 생각한다. 실제에 있어 그것은 상대적인relative 지속성과 저항성을 가리키는 것이다. 중요한 것은 변화에 관한 질문이며, 이 점은 과학기술학이 강조하였다. 전기 또는 플라스틱은 그것들이 일상적 삶의 평범한(그래서 비가시적인) 요소들이 될 수 있기 전에, 어딘가에서 생산되어야만 하는 것이다. 도시적 생활양식이 출현하려면 수도 공급이 하나의 시스템으로서 안정화되어야만 한다. 실험실 조건들에서 탄생하는 과학 지식을 유지하기 위해서는, 그러한 조건들을 지탱해 주는 경제적 및 기술적 시스템에 따라서 그 조건들이 유지되어야 할 필요가 있다.

전반적으로 물질성에 대한 새로운 사회과학 연구들에서는 "물질"을 일종의 관계적 용어로 이해하는 관점이 대두하였다.[10] 물질은 불변하거나 항상 인식 가능한, 절대적인 어떤 것이 아니며 또 절대적인 요소들로 구성되어 있지도 않다. 그렇지만 그것은 '상대적으로' 안정되고 유형적이며, 어느 정도 일정한 요소들로 분석될 수 있는 어떤 것이다. 어떤 사물의 영속성과 견고성은 다른 사물들의 상이한 영속성과 견고성과의 관계에 따라 좌우된다. 사물들은 상이한 리듬에 따라 변화한다. 새로운 사회과학 연구들에서 관심의 대상으로 출현한 것은, 사물들의 내구성durability이 창출, 유지 또는 파괴되는 '과정들processes'이다. 그러나 어떤 것도 그 자체가 물질적은 것은 아니다. 심지어 내 앞에 있는 벽이나 내가 앉아 있는 의자도 그렇다. 내 의자의 영속성은 앞뒤로 그걸 흔드는 나의 움직임뿐만 아니라, 그것의 안정된 배경을 이루는 마루와 벽과 관계가 있다. 이들 모두가 다른 사물들에 의해 영향을 받고 다른 사물들의 움직임에 영향을 주는

---

10 ANT에서는 이러한 물질성의 개념을 한마디로 '관계적 물질성relational materiality' 이라는 용어로 부르고 있다(Law & Mol, 1995).

자체의 능력을 지니고 있는 것이다.

물질을 관계적으로 이해한다는 것이, 사물들은 무한히 순응적 malleable이라는 결론으로 귀착되는 것은 아니다. 그와 정반대이다. 상이한 물질성들은 다른 사물과의 관계 속에 있으면서 자체의 리듬과 변화 습성을 지닌다. 예를 들자면, 하얗게 칠한 벽은 흰색을 고집하며 다른 색깔이 되는 것에 어느 정도 저항한다. 하지만 이 흰색은 시간과 무관하지 않다. 그것은 더러워지고 회색으로 변할 것이다. 정기적인 청소를 통해 이 과정을 막지 않는다면 말이다. 또한 벽은 사물과 사람의 움직임을 차단하거나 연결시켜서 일정한 방향으로 돌린다. 벽은 커튼보다는 사물과 사람의 움직임에 잘 저항한다. 벽의 색깔이 제공하는 저항성(다른 색깔들에 대한)은 현재의 흰색 자체에만 존재하는 것이 아니라, 그 벽을 건축하는 데 사용된 물질들과 결합되어 있는 그 흰색의 변화 습성에도 존재한다. 즉, 그 흰색이 다른 물질들과 더불어 그리고 이들의 리듬에 연결됨으로써 어떤 것이 될 수 있는가에도 달려 있다는 말이다.

물질적 정치:
누구와 무엇을 집합체에 포함시켜야 하는가?

"물질성"에 대한 새로운 사회과학적 담론은 물질성이란 용어의 의미에 대해 하나의 명확하고 뚜렷한 관념을 제공하지는 않는다. 하지만 이제까지 성취된 것은 그래서 더 가치 있는 것일 수 있다. 물질성에 대한 관심은 인간의 '함께 있음'의 기초가 결정되는 역동적인 영역으로 연구자를 새롭게 이끌기 때문이다. 언어와 비언어의 사이, 인간인 것과 비인간인 것 사이의 경계가 계속 이동한다. 이와 비숫하게, 어떻게 그리고 왜 어떤 사물들은 영속적이고 다른 사물들은 사라지는가 하는 질문이, 어떻게 그리고 왜 어떤 인간 공동체는 영속적이고 다른 공동체는 사라지는가를 정의하는 핵심에 자리 잡고 있다.

낡은 형태의 유물론인 윤리적/존재론적/역사적 유물론에 공통적인 것은, 소수의 명백히 구별 가능한 "물질적"인 원인들에 의해 사회생활을 설명할 수 있다는 관념이다. 이와는 대조적으로, 물질문화 연구, 과학기술학, 도시 연구와 같은 분야의 연구자들은 이제 인간 상호작용의 물질적 구성 요소들을 다루면서, 우리의 일상적 환경 속에서 우리와 함께 있는 많은 요소들의 다원성과 이질성에 그 강조점을 두고 있다. 사람들이 자신에게 중요한 것을 안정화시키거나 변화시키려고 행위하는 것은, 바로 이러한 다원적 물질성과의 관계를 통해서이다. 예컨대 도로 시스템, 수도 공급, 부엌 도구들의 배열, 유아원의 장난감 배열 등을 통제함으로써, 이들 물질적 영역 각각에 특징적인 인간관계를 해결하고 통제할 수 있는 것이다. 물질성이 이런 방식으로 개념화된다면, 일반인의 일상적 경험이 지니는 적실성을 부정할 필요가 없어진다. 물질성은 더 이상 고전적 유물론에서처럼 사회적 현상이 환원될 수 있는 배경이나 원인으로 간주되지 않을 것이다.

가장 중요한 것은 인간의 '함께 있음'을 이해함에 있어서 위치 이동을 하는 것이다. 이와 관련하여 새로운 사회과학 연구들에서 끌어낸 통찰들은 다음과 같다. 인간들이 함께 있을 때 우리는 결코 단지 우리끼리만 있는 것이 아니다. 우리 인간의 함께 있음은 비인간 요소들(그것이 "자연적" 실체이건, 옷이건, 벽이건, 전선이건, 휴대폰이건)에 의해 반드시 매개되고 조건화된다. 이러한 통찰은 곧바로 다음의 질문으로 연결된다. 어떤 상호작용의 요소들을 분석할 때 어떤 인간 및 비인간 요소들을 고려해야만 하는가. 분명히 잠재적 참여자들의 목록은 끝이 없을 것이다(방 안의 마루, 의자, 테이블부터 에너지 공급원인 태양까지). 인간의 함께 있음에 필요한 것이 무엇이고 우리가 "우리"라고 부르는 것을 구성하는 건 누구와 무엇인가를 묘사하려고 시도할 때, 그리고 어디서 중지할지를 결정하는 데는 불가피하게 어느 정도의 자의성이 존재한다. 이러한 어려움을 심각하게 받아들일 경우, 물질적 매개에 대한 새로운 관심은 연구자로 하여금 포함과 배제의 정치적 문제들에 대한 민감화 효과를 지니게 된다.

　　바로 이러한 주제를 라투르는 그의 책《자연의 정치학》에서 다루고 있다(Latour, 2004). 그는 집합체collective[11]를 제한하는 것은 필요하며 그것이 정치의 핵심적 활동이라고 주장한다. 정치란 타협이며 한 집합체가 그것을 통해 자기인식을 갖게 되는 의사결정을 말한다. 따라서 정치적 실천은 "우리"라고 말할 가능성을 창출한다. 불가피하게 이것은 또한 무언가는 배제되어 정치체의 경계 바깥에 남아 있어야 한다는 것을 의미한다.

　　물질적 사물에 관한 한 적어도 두 가지 형태의 배제가 있다. 첫째로, 자명해 보이는 사물들이 있는데, 그 존재가 당연시되며 따라서 그들에 대해 논할 이유가 없는 것 같은 사물들이다. 햇빛, 수도 시스템, 도로 시스템 등이 바로 이러한 종류이다. 그들의 이용 가능성과 현전은 "블랙박스"로 취급된다. 즉, 그들이 문제없이 기능하는 것에

11　라투르는 '사회'라는 기존의 용어가 대개 인간들만의 집합을 의미해 왔기 때문에, 다양한 인간과 비인간 행위자들의 집합을 가리키는 '집합체'라는 용어로 이를 대신한다.

우리는 지속적으로 의존하지만, 그들이 실제로 기능하는 방식에 관한 더 이상의 지식은 필요하지 않은 것으로 간주된다. 이런 사물과 시스템을 우리의 관심에서 배제하는 것은 불가피하다고 여겨진다. 행위할 능력이란 우리의 행위 환경 대부분이 안정화되어, 모든 것이 의문시되거나 불확실한 것으로 간주될 필요가 없음을 전제로 하기 때문이다. 이렇게 당연시되는 매개들은 집합체를 구성하는 주된 벽돌들이다. 그러나 바로 이런 사물들의 정상적 기능에 대한 신뢰 때문에 그러한 매개들은 우리의 관심에서 배제되는 것이다. 중요한 점은, 이런 매개들이 공동 세계에서 사람들을 배제하는 데 매우 중요하다는 것이다. 수도와 에너지 공급 또는 전기통신을 통제하는 것은, 누가 집합체의 일부가 될 수 있고 누구는 될 수 없는가를 통제하는 핵심적 수단이기 때문이다.

둘째로, 정말 근본적으로 낯선, 외부의 또는 미지의 사물들이 있다. 과학자, 엔지니어, 예술가들 모두는 인간 생활의 이러한 미지의 경계를 향하여 그들의 작업을 지향한다. 이 미지의 사물들은 우리가 대면하거나 검사하지 않는 한 안정된 상태일 수 있다. 그러나 미지의 사물이라는 것 외에 우리가 아는 것이 없는 사물들이 존재하는 것을 알게 될 경우, 그들의 존재 양식에 대한 의문이 제기되자마자 그러한 안정성은 흔들린다.

사회과학의 특수성은 사회과학이 이 두 가지의 배제된 사물들(하나는 너무 친숙한 것들이고 다른 하나는 완전히 낯선 것들)을 한꺼번에 연구할 능력이 있다는 것이다. 물질적 사물들은 어떻게 일상생활을 위한 자명한 보조물이 되는가? 어떤 것들은 왜 그리고 어떻게 계속 외부에 남아 있는가? 집합체 속에 함께 있음의 방식과 집합체로부터 사물 및 사람을 배제하는 방식은 모두 물질적 실천에 의해 지원

받는다. 궁극적으로 물질성과 비인간 사물에 대한 관심은 우리가 이미 보았듯이 언어나 정신으로부터 반드시 멀어지는 것은 아니다. 대신에 물질성에 대한 관심은 공허성emptiness으로부터는 멀어지는 것이다. 왜냐면 함께 있음이란 구체적인 연결 없이는 결코 일어나지 않기 때문이다. ANT 학자들이 끊임없이 강조하듯이, 함께 있음은 언제나 매개되는 것이다(Latour, 2005: Law, 2004). 인간과 사물을 연결하는 것은 인간과 사물 사이의 구체적인 운동들, 연결들, 대면들, 행위들이다. 이런 의미에서 사회과학자들에게 "물질"이란 동질적인 어떤 것을 가리키는 게 아니라, 이질적 매개의 다중적 형태들에 주어지는 이름으로서 중요한 것이다. 이를 과거처럼 단지 배경 또는 '블랙박스'로 남겨 두지 않고 전면에 부각시키며 열고자 하는 것이 바로 사회과학의 '물질적 전환'이라고 할 수 있다.

사회과학의 이러한 물질적 전환은 그 뿌리로 거슬러 올라가 보자면 물질보다 정신만을 중요시해 온 세계 종교와 철학의 오랜 전통뿐 아니라 인간/비인간 및 정신/물질의 위계적 이분법을 당연한 것으로 간주했던 근대주의적 사회과학에 도전하려는 과감한 시도라고 볼 수 있다. 좀 더 최근의 사회과학 역사로 보자면, 그것은 1980년대에 '언어적(담론적) 전환'을 주도했던 포스트구조주의와 실재론을 부정했던 사회적 구성주의에 대한 반작용으로서 대두한 것이라고 볼 수 있다. 그것은 물질적 요인들(자연, 몸, 인공물, 공간, 과학기술 등)이 우리 삶에 어떻게 영향을 주고 비인간들이 언제 어떻게 행위성을 지니는가에 주목하면서, 물질성의 연구가 기존의 사회과학에서 제대로 다루지 못했던 문제들(예컨대 생태 위기, 재난, 동물과 사회, 장애인 등)을 밝혀 줄 수 있는 방법론적 가치를 탐구한다. 더 나아가서 물질적 전환은 국가권력의 특정한 조직화(예컨대 식민주의 국가)에서 물질적

하부구조와 물질기호적 실천이 행하는 역할을 검토함으로써, 권력이 만들어지고 행사되는 방식에 대한 새로운 이해와 통찰을 모색한다. 한마디로 그것은 기존의 사회과학이 다루었던 연구주제들을 관계적 물질성의 관점에서 새롭게 분석할 수 있게 해 줄 뿐 아니라, 미개척의 새로운 연구 주제들에까지 사회과학이 접근할 가능성을 열어 준다. 사회과학의 물질적 전환이 근대주의적 사회과학의 협소한 인간 중심적 관점을 벗어나 과연 인간과 비인간의 대칭적 결합인 '집합체'를 연구하는 비근대주의적 사회과학의 패러다임(Latour, 2005)이 될 수 있을 것인가는, 그것이 앞으로 새롭고 가치 있는 경험적 연구 결과를 얼마나 산출할 수 있는가에 달려 있다고 하겠다.

참고문헌

김환석, 〈행위자-연결망 이론에서 보는 과학기술과 민주주의〉, 《동향과 전망》 제
　　83호, 2011, 11~46쪽.
　　　　　, 〈'사회적인 것'에 대한 과학기술학의 도전: 비인간 행위성의 문제를
　　중심으로〉, 《사회와 이론》 제20권, 2012, 37~66쪽.
법정, 〈무소유〉, 《현대문학》 3월호(통권 195호), 1971.

게오르그 짐멜, 《돈의 철학》, 김덕영 옮김, 길, 2013.
피터 코리건, 《소비의 사회학》, 이성용 옮김, 그린, 2000.

Arendt, Hannah, *The Human Condition*, Chicago: The Chicago University
　　Press, 1958.
Barry, Andrew, *Political Machines: Governing the Technological Society*,
　　London: Athlone Press, 2002.
Bennett, Jane, *Vibrant Matter: A Political Ecology of Things*, Duke University
　　Press, 2010.
Bennett, Tony and Patrick Joyce, eds., *Material Powers: Cultural Studies,
　　History and the Material Turn*, London: Routledge, 2010.
Braun, Bruce and Sarah Whatmore, eds., *Political Matter: Technoscience,
　　Democracy, and Public Life*, University of Minnesota Press, 2010.
Butler, Judith, *Bodies that Matter: On the Discursive Limits of Sex*, London and
　　New York: Routledge, 1993.
Coole, Diana and Samantha Frost, eds., *New Materialisms: Ontology, Agency,
　　and Politics*, Duke University Press, 2010.
Dant, Tim, *Materiality and Society*, Milton Keynes: Open University Press,
　　2004.
Dolphijn, Rick and Iris van der Tuin, eds., *New Materialism: Interviews &
　　Cartographies*, Open Humanities Press, 2012.

Henare, Amiria, Martin Holbraad and Sari Wastell, eds., *Thinking Through Things: Theorising Artefacts Ethnographically*, London: Routledge, 2006.

Kopytoff, Igor, "The cultural biography of things: commoditization as process.", *The Social Life of Things: Commodities in Cultural Perspective*, edited by Arjun Appadurai, Cambridge: Cambridge University Press, 1986, pp.64-91.

Latour, Bruno, *Pandora's Hope: Essays on the Reality of Science Studies*, Cambridge, Mass: Harvard University Press, 1999.

Latour, Bruno, *Politics of Nature: How to Bring the Sciences into Democracy*. Harvard University Press, 2004.

Latour, Bruno, *Reassembling the Social: An Introduction to Actor-Network-Theory*, Oxford: Oxford University Press, 2005.

Latour, Bruno and Peter Weibel, eds., *Making Things Public: Atmospheres of Democracy*, ZKM, Center for Art and Media Karlsruhe, 2005.

Law, John, *After Method: Mess in Social Science Research*, London and New York: Routledge, 2004.

Law, John and Annemarie Mol, "Notes on materiality and sociality", *The Sociological Review* 43, 1995, pp.274-294.

Lucas, Gavin, "Disposability and dispossession in the twentieth century." *Journal of Material Culture* 7, no. 1, 2002, pp.5-22.

Marres, Noortje, *Material Participation: Technology, the Environment and Everyday Publics*, Palgrave Macmillan, 2012.

Miller, Daniel, *Material Culture and Mass Consumption*, Oxford: Blackwell, 1987.

Miller, Daniel, ed., *Material Cultures: Why Some Things Matter*, Chicago: The University of Chicago Press, 1998.

Miller, Daniel, "Materiality: an introduction.", *Materiality*, edited by Daniel Miller. Durham, N.C.: Duke University Press, 2005, pp.1-50.

Nye, David E., *Consuming Power: A Social History of American Energies*, Cambridge, Massachusetts: The MIT Press, 1998.

Ong, Aihwa, and Stephen J. Collier, eds., *Global Assemblages: Technology,*

Politics and Ethics as Anthropological Problems, Oxford: Blackwell, 2005.

Oudshoorn, Nelly, and Trevor Pinch, eds., *How Users Matter: The Co-construction of Users and Technology*, The MIT Press, 2003.

Poster, Mark, *What's the Matter with the Internet?*, Minneapolis, MN.: University of Minnesota Press, 2001.

Rappaport, Ann, and Sarah Hammond Creighton, *Degrees that Matter: Climate Change and the University*, Cambridge Mass: The MIT Press, 2007.

Williams, Raymond, *Keywords: A Vocabulary of Culture and Society*, London: Fontana Press, 1988.

2부

모빌리티 스케이프와
호모 모빌리쿠스

속도, 시각, 현대성:

시각체제의 변동과 비릴리오의 질주학적 사유

주은우

이 글은 《한국사회학》 2013년 제47집 제4호(한국사회학회)에 실린 원고를 수정
하여 재수록한 것이다.

시각과 현대성

이 글은 19~20세기 동안 현대성과 시각성의 관계에 초래된 변동, 즉 현대성의 시각체제가 겪은 변동을 속도와 가속화라는 견지에서 검토해 보려 한다. 근·현대적 시각체제와 그 지배적 시각양식에 일어난 변화를 이런 견지에서 살펴보는 것은, 역으로 항상적인 운동과 유동성으로 특징지어질 수 있는 현대성의 경험과 동학을 시각성의 견지에서 검토하는 것이기도 하다.[1] 특히 19~20세기 전환기에 일어난 현대적 삶 및 시각체제에서의 거대한 변동은 그간 일어난 또 많은 변화들에도 불구하고 오늘날까지도 여러 삶의 영역들과 시각문화의 기초를 틀 지웠다고 판단되기 때문에 이러한 작업은 엄연히 현재적 의미를 갖는다.

이 글은 흔히 '속도의 사상가'로 불리는 폴 비릴리오Paul Virilio의 논의를 중심에 두고 이 작업을 수행할 예정이다. 테크놀로지와 전쟁과 현대성에 대한 그의 독창적이고도 도발적인 사유는 우리에게 속도와 가속화에 대한 연구와 실천으로서의 '질주학'을, 또 그와 더불어 이미지와 시각을 포함한 '지각의 병참학'을 선사하기에, 이 글의 목적에 부합하는 유용하고 풍부한 통찰을 제공해 줄 것으로 기대되기 때문이다. 그러나 이 글이 비릴리오의 사상 전체를 살펴보려 하는

---

1 이 글에서 '근대(적)'와 '현대(적)'는 'modern'을, '근대성'과 '현대성'은 'modernity' 를 우리말로 옮긴 것이다. 이 글은 기본적으로 아도르노가 지적한 바 있듯이 'modernity'를 연대기적 범주로서보다는 질적 범주로서 이해하는 입장에 있지만 (Adorno, 1978: 218), 그럼에도 불구하고 'modern'이나 'modernity'의 용법이 시대 구분적 의미에서 완전히 자유로울 수는 없다고 보며, 따라서 엄격하게 단일한 번역 어 사용으로 한정하기보다 맥락에 따라 '근대(적)'/'현대(적)'와 '근대성'/'현대성' 을 다소 자유롭게 사용하려 한다.

것은 아니다.[2] 오히려 이 글은 비릴리오의 관점과 문제의식이 가장 선명하고 논쟁적인 방식으로 잘 드러난다고 판단되는—비교적 초기의—몇몇 저작들을 현대성의 시각체제와 그 변동이라는 틀 안에 위치시켜 검토하고 서로 연관 지음으로써 현대성에 대한 하나의 독창적인 사유로서 해석해 내려 한다. 그 과정에서 그의 사유를 시간과 공간, 근대 자본주의의 기원, 매체미학, 감시권력 등에 관한 사회이론의 맥락 속에 놓고 검토할 것이다.

그러면, 먼저 '시각성visuality'과 '시각체제scopic regime · visual regime'에서 시작해 보자. 이것들은 시각의 사회성과 역사성 및 정치성을 제안하는 개념들이다. 즉, '본다'는 것은 자연적 · 생리적 과정에만 머무는 것이 아니라 사회 · 역사적으로 구성되는 과정이기도 하며 특정한 정치적 효과 또한 발휘한다. '시각성' 개념은 바로 이 '사회적 사실'로서의 시각을 포착하며, 시각의 '정치적 무의식'과 시각구성체의 '고고학'을 탐구하고자 한다(Foster, ed., 1988: ix, xiii). 이런 맥락에서 '시각체제'는 특정한 '보는 방식들ways of seeing'(Berger, 1972), 즉 '시각양식들modes of vision'(Foster, ed., 1988: vii)이 '보는 주체'와 '보이는 대상들'을 매개함으로써 시지각 작용이 일어나는 '시각장field of vision'의 사회 · 역사적 구조라 할 수 있다. 시각양식은 주로 이미지(와 그것을 중심으로 한 가시성의 배치)와 시각테크놀로지(혹은 시각 미디어, 또는 시각기계)를 통해 작동하며, 이것들을 통해 담론의 질서 및 권력관계, 생산관계와 연결된다(주은우, 2003: 98 이하).

하나의 시각체제는 사회 · 역사적으로 형성된 다수의 이질적인 시

---

2 비릴리오 사상에 대한 소개로는 제임스(2013), 배영달(2010), 아미티지(2004), Armitage(2011) 참조

각양식들 가운데 하나를 본질적인 시각 혹은 자연적인 시각으로 만든다(Foster, ed., 1988: ix). 근·현대적 시각체제에서 이 지배적 시각양식은 원근법에 기반한 것이었다(Jay, 1988, 1993; 주은우, 2003). 현대성의 구조적 원리를 합리성과 주체성으로 압축할 수 있다면(투렌, 1995), 15세기 피렌체에서 브루넬레스키Filippo Brunelleschi와 알베르티Leon Battista Alberti에 의해 탄생한 선원근법linear perspective은 시각의 장에서 현대성의 이 두 원리를 실현했기 때문이다. 베버Max Weber(1983: 140)가 말했듯이 "직선 투시화법 및 공간 원근화법의 합리적 사용"은 회화에서 "르네상스가 창조한 (…) 예술의 '고전적' 합리화"였고, 라캉Jacques Lacan(Lacan, 1979: 80-82, 86)이 지적하듯 원근법은 시각장에서의 "데카르트적 주체의 제도화"와 관련된 것으로서 "나는 나 자신을 보고 있는 나 자신을 본다I see myself seeing myself"로 표현되는 시각적 에고를 구성했던 것이다. 다시 말해, 원근법은 기하학의 원리로써 동질적이고 무한하며 계산 가능한 데카르트적 시각공간을 구성/합리화하는 동시에, 기하학적 투사의 출발점이자 시각공간의 중심인 소실점(과 거리점)에 시점을 일치시킴으로써 코기토에 비견되는 초월적인 데카르트적 시각 주체를 구성한다.[3]

그런데 이 근대적 시각체제는 19~20세기에 크게 동요했던 것으로 보인다. 새로운 시각 경험들이 원근법적 시각양식의 패러다임적 지위를 심대하게 손상시켰기 때문인데, 기차 여행의 파노라마적 시각 경험(Schivelbusch, 1986), 대로와 도시의 '구경거리화된 현실들

---

3 이에 대한 자세한 논의는 주은우(2003: 제2장) 참조. 마틴 제이(Jay, 1988: 4; 1993)는 이런 측면에서 지배적인 근대적 시각체제를 '데카르트적 원근법체제Cartesian perspectivalism'로 규정한다.

spectacular realities'(슈와르츠, 2006), 시지각의 불완전성에 착안한 생리학적 광학과 여러 광학기구들(Crary, 1992)은 무엇보다 시각장의 중심이라는 시각 주체의 지위를 상실시켰다. 유동화된 시각과 상대화된 시점은 고정된 중심적 시점을 해체시켰고, 주체는 스펙터클화된 대상 세계에 대해 거리를 두고 통제력을 행사하는 데 어려움을 겪게 되었으며, 시각테크놀로지에 의한 가시성의 확장은 인간의 눈을 폄하시키는 효과를 야기했기 때문이다. 그러나 기존 시각체제에 대한 이런 전복적인 경험들은 원근법적으로 재코드화됨으로써 체계 차원에서는 봉합되어온 것으로 판단된다. 예컨대 카메라는 경찰과 군대에 의해 전유되어 중심적 시점을 장악한 감시권력의 전지적 눈을 강화하는 데 봉사하였고, 자본주의 영화산업은 촬영기/영사기의 시점과 선형적 내러티브를 통해 유기적인 시공간을 구축하고 개인주의 이데올로기를 재생산하면서 시각 주체로서 관객을 구성하였다(주은우, 2003: 제4장).

현대성과 시각성의 관계를 속도와 가속화의 견지에서 검토하려는 이 글이 시종일관 염두에 둘 것이 바로 이러한 근·현대적 시각체제의 동요와 그 균열의 봉합 과정이다.

속도와 현대성

현대성의 경험과 동학

새로운 시각 경험, 즉 시각의 유동성mobility과 시점의 상대성은 19세기부터 한층 더 선명해진 '현대성의 경험'을 구성하는 한 부분이기도 했다. 보들레르Charles Baudelaire는 1863년에 발표한 〈현대 생활의 화가〉란 글에서 예술의 절반을 '덧없는 것, 사라지는 것, 우연적인 것'으로, 나머지 절반을 '영원한 것, 불변하는 것'으로 구분하면서 앞의 절반으로써 '현대성'을 정의하였다(Baudelaire, 1995: 12). 보들레르의 이 유명한 정의가 대변하게 되는 서구 현대성의 경험과 그 자의식적 표현으로서의 모더니즘은 따라서, 스쳐 지나가는 현재들로 대변되는 순간성과 일시성, 어떤 안정적인 형태로도 고정되지 못하는 유동성과 휘발성, 전체를 조망할 수 없는 파편성, 시간적 불연속과 사회관계들의 파편화가 함양하는 우연성 등으로 특징지어진다. 현대성의 경험을 특징짓는 이런 요소들은 이성의 능력과 질서 및 진보에 대한 믿음, 세계를 합리적으로 조직해 나가는 주체의 중심성 등으로 특징지어지는 현대성의 원리 및 계몽주의의 기획과 양립되기 힘든 것이기도 하지만, 그러나 역설적이게도 바로 계몽주의적 합리성과 초월적 주체성의 원리가 지배적인 사회 구성 및 조직 원리가 되어 가는 과정으로서의 현대화 과정 그 자체가 낳은 결과이다(그러므로 '현대성의 경험'이다). 즉, 계산적 합리성과 그것이 추동하는 부단한 창조적 파괴 과정이야말로 소용돌이치는 현대성의 현기증 나는 경험을 초래하는 원인인 것이다(주은우, 2001: 98-100). 마르크스Karl Marx는 보들레르보다 앞서 이미 1848년의 《공산당선언》에서 현대성의 이러한 동학을 분명히 지적하였다.

부르주아지는 생산도구를 끊임없이 변혁하지 않고서는, 그럼으로써 생산관계와, 그와 더불어 사회관계 전체를 변혁하지 않고서는 존재할 수 없다. 낡은 생산양식을 변하지 않은 형태 그대로 보존하는 것은 반대로 모든 종전의 산업 계급들의 첫 번째 존재 조건이었다. 생산의 부단한 변혁, 모든 사회적 조건들의 끊임없는 교란, 항구적인 불확실성과 동요가 부르주아 시대를 그 이전의 모든 시대와 구별 지어 준다. 고정되고 단단히 얼어붙은 모든 관계는 그에 따른 오래되고 존중되어 온 편견과 견해들과 함께 쓸려가 버리고, 새로 형성되는 모든 것들은 미처 굳기도 전에 골동품화되어 버린다. 견고한 모든 것은 대기 속에 녹아 버리고, 신성한 모든 것은 모독되며, 인간은 마침내 자신의 삶의 진정한 조건들과 자기 동류와의 관계에 대해 깨어 있는 냉정한 정신으로 대면하지 않을 수 없게 된다(Marx and Engels, 2000: 248).

모더니스트적 상상력의 절정이라 할 마르크스의 이 '용해적 비전' (Berman, 1988)은 유동성과 휘발성에 의해 지배되는 현대성의 경험이 바로 자본주의적 생산양식에, 따라서 자본주의적 현대성의 논리 자체에 기인한 것임을 웅변적으로 역설하고 있다. 따라서 '현대성의 동학'은 프리스비David Frisby(Frisby, 1985: 20-27)가 현대성을 해석하는 것처럼 대립적인 힘들(보들레르에게 있어선 예술의 두 절반들) 간의 긴장으로 채워진 것이다. 이렇게 볼 때, 보들레르에게 있어 불변하는 영원한 것이 '미' 그 자체라면, 마르크스에게 그것은 자본의 끊임없는 축적의 논리, 다시 말해 자본과 노동의 기본 관계와 상품물신주의의 환영이다. 바꿔 말하면, "누구도 제어할 수 없는 계속적인 자본축적의 논리, 그것이 마르크스가 파악하는 현대성의 불변하는 절반이며, 이 절반이 나머지 절반, 즉 모든 사회관계와 삶의 조건들의 끊임없는 변화와 갱신을 추동할 뿐 아니라 그러한 변혁의 형식 그 자체"(주은우, 2001: 101)를 이룬다.

질주정 혁명과 현대성

비릴리오의 통찰들은 순간성과 유동성 등으로 대변되는 현대성의 경험 및 그것을 배태하는 변증법적인 현대성의 동학과 관련하여 우리의 시야를 새로운 방향으로 확장시켜 준다. 무엇보다 비릴리오에게 있어 속도나 상대운동은 우리의 경험이 펼쳐지는 고유 영역이자 매체이면서, 그 경험의 역사적 동학을 밑받침하는 핵심 발동기이며, 사회 및 정치 공간을 형성하는 핵심 원동력이다(제임스, 2013: 14, 52-53). 속도는 현대를 거쳐 '극현대/초현대hypermodern'[4]에 이르기까지 테크놀로지가 지각과 사회·정치·군사 발전에 미친 영향을 추적하는 비릴리오의 사유 전체를 관통하는 요소다. 게다가 '유동성', '이동성', '기동성'으로 분기되어 뻗어나가는 'mobility'의 번역어들의 계열, 물리적 차원과 사회적 차원뿐 아니라 군사적 차원까지 아우르게 되는 그 함의들의 연쇄를 염두에 두면, 속도와 현대성을 연결 짓는 비릴리오의 사유가 갖는 매력은 더 커질 수 있다.

《속도와 정치》(1977)에서 전개되는 비릴리오의 질주학dromologie적 사유에 따르면, 근대국가와 그 질주정dromocratie은 속도의 무기, '운동의 독재'에 의해 질주광, 즉 대중으로부터 거리의 권리를 박탈하고 그들을 프롤레타리아 병사들로 전환시켜 왔다.[5] 이 근대국가와 그 질

---

4   비릴리오는 현 시대를 규정할 때 '탈현대postmodern'보다 '극현대/초현대'란 용어를 선호해 왔으며(Virilio and Armitage, 2011: 29), 그 자신 또한 예술과 과학 분야의 모더니즘 전통에 젖줄을 대고 있는 "확고한 일류 모더니스트"로 평가되어 왔다(아미티지, 2004: 32-33). 그러나 비릴리오는 최근에 와서 가속화와 찰나적 순간의 지배, 정규군 혹은 국민국가 간의 전쟁으로부터 사사화되고 탈산업화된 법인체들 간의 전쟁으로의 이행, 민간인들에 대한 전쟁이라는 전쟁의 최종 단계로서의 '3차 전쟁' 등을 근거로 "이제 나는 우리가 진정으로 탈현대적 시대에 진입했다고 생각한다"(Virilio and Armitage, 2011: 29)고 선언한다.

5   'dromologie(dromology)'는 '속도학', '속도의 논리'를, 'dromocratie(dromocracy)'는 '속도에 의한 통치'를 의미하지만, 'dromos'가 '경주, 경주장, 달리는 행위, 민첩한 움직임, 공동도로' 등을 뜻하는 그리스어에서 온 것이란 점에서 각각 '질주학'과 '질주정'으로 옮겨지고 있는데(비릴리오, 2004a: 44, 270-271; 제임스, 2013: 51; 배영달, 2010: 151-152), 이 글도 이 용례에 따른다. '질주광dromomanes/dromomaniacs'은 프랑스 구체제 하에서는 탈영병을 가리키고 정신의학에서는 강박증적 배회광을 뜻

주정은 나치 돌격대와 폴크스바겐, 그리고 '전격전Blitzkrieg'에서 그 가
장 극적이고 화려한 면모를 목격할 수 있지만,[6] 그것들이 본격 개시
된 것은 프랑스혁명 때부터였다. 국가의 정치적 권력이 "오직 부차적
으로만 '한 계급이 다른 계급을 억압하기 위해 조직한 권력'"이고 "보
다 중요하고 실질적으로(는) (…) 폴리스polis, 치안police, 다른 말로 해
서 교통로 감시"라면, "프랑스혁명과 더불어 비로소 모든 교통로는
국가의 것이" 되었던 것이다(Virilio, 1986: 14, 20; 비릴리오, 2004a: 68, 76).

　1789년의 사건들은 '종속'에 맞서는 반란, 즉 고래의 봉건농노제로
상징되던 '부동성에의 구속'에 맞서는 반란 (…) 자의적인 억류와 한
곳에 거주해야 한다는 의무에 맞서는 반란임을 주장했다. 그러나 몽테
뉴에게 그토록 소중했던 "오고 갈 수 있는 자유의 획득"이 날랜 손재주
한 번으로 '이동성의 의무'가 되리라고는 그때까지 누구도 의심하지
못했다. 1793년의 "대중봉기"는 혁명 초기의 '운동의 자유'를 미묘하
게 대체하는 최초의 '운동의 독재'의 제도화였다(Virilio, 1986: 29-30; 비릴리
오, 2004a: 90-92).

　이미 분명해지듯, 질주정과 질주학의 견지에서 볼 때 현대성의 논
리와 동학은 경제적 차원에 의해서만 규정되지 않는다. 마르크스주
의와 공공연히 거리를 두고 고대 중국의 손자孫子가 제시한 전쟁의

　　하는 것으로, 질주정의 관료나 지지자를 뜻하는 '질주관dromocrate/dromocrat'과 대
　　조된다(Virilio, 1986: 153; 비릴리오, 2004a: 52).
6　베를린에서 국가사회주의자들이 마르크스주의 정당들과 싸우고 있던 1931년 괴벨
　　스는 "거리를 정복할 수 있는 자가 국가도 정복한다!"고 적었다(Virilio, 1986: 4; 비
　　릴리오, 2004a: 50).

원리들을 정치적 사유와 사회적 삶의 역사적 고찰에 적용해 온 비릴리오에게 있어 질주의 논리와 현대성의 동학은 오히려 군사적 영역에 뿌리를 둔 것이다.[7] "부르주아의 권력" 자체도 "경제적이라기보다는 훨씬 더 군사적"이며, "공위攻圍 상태의 신비로운 영속화, 상이한 방식들로 만들어진 이 뛰어난 부동의 기계들인 요새화된 도시들의 출현과 가장 직접적으로 관련되어 있다"(Virilio, 1986: 11; 비릴리오, 2004a: 62). 즉, 도시는 군대의 정지와 주둔의 결과로 탄생했으며 전쟁에 의해 정의되고 결정되는 응집체이고(Virilio and Armitage, 2011: 30), 부르주아지는 상업과 산업보다 이 요새화된 도시의 성벽 안에 거주하며 수백만 명씩 이동하는 다양한 군중의 무리로부터 안전을 확보할 수 있는 권리로부터, "고정된 처소를 사회적 · 화폐적 가치로 설정하는 전략적 착상着床으로부터" 자신들의 최초의 권력과 계급적 특성들을 획득했다는 것이다(Virilio, 1986: 9; 비릴리오, 2004a: 58-59).

이 부르주아적 요새 내에서 사적인 안전을 보호하거나 파괴할 수 있었던 사람들은 바로 용병으로서, 이들은 군사공학자들이기도 했고, 도시에 고용된 이 용병들은 강력한 경제기구들에만 봉사했다. 바로 이러한 국면으로부터 "식인주의 계급들cannibalistic classes", 즉 "부르주아지뿐만 아니라 영구적 군사계급 역시" 등장하게 되었다. 또, 자본주의 역시 이러한 국면으로부터 온전히 정립되고 기능할 수 있었다고 할 수 있다. "자본주의에 대한 마르크스주의적 정의, '인간 생명의 소비자이자 죽은 노동의 정초자'라는 것은 부르주아지에게 참

---

7 비릴리오는 마르크스주의 문화와 정신분석 문화는 자신의 것이 아니며 "나의 문화는 군사적인 것"이라고 말한다(Virilio and Armitage, 2011: 30). 아미티지(2004)는 비릴리오에게 손자의 사상이 갖는 중요성을 특히 강조한다.

으로 적절한 정의지만, 그것은 부르주아지가, 자신이 생산하는 것을 생산하는 수단과 파괴하는 수단을 동시에 발명해 내는 군사기술의 조언자, 국가 군대의 기원과 뒤에는 군산복합체의 기원이 될 전쟁 기업가와 연관을 맺는 한에서만" 그렇기 때문이다(Virilio, 1986: 11-12; 비릴리오, 2004a: 63-64). 부르주아혁명의 정치적 승리는 이 코뮌적 도시-기계의 공위 상태를 국가의 영토 전역에 확산시킨 데 있다(Virilio, 1986: 14; 비릴리오, 2004a: 67-68). 그 혁명은 앞에서도 언급되었듯이 교통로를 감시하고 대중의 순환을 지배하는 국가의 권력과 능력을 전국적 차원에서 확립한 혁명이었고, 서로 손을 맞잡은 두 '식인주의 계급들'은 이 혁명을 통해 대중에게 항상적인 유동성/이동성/기동성을 강요하며 '운동의 독재'를 시행하였다.

　　이 혁명의 전략적 도식은 두 지배계급들에게 그들 특유의 프롤레타리아트를 제공해 주었다. '교통로의 영토'로 보내진 인민의 군대의 군사 프롤레타리아트로 이루어진 '행진하는 국민', 그리고 국가 영토라는 '광대한 수용소' 안에 갇힌, 흔히 '노동자 군대'로 불리는 산업 프롤레타리아트. (…) 군사계급이 기동 대중mobile masses의 '파괴적 행위'를 축적하고 '파괴의 생산'이 〔군사〕 프롤레타리아트의 습격 능력에 의해 달성되고 있는 동안, 새로운 상업 부르주아지는 산업 프롤레타리아트의 '생산적 운동(활동)'을 축적함으로써 부유해져 가는 것을 우리는 목도한다(Virilio, 1986: 30-31; 비릴리오, 2004a: 92-93).

　　또한, 질주정과 질주학의 견지에서 보자면, 현대성의 논리와 동학은 자본주의에 국한되지 않는다. "일단 혁명의 '최초 공공 운송'이 지나가고 나면, 사회주의〔도〕—아마도 군대(국가 방어)와 경찰(보안,

유죄 증명, 수용소)을 제외하면—갑자기 그 내용을 비워 버리기" 때문이다(Virilio, 1986: 18; 비릴리오, 2004a: 74). '정치적 사회주의' 역시 내전의 가속화가 정지될 때 "자신의 '정치적 본성'(폴리스)상" 보통 실패하기 마련이었고, 역사적으로 볼 때 부르주아지의 퇴락은 생산 대중의 쇠퇴와 더불어 군사적 프롤레타리아화라는 방법을 사용하는 국가의 발흥을 표지했다(Virilio, 1986: 19, 31; 비릴리오, 2004a: 74, 93).

마르크스주의 국가는 애초에 '발동 기능의 독재'로서, 모든 형태의 '대중운동'을 매우 주의 깊게 프로그래밍하고 착취하는 전체주의로서 등장했다(Virilio, 1986: 31; 비릴리오, 2004a: 93).

따라서 부르주아혁명이든 프롤레타리아혁명이든, "혁명은 운동이지만, 운동이 혁명인 것은 아니다. 정치는 기어 변속일 뿐이며, 혁명은 그것의 과속일 뿐이다"(Virilio, 1986: 18; 비릴리오, 2004a: 74). 크메르루주는 굴락을 창안했다고 소비에트 공화국을 비난했지만 이들에 의해 프놈펜이 함락되자마자 캄보디아는 거대한 수용소가 되었으며, 이 두 경우는 공히 질주정에서 보게 되는 "군사적 프롤레타리아화 운동의 분출일 뿐"이었고, "캄보디아 혁명의 유토피아적 도식은 부르주아혁명의 반정립이었을 뿐이다"(Virilio, 1986: 31; 비릴리오, 2004a: 93-94).[8] 또 부

---

8 크메르루주 자신들의 표현에 따르자면 그들은 자국의 시민들, 수백만의 여성들, 남성들, 아이들을 '전쟁포로'로 간주했다. 또 베트남에서 사이공 함락 뒤 혁명군의 주요 관심사는 창녀나 암시장 거래인 같은 '가치 없는' 요소들을 전략 도로, 철도, 다리 등의 병참 재건 작업에 투입하는 것이었다. 다른 한편, 앞에서도 언급된 바의 부르주아혁명의 전략적 도식이 유사한 방식으로 동원한 프롤레타리아적 토대의 두 가지 기능은 1793년 2월의 국민공회 법령에서 가장 근본적으로 설정되었다. 이에 따르면, "젊은이들은 전쟁터로 보내질 것"이며, 동시에 "결혼한 남성들과 여성들, 그

르주아 정치가 그렇듯 "프롤레타리아트의 독재는 운동의(행위의) 독재일 뿐"이었다. 신체의 구속과 침입으로 환원되는 권력의 단순성은 파시즘에서와 마찬가지로 언제나 스파르타식 체육제전을 벌이곤 했으며, 군중들의 역동성은 군대 기동의 방진方陣과 같은 기하학적 방식으로 구호나 당 지도자들의 거대한 초상화를 만들어 내는 만화경 같은 장식이 되어 버리고 혁명 전사는 마오나 스탈린의 신체 일부가 되어 버렸다(Virilio, 1986: 32; 비릴리오, 2004a: 94-95). 그러므로 비릴리오에게 있어 현대 세계를 주조한 것은 단지 질주정 혁명일 뿐이다.

사실상 '산업혁명industrial revolution'이란 것은 존재하지 않았다. 오직 '질주정 혁명dromocratic revolution'만이 있었을 뿐이다. 민주정democracy도 존재하지 않는다. 오직 질주정dromocracy이 있을 뿐이다. 전략strategy도 존재하지 않는다. 오직 질주학dromology이 있을 뿐이다(Virilio, 1986: 46; 비릴리오, 2004a: 117).

속도, 현대성, 전쟁

오직 질주정 혁명만이 있었을 뿐이라는 비릴리오의 이런 "놀랍고 독단적"으로 보이기까지 하는 단언은 "사회적·정치적·군사적 공간이 그 근본 수준에서 운동 벡터와 이 운동 벡터를 달성하는 전송 속도로 형성된다는 점을 먼저 깨닫지 못하면 사회사나 정치사, 군대사의 진실에 올바르게 다가갈 수 없다"는 그의 기본적인 생각에서 나

리고 어린아이들은 제조업장에서 강제로 노동해야 할 것"이었다(무기, 의류, 천막, 붕대 등등의 생산—간단히 말해, 병참 조달)(Virilio, 1986: 30-32; 비릴리오, 2004a: 92-94).

오는 것이며, 그의 "저술 전체에서 체계적으로 (⋯) 전개되는 논변과 맥락을 같이 한다"(제임스, 2013: 51-52).

　우리에게 당혹감을 안겨 주기도 하는 비릴리오의 이런 통찰은, 그러나 현대성의 변증법적 동학 및 그것이 초래하는 경험과 관련하여 우리에게 익숙한 기존의 논의들과 전혀 배치되는 것은 아니라고 할 수 있다. 속도와 가속화, 무엇보다 그 좌표인 시간과 공간에 대한 현대성 특유의 조직 및 경험 방식은, 지금 우리가 살아가는 세계를 형성해 온 가장 핵심적인 변수들 가운데 하나로서, 이제는 사회이론에서도 그 정당한 지위를 인정받았다고 볼 수 있기 때문이다. 예를 들어, 탈현대성의 사회적 조건에 대한 유물론적 해명을 시도한 영향력 큰 논의에서 하비David Harvey(1994)는 유명한 '시·공간 압축' 테제를 제시했다. 그것은 교통·통신수단의 혁신에 의해 원거리를 빠른 시간에 주파할 수 있게 됨으로써 인간 활동과 경험 및 의식의 시간 지평이 짧아지고 공간이 축소되는 것, 역으로 말하면 동일한 시간적 간격이 포괄할 수 있는 공간의 한계는 확대되는 것을 말한다. 19세기 이후 근대적 삶은 이와 같은, 시간에 의한 공간 지배의 확장 경로를 걸어왔다. 기든스Anthony Giddens(Giddens, 1990) 역시 시간과 공간의 탈착근disembedding과 분리 및 '시·공간 거리화'를, 상호작용과 사회관계의 탈착근 메커니즘(화폐를 비롯한 상징적 증표와 전문가 체계)의 발달 및 지식의 성찰적(재귀적) 전유와 더불어 현대성의 역동성을 낳은 세 가지의 지배적 원천 가운데 하나로 자리매김한다. 문화사가 컨Stephen Kern(2004)에 따르면, 이러한 추상적·객관적·보편적 시간 개념의 지배, 즉 시간의 표준화 및 그와 맞물린 교통·통신을 비롯한 삶 전반의 혁명적 변화에 의해 19세기 후반에는 시간적·공간적 동시성의 감각이 강화되고 현재의 시간성이 두터워졌으며, 특히 도시인들의 시간 경험은 속도 감각에 압도되었다.

'시 · 공간 압축'은 '시간에 의한 공간의 절멸'을 뜻한다. 비릴리오에 있어서 이에 해당하는 말은 '속도에 의한 공간의 절멸'이 될 것이다. 비릴리오 또한 시 · 공간 압축을 거론한다. 그에 따르면, 통각과 커뮤니케이션의 도구들은 마침내 "우주의 거대함이 영구적인 축소 효과 shrinking effect 속에 압축되는 나타남의 역설paradox of appearances"을 실현한다. 그런데 이는 프랑스혁명 당시에도 이미 인식되었던 현상이다. 예컨대 프랑스 땅 전체를 "하나의 광대한 수용소"로 변형시키기를 꿈꾸었던 바레르Bertrand Barère는 1794년 8월 17일 케누아Quesnoy를 점령했다는 소식이 전보를 통해 전해진 것을 두고 "이 발명으로 장소들 사이의 거리는 사라진다"고 선언했다는 것이다(Virilio, 1995: 40, 41).

그런데 하비에게 있어 시 · 공간 압축의 주된 추동력은 역시 자본주의다. 시 · 공간 압축은 곧 인간과 노동력, 재화와 상품, 화폐와 자본의 흐름이 물리적인 공간적 장벽을 극복하게 되는 것을 뜻하며, 마르크스주의적 관점에서 볼 때 가치는 결국 노동시간에 의해 결정되고 자본주의는 더 많은 이윤 획득을 위해 상품과 자본 회전의 가속화를 요구한다는 점에서 교통 · 통신의 혁명과 시 · 공간 압축은 필연적으로 요구되는 사항이기 때문이다. 이에 비해 비릴리오에게 있어 속도에 의한 공간의 절멸은 기본적으로 전쟁에 의해 추동되어 왔다. 비릴리오가 즐겨 인용하는 손자의 말처럼 "속도는 전쟁의 정수(본질)"이다(Virilio, 1986: 133; 비릴리오, 2004a: 243). "속도는 언제나 사냥꾼과 전사의 이점이고 특권"이었고 "경주와 추적은 모든 전투의 핵심"이었지만(Virilio, 1994a: 19), 영국의 현존함대the fleet in being가 '시공간상의 목적지가 없는 이동'이라는 새로운 질주정적 관념을 창출하고 '거리상의 사라짐'이라는 사상을 부과한 이래(Virilio, 1986: 40; 비릴리오,

2004a: 109), 육지에서도 기계적 운송수단과 가속화된 엔진이 지리적 공간의 종언을 초래하고 발사체는 영토의 중요성을 상실시켜 왔다. 이렇듯 전쟁의 산업화와 기계화가 진전됨에 따라 "속도의 비장소non-place가 지닌 전략적 가치는 장소의 전략적 가치를 결정적으로 대체" 해 왔으며, 해군제국주의와 항공제국주의가 지구의 전략지정학적 균질화를 추구하고 마침내 획득하게 된 뒤로 "공간의 전략적 축소화는 이제 시대의 명령이 되었다." 더구나 초음속의 벡터(항공기, 로켓, 방송전파)가 등장함으로써 침투와 파괴가 하나가 되고 전달수단의 작동이 가속화되는 가운데 '공간-거리'에 이어 '시간-거리'까지 사라지고 있는 오늘날,[9] 세계는 이제 '공간의 전쟁이 초래하던 공위 상태'가 아니라 '시간의 전쟁이 초래하는 비상 상태' 속에 있으며, 비릴리오의 말에 따르면 "속도의 폭력은 (…) 법이 되었고, 세계의 운명destiny이자 세계의 목적지destination가 되었다"(Virilio, 1986: 133-135, 140, 151; 비릴리오, 2004a: 243-246, 252, 267).

비릴리오의 질주학에서 경제는 어쩔 수 없이 부차적인 위치에 놓인다. 그가 전쟁을 도시의 기원으로 강조하고, 정치의 근본적 구성 요인을 전쟁과 도시에 두기 때문이다. 이는 마르크스주의적이든 아니든 경제를 인간 활동의 근간으로 보는 근대 이래의 통설을 거스르는 관점이다(제임스, 2013: 116-117).[10] 그러나 이를테면 기든스가 현대성

---

9 즉각적 침투와 일순간의 파괴를 결합한 새로운 전쟁기계는 '핵분열 속에 이루어지는 물질의 사라짐'과 '운송적 절멸 속에 이루어지는 장소들의 사라짐'이라는 이중의 사라짐을 결합한다. 그런데, 전자는 핵 억지력의 균형 속에 부단히 지연되는 반면 거리의 소멸은 그렇지 못하고 "속도가 증대됨에 따라 지리적 공간은 계속 줄어들었다"(Virilio, 1986: 133-134; 비릴리오, 2004a: 244-245).

10 비릴리오는 더 나아가 평화 시의 일상적 경제활동은 군사병참 문제를 해결하기 위한 전쟁경제에서 그 틀을 가져오는 2차 현상이라 보기까지 한다(제임스, 2013:

의 제도적 차원들을 자본주의, 산업주의, 감시, 군사력 네 가지로 설정하는 것처럼(Giddens, 1990: 55-63), 근·현대 세계는 경제나 자본주의로만 환원되지 않는 다면적인 구조를 가지고 있고, 비릴리오의 사유는 그런 다차원성의 한 면모를 매우 독창적인 방식으로 부각시키는 것이다.

뿐만 아니라 비릴리오의 질주학은 자본주의가 폭력 수단의 독점체로서의 국가 및 전쟁과 맺는 관계를 폭로함으로써 자본주의 자체에 대해서도 더 깊은 통찰을 제공해 줄 수 있으며, 이는 자본주의에 대한 기존 논의와도 잘 연결된다. 단적으로, "자본주의 시대는 군사 요원뿐만 아니라 인구 전체를 자신의 군사주의에 직접 연루시켜 왔다"(Mann, 1988: 134)고 할 수 있는데, 바로 총력전total war은 질주정이 대중의 운동을 동원하는 대표적인 방식이었다(핵 억지력에 기초한 총력평화total peace는 그 연장이다). 무엇보다 앞에서 살펴본바, 부르주아지의 권력이 경제적이 아니라 군사적이었으며 요새화된 도시에서 군사 계급과의 동맹 속에 출현했다는 비릴리오의 관점은 자본주의의 기원에 관한 베버의 논의를 강하게 연상시킨다. 베버에 의하면, 이후에 계급 집단으로 전환되겠지만 중세 말의 도시 시민계급은 자기 무장의 권리와 의무를 가진, 정치적으로 자율적인 신분 집단이었으며, 이들이 높은 담과 탑을 쌓은 도시는 하나의 정치적 조직체였다(전성우, 1996: 210-211). 또한 개별 국가는 자유로운 이동 자본을 얻기 위해 경쟁해야 했는데, 이 자본은 국가의 권력 획득에 기여하였고, 역으로 폐쇄적 민족국가는 자본주의에 존속과 발전의 기회를 보장해 주었다. 이렇게 "국가가 필요에 따라 자본과 결합함으로써 근

117-118).

대적인 의미의 부르주아지라는 민족적 시민계급이 탄생하게 된 것이다"(베버, 1990: 336-337). 그러므로 브로델Fernand Braudel의 말을 빌리자면, "자본주의는 그것이 국가와 동일시되었을 때, 그것이 국가일 때만 승리를 거둔다."[11]

이 글의 목적에 비추어 볼 때 특히 흥미롭고 중요한 전쟁은 제1차 세계대전이다. 비릴리오(Virilio, 1986: 50-57; 비릴리오, 2004a: 123-135)에 따르면, 산업화된 이 전쟁은 동시에 유례없는 소모전으로서 사상 최초의 사라짐의 전쟁(인간, 물자, 도시, 풍경의 사라짐)이자 소비의 전쟁(탄약, 물자, 인력의 무절제한 소비)이었는데, 베르됭에서의 약 1년간의 전투에서 잘 볼 수 있듯, '절대전 속에 군사 프롤레타리아트를 가둔 영토'를 또한 창출하였다. 그간 전쟁이 기계화되고 산업화되면서 새로운 탄도 운반체들이 도주를 무용하게 만듦에 따라 안전은 역설적으로 최대한의 돌격 속도에서 발견되고 군사 프롤레타리아트는 그 자신이 날아가는 발사체가 되어 왔으나(Virilio, 1986: 22, 34; 비릴리오, 2004a: 79, 99), '최후의 낭만적 전투'였던 마른 전투 이후 병사들은 포격과 기관총탄 세례를 피해 교착된 전선의 참호 속에 붙박인 채 '도시 지구'의 습지를 대체한 '군사 지구'의 프롤레타리아트 숙박소에서 단지 더 이상 앞으로 나아갈 수 없었다. 이런 상황에서 "어떤 지형도 돌파할 수 있는 장갑차"의 구상이 실현된 탱크가 전선에 모습을 나타냈을 때, 이 새로운 종류의 '전쟁기계'는 부대의 '울혈 상태'

---

11 아리기(2008: 47)에서 재인용. 아리기는 베버와 브로델의 이러한 논의를 수용하는 가운데, 권력의 자본주의적 논리와 영토주의적 논리의 이율배반, 경제조직의 '흐름의 공간'과 정부의 '장소의 공간', 자본과 동맹을 맺은 국가의 전쟁 형성 역량과 국가 형성 역량 등에 초점을 맞추면서 '통치 양식이자 축적 양식'으로서의 근대 세계체계의 작동 방식을 분석한다.

를 제거하고 "속도는 서구의 희망"이며 "군대의 사기를 지탱해 주는 것은 속도"(Virilio, 1986: 55; 비릴리오, 2004a: 131)라는 사실을 재확인시켜 주었으며, 전장은 신속한 엔진, '육지의 전함'이 거칠 것 없이 질주할 수 있는—'지형 없는'—해양 같은 완만한 경사면이 되어 버렸다.

그리고 이 '사라짐의 전쟁'은 시각체제에도 심대한 외상적 충격을 가한 전쟁이었다. 서부전선의 지리한 참호전과 가스전은 식별 불가능한 풍경을 창조하고(혹은 아예 풍경을 소멸시키고) 전장을 무인지대no man's land로 만들었으며, 이런 탈정향적인 시각 경험과 적의 비가시성은 전쟁이란 싸우는 인간들의 스펙터클이란 관념을 파괴했던 것이다(Jay, 1993: 212-213).[12] 비릴리오에 따르면, 전장의 이러한 비가시성을 극복하려는 군대의 노력은 항공정찰에서의 필름의 집약적 이용을 가져왔다. 즉, 1차 대전은 전투용 운송수단과 카메라로 구성된 새로운 무기 체계를 합성해 냄으로써 진정한 '군사적 지각의 병참술logistics of military perception'의 기반을 놓았던 것이다(Virilio, 1989: 1; 비릴리오, 2004b: 18-19).[13]

이처럼 제1차 세계대전은 탱크와 항공기 같은 운송기계의 속도로 전장의 정주 상태를 돌파하는 동시에, 카메라와 같은 시각기계를 이에 결합시켜 전장의 비가시성을 극복했다. 《전쟁과 영화》(1984)에서 비릴리오가 말하듯이, 이미 최초의 망루에서부터 계류기구anchored

---

12 참호전의 실상에 관해서는 엘리스(2005)를 참조. 전쟁이 발발한 1914년 그해 〈국가의 탄생〉(1915)의 장대한 전투 장면을 성공적으로 촬영했던 그리피스 감독은 뒤에 군 당국의 초청으로 유럽전선을 촬영하러 갔으나 자신의 생각과는 너무나 다른 전선의 이런 상황에 크게 실망했다(Virilio, 1989: 11-15; 비릴리오, 2004b: 47-58).
13 이 글에서 '(지각의)병참술'과 '(지각의)병참학'은 둘 다 'logistics'의 번역어로서, 이 글의 서두에서도 그랬듯이 문맥에 따라 자유롭게 혼용한다.

balloon, 정찰기, 그리고 훨씬 뒤의 원격탐지위성까지, '전쟁기계' 곁에는 언제나 '감시파수기계machine de guet; watching machine'가 있어 왔고, 눈의 기능과 무기의 기능은 하나였다(Virilio, 1989: 3; 비릴리오, 2004b: 22-23). 비릴리오는 자신의 최초 저서라 할《벙커 고고학》(1975)에서부터 전쟁이 필연적으로 요구하는 이 과정을 지적한다.

> 부단히 팽창하는 영토를 통제하고 가능한 한 장애물에는 적게 부닥치면서 사방에서(그리고 지금처럼 3차원에서) 정밀 조사할 필요성은 병기 발사체의 속도는 물론이고 (…) 운송수단과 통신수단의 침투 속도의 증가 역시 줄곧 정당화해 왔다(Virilio, 1994a: 17).

비릴리오의 사상에서 흥미로운 것 중의 하나가 이와 같이 "운송수단과 통신수단이 호환 가능해지는 방식"이다. 따라서 비릴리오에게 있어 "전달수단vehicle[이란] 운동 벡터나 보기 관계를 결정하거나 이끄는 수단"이며, 속도기계는 곧 시각기계이고 시각기계는 곧 속도기계라 할 수 있다(제임스, 2013: 73, 79, 109). 전쟁은 이를 극적인 방식으로 가장 명확히 보여 주는 제일 강력한 추동력이다. 전쟁기계와 운송기계와 시각기계는 하나가 되어 왔다.

현대성과 시각의 원격위상학

시각기계

비릴리오가 말하는 시각기계machine de vision; vision machine · sight machine 란 "우리의 보는 방식을 변경하거나 확장할 수 있는 기계 보철물"이라 할 수 있으며, "실제 현전을 구성하는 시공간 요소들을 바꿔서 우리가 감각적 외관 세계와 맺는 관계를 재구성한다"(제임스, 2013: 81, 94). 이 점에서 시각기계와 운송기계는 다르지 않다. 기차나 자동차 역시 신체가 공간을 경험하는 방식과 탑승자가 풍경을 보는 방식을 변화시키기 때문이다. 신체의 이동성과 운동성이 공간에 대한 지각을 생기게 하고 자신을 세계 내의 존재로 경험하게 한다는 현상학적 관점에 선 비릴리오에게, 시각기계와 운송기계, 시청각 매체와 자동차(곧, 질주 시각)는 속도기계라는 점에서 차이가 없고, 속도기계는 주체와 객체 간의 시공간 관계를 바꾸고 지각 방식을 근본적으로 바꾼다(제임스, 2013: 31-32, 79-80).[14]

비릴리오는《시각기계》(1988)에서 특히 사진술과 영화의 등장 이래 인간의 지각과 기억과 체험이 시각테크놀로지에 종속되어 가는 것을 다각도로 조명한다.[15] 이는 현대 테크놀로지와 그 가속화가 "즉각적인 현전의 상실과 체화한 체험의 축소로 이어진다"(제임스, 2013:

---

14 아미티지에 따르면 비릴리오에 대한 후설과 특히 메를로-퐁티의 영향은 명백하다(Armitage, 2011: 3). 제임스(2013)는 그 외에도 벤야민과 게슈탈트 심리학의 영향을 거론하지만, 그 역시 무엇보다 비릴리오의 사상 전반에 걸쳐 현상학적 관점의 중요성을 지속적으로 강조하고 있다.
15 비릴리오는 일종의 '시각체제의 역사'를 제시하고 있기도 하다(Armitage, 2011: 10). 그에 따르면 이미지의 논리logic, 곧 이미지의 병참술logistics이 진화해 왔는데, 첫 번째 이미지의 '형식 논리'의 시대는 회화, 판화와 부식동판, 건축의 시대로서 18세기와 더불어 막을 내렸고, 두 번째 이미지의 '변증법적 논리'의 시대는 사진술과 영화의 시대로서 19세기를 틀 짓는다. 세 번째 이미지의 '역설적 논리'의 시대는 비디오 녹화와 홀로그래피, 컴퓨터 그래픽의 발명으로 시작되었는데, 20세기가 저물 무렵 개시된 이 공적 표상(재현)의 종언은 마치 현대성의 종언을 표지하는 듯하다. 그가 보기에 전통적인 회화적 재현의 형식 논리가 갖는 '사실성reality'에는 우리가 편안함을 느끼고, 사진적 재현과 영화적 재현을 지배하는 변증법적 논리의 '현실성actuality'에는 조금 덜하긴 해도 여전히 편안함을 느낄 수 있음에 비해, 비디오그램, 홀로그램 또는 디지털 이미지계의 역설적 논리가 가진 '가상성들virtualities'은 여전히 우리의 이해력을 넘어서 있는 듯하다(Virilio, 1994b: 63).

77)는 그의 전반적인 주장과 맥을 같이 하는 것이다. 예를 들어 로댕 Auguste Rodin은 사진보다 자신의 조각품이 더 운동을 진실되게 재현 해 준다고 주장했다. 사진은 갑작스럽게 정지한 모델을 보여 줄 따 름이다. 따라서 로댕에 의하면 일반적인 믿음과 달리 "진실을 말하 는 것은 예술이며 거짓말을 하는 것이 사진술이다. 왜냐하면 현실에 서 시간은 정지하지 않기 때문이다"(Virilio, 1994b: 2). 즉, 수행 중의 운 동을 보고 있다는 환영은 기계적으로가 아니라 자연적으로, 눈의 운 동을 통해 생산된다. 그러므로 예술작품의 진실성은 부분적으로는 눈(과 신체)의 운동을 유혹해 내는 데 의존한다. 반대로, 눈의 운동성 이 인공 렌즈에 의해 고정성으로 변형되어 버리면 감각 기구는 왜곡 을 겪고 시각은 퇴화된다. 또, 예술작품은 그 이미지와 더불어 우리 자신의 시간이기도 한 물질적 시간의 깊이 속으로 들어가는데, 이 지속의 공유 또한 사진적 순간성(즉시성)의 혁신에 의해 자동적으로 패퇴된다. 스냅샷의 '이미지-동결', 혹은 차라리 '이미지-시간-동결' 은 우리가 느끼는 시간성, 창조운동으로서의 시간을 왜곡하기 때문 이다(Virilio, 1994b: 2).

  눈에 의한 시각의 운동성과 시간성을 강조하며 비릴리오는 베르 그송Henri Bergson에 의지한다. 베르그송은 "마음이란 지속하는 것a thing that endures"이라 주장했으며, 여기에 "생각하고 느끼고 보는 것은 우 리의 지속durée"이라고 덧붙일 수 있다는 것이다. 그러므로 비릴리오 에 의하면, 의식을 최초로 창조한 것은 그 자신의 시간-거리 속에서 실현되는 의식의 속도일 것이며, 기억은 다차원적이고, 사고는 이전 移轉 또는 수송으로 생각될 수 있다(Virilio, 1994b: 3). 이미 키케로와 고 대의 기억이론가들은 시공간상에 정돈될 수 있는 일련의 장소들과 기억을 결부시키는 이미지 기억술, 기억의 지형학적 체계를 창안한 바 있다('키오스의 시모니데스' 전설). 현대의 영화 스크린 역시 인공 기억술과 마찬가지 방식으로 사물들과 공간이 말을 하게 만들며, 드레이어Carl Theodor Dreye를 쫓아 히치콕Alfred Hitchcock 역시 관객은 보도록 주어진 것이 아니라 자신들의 기억에 기초하여 심적 이미지들을 만들어 낸다는 점을 염두에 두고 유사한 코딩 체계를 활용했다.

그러나 "10세기(…) 알하젠의 카메라 옵스큐라, 13세기 로저 베이컨의 도구들, 르네상스 이래 점점 늘어난 시각적 보철물들, 렌즈, 천문망원경 등" 광학장치들optical devices은 그 출현 순간부터 "심적 이미지들이 지형학적으로 저장되고 검색되는 맥락들"과, 인식과 사고에 연관된 "상상력의 이미지화" 과정과 능력을 심대하게 변형시켰다 (Virilio, 1994b: 4).

외관상 우리가 우주의 보이지 않는 것을 더 멀리 더 잘 볼 수 있는 수단을 확보하고 있던 바로 그때, 우리는 그것을 상상할 수 있는 최소한의 능력마저 막 상실하려 하고 있었다. 시각적 보철물의 축도縮圖로서 망원경은 우리의 도달 범위 너머에 있는 세계의 이미지를, 따라서 세계 속을 돌아다니는 또 다른 방식을 투영했고, '지각의 병참술'은 가까운 것과 먼 것을 망원경처럼 포개어 단축하는, 그전까지 알려진 바 없던 시각의 운반을, 우리의 거리 및 차원 경험을 삭제하는 '가속화 현상'을 개시시켰다(Virilio, 1994b: 4).

멀리tele 보는scope 시각테크놀로지로서의 망원경에서 잘 알 수 있듯, 시각기계는 원근을 단축하고 거리를 제거하며 원격현전tele-presence으로써 현전을 대체하거나 변형하는 시각의 '원격위상학 teletopology'을 가동시킨다. 제임스Ian James(2013: 81, 96-97)가 지적하는 것처럼, 여기서 비릴리오는 테크놀로지에 의한 시공간 지각의 변형, '원격위상적 지각의 구조화'가 단순히 19세기에 발명된 사진술과 영화에서 비롯된 것으로 보고 있지 않다. 17세기에 발명된 망원경 및 그 이전 시대로 거슬러 올라가는 광학장치들에 준거하고 있기 때문이다. 오히려 르네상스야말로 "모든 간격들이 소거되는 시대의 도래, 현실효과에 직접 영향을 미치는 일종의 형태학적 침입의 도래"를 나타낸다. 이 시대에 천문 및 측시測時 기구들이 상업화되자 지리적 지각은 왜상歪像적 과정에 의존하게 되었으며, 코페르니쿠스와 동시대인이었던 홀바인Hans Holbein 같은 화가들은 "감각들을 미혹시키려는 기술의 최초 기도가 중심 무대를 점령한 도상학"을 실천했다.[16] 관찰자의 시점은 전치되고, 회화의 완전한 지각은 도구의 도움에 의존하며, 현실효과는 분리된 체계, 퍼즐이 된다(Virilio, 1994b: 4-5).

메를로-퐁티Maurice Merleau-Ponty는 "의식은 우선 '나는 생각한다'의 문제가 아니라 '나는 할 수 있다'의 문제"라고 단언한 바 있으며, 시각과 운동은 대상과의 관계 속에 들어가는 구체적인 방식이고 기본적인 지향성이라고 보았다(Merleau-Ponty, 1962: 137). 그렇다면, "내가 보는 모든 것은 원칙적으로 나의 범위 안에, 적어도 '나는 할 수 있다'의 지도 위에 표시된 내 시각의 범위 안에 있다"(Virilio, 1994b: 7). 그러나 비릴리오가 볼 때 메를로-퐁티의 이러한 정식화는 정확히 "원격위상학의 범용화凡庸化에 의해 파괴"되는 것을 지적하고 있는 셈이다.

내가 보는 것의 대부분은 사실상 또 원칙상 더 이상 나의 범위 안에

---

16 라캉(Lacan, 1979)이 '대상 a로서의 응시' 세미나에서 다룬 것으로도 유명한 그림 〈대사들〉(1533)을 참조할 수 있다.

있지 않다. 그것이 내 시각의 범위 안에 있을 때조차도 그것은 더 이상 '나는 할 수 있다'의 지도 위에 반드시 새겨지지는 않는다. 지각의 병참술은 사실상 이전의 재현 양식들이 보존했던 이 원래적인, 이상적으로 인간적인 행복, 시각의 '나는 할 수 있다'를 파괴한다(Virilio, 1994b: 7).

카메라와 사진술은, 시각적 원격위상학의 기원은 아니더라도, 시각의 '나는 할 수 있다', 즉 '나의 시야'와 '나의 능력 범위' 간의 등식을 파괴하는 원격위상학적 시지각의 힘을 가차 없이 휘두르고[17] 지각의 위계에서 지배적인 상위에 놓았다.[18] 관측 도구에 의존하여 구조적 부동성으로 축소된 눈은 "렌즈라는 키클롭스의 눈에 포착된 순간적 절편들만을 볼 수 있을 뿐"이며, 이로써 "한때 실질적인 것이었던 시각은 우발적인 것이 된다." 카메라에 의한 "시각체제상의 이 혁명적 변화"는 "눈과 카메라 렌즈의 융합-혼동, 시각에서 시각화로의 이행"을 규범화했고, 인간의 응시는 더욱더 고정되고 자신의 자연적 속도와 감수성을 상실하는 반면 사진 촬영의 속도와 감광성은 더욱 빨라졌다. 사진이 현실을 대체하고 카메라가 눈과 신체 운동을 대체하며, 렌즈에 의존함으로 인해 기억 선택이 축소되는 가운데 '시각의 규격화'와 '보는 방식의 표준화'가 진행된다(Virilio, 1994b: 13-14).

---

17 비릴리오에 의하면 이 시각의 '할 수 있다'가 예술을 외설로부터 구별시켜 주는 것이다. 그는 화가나 조각가 앞에서는 기꺼이 누드로 포즈를 취하면서도 카메라 앞에서는 마치 포르노그래피적 행위라도 되는 양 사진 찍히기를 완강히 거부하는 모델들을 예로 들어 이를 설명한다(Virilio, 1994b: 7).
18 '지각의 장'과 관련된 '지각의 위계' 혹은 '감각의 위계'에 대해서는 Lowe(1982)를 참조하라.

지각의 '원격위상학'이란 말은 비릴리오의 신조어지만, 테크놀로지가 시공간 속에서의 우리의 지각을 바꾼다는 그의 논의는 전적으로 낯선 것이라곤 할 수 없다. 벤야민Walter Benjamin은 이미 1930년대에 그 유명한 〈기술복제시대의 예술작품〉에서 "기술에 의해 변화된 지각의 예술적 만족"(벤야민, 2007: 96, 150)에 초점을 맞추었다.[19] "비교적 큰 규모의 역사적 시공간 내부에서 인간 집단들의 전 존재 방식과 더불어 그들의 지각의 종류와 방식도 변화한다. 인간의 지각이 조직되는 종류와 방식—즉, 인간의 지각이 조직화되는 매체—은 자연적으로뿐만 아니라 역사적으로 조건 지어져 있다"는 벤야민(2007: 48, 107)의 말은 비릴리오에게도—그 변화의 가속화를 강조하겠지만—기본 전제라 할 것이다. 매체의 심적·사회적 결과를 그것이 인간사에 도입하는 규모·보조·패턴상의 변화에서 관찰하는 1960년대 매클루언Marshall McLuhan의 논의에서도 "테크놀로지의 효과는 의견이나 개념의 수준에서 일어나는 것이 아니라 감각 비율이나 지각의 패턴을 변경시킨다"(McLuhan, 1964: 33). 이런 면에서, 각각의 시청각 표현 형식들이 갖는 독특한 고유의 '지각 방식'을 중심 논점으로 삼는 매체미학의 흐름 속에 비릴리오의 논의를 위치시켜 고찰할 수도 있다(슈넬, 2005: 30, 466-469).[20]

이런 맥락에서 보자면, "어떤 점에서는 비릴리오의 저작을 벤야민 저작의 속편으로 볼 수 있다"(제임스, 2013: 15)고 말하는 것도 가능하다. 하지만 그와 동시에, 사진술로 인한 예술작품의 기술적 복제 가

---

19 슈넬(2005: 26)의 말을 빌리자면, 벤야민은 "자신의 미학을 철학이론이나 예술철학이 아니라 (…) 지각이론으로서 전개"하였다.
20 비릴리오는 자신을 '테크놀로지의 예술(기예)(에 대한) 비평가'로 정의하기도 한다 (Armitage, 2011: 2).

능성이 대중에게서 "바라보고 체험하는 데 대한 즐거움이 전문적인 비평가의 태도와 직접적이고 긴밀하게 연결되고" 있는 "진보적 태도"를 함양하며, "영화관에서는 관중의 비판적 태도와 감상적 태도는 일치한다"는 벤야민(2007: 81, 134)의 평가나, 미디어는 '인간의 연장'이라는 매클루언의 정의(McLuhan, 1964; McLuhan and Fiore, 1967)에 비해, 시각기계에 대한 비릴리오의 관점은 정반대의 방향을 보고 있다는 것 역시 지금까지의 논의에서 분명하다. 예를 들어, 벤야민은 영화가 우리에게 "지각의 심화"를 가져다주고 감옥과 같던 일상의 세계를 폭파시켜 "전혀 상상하지 못했던 엄청난 유희 공간을 확보"해 주었으며, "우리는 정신분석학을 통하여 충동의 무의식적 세계를 알게 된 것처럼 카메라를 통하여 비로소 시각의 무의식(광학적 무의식)의 세계를 알게 된다"고 생각하지만(벤야민, 2007: 82-86, 136-139, 168), 비릴리오는 이런 판단과 직접 대립한다.

　　이 모든 이전移轉의 기계들에도 불구하고, 우리는 초현실주의자들이 사진술과 영화와 관련해 한때 꿈꾸었던 것, '생산적인 시각의 무의식'에 결코 가까이 다가가지 못했다. 그 대신, 우리는 그것을 '의식하지 못하는' 그만큼, 미래에 그 폭이 얼마나 커질지 아직도 상상하기 어려운 공간과 현상(나타남)의 절멸을 얻을 뿐이다(Virilio, 1994b: 8).

그런데 시각기계에 의한 지각의 병참술이 인간 눈에 의한 시각 작용 고유의 능력을 상실 혹은 축소시키는 것은 근·현대적 시각체제에서의 혁명적 변화를 구성하지만 이 시각체제 자체에 내재적인 요소이다. 이는 근대의 지배적 시각양식인 원근법의 성격에서 확인된다. 우선, 원근법에 의한 '시각의 합리화'는 '시각의 추상화'였다. 일점 선원근법 체계는 시각 주체를 '(중심)시점'으로 환원하며, 움직이는 양안적 시각이 아닌 고정된 단안적 시각을 상정한다. 따라서 원근법의 시각은 신체기관 눈이 수행하는 생리적 시각 과정으로부터 추상화된 시각이다. 또, 그 중심 시점, 즉 소실점에서 구성되는 시각 주체는 신체를 가진 경험적 개인(인간)이 아니라 텅 빈 형식인 초월적 주체이다. 자신의 시점(눈)을 일치시켜야 하는 소실점은 실재하는 점이 아니라 부재하는 점('사라지는 점'), 진공이기 때문이다. 그리고 원근법은 브루넬레스키의 실험이나 17세기 카메라 옵스큐라와의 연관이 보여 주듯 그 원리, 인식론적 함의, 재현적 실천에서 늘 광학장치와 연결되어 있었다.[21] 그러므로 19세기 이래 시각테크놀로지들에 의한 가시성의 확장이 눈의 폄하를 가져온 역설적 과정은 근대적 시각양식에 처음부터 내재하는 것이었다. 이는 시각의 원격위상학의 기원에 대한 비릴리오의 견해에서도 시사되는 바이며, 현대성의 원리와 경험 사이의 변증법적 동학을 보여 주는 또 하나의 경우이다.

'나는 본다'와 '나는 할 수 있다'를 분리시키고, 눈을 카메라의 렌즈에 종속시키며, 인간의 시각이 광학장치에 의한 시각화로 대체되어 온 이 시지각의 원격위상학은 시각기계가 곧 속도기계라는 점과도 밀접히 연관된다. 비릴리오는 1820년대 니엡스Joseph Nicéphore Niépce가 발명한 일광사진술heliography은 물체를 담아냈다기보다는 빛의 강도를 담아냈다는 점을 강조한다.[22] 이로써 사진술이라는 이 근대의

21 원근법의 이러한 내용에 대한 보다 자세한 논의는 주은우(2003: 239-323)를 보라.
22 '태양광선helio'과 '쓰다, 기록하다graph'가 결합된 이름 자체가 이 점을 잘 나타내 준다. 이 기술은 니엡스 사후 그의 동업자 다게르Louis-Jacques-Mandé Daguerre가 1839년 세상에 내놓는 최초의 사진술 다게레오타입으로 계승된다. 1829년 다게르

'태양숭배'와 더불어, 재현 체계의 중심 주제는 대상과 고체에서 에너지의 충만함으로 바뀌었다. 또, 빛의 '초자연적 작용'이 근본 원리였기 때문에, 초창기 사진에서는 (빛에의) 노출 시간을 줄이는 것이 관건이었고 그것은 실제로 빠르게 단축되었다. 이처럼 사진과 함께, 본다는 것은 공간적 거리의 문제일 뿐만 아니라 제거되어야 하는 '시간-거리'의 문제, 즉 속도의 문제, 가속과 감속의 문제가 되었다 (Virilio, 1994b: 19-21).

사진술이 달성한 속도는 인간의 눈이 포착할 수 없는 운동을 사진이 정확하고 자세하게 고정시키고 드러낼 수 있게 하였다. 즉, 세계가 벌거벗은 진실 속에 나타나게 하는 것은 '렌즈의 눈'이다. 그리고 객관적 실재에 대한 객관적 증거들을 증식시키는 가운데 사진은 역설적으로 실재를 소진시켰다. 현실효과는 빛의 방출의 신속함으로 환원되고, 사진은 일광사진술의 기원적 추상, 즉 대상들의 '윤곽의 상실'과 시점의 강조로 복귀하기 때문이다. 다시 말해서, 사진은 애초에 갈릴레오에서 뉴턴에 이르는 과학적 발견들과 보조를 같이하며 도구적 이성의 전통 속에 '마음'이 객관 세계의 증거들을 해석하는 데카르트적 소망 충족의 기예였으나, 사진술의 기술적 진보는 거꾸로 대상은 그것에 귀속되는 질質들의 합이자 그것으로부터 도출되는 정보의 합이며, 객관 세계는 재현이요 심적 구성물이라는 결론을 피할 수 없게 만들었다. 사진술의 이러한 논리적 결과는 아인슈타인에서 그 과학적 설명을 얻을 뿐 아니라 드가Edgar Degas에서의 '구성의 해체'에

에게 쓴 편지에서 니엡스가 밝힌 '발견의 근본 원리'는 "빛이 물체들에 화학적으로 작용한다"는 것이었다. "그것은 흡수되고 그것들과 결합하며 그것들에게 새로운 속성들을 소통한다"(Virilio, 1994b: 19).

서 쇠라Georges Seurat에서의 '시각의 해체'에 이르는 인상주의와 카메라의 관계에서 그 예술적 공명을 발견한다(Virilio, 1994b: 15, 21-22, 30).

사진술, 특히 스냅 촬영이 이렇게 재현 체계의 본성에 근본적 변형을 가져온 데서도 알 수 있듯이, 비릴리오에 따르면 19세기부터 들리기 시작한 이른바 '예술의 죽음'은 시지각의 원격위상학화 과정의 초기 징후였을 뿐이며, 이 과정은 헤르만 라우슈닝Hermann Rauschning이 모든 기존 질서의 보편적 붕괴라는 나치즘의 '니힐리즘의 혁명'과 관련하여 말한 '탈규제된 세계'의 출현을 가져왔다.[23] 이 유례 없는 '재현의 위기' 속에서 "감각 기층은 이제 오로지 혼탁한 습지로서 존재할 뿐"이고 '보는 행위'는 "초기 유아기의 반半부동성에 대한 가련한 캐리커처를 닮은 퇴행적 지각 상태"로 대체되게 되었다(Virilio, 1994b: 8).

질주정과 시각의 병참학

벤야민은 "나는 이미 내가 생각하고자 하는 바를 더 이상 생각할 수 없다. 움직이는 영상들이 내 사고의 자리에 대신 들어앉게 된 것이다"라는 뒤아멜Georges Duhamel의 말을 인용하며 수용자에 대한 영화의 충격 효과를 논하는데(벤야민, 2007: 142),[24] 〈보들레르의 몇 가지

---

23 벤야민 또한 사진술에 의한 예술작품의 기술적 복제 가능성이 예술의 전통적 가치에 대한 비판을 촉진하고 예술의 자율성이란 가상을 파괴하며, 영화라는 기계장치에서 현실은 '기술 나라의 푸른 꽃'이 되고, 파시즘은 전쟁에서 정점에 도달하는 '정치의 심미화'를 기도한다고 지적했음을 여기서 상기할 필요가 있겠다. 이런 면에서도 비릴리오의 사상에 대한 벤야민의 깊은 영향을 확인할 수 있다.
24 벤야민이 〈기술복제시대의 예술작품〉 제3판(1939)에서 인용하고 있는 뒤아멜의 정확히 바로 이 구절을 비릴리오 역시 《전쟁과 영화》에서 인용하고 있다(Virilio, 1989: 30; 비릴리오, 2004b: 104).

모티프에 관하여〉에서 그는 이를 대도시의 군중과 기계제 공장의 노동자가 겪는 충격 체험과 연결시키고 있다. "군중 속의 행인이 받게 되는 충격 체험"은 "기계를 다루는 노동자의 체험"에 상응하며, 대도시 군중이 서로를, 또 교통 속을 뚫고 지나가며 체험하는 "충격의 형식을 띤 지각"이 영화에서는 "일종의 형식적 원리"가 되고, "컨베이어 시스템에서 생산의 리듬을 규정하는 것이 영화에서는 수용 리듬의 근거가 된다"(벤야민, 2010: 216, 218).

이와 달리 비릴리오는 속도에 대한 사유에서와 마찬가지로 여기서도 역시 사진술과 영화에 의한 시지각적 원격위상학의 기원을 전쟁과 연결시킨다. 그에 따르면 고대로부터 계속되어 온 문자와 활자의 단순화는 메시지 전달의 가속화에 상응하고 정보 내용의 급진적 축약으로 귀결되는데, 이 "말하는 시간과 읽는 시간을 집약화하는 경향"은 "군사적 정복과 전장의 전술적 필요에서 유래되었다." 전장 battlefield은 '임시예외적 지각장occasional field of perception', 군대의 시각과 슬로건 및 로고타이프들이 특권화되는 공간이다. 전쟁의 행위들은 항상 거리를 띄운 채 조직되는 경향, 혹은 차라리 거리를 조직하는 경향이 있으며, 깃발이나 도식화된 표장 등이 음성 신호를 대체하고 '탈국지화된 언어'를 구성한다. 초텍스트적transtextual인 것과 초시각적transvisual인 것 간의 이러한 경주는 '음향시각적 혼합체의 즉각적 편재성'의 출현으로 이어졌고, 원격어법tele-diction인 동시에 원격시각television으로서 이 궁극적인 이전transfer은 심상의 형성과 자연적 기억의 공고화를 규정하던 구래의 틀을 훼손한다(Virilio, 1994b: 5-6).

비릴리오는 이미 《벙커 고고학》에서도 "예측과 편재遍在는 전쟁의 필요조건이며, 거리나 돌출 장애물이 정보 수집이나 정찰을 방해해서는 안 된다. 한편으로는 모든 것을 보고 모든 것을 알아야 하며, 다른 한편으로는 자연이 제공해 준 어떤 것보다도 훨씬 더 단단한 엄폐물과 차폐물을 만들어 내야 한다"고 말하고 있다(Virilio, 1994a: 43). 때문에 그에게 있어 원격위상학적 지각과 전쟁의 연관성은 거의 필연적인 것으로 보인다.

'원격위상학적' 현상은 자신이 멀리 전쟁에서 기원한 깊은 흔적을 간직하고 있으며, '주체를 세계에 가까이 데려오지' 않는다. (…) 고대 전투원의 방식으로, 그것은 신체의 모든 전위를 앞지르고 공간을 폐지하면서 인간의 운동을 예기한다(Virilio, 1994b: 5-6).[25]

전쟁에서 승리하기 위해서는, 적으로부터 자신을 보호하는 가운데 관측과 정찰로 전황을 파악하고 재현하여 적의 동태를 감시하고 적을 정확히 타격해야 한다. 그렇기 때문에,

표상(재현) 없는 전쟁은 존재하지 않으며, 심리적 신비화를 동반하지 않는 첨단 무기도 존재하지 않는다. 무기는 파괴의 도구일 뿐만 아니라 지각의 도구이기도 하다(Virilio, 1989: 6; 비릴리오, 2004b: 29).

---

25 그 연장선에서, 오늘날 음향시각적 보철물들이 산업적으로 증식하고 순간적 전송 장비가 무제한 사용되는 가운데 우리는 '기억 공고화의 급속한 붕괴'를 목격하고 있다. 오늘날 거부되고 있는 것은 심상들의 저장과 지각의 처리 과정 바로 그것이며(이 과정들은 점점 더 컴퓨터를 비롯한 기계에 의존하고 있다), 따라서 비릴리오가 보기에 이제는 벤야민 등이 우려한 이미지 문맹image-illiteracy이 문제가 아니라 시각적 난독증visual dyslexia이 문제가 된다. 시각 인상들은 의미 없는 것들이 되고 있다. 그것들은 더 이상 우리에게 속하지 않는 것으로 보인다. 그것들은 다만 존재할 뿐이다(Virilio, 1994b: 6-9).

비릴리오의 《전쟁과 영화》는 우리가 '시각의 종군'의 역사라 부를 수 있을 것을 펼쳐 보인다. 그것은 "20세기 여러 분쟁에서의 영화 기법의 체계적 활용"(Virilio, 1989: 1; 비릴리오, 2004b: 18)의 역사다. 사진술은 더 일찍부터 군대에 복무했다. 크리미아전쟁 당시 펜튼Roger Fenton은 영국 정부의 후원을 받아 1855년 전황을 촬영하러 전선으로 갔고, 파리에서 명함판 사진을 고안한 디스데리André Adolphe Eugène Disdéri는 1861년 육군성에 의해 사진단 책임자로 선임되었으며, 브래디Mathew Brady와 오설리번Timothy O'Sullivan의 카메라는 남북전쟁의 전장을 누볐다(주은우, 2002: 66-67). 그러나 앞에서도 언급되었듯이, 1914~1918년의 세계대전을 계기로 "이미지의 공급이 군수품 공급의 등가물이 되는 진정한 군사적 지각의 병참술"(Virilio, 1989: 1; 비릴리오, 2004b: 19)이 본격 개시되었으며, 그 요체는 대량의 항공정찰 사진의 촬영과 활용, 즉 비행기와 카메라, 전투용 전달(운송)수단과 시각기계의 결합이었다.

1858년 나다르Nadar는 기구氣球를 타고 최초의 항공사진을 촬영했으며, 1870년 프랑스군은 보불전쟁에서 이 항공사진술을 활용했다. 제1차 세계대전에서는 비행기에서 항공사진을 촬영하게 되는데, 벤야민이 '정치의 심미화'를 위한 선언을 발견했던 미래파는 이 맥락에서도 주목할 대상이다. 파스트로네Giovanni Pastrone의 영화에서는 사유의 선형-유클리드적 조직화가 종언을 고하고 시각과 에너지 추진력이 보조를 같이하며, 마리네티Filippo Tommaso Marinetti는 전쟁과 비행과 시각을 접합시켰고, 여기서 시각은 쾌속의 대기원근법 속에 '질주경적dromoscopic'인 것이 된다. 이런 식으로 "세기 전환기에 영화와 비행은 단일의 계기를 형성하는 듯했다. 1914년이면 비행은 (…) 하나의 보는 방식, 아마도 궁극적인 보는 방식이 되고 있었다"(Virilio, 1989: 17; 비릴리오, 2004b: 65).

제1차 세계대전은 비행기와 카메라와 기관총의 결합을 가져왔다. 정찰기와 전투기에 탑재된 카메라는 보다 선명한 이미지를 얻기 위해 끊임없이 기술이 개량되는 동시에 셔터는 기관총의 방아쇠와 동조되었다(이미 1882년경 마레Étienne-Jules Marey는 자신의 연속동작촬영 사진술과 기관총의 원리를 결합해 고속촬영용 '사진총'을 발명한 바 있다). 그럼으로써 "비행사의 손은 무기를 가동시키는 바로 그 동작으로 카메라 셔터를 자동적으로 작동시킨다." 그 결과 "항상 지각의 장"인 전장에서 "군사령관에게 전쟁기계는 화가의 팔레트와 붓에 비유될 수 있는 재현의 수단으로 나타난다." 이처럼 "전쟁 중인 인간에게 무기의 기능은 곧 눈의 기능이다"(Virilio, 1989: 20; 비릴리오, 2004b: 73). 제2차 세계대전 중에 항공기와 카메라의 결합은 더 공고해졌고, 폭격기의 포탑에는 카메라 역시 장착되었다. 그 이후 현재까지 레이더 체계, U2기 같은 고공정찰기, 무인 원격 조정기, 첩보위성, '비디오-미사일', 'C3I'[26]로 명명되는 전자전 사령부 등 '지구적 시각global vision의 전략'(Virilio, 1989: 1; 비릴리오, 2004b: 19)의 발달사를 따라가 볼 수 있다. 그러므로 비릴리오는 이렇게 단언한다.

전투의 역사는 무엇보다도 지각장의 형태 변환의 역사다. 다시 말해, 전쟁은 영토적, 경제적, 여타 물질적 승리를 쟁취하는 문제이기보다 지각장의 '비물질성'을 전유하는 문제다(Virilio, 1989: 7; 비릴리오, 2004b: 35-36).

그런데 지각장의 비물질성을 전유한다는 것은 또 다른 측면도 가지고 있다. 그것은 이미지의 병참술, 스펙터클의 병참술이라 할 수

26　control(통제), command(지휘), communication(통신), intelligence(정보).

있는 것으로, 비릴리오에 따르면 "전쟁은 마술적 스펙터클로부터 결코 분리될 수 없다. 그러한 스펙터클을 '생산'하는 것이 바로 전쟁의 목표이기 때문이다. 적을 무찌른다는 것은 적을 포획하는capture 것이라기보다는 적을 '사로잡는(넋을 빼앗는captivate)' 것, 그가 실제로 죽기 전에 죽음의 공포를 심어 주는 것이다"(Virilio, 1989: 5; 비릴리오, 2004b: 28-29). 2차 대전 당시 독일의 급강하 폭격기 융커 87은 적을 공포심으로 마비시킬 목적으로 찢어질 듯한 사이렌 소리를 내며 목표물을 향해 떨어졌고, 전쟁을 종결시킨 원자폭탄이 히로시마의 섬광과 함께 출현함으로써 '극장식 무기arme de théâtre'가 '작전 무대théâtre d'opération'를 대체했다.

비릴리오가 인용하는 손자의 또 다른 경구에 따르면, "군사력은 허상(기만)에 기초한다"(Virilio, 1989: 5; 비릴리오, 2004b: 27). 따라서 키플링 Rudyard Kipling의 말을 약간 바꾸면, "현실 개념은 항상 전쟁의 첫 번째 희생자다"(Virilio, 1989: 33; 비릴리오, 2004b: 115). 전쟁은 표상을 동원하고 역정보를 퍼뜨리기 때문이다. 노르망디 상륙작전을 앞두고 영국 동부 지방은 적을 속이기 위해 판지 등으로 만든 가짜 시설과 병기로 뒤덮여 거대한 영화세트장을 방불케 했고, 40여 년 뒤 레이건 행정부는 미사일 방어 체계의 이름 '스타워즈' 계획을 동명의 영화제목에서 빌려 왔다. 루스벨트 정부는 전쟁 수행을 위해 할리우드와 협조 체계를 구축했고, 괴벨스와 히틀러는 컬러영화로써 이와 경쟁코자 했으며, 슈페어Albert Speer는 뉘른베르크에서 150개의 대공탐조등이 수직으로 빛의 장방형을 형성하는 거대한 나치 전당대회장을 건설하여 자신의 가장 성공적인 건축물을 창조했다. 이렇듯 전쟁과 영화는 하나가 된다. 이 과정에서 "진정한 전쟁영화는 반드시 전쟁이나 어떤 실제적 전투도 묘사할 필요가 없다는 것이 명백해졌다. 일단 영화가 (기술적, 심리적 등의) 놀라움을 창조할 수 있게 되자, 영화는 사실상 무기의 범주 아래 들어갔기 때문이다"(Virilio, 1989: 7-8; 비릴리오, 2004b: 36). 즉, 무기의 기능이 눈의 기능이 된 것과 마찬가지로 영화의 기능은 무기의 기능이 된 것이다. 여기서도 제1차 세계대전은 출발점이다.

　1914년 이후 영화의 시민적 잠재력이 명백해지자마자, 영화는 가택
　연금당하고 전시 흑색선전의 방법들에 기초한 규제 체계 아래 놓여졌
　다(Virilio, 1989: 41; 비릴리오, 2004b: 138).

　전선의 새로운 시각장에 애를 먹긴 했지만 그리피스David Wark Griffith는 제1차 세계대전에 관한 영화 〈세계의 심장Hearts of the World〉(1918)을 만들었고, 군대 막사에 사진이 걸린 독일 여배우 헤니 포르텐Henny Porten은 최초의 핀업 걸이 되었다. 이미 항공사진술은 "엔진의 속도와 화력에 기인한 위상학적 자유가 카메라 모터가 창조한 것보다 훨씬 강력한 새로운 영화적 사실들을 창조"함을 보여 주었다(Virilio, 1989: 19; 비릴리오, 2004b: 72). 백남준의 말을 약간 바꾸어 "영화, 그것은 '나는 본다'가 아니라 '나는 난다'이다"(Virilio, 1989: 11; 비릴리오, 2004b: 45)라고 말할 수조차 있다. 여기서도 암시되듯, 영화가 전쟁에 징집되어 온 역사는 각도를 약간 달리하면 영화가 정찰기계로 복무함으로써 기술적 · 산업적으로 급성장해 온 역사이기도 했다. 제1차 세계대전 때부터 영화산업은 전쟁과 결탁했고, 스타 시스템 역시 1914년 이후에야 승리할 수 있었다. 그 이래 "전쟁은 영화이고 영화는 전쟁이다." 그러나 그 대가는 영화가 "군사-산업사회의 (…) 서출庶出적 형태"로 전락해 버렸다는 것이다(Virilio, 1989: 26-27; 비릴리오, 2004b: 93).

지각장으로서의 전장을 전유하기 위한 군사적 지각의 병참술이 갖는 이 두 측면, 즉 시각의 조달과 스펙터클의 조달은 분석적으로는 구분해 볼 수 있지만 현실적으로는 분리되기 어렵다. 시지각의 조달은 곧 이미지와 표상의 조달이기 때문이다. 여하튼 이 두 측면 모두에서 항공기와 카메라의 결합은 이상에서 보듯이 결정적인데, 비릴리오에 의하면 비행기에 실린 카메라의 가늠구멍은 대량 파괴 무기의 조준장치를 보충하는 간접 조준장치로서 "표적 선정에서의 징후적 변화와 군사적 교전의 점증하는 탈현실화를 미리 나타낸다. 사건들의 재현이 사실들의 제시를 능가하는 산업화된 전쟁에서는 이미지가 대상을 지배하고 시간이 공간을 지배하기 시작하기 때문이다"(Virilio, 1989: 1; 비릴리오, 2004b: 18-19).

　정찰기는 고성능 폭발물에 의해 부단히 뒤집어지는 지형을 조명하며 최고사령부의 눈, 최고사령부의 불가결한 '보철물'이 되었다. 전쟁의 풍경이 영화적으로 되면서, 렌즈 셔터만이 전선의 부유하는 형세와 그 시퀀스를 보존할 수 있고, 연속사진 촬영만이 부대 배치의 변화와 장거리 포격의 영향을 기록할 수 있다(Virilio, 1989: 70; 비릴리오, 2004b: 224). 비행기를 이용한 항공사진 촬영 이래 눈을 통한 관측은 이런 식으로 점점 더 사진과 영화 필름, 레이더 스크린의 추상적인 점과 선의 움직임, 미사일 탄두에 장착된 카메라의 전송 이미지로 대체되고, 현실은 이미지와 표상에 자리를 내준다.

　이 원격위상학적 시지각의 병참술에서는 시간의 지배 하에 공간적 거리는 축소되고 삭제된다. 비행기에 탑재된 카메라는 그 자체가 속도기계가 될뿐더러, 지각의 병참술은 시각장의 확보 및 군사적 시야의 확장과 더불어 가능한 한 신속한 정보 전달과 전황 파악 및 즉각적인 타격을 목표로 하기 때문이다. 오늘날 전자전의 발달은 '실시간real time' 지각/파괴의 '자동화'에 도달하고 있다. 미국 국방부 장관을 역임하게 되는 페리William J. Perry에 따르면, "일단 표적을 볼 수 있다면, 당신은 그것의 파괴를 기대해도 좋다"(Virilio, 1989: 4; 비릴리오, 2004b: 24).

그러나 원격위상학적 지각에서와 마찬가지로, 군사적 지각의 병참술이 조달하는 시각 역시 인간의 시각, 신체의 시각과는 거리가 멀다. 그것은 어디까지나 시각기계의 시각이다. 속도와 지각은 핵억지 자체에도 근본적인 변화를 가져왔다. 중단거리 '극장식' 무기는 경량급 '스마트' 미사일에 의해 대체되었으며, 후자는 다시 "군사 정찰위성에 탑재된 고해상도 카메라의 방식을 따라 빛의 속도로 작동할" 레이저 광선 유도 무기들로 대체된다. 이제 새로운 힘의 균형은 "폭발물과 운반 체계가 아니라 감지기, 차단기, 원격 전자 탐지기의 순간적인 힘에 기초"한다(Virilio, 1989: 2; 비릴리오, 2004b: 20).

이 편재적이고 외과수술처럼 정밀한 시각을 소유하는 자는 인간 관찰자도 군사 분석가도 아니다. 그것은 정보위성에 실린 '시각기계'의 것으로서, 이 시각기계는 미사일의 '전문가 시스템'이 전자회로의 속도로 결정에 도달하도록 도우면서 극도로 자세히 적의 영토에 대한 지각을 자동화할 것이다(Virilio, 1989: 2; 비릴리오, 2004b: 21).

인간 주체의 시각이 아니라 시각기계의 시각이란 점에서 이 '시선 없는 시각vision sans regard; eyeless vision'(Virilio, 1989: 2; 비릴리오, 2004b: 21)은, 그럼에도 불구하고 조준계보사의 직접적 후손이다. 조준 행위는 보는 행위의 기하학화, 예전에 '믿음의 선'으로 알려지곤 했던 상상적 축을 따라 시지각을 기술적으로 정렬하는 방식이다(눈에서 출발해 가늠구멍과 가늠쇠를 거쳐 표적물에 이르는 시선의 관념적 정렬). 즉, 초점을 맞추는 행위에서 조준선은 이미 뒤러Albrecht Dürer나 다빈치 Leonardo da Vinci의 경우처럼 군사 엔지니어나 공성전의 전문가이기도 했을 이젤 회화 화가의 원근법(투시법)적 소실선을 이미 예고했던 것이다. 이러한 조준선은 지각의 자동화 역시 예견했다. 오늘날 더 이상 '믿음'이란 단어가 이 맥락에서 쓰이지 않듯이, 보는 행위 속에 언제나 작동하고 있는 해석적 주관성의 요소마저 망각되어 버릴 정 도로, 시선의 관념적인 선은 철저히 객관적인 것이 되었다(Virilio, 1989: 2-3, 49-50; 비릴리오, 2004b: 21-22, 164-166).[27]

마지막으로, 지각장을 전유하는 것은 국내 정치적 차원에서 근대 국가가 수행해 내야 할 과제, 질주정 사회에서의 치안의 문제이기도 해 왔다는 점을 간단히 지적해야 겠다. 여기서 "전쟁은 다른 수단을 취한 정치의 연속"이라는 클라우제비츠Carl von Clausewitz(1981: 50, 307-314)의 유명한 정의를 뒤집어 "정치는 다른 수단들에 의해 지속되는 전쟁"이라는 가설을 제시하는 푸코Michel Foucault(1998: 66)의 접근을 상 기할 수도 있다. 비릴리오 역시 클라우제비츠의 전쟁론을 자주 거론 하면서도, 정치를 전쟁에 대해 우위에 두는 클라우제비츠와 달리 이 관계를 뒤집거나 최소한 정치와 전쟁이 서로 구별되지 않는다고 본 다. 전쟁이 정치 공간의 형성과 그 논리의 변형에 근본적인 역할을 하기 때문이다(제임스, 2013: 118-119). 지각장의 비물질성을 전유하는 문 제에 있어서도, 군사적 지각의 병참술과 그것이 조달하는 편재적 시 각은 질주정 혁명 이후 일국 내 정치와 치안의 차원에서도 그대로

---

27 현대성의 변증법적 동학이 다시 확인되며, 원근법의 기원을 전쟁과 연관시킬 가능
   성 또한 엿볼 수 있다.

관철된다.

비릴리오는 《시각기계》에서 빛과 시각의 활용을 서구 근대성이 내장한 전체주의적 경향과 연결시킨다(Virilio, 1994b: 9-13, 33-45). 푸코에게서 근대 규율권력과 감시사회를 도해하는 것은 잘 알려져 있다시피 '판옵티콘Panopticon'이다. 모든 것과 모든 곳을 본다는 뜻을 담은 그 건축학적 장치는 투명한 사회에 대한 루소Jean-Jacques Rousseau 의 꿈과 벤담Jeremy Bentham의 공리주의적 강박관념이 결합된 것이었다(Foucault, 1979; 1980: 152). 비릴리오에게서 이에 상응하는 것은 '전관全觀 · Omnivoyance'에의 욕망이다. 모든 것을 투시해 보고자 하는 이 '서구 유럽의 전체주의적 야심'은 비가시적인 것에 대한 억압과 모든 것에 대한 조명illumination에 의해 총체적 이미지를 형성한다(Virilio, 1994b: 33). 빛을 이용한 군중의 통제, 객관주의의 과학 정신과 심문적 문학의 연관성, 흡사 뉴스 보도와도 같은 공공적 이미지들의 창조 등을 통해서도 비릴리오는 이러한 야심의 역사를 짚어 내지만, 전체주의적 '전관'의 기획을 명명백백하게 읽어 낼 수 있는 것은 역시 치안 권력의 시선에서일 것이다.

프랑스에서 혁명경찰의 표장emblem은 '눈'이었으며, "자신은 보이지 않는 가운데 본다"라는 말은 경찰의 금언이 되었다.[28] 수사관이 사회에 던지는 이 눈길은 극히 외부적인 시선으로, 이 점에서 식민지배의 모델 및 방법과 대도시 경찰의 과학적 수사 및 분석 방법 사이에는 밀접한 친화성이 있었다. 19세기 말에는 영국과 프랑스

---

[28] 정확히 푸코의 판옵티콘의 중앙 감시탑에 위치한 간수에게 딱 들어맞는 금언이기도 하다. 푸코적 관점에 입각하여 19세기~20세기 초 사진을 이용한 경찰과 훈육기관의 시선에 대해 논한 것으로는 Tagg(1988), 주은우(2003: 468-472)를 참조하라.

에 지문 분류 체계가 도입되었는데, 파리 경시청의 베르티옹Alphonse Bertillon은 인체측정학 체계를 고안하고 지문 사진 촬영을 확대했다. 경찰은 이 사진 프린트를 '잠재적 이미지latent image'로 간주했는데, 이는 증인의 이야기와 인간의 눈이 담지하는 진실 가치가 부인되거나 적어도 경시됨을 의미했다. 이제 중요한 것은 '잠재적 직접성의 상태로' '이미 거기에 있는 것'이었기 때문이다.

비릴리오에 의하면 사진 프린트는 이리하여 19~20세기 전환기에 삶과 죽음을 관장하는 세 가지 권위, 즉 법·군대·의학의 도구가 되었다. 이 권위들은 각각 범죄자, 병사, 병자invalid를 직접성과 치명성의 접속을 통해 감시·통제했고, 이 접속은 재현의 기술적 진보와 함께 더욱 견고해졌다. 비릴리오에 따르면, 그 연장선상에서 20세기 말의 세계는 법적 재현과 경찰 재현에 있어 극사실주의hyper-realism의 탄생을 목도한다. 너무 연소하여 심문 과정에서 치명적인 상처를 입을 수 있는 등의 불가피한 이유로 인해 법정에 직접 나올 수 없는 증인의 '실시간 원격출석real time telepresence'[29]이 카메라의 전송 이미지를 통해 이루어지고, 법정은 영화상영실, 비디오상영실이 되어 간다. 이렇게 하여 전자 치안판사의 응시 아래서, 혁명적 테러가 시도했던 무자비한 '더 많은 빛'이 행사되는 것이다.

질주정과 시각과 현대성

이렇듯, 질주정 혁명으로 개시된 속도에 의한 통치와 운동의 독재는 시각기계에 의한 원격위상학적 지각의 병참술(학)을 수반하고

---

[29] 즉, 실시간 '원격현전', 다시 말해 지각의 원격위상학적 구조와 현상의 또 한 경우.

그것에 의해 지탱되며, 편재적인 정밀 시각에 의한 지각장의 전유와 정복은 전쟁과 정치(곧, 치안) 모두에서 군사적 승리의 확보와 전체주의적 통치성의 확립을 위한 관건이 된다. 특히 전쟁은 질주정과 지각(과 이미지)의 병참술과 원격위상학적 시각의 연계를 가장 극적이고 장대하게 보여 준다. 비행기와 탱크 등의 운반체와 포탄과 미사일 등의 발사체는 모두 카메라와 결합되었고, 운송기계와 무기와 시각기계, 군사적 전달수단과 시각기계는 혼연일체가 되었으며, 이들은 모두 근본적으로 속도기계이다. 속도기계이자 무기로서의 시각기계가 원격위상학적 시각을 조달하는 군사적 지각의 병참술은 공간적 거리를 제거하고 시간-거리를 단축하며, 원격현전으로써 대상들의 현전을 대체하고 이미지와 실재의 구별을 무화시키면서, 가시성의 범위를 확장·심화한다.

전장의 범위가 얼마나 크든지 간에, 적의 병력과 예비 병력의 정세에 대해 가능한 한 가장 빨리 접근하고 재현하는 것이 필요하다. 그러므로 본다는 것seeing과 예측한다는 것foreseeing은 긴밀하게 융합되어 현실태와 잠재태가 더 이상 구별될 수 없을 지경에 이르는 경향을 띤다. 이제 실패하는 광학적 시각을 무선-전기적 이미지들이 실시간으로 대체하면서 군사행동은 '시야 너머까지' 수행된다(Virilio, 1989: 3; 비릴리오, 2004b: 23).

지각의 병참술에 의해 "그림과 음향의 전쟁이 물체들(발사체들과 미사일들)의 전쟁을 대체"하며, "우연과 불시의 기습을 배제"하는 가운데 "매 순간 모든 곳에서 모든 것을 보고 알 수 있게 해 줄 조명의 일반 체계"를 추구하는 '일반화된 광명에의 의지volonté d'illumination'가

가동된다. 이 체계와 의지는 "모든 것을 보는 신성神性의 기술자적 판본"에 다름 아니다(Virilio, 1989: 4; 비릴리오, 2004b: 25).

지금까지 살펴본 비릴리오의 논의는 일면적으로 보이고 과도한 일반화를 시도하는 것 같아 당혹스러울 때도 없지 않지만, 그러나 현대 세계의 기원과 구조적 원리에 대한 자신의 통찰을 타협함이 없이 예각도로 던지면서 우리의 사고에 논쟁적인 만큼 근본적이고 생산적인 자극을 가하며 파고든다. 이러한 비릴리오의 질주학과 지각의 병참학은 현대성의 원리와 경험의 변증법적 동학이라는 견지에서 시각체제의 변동을 고찰하는 작업에도 중요한 통찰을 선사한다.

비릴리오에 의하면, 19세기 이래 일상생활에서나 제1차 세계대전 이래 전쟁에서나, 시각기계가 조달하는 원격위상학적 지각의 병참술은 공간적 거리를 단축 내지 삭제하면서 시각의 가속화 현상을 초래하고, 원격현전으로써 현전을 대체해 왔으며, '나는 본다'와 '나는 할 수 있다'의 등식을 파괴하고 인간 주체의 신체적 시각을 시각기계의 렌즈-눈에 종속시켰다. 이 글의 서두에서 서술되었듯이, 항상적인 유동성과 상대성의 경험, 현실의 스펙터클화, 인간의 눈이 펼하는 원근법적 시각양식의 지배적 지위를 손상시키고 현대성의 시각체제를 동요시킨 주요한 요인이었다. 따라서 지각의 원격위상학적 현상은 19~20세기 현대성의 시각체제가 겪은 심대한 변동의 중요한 부분을 구성한다고 할 수 있다.

비릴리오의 논의는 또한 시각의 원격위상학적 현상 및 그것이 일부를 구성하는 시각체제의 혁명적 변화의 기원이 근대의 시각성, 근대적 시각체제 자체에 내재한다는 점 역시 알려 준다. 앞에서 보았듯 비릴리오는 원격위상학적 지각의 시작을 르네상스나 망원경의 발명에서부터 찾고 있거니와, 군사적 지각의 병참학과 관련해서도

"17세기에 천체망원경의 출현이 세계를 보는 방식을 혁명화"한 것을 거론한다. 그에 따르면 조준 행위를 정렬해 주던 예의 그 "'믿음의 선'은 갈릴레오의 렌즈들의 수동적 광학 속에서 꺾이고 굴절"되었으며, 지구 중심의 우주론이 전복된 것과 마찬가지로 인간의 지각에 대한 믿음은 의문에 처해지게 되었다(Virilio, 1989: 3; 비릴리오, 2004b: 22). 원근법이 시각의 추상화를 요구하고 신체적 존재인 경험적 개인이 아니라 초월적 주체를 시각장의 중심으로 설정하며, 근대적 주체는 존재자를 대상으로 축소하고 세계를 세계상世界像으로 대체하기 때문에(하이데거, 1995), 근대적 시각체제는 이후에 자신을 동요시키게 될 현대적 시각 경험의 원인을 자체 속에 내장하고 있다. 이 점에서도 원격위상학적 시각의 기원에 관한 비릴리오의 지적은 중요한 시사점을 제공한다.

마지막으로, 군대와 정치권력이 활용하는 시각과 이미지의 병참술은 현대성의 시각체제가 동요를 극복하고 자신의 내부에 새겨진 균열을 봉합하는 중요한 방도였다는 점을 지적해야겠다. 그러나 이 방도는 양의적인 것이었다. 전장이라는 지각장의 전유는 경험적 개인/병사의 눈이 아니라 시각기계의 눈에 의해 이루어지는 것이며(오히려 병사는 전장을 파악할 수 없으며 비행사는 현실 감각을 상실한다), 경찰과 권력의 전체주의적 시각은 개인을 감시의 대상으로 환원하고 인간의 눈이 담지한 진실 가치를 무시하는 것이기 때문이다. 결국, 현대성의 시각체제의 균열은 체계의 수준에서 봉합되었을 뿐이며, 편재적인 전지적 시각은 군대와 권력의 시각, 체계의 시각, 기계의 시각, 그런 의미에서 '시선 없는 시각'이다.

서구 현대성의 '시각중심주의ocularcentrism'(Jay, 1993)는 시각과 지식과 권력의 삼위일체를 합리화, 편재화, 체계화해 왔다. 비릴리오의 사유는 특히 산업화된 전쟁이야말로 이 삼위일체가 그 어디에서보다 명백한 영역이라는 것을 보여 준다. 프랑스어가 간명하게 표현해 주는 '본다voir', '안다savoir', '할 수 있다pouvoir'의 이 성스러운 일체는 비릴리오에 의해서는 이렇게 표현될 것이다. "끊임없이 조준하라, 시야에서 놓치지 말라, 그러면 이기리라"(비릴리오, 2004b: 20-21).[30] 속도의 문제를 고려한다면 우리는 여기에 "시간적으로 앞선 자가 권리상 우선권을 갖는다"(Virilio, 1989: 61; 비릴리오, 2004b: 197)는 로마의 격언을 첨가할 수도 있을 것이다. 그렇다면 우리는 율리우스 카이사르가 보냈다는 기원전의 그 유명한 편지 구절에서 이미 질주정 논리의 압축된 표현을 발견하게 된다. "왔노라, 보았노라, 이겼노라." 하지만 그렇게까지 거슬러 올라갈 필요까진 없을지도 모르겠다. 푸코 덕분에 우리는 서구 근대문명을 비판하면서 니체Friedrich Nietzsche가 폭로한 '권력에의 의지'가 '진실에의 의지'(곧, '앎에의 의지')이기도 함을 알았다. 이제 비릴리오 덕분에 우리는 이 의지들이 '광명에의 의지', 즉 '빛에의 의지'이기도 함을 다시 확인하며, 그것들이 또한 '속도에의 의지'에 다름 아님을 알게 된다.

---

30 영어 번역본에서는 이 구절이 이렇게 옮겨져 있다. "승리한다는 것은 표적을 끝까지 시야에서 놓치지 않는 것이다"(Virilio, 1989: 2).

참고문헌

배영달, 〈폴 비릴리오: 속도와 현대세계〉《프랑스문화연구》20, 2010, 147~173
　　쪽.

베버, 막스(Weber, Max), 《《종교사회학논문집》 서언〉, 《사회과학논총》, 양회수
　　옮김, 을유문화사, 1983.

_____, 《사회경제사》, 조기준 옮김, 삼성출판사, 1990.

벤야민, 발터(Benjamin, Walter), 《기술복제시대의 예술작품/사진의 작은 역사
　　외》, 최성만 옮김, 길, 2007.

_____, 《보들레르의 작품에 나타난 제2제정기의 파리/보들레르의 몇 가지
　　모티프에 관하여 외》, 김영옥 · 황현산 옮김, 길, 2010.

비릴리오, 폴(Virilio, Paul), 《속도와 정치》, 이재원 옮김, 그린비, 2004a.

_____, 《전쟁과 영화: 지각의 병참학》, 권혜원 옮김, 한나래, 2004b.

슈넬, 랄프(Schnell, Ralf), 《미디어 미학 - 시청각 지각형식들의 역사와 이론에
　　대하여》, 강호진 · 이상훈 · 주경식 · 육현승 옮김, 이론과실천, 2005.

슈와르츠, 바네사(Schwartz, Vanessa R.), 《구경꾼의 탄생: 세기말 파리, 시각문
　　화의 폭발》, 노명우 · 박성일 옮김, 마티, 2006.

아리기, 조반니(Arrighi, Giovanni), 《장기 20세기: 화폐, 권력, 그리고 우리 시대
　　의 기원》, 백승욱 옮김, 그린비, 2008.

아미티지, 존(Armitage, John), 〈서문: 폴 비릴리오의 정치 이론 -《속도와 정치》를
　　중심으로〉 폴 비릴리오, 《속도와 정치》, 이재원 옮김, 그린비, 2004. 7~42쪽.

엘리스, 존(Ellis, John), 《참호에서 보낸 1460일》, 정병선 옮김, 마티, 2005.

전성우, 《막스 베버 역사사회학 연구: 서양의 도시시민계층 발전사를 중심으로》,
　　사회비평사, 1996.

제임스, 이안(James, Ian), 《속도의 사상가 폴 비릴리오》, 홍영경 옮김, 앨피,
　　2013.

주은우, 〈자본주의 사회의 일상생활과 현대성의 경험〉, 《경제와 사회》 52, 2001,
　　96~124쪽.

_____, 〈문화산업과 군사주의: 할리우드 영화산업을 중심으로〉, 《진보평론》

14(겨울호) 2002, 58~93쪽.

_____,《시각과 현대성》, 한나래, 2003.

컨, 스티븐(Kern, Stephen),《시간과 공간의 문화사 1880~1918》, 박성관 옮김, 휴머니스트, 2004.

클라우제비츠, 칼 폰(Clausewitz, Carl von),《전쟁론》, 허문열 옮김, 동서문화사, 1981.

투렌, 알랭(Touraine, Alain),《현대성 비판》, 정수복 · 이기현 옮김, 문예출판사, 1995.

푸코, 미셸(Foucault, Michel),《"사회를 보호해야 한다"》, 박정자 옮김, 동문선, 1998.

하비, 데이비드(Harvey, David),《포스트모더니티의 조건》, 구동회 · 박영민 옮김, 한울, 1994.

하이데거, 마르틴(Heidegger, Martin),《세계상의 시대》, 최상욱 옮김, 서광사, 1995(1938).

Adorno, Theodor W., *Minima Moralia: Reflections from Damaged Life*, London: Verso, 1978.

Armitage, John, "Paul Virilio: A Critical Overview.", *Virilio Now: Current Perspectives in Virilio Studies*, edited by John Armitage, Cambridge: Polity Press, 2011, pp. 1-28.

Baudelaire, Charles, *The Painter of Modern Life and Other Essays*, second edition, translated and edited by Jonathan Mayne, London and New York: Phaidon Press, 1995.

Berger, John, *Ways of Seeing*, London: BBC and Penguin Books, 1972.

Berman, Marshall, *All That Is Solid Melts Into Air: The Experience of Modernity*, New York: Penguin Books, 1988.

Crary, Jonathan, *Techniques of the Observer: On Vision and Modernity in the Nineteenth Century*, Cambridge: MIT Press, 1992.

Foster, Hal (ed.), *Vision and Visuality*, Seattle: Bay Press, 1988.

Foucault, Michel, *Discipline and Punish: The Birth of the Prison*, translated by Alan Sheridan, New York: Vintage Books, 1979(1975).

_____, "The Eye of Power", *Power/Knowledge: Selected Interviews and Other Writings 1972-1977*, edited by Colin Gordon, Brighton: The Harvester Press, 1980, pp. 146-165.

Frisby, David, *Fragments of Modernity: Theories of Modernity in the Work of Simmel, Kracauer, and Benjamin*, Cambridge: Polity Press, 1985.

Giddens, Anthony, *The Consequences of Modernity*, Cambridge: Polity Press, 1990.

Jay, Martin, "Scopic Regimes of Modernity", *Vision and Visuality*, edited by Hal Foster, Seattle: Bay Press, 1988, pp. 3-27.

_____, *Downcast Eyes: The Denigration of Vision in Twentieth-Century French Thought*, Berkeley: University of California Press, 1993.

Lacan, Jacques, *The Four Fundamental Concepts of Psycho-Analysis*, edited by Jacques-Alain Miller, translated by Alan Sheridan, London and New York: Penguin Books, 1979(1973).

Lowe, Donald M., *History of Bourgeois Perception*, Chicago: The University of Chicago Press, 1982.

Mann, Michael, *States, War and Capitalism: Studies in Political Sociology*, Oxford and New York: Basil Blackwell, 1988.

Marx, Karl and Friedrich Engels, "The Communist Manifesto", *Karl Marx: Selected Writings*, edited by David McLellan, second edition, Oxford: Oxford University Press, 2000(1848), pp. 245-272.

McLuhan, Marshall, *Understanding Media: The Extensions of Man*, second edition, New York: Signet Books, 1964.

McLuhan, Marshall and Quentin Fiore, *The Medium is the Massage: An Inventory of Effects*, New York: Bantam Books, 1967.

Merleau-Ponty, Maurice, *Phenomenology of Perception*, translated by Colin Smith, London: Routledge and Kegan Paul, 1962(1945).

Schivelbusch, Wolfgang, *The Railway Journey: The Industrialization of Time and Space in the 19th Century*, Berkeley and Los Angeles: The University of California Press, 1986.

Tagg, John, *The Burden of Representation: Essays on Photographies and*

Histories, London: Macmillan Education Ltd., 1988.

Virilio, Paul, *Speed and Politics: An Essay on Dromology*, translated by Mark Polizzotti, Los Angeles: Semiotext(e), 1986(1977).

_____, *War and Cinema: The Logistics of Perception*, translated by Patrick Camiller, London and New York: Verso, 1989(1984).

_____, *Bunker Archaeology*, translated by George Collins, New York: Princeton Architectural Press, 1994a(1975).

_____, *The Vision Machine*, translated by Julie Rose, London: British Film Institute and Bloomington: Indiana University Press, 1994b(1988).

_____, *The Art of the Motor*, tranlated by Julie Rose, Minneapolis: University of Minnesota Press, 1995(1993).

Virilio, Paul and John Armitage, "The Third War: Cities, Conflict and Contemporary Art — Interview with Paul Virilio", *Virilio Now: Current Perspectives in Virilio Studies*, edited by John Armitage, Cambridge: Polity Press, 2011, pp. 29-45.

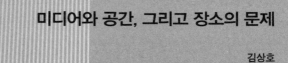

미디어와 공간, 그리고 장소의 문제

김상호

이 글은 《언론과 사회》 제27권 제1호(2019. 2)에 게재된 원고를 수정하여 재수록한 것이다.

장소와 장소 만들기

하루가 멀다 하고 계속 쏟아지는 새로운 미디어는 우리가 경험해 보지 못한 새로운 환경을 열어 간다. 새로운 미디어에 의해 부각되는 새로운 경험들은 커뮤니케이션과 미디어를 둘러싼 여러 논의에서 여러 측면으로 논의되고 있다. 특히 새로운 공간 경험을 지칭하는 가상현실, 가상공간 등은 물론 모바일 미디어에 의해 생성된 이동성mobility의 새로움 역시 중요한 고찰의 주제로 등장하고 있다. 일일이 다 열거할 수 없을 정도로 최근 미디어 연구는 이들 주제를 중심으로 이루어지고 있는데, 이 논의들이 공통적으로 보여 주고 있는 측면이 바로 그 현상이 벌어지는 데 있어 핵심적 위치를 지닌 공간과 장소 그 자체에 대한 탐색은 부족하다는 것이다.

여기서 말하는 부족함은, 시공간의 변화를 초래하는 미디어와 그 미디어에 의해 변화된 시공간이 형성하는 공간과 장소에 대한 고려 자체가 부족하다는 것이 아니라, 그것이 커뮤니케이션 과정에서 차지하는 '의미'나 역할에 대한 문제 제기가 부족하다는 것이다. 다시 말하면, 우리에게 주어진 것으로서의 공간으로서 '받아들이거나' '변화하는 상황'에 대한 관심은 존재하나, 그것이 지닌 의미가 무엇인지는 묻지 않는다는 것이다. 이런 현상의 주된 원인은 인지하던 그렇지 못하던 간에 우리는 (새로운) 미디어 공간을 우리에게 주어진 것으로 받아들이고, 우리가 그 '속'에서 펼치는 활동에만 주목하고 있다는 데 있다. 이를 비유적으로 표현하자면, 매클루언Marshall Mcluhan이 《미디어의 이해》에서 미디어의 내용에만 주목하고, 그 미디어가 던지는 메시지라고 할 수 있는 미디어 자체에는 주목하지 않는 것과 유사하다고 할 수 있다.

우리는 커뮤니케이션 공간에서 활동하는 주체이자 공간을 형성하는 주체, 정확히 말하자면 장소를 만들어 나가는 주체이다. 이 글은 바로 이 지점에 대한 탐색이다. 이 글에서는 먼저 공간과 장소 개념의 철학적 검토를 바탕으로 현대 커뮤니케이션 현상에서 받아들여지고 있는 공간의 개념이 근대 철학과 과학이 입각하고 있는 공간의 개념과 그 궤를 같이 하고 있음을 보여 줄 것이다. 이것은 매클루언이 미디어를 용기나 수단 혹은 도구로 바라보는 것을 비판한 맥락과 같은 지점에 있으며, 인쇄 미디어가 펼쳐 놓은 구텐베르크의 은하계는 바로 근대적인 균일하고 객관적인 좌표적 공간 개념의 자장 안에 놓여 있음을 보여 줄 것이다.

두 번째 목적은 '장소' 개념을 중심으로 전자 미디어 사회를 설명하는 여러 가지 유사한 개념인 '장소감의 상실no sense of place', '장소 없는 장소, 혹은 장소 상실placeless place', '비장소non-place'가 지니는 의미가 무엇인지를 살펴보고자 한다. 이를 통해 이 개념들이 말하는 장소의 상실이 과거 풍요롭고 안정감을 가져다주었던 고향의 정서를 상실한 공간(하이데거가 말한 실향성失鄕性 . heimatlosingkeit으로서의 장소)에 대한 향수가 아니며, 또한 예전 장소의 특성을 가상적 혹은 전자적 현실에 도입해야 한다는 주장도 아니며, 장소는 오히려 다른 방식으로 재탄생하는 과정에서 우리를 다른 존재로 만들어 갈 수도 있다는 점을 고찰해 볼 것이다.

끝으로 첫 번째 철학적 검토에서 발견된 사항들을 바탕으로, 공간과 장소의 문제에 있어서 가장 중요한 지점은 바로 우리의 '신체성' 혹은 '몸'의 문제라는 점을 확인하고, 그 신체의 문제는 미디어와 밀접한 관련성 속에 존재한다는 점을 살펴보고자 한다. 미디어는 신체와의 작동을 통해 인간의 감각 비율을 바꾸고, 바뀐 감각 비율의 인간은 비록 물리적으로 같은 것처럼 보이는 공간이라도 이전과는 다른 공간 혹은 '장소'에 위치하게 된다. 인간의 신체성과 '지향성'이라는 요소는 하나의 '사건event'을 통해 동일한 공간을 전혀 다른 장소로 변화시킬 수 있는 핵심이다. 위에서 말한 세 가지 요점을 확인하게 되면, 우리는 전자 미디어 사회에서 발현되고 있는 '장소'에 대한 논의에서 미디어를 통한 인간 감각 비율의 변화라는 지점을 좀 더 주목하게 될 것이며, 이것은 최근 등장하는 다른 철학적 논의, 예를 들어 페미니즘과 타자에 관한 논의에도 참고할 만한 지점을 제시할 수 있을 것이다.

　한 번도 경험해 본 적 없는 현상을 기존에 익숙한 개념과 패러다임으로 설명한다는 것은 무척이나 어려운 일이다. 그러나 역시 그 방법 이외에는 달리 방법이 없다. 또 다른 한편으로 생각해 보면, 지금의 일을 설명하는 데 최첨단 기술에 대한 이해만이 아니라 그리스의 철학이 오히려 우리의 시각을 확장하는 데 많은 도움을 주기도 한다. 그 시절에 공간과 장소에 대한 생각에서 이미 우리가 지금 목도하고 있는 현상을 설명할 많은 씨앗들이 뿌려져 있기 때문이다. 그렇다면 다만 남은 것은 우리의 자세인데, 전자 미디어의 출현과 함께 나타난 새로운 현상을 기계론적 세계관에 입각한 방식으로 이해하는 것이 얼마나 잘못된 방향으로 가고 있는지에 대해 한탄한 매클루언을 떠올리는 것은 그런 측면에서 다시 되새겨 볼 필요가 있다. 왜냐하면 지금 우리가 경험하는 미디어 공간은 전자 미디어 시대의 공간이나 장소와도 전혀 다른 지점을 통과하고 있기 때문이다.

공간과 장소에 관한 논의의 갈래들

플라톤은 코라*chora*를 언급하면서 공간의 가장 기초적인 개념적 정리를 시도하고 있다. "소멸은 허용하지 않으면서도 생성을 갖는 모든 것에 자리를 제공하는 것"으로 설명하고 있는데, 이 코라는 '자리'와 '바탕'이 되는 일종의 공간적 성격을 가진다고 생각할 수 있다(김영균, 2000, 64쪽). 한편 아리스토텔레스는 '토포스*topos*'를 언급하면서 플라톤이 말한 코라를 자신의 질료*hyle* 개념으로 흡수하였다(김영균, 2000, 70쪽). 아리스토텔레스의 토포스는 형상, 질료, 연장, 그리고 경계의 네 가지 개념으로 이루어져 있는데, 여기에서는 양과 위치라는 것이 핵심적인 내용을 이룬다. 아리스토텔레스는 아낙시만드로스의 '경계를 갖지 않은 것*a peiron*'이나 플라톤의 코라와 같은, 뭔가를 포괄하는 장소 및 공간 개념에 회의적이었다. 그래서 아리스토텔레스는 그 두 가지 개념을 모두 자신의 질료 속으로 흡수해서 설명하려 한 것이다. 이 경우 장소는 질료에 필수불가결한 것이 아니라고 여겨지기 때문에, 장소는 사실상 철두철미하게 자연물리적인 그 사물을 둘러싸는 비질료적인 일종의 막으로 생각되게 된다. 장소는 문자 그대로 주변화하게 되는 것이다. 즉, 장소는 자연물리적인 사물의 끝—요컨대 사물의 주변 자체—과 같은 외연을 갖는 정적인 표면이 된다. 이렇게 볼 때, 아리스토텔레스의 공간 개념은 물체와 완벽히 독립적이기보다는 물체에 관계되는 성질 가운데 하나라고 볼 수 있다(유재민, 2018; 이태수, 2013 참조).

이런 그리스적 공간관은 이후 근대를 거치면서 점점 추상화되어 간다. 근대적 시각을 살펴보기 전에 아리스토텔레스의 장소 개념을 핵심만 보아도 근대의 추상화 과정이 훨씬 더 쉽게 다가온다. 이는 아리스토텔레스의 장소론에 어느 정도 상대주의적 면모가 있기 때문다. 그는 장소가 그 장소 안에 있는 사람의 신체 위치와 관련해 상대적 면모를 갖는다고 보았다.[1] 공간을 물체와 그리고 특히 신체와의 관련성 속에서 파악하는 아리스토텔레스의 장소 개념은, 뒤에서 다시 살펴보겠지만 매클루언이 미디어를 파악할 때 전제하고 있는 생각과 깊은 관련성을 지닌다.[2] 근대 이전의 장소나 공간에 대한 관념은 오히려 현재 우리가 지니고 있는 상식적 개념과 유사하다. 데카르트René Descartes를 비롯한 근대 철학이 확립한 공간 개념은 고대의 자연적 장소에 대한 관념을 파기하면서 시작된다. 그래서 공간과 장소에 대해 논의할 때는 그 개념이 가리키고 있는 실질적 내용이 계속 변화해 왔으며, 단순히 언어적 사용의 변화가 아니라 세상을 바라보는 기본적인 관점의 차이가 동반되고 있음을 항상 주의해서 살펴야 한다. 왜냐하면 물리적으로 동일해 보이는 공간에 대한 인식에 있어서의 근본적인 차이는 그 공간과 장소에 더불어 살아가는 인간이라는 존재의 의미를 해명하는 데 결정적인 요소가 되기 때문이다. 공간이 절대공간이라는 추상적이고 좌표적인 공간으로 획일화되기 전의 공간은 그 속에서 존재하는 물체와 신체의 중요성을 간직한 공간과 장소 개념이라는 점을 염두에 두면서 장소가 창백한 공간으로 표백되는 과정을 살펴보자.

---

1 "아리스토텔레스가 자신의 장소 개념을 형성하기 위해 기하학과 물질을 결합한 것은 일반상대성이론의 공간에 대한 이해 방식 및 개념과 크게 다를 바 없다"(Hussey, Edward, 1983: 176 참조).
2 매클루언이 자신의 미디어 이론을 설명할 때 미디어는 공간 내에서 인간과 단순히 도구로서의 관계를 맺는 것이 아님을 강조하는데, 아리스토텔레스의 철학은 그의 미디어이론에 바탕을 이루는 핵심적인 철학이다. 김상호, 〈엔텔레키를 중심으로 해석한 맥루한의 미디어 개념〉, 《언론과 사회》, 12권 4호, 2004, 79~116쪽.

데카르트와 뉴턴: 연장res extensa과 절대적인 것으로서의 공간

흔히 근대 인식론과 근대의 세계관을 열어 놓은 사람으로 많은 철학자들의 공적이 되어온 사람이 바로 데카르트이다. 공간에 대한 생각도 그가 제시한 철학에 의해 이전과는 전혀 다른 시각을 열게 된다. 이를 먼저 한 단어로 요약하자면, 그것은 '범기하학화pan-geometrization'이라고 부를 수 있는 것이다. 즉, 세상의 모든 요소를 기하학적 시각에서 분석하고 인식할 수 있다는 것을 의미한다. 그는 세상의 실체를 세 가지로 제시한다. 신, 사유 실체로서의 코기토res cogitans, 그리고 이 둘을 제외한 모든 것들을 의미하는 연장 실체로서의 연장물들res extensa이 그것이다. 신과 사유 실체는 현실에서 외연을 지니고 있지 않기 때문에, 인간의 신체를 포함한 모든 것들은 하나의 연장물로서 파악할 수 있다고 보았다. 이런 기본적 사유의 길을 따라가다 보면, 데카르트적 세계에서 공간이란 이 연장물들의 기하학적 관계로 수렴한다. 우리 인간의 신체를 바라보는 데카르트의 생각도 이 기하학적 배치 구조로서, 기계적인 파악이 가능한 연장물로서 바라보고 있음을 알 수 있다. 연장물들의 기하학적 관계로서의 공간이라는 개념은 기하학과 수학이 작동하는 영역이며 그 이외의 요소들, 즉 정서적 관계, 역사적 요소로서의 경험과 시간 등이 탈색되어 버린 것이다.

이런 데카르트에게 있어 장소란 우리가 흔히 생각하는, 정서적 요소 혹은 감성적 요소나 구체적 실천 같은 것들이 공간과 결합하여 만들어 내는 것으로서의 장소와는 아무런 관련이 없는 수학적 공간이다. 그에게 장소란 하나의 연장물로서의 사물이 차지하고 있는 공간 내에서의 점유 범위, 즉 용적volume이라고 할 수 있다. 그는 이를 '내적 장소'라고 불렀고, 이런 내적 장소를 차지하고 있는 사물이 외부의 공간과 가지는 관계 혹은 (수학적) 위치를 '외적 장소'라고 불렀다. 이런 점에서 그에게 있어서 장소 개념은 현재 우리가 사용하는 장소 개념과는 전혀 관련이 없는 공간 내에서의 위치, 즉 좌표계 내에서 차지하는 자리의 의미하고 할 수 있다. 그러나 장소에 대한 데카르트의 생각은 이후 등장하는 뉴턴Isaac Newton의 '절대공간'이라는 개념에 비추어 보면 그래도 그나마 장소라는 개념으로 전환될 싹이라도 찾을 수 있다고 볼 수도 있다. 왜냐하면 수학적, 기하학적 공간 내에서 구체적으로 존재하는 연장물들이 확보하는 '나름의' 공간이 장소라고 생각하고 있기 때문이다. 뉴턴에게서는 이 연장물의 구체적 부피나 차지하고 있는 기하학적 자리마저도 아무런 의미를 지니지 못하는 것으로 파악된다. 왜냐하면 모든 연장물은 기하학적 절대공간 안에서 질량의 차이를 지니고 존재하는 각기 다른 하나의 점, 이른바 '질점質點 · mass-point'이라는 것으로만 존립하기 때문이다. 이런 측면에서 보면, 데카르트의 공간에 대한 생각이 뉴턴에게서는 좀 더 수학적이고 극단적인 객관화를 바탕으로 하는 모델로 변화해 간다고 할 수 있을 것이다.

우리가 커뮤니케이션의 수학적 모델이나 가장 기본적인 커뮤니케이션 모델로 삼고 있는 〈S-M-C-R-E〉 모델의 근저에 깔려 있는 공간과 장소의 개념은 바로 데카르트와 뉴턴이 확립한 객관적이고 수학적인 공간이다. 이 공간은 우리에게 항상성을 지닌 것 혹은 전제된 것으로, 그 공간 속에서 오로지 사유하고 행위하는 인간의 활동에만 주목하여 커뮤니케이션을 분석하는 것이 지극히 당연한 것으로 받아들여진다. 이 경우 미디어는 그런 활동을 도와주거나 방해하거나 혹은 효율적으로 만들거나 반대로 비효율성을 만들어 내는 도구적인 요소로 파악된다. 즉, 공간을 새로운 장소로 만들어 내거나 인간 주체의 활동을 변화시키는 요소로 생각하지 않는다. 왜냐하면 공간이라는 것 자체는 우리에게 동일한 것으로, 객관적으로 주어지거나 전제된 좌표 공간이기 때문이다. 매클루언은 그의 책《미디어의 법칙The Laws of Media》에서 비록 직접 이 지점을 언급하지는 않았지만, 미디어에 대한 몰이해 혹은 오해의 근저에는 위에서 지적한 공간과 미디어의 관계에 대한 몰이해가 깔려 있다고 분석한다.[3]

공간을 파악하는 근대 철학의 관점은 흔히 과학적 접근이라고 불리는 대부분의 영역에서 아직도 그대로 통용되고 있다. 장소라는 것이 지닌 이질적heterogeneous인 특성은 사물들과의 인과관계를 다루는 데 있어서 반드시 해결해야 할 '문제'적 요소이기 때문에, 공간은 이를 정리하고 동질적homogeneous인 것으로 재편하는 것이 필수적이다. 이를 통해 공간은 그 속에서 활동하는 주체들의 행위에 개입하지 않고 그저 주어진 것으로 통제될 수 있기 때문이다.[4] 간략하게 말하자면, 데카르트나 뉴턴과 같은 학자들에게 장소는 '단순 정위simple location', 즉 추상적이고 절대적인 공간 내의 위치에 지나지 않는다.

로크와 라이프니츠 : 상대적인 것으로서의 공간
수학적 합리주의 철학자들의 절대공간이 하나의 고정된 지점, 즉

---

3   이런 시각이 빅데이터를 통해 인간을 파악하는 방식의 근저에도 역시 동일하게 적용되고 있다고 할 수 있다. 빅데이터가 전제하고 있는 공간 역시 바로 이 좌표와 수학적 모델이 전제하는 공간인 것이다. 각종 센서가 끝없이 생산해 내는 우리에 관한 데이터들에는 좌표계의 질점으로서의 인간이라는 개념이 전제되어 있다.
4   동질적 성격을 지닌, 주어진 것으로서의 공간이라는 개념은 근대성의 일반적 성격이라고도 할 수 있는데, 이런 의미에서 '장소' 개념의 등장과 이와 관련된 질문의 활성화는 '차이'와 '타자'의 문제에 대한 관심이 중요해지는 것과 같은 맥락을 지닌다고 할 수 있다. 데이비드 하비를 비롯한 많은 비판적 문화지리학자들이 주장하는 내용은 바로 이 지점에서의 고찰이다.

절대 장소fixed point를 요구한다면, 로크John Locke와 라이프니츠Gottfried Leibniz와 같은 경험론자들은[5] 그 공간을 상대적인 것으로 파악하고 있다. 로크는 '공간은 (고정된) 물체가 아니다'라고 지적하면서 사물들 사이의 상대적 위치가 공간과 장소를 만들어 낸다고 보았다. 사물들 사이의 계기적繼起的 · succession 질서가 시간이며, 그것들의 위치적 질서가 바로 공간이라고 생각한 것이다. 여기서 장소는 물체와 물체 사이의 거리이다. 장소를 전적으로 인간들이 만든 규약convention 의 문제로 생각하고 있는 것이다. 즉, 장소(위치)라는 것은 인간들의 유용성과 실행 가능성에 의거해 만들어진 규약에 전적으로 의존하고 있다는 것이다. 라이프니츠는 공간이란 결국 사물들 사이의 공존의 질서co-existence of things로 파악할 수 있다고 보고, 그런 공간은 우리에게 절대적인 형식으로 주어진 것이 아닌 상대적인 것이라고 보았다(이정우, 2012: 69-85 참조). 이런 라이프니츠의 상대적 장소 혹은 공간은 데카르트적인 연장물들의 관계만이 존재하는 것이 아니라 그 연장물들이 존재할 수 있는 배경으로서, 그리고 그 연장물들 간의 관계에 의해서 상대적인 성격을 지닌 공간으로 파악할 수 있다고 생각한 점에서는 우리가 지금 관심을 가진 '장소'를 생각하는 방향으로 한 걸음 더 나아간 것처럼 보인다. 그러나 이들의 생각 역시 근대 철학의 한계를 보여 주고 있는데, 이들의 생각 속에서 장소는 공간이 지닌 추상성 안에서 그 구체적 성격을 잃고 사라진다. 추상적인 의

---

5 경험론자들을 이야기할 때, 여기에서 말하는 '경험'을 우리의 현재 일상 용법의 경험으로 생각해서는 안 된다. 여기에서 말하는 경험은 우리의 정신에 형성된 '관념'을 의미한다. 즉, 현대적 의미에서 말하자면 관념론자들인 것이다. 로크가 말하는 황금산gold mountain은 황금으로 만든 산의 경험이 아니라 황금과 산에 대한 관념의 연합이다.

미에서의 상대성만을 남기고 구체적인 존재들의 의미 있는 개입을 통한 장소 개념은 등장하지 않기 때문이다.

아리스토텔레스가 장소의 힘을 당연시한 반면, 17~18세기 서양 철학이나 과학자들에게 장소란 중립적이고 균질적이며 양적으로 규정되는 보편적 공간의 일시적인 하위 구분일 뿐이다. 장소는 뉴턴이 상정한 '절대공간'이라는 방대한 직물 내의 편의적이고 임시방편적인 조각 같은 것이다. 그의 절대공간을 공격했던 라이프니츠의 상대 공간에도 장소가 들어갈 여지는 거의 남겨져 있지 않다. 라이프니츠에게 장소는 단지 공간의 한 측면, 공간 속의 위치 상황을 보는 하나의 방식에 불과하기 때문이다, 과거 장소에 해당했던 수많은 내용들이 라이프니츠가 말한 '공간 내의 특정 위치site'(라이프니츠의 용어로는 시투스situs)라는 것으로 이행되고, 장소라는 단어는 공간에 관한 용법에서 사라져 버리게 된다(양경은, 2017: 이현주, 2013).

구체성이 드러나는 장소의 개념은 최소한 신체의 의미를 이전과 다른 방향에서 접근하는 현대적 관점이 등장한 이후에나 가능한 것이지, 정신의 영역에서 사유의 체계만으로 공간을 파악하는 것에서는 어쩌면 원초적으로 불가능한 것일지도 모른다. 왜냐하면 이들의 공간 개념에는 우리의 신체성을 통과하는 구체적인 경험의 내용으로 이루어진 것들이 없기 때문이다.[6] 이런 점에서 장소는 신체의 중

---

6 근대 철학에서 신체에 대한 홀대는 사물이 지닌 성질을 규정하는 내용에서도 분명하다. 사물의 객관적 실재라고 받아들여지는 제1성질은 기하학적 특성인 모양이나 형태로 상정하고, 그것의 색깔, 촉감, 맛 등은 주관적 특질로 제2성질로 생각했다. 신체적 영향 아래 놓여 있는 것은 사물이나 실재의 근본적인 성격으로 받아들일 수가 없었던 것이다. 사물 그 자체의 성격보다 신체를 통한 지각과 인식의 중요성이 부각되는 것과 장소와 신체의 중요성이 부각되는 것은 궤를 같이 하는 현상이다. 특히 제1성질이라고 여겨지는 것들이 실제로는 인간들에 의해 정립된 하나의 방식에

심점을 밝히는 문제와 일치한다. 우리의 신체와 공간 그리고 장소의 문제를 밝히기 위해 신체의 의미를 다른 측면에서 한 걸음 더 들어간 칸트Immanuel Kant의 논의로 넘어가야 한다. 후설Edmund Husserl과 메를로-퐁티Maurice Merleau-Ponty와 같은 현상학적 접근에서 보면 여전히 신체의 중요성을 파악하는 데 한참 못 미치지만, 최소한 공간의 문제를 절대적으로 주어진 것이 아니라 인간의 내부로, 인간의 지각에 있어서 근본적인 요소로 끌어들인 칸트의 논의는 중요한 지점이다. 하지만 칸트에게 있어 공간은 더 이상 물리적 세계에 위치해 있지 않고, 이 세계를 형식적으로 형성하는 인간 정신이라는 주관성 안에 위치 지어진다.

칸트 : 공간과 신체 사이의 관계 발견

근대 이전의 사람들이 세상을 인식하던 기본적인 방식은 벌어지는 현상의 이면에 존재하는 근본적인 원리가 무엇일까를 고민하는 것이었다. 지금 우리 앞에 벌어지는 현상이 일어나는 원인 혹은 이유가 신의 섭리든 이데아Idea든 그 어떤 무엇이 있어 그런 현상이 일어나는가를 규명하는 것이었다고 할 수 있다. 자연스럽게 형이상학meta-physics적 질문일 수밖에 없다. 즉, 물리적인 현상physica의 너머meta-에 있는 이유와 원인을 찾는 것이다. 이른바 인식론의 전환이 근대에 일어나면서, 이제 현실을 인식하는 데 중요한 것은 현상 저편

의한 것이라면 더욱 그러하다. 객관적이고 과학적으로 현실을 재현하는 것으로 받아들여졌던 원근법이라는 것이 세상을 지각하거나 재현하는 하나의 방식이며, 이 방식은 새로운 미디어의 등장과 그것에 대한 신체성의 적용을 통해 전혀 다른 내용을 지닐 수 있기 때문이다,

에 존재하는 원인이 무엇인가가 아니라, 그 현상이 어떻게 내게 지각되고 인식되는가의 문제로 바뀌게 된다. 현실의 표상들의 총합이 마음을 구성한다는 것이다. 칸트는 《순수이성비판》을 통해 구성주의 혹은 표상주의의 핵심 내용을 전개하는데, 이 속에서 우리의 신체를 연장물이 아닌 다른 측면에서 접근하게 된다. 우리의 신체는 세계의 데이터를 정신에 전달해 주는 일종의 감광판이며, 데이터의 등록판register으로 생각될 수 있다는 것, 우리는 신체를 통해 전달된 이 데이터를 통해 관념을 형성하게 된다는 것이다(Kant, 2006: 262). 이를 통해 시간과 공간의 문제도 이제는 인간 내부의 문제로 전환하게 된다. 즉, 우리의 지각은 '신체'에 의한 정향orientation 없이는 불가능하다는 것이다. 우리 인간의 신체를 고려하면 데카르트와 같은 균질한 공간은 등장할 수가 없다(Kant, 2006: 262).

라이프니츠의 공간론에서는 상대적 공간의 핵심적 요소로서 '크기'와 '형태'가 중요한 것으로 등장했다면, 칸트의 공간론에서는 여기에 '방향'이 추가된다. 즉, 신체에 의한 정향에 의해 방향을 획득하게 되면서 구체적인 공간이라는 개념을 형성할 수 있게 되었다고 할 수 있다. 우리가 네비게이션을 사용해 길을 찾아갈 때, 주행자 모드로 바라보는 것과 북극 방향으로 고정하고 사용하는 것 사이에는 엄청난 차이가 존재한다. 신체에 의해 정향되지 못한, 즉 방향성을 획득하지 못한 공간은 바로 이런 차이점을 지닌, 거리에 의해 규정되는 추상적·상대적 공간인 것이다.

비록 칸트가 신체의 중요성을 인식하는 길을 열기는 했으나, 그에게 있어 공간은 지각에 필수적인, 즉 경험에 앞서 이미 주어진 범주로서 모든 인간에게 동일한 형식으로 주어진 것이다. 신체와 그것과 결합하여 다른 신체성을 만들어 내는 미디어의 특성은 공간과 장소의 문제를 해명하는 데 있어 전혀 다른 시각을 제시하는데, 이는 메를로-퐁티의 논의를 통해 잘 드러난다. 근대의 공간 개념은 '장소'가 아니라 위치site로 우리의 관심을 돌림으로써 사물을 추상화시킨다. 위치와 질량을 중심으로 '단순 정위'를 파악하는 것은 천체들의 운동이 벌어지는 공간에는 적합할지 몰라도, 감각을 구성하는 신체는 반드시 어느 장소에서 지각한다(Merleau-Ponty, 2002). 현대의 공간관은 바로 자연과학이 제시한 관점the received view으로부터 벗어나는 과정이라고 할 수 있다. 메를로-퐁티의 관점은 이런 경향을 가장 잘 드러내 준다. 그가 강조한 구체성과 체험된 것이라는 말은 신체를 통해서만 이해될 수 있는 공간과 장소의 특징을 잘 요약하는 것이다.

메를로-퐁티:
공간이 아닌 장소를 만들어 내는 핵심으로서의 신체, 몸

메를로-퐁티는 지각의 주체인 '신체'를 중심으로 생각한 사람이다. 그는 "신체의 공간성은 외부 대상의 공간성 또는 공간 감각의 공간성처럼 위치의 공간성이 아니라 상황의 공간성"이라고 밝히고 있다(Merleau-Ponty, 2002: 168). 그는 신체는 지각뿐만 아니라 적응하는 과정을 통해서도 공간을 해석한다고 주장한다. 그의 책에 등장하는 슈나이더 등의 예에서도 볼 수 있듯이, 90도로 기울어진 안경을 처음 착용하게 되면 혼란을 겪지만 곧 그 안경에 적응하게 된다. 이는 인간의 판단에 따라 해석된 공간이 곧 공간의 본질과 의미를 결정한다는 것이다. 그런데 경험에 토대를 둔 지각은 다양한 맥락적 판단의 조건들을 벗어날 수 없기 때문에, 더 이상 공간은 본질 추구의 대상이 아닌 인간적인 의미로 가치 체계의 중심점을 옮기게 된다(Tuan, 1999: 65). 결국 메를로-퐁티에게 있어 공간의 문제는 존재의 본질을 규명하는 요소로서가 아니라, 공간에 대한 인간적 체험의 중요성을 더 중요하게 생각하는 방향으로 진행하게 된다. 현상학적 입장에서 공간을 바라본다는 것은 공간 자체의 본질이 아닌 공간과 인간의 관계에서 만들어지는 '의미'의 문제를 주요 관심사로 생각하는 것이다. 이런 공간관에서 말하는 공간의 의미는 근대 합리주의적이고 과학주의적 입장에서의 공간에 대한 관심에서 벗어나 장소에 대한 관심으로 더 접근하고 있다.

메를로-퐁티가 바라보는 신체는 공간화된 곳에 존재하면서 동시에 공간화하는 중심이다. 메를로-퐁티는 내가 보는 대상은 이미 내가 물들여 놓은 대상이며, 나는 대상이 이미 내 몸에 들어와 있는, 대상에 의해 물들여져 있는 몸이다. 즉, 추상적 공간에 나와 대상이 따로 떨어져 존재하는 것이 아니라 나는 대상의 가능성에 의해 이미 노출되어 있고, 내가 아무런 편견 없이 바라보는 객관적 시선으로 대상을 보는 것이 아니라 나의 특정한 봄에 그 대상은 이미 노출되어 있다는 것이다. 따라서 모든 공간은 그 속에 내가 들어가 있는 텅 빈 객관적 그 무엇이 아니라 나에게 물들어 있고 나를 물들인 것이다. 그것이 메를로-퐁티에게는 공간의 장소화를 열어 주는 지점이다. 이런 측면에서 보자면, 메를로-퐁티에게 있어 공간이란 신체를 중심으로 만들어져 가는 것이다. 공간이 존재하고 그것을 인간이 인식하는 것이 아니라, 인간 신체를 중심으로 공간이 만들어져 간다는 것이다. 어떤 의미에서 합리적이고 객관적인 공간이란 일종의 가정된 그 무엇이고 실재로는 오직 이 신체를 중심으로 만들어진 공간이 존재한다는 것이다. 이를 메를로-퐁티는 '체험된 공간'이라고 부르며, 바로 이 공간성이 '우리가 세계에 고정됨을 표현한다'고 말한다 (Merleau-Ponty, 2002: 424-449). 바로 이 세계에 고정됨을 통해 우리가 획득하게 되는 체험된 공간이 '장소'를 열어 준다고 할 수 있다.

　기술에 의해 확장된 몸과 그 몸에 스며든 기술은 미디어에 의해 만들어진 신체를 요약하는 말이다(김상호, 2009). 매클루언은 모든 미디어는 인간의 감각 비율을 바꾸고, 그 바뀐 감각 비율을 지닌 인간은 이전과 다른 세계를 만나게 된다고 본다. 즉, 전혀 다른 공간과 장소를 열어 가는 것은 공간의 물리적 변화 그 자체가 아니라 이 변화된 감각 비율을 지닌 신체, 몸을 지닌 인간들의 체험이고 실천이다. 객관적 실체로서의 공간이 각기 다른 사람들에게 전혀 다른 공간과 장소로 다가오는 것은 기술적 속도와 미디어들의 서비스 차이에 따른 효과가 아니다. 그것은 그 미디어들을 통해 변화된 신체를 지닌 사람과 아닌 사람들이 만들어 낸 체험된 공간의 존재 여부라고 볼 수 있다. 즉, 지구촌은 우리의 새로운 몸이 만들어 낸 장소이지, 세계가 실제로 촌락 규모로 축소된 것이 아닌 것과 같다.

　칸트에서 시작해 메를로-퐁티에게로 계속 이어지는 체험된 공간 혹은 장소에 대한 고찰은 살아 있는 유기체와 특히 체험된 인간 신체와 관련된 것이었다. 이런 시각의 등장은 근대 철학과 과학적 접근이 설정한 무한 공간과 공간화된 시간에 대한 근대의 쌍둥이 강박관념[7]아래 가라앉아 버린, 장소에 대한 구체적 양상들에 대해 새로

7　독일의 현상학자 겝서Jean Gebser는 근대는 한 쌍의 쌍둥이 강박관념을 지니고 있다고 지적한다. 그것은 바로 '시간의 공간화에 대한 불안The Spatial anxiety of time'과 '공간의 시간화에 대한 불안The temporal anxiety of space'이다. 즉, 공간을 시간적인 방식으로 파악함에서 오는 불안과 시간을 공간적으로 파악함에서 오는 불안을 말한다. 이 두 가지 불안 모두 수학적이고 규칙적이며 합리적인 크로노미터적 시간에 대한 강박에서 오는 것인데, 계산할 수 있고 (시계의 눈금에서 볼 수 있듯) 눈으로 볼 수 있는 시간에 의한 강박은 결국 비릴리오가 지적하는 속도에 대한 강박과 시공간에 대한 '정복', '효율성의 극대화' 같은 근대의 질병적 증상을 만들어 내는 이유라는 것이다. Jean Gebsr, *The Ever-Present Origin, trans. Noel Barstad & Algis Mickunas*,

운 관심을 수면 위로 끌어올린다.

장소의 상실 혹은 장소의 귀환:
장소 상실placelessness과 비장소non-place

　장소를 주변화하려는 근대의 시도는 철학과 과학의 역사에서 엄청난 반향을 초래해 왔다. 장소를 주변화하는 것은 공간이 점진적으로, 그러나 강력하게 장소를 침식할 수 있는, 그래서 결국에는 장소가 실질적으로 공간 속으로 소실되어 버리는 길을 열어 주는 것이었다. 앞서 살펴보았듯이 무제한 '연장'으로서의 데카르트적 공간관념에서 장소는 연장의 내부에서 기껏해야 종속적인 부분, 즉 용적volume에 의해 측정되는 존재자일 수밖에 없다. 장소는 데카르트 이후 얼마 지나지 않아 무한 공간이라는 공허 속으로 사라져 버렸다. 바로 이 장소이자 다른 장소가 아니라는 경계성은 물론, 이 특정 장소라는 유일성도 상실해 버린 장소는 무한한 단순 정위들의 집합으로부터 무한성의 우주를 산출하며 공간 속으로 사라져 버렸다.

　그 뒤에 잔존하던 장소의 유일한 흔적은 사이트site라는 형태로 생겨난 공간 속에 편입되었다. 이 사이트로서의 공간은 철학적 사고는 물론 건축이나 의학, 학교나 감옥 같은 근대적인 생활의 모든 측면에 영향을 끼치고, 그것들을 근대적인 단순 정위에 위치하는 점들로 오염시켰다. 여기에 거리와 위치라는 변수에서 벗어난 장소적 특성, 즉 장소의 질적인 공간성이 소진되는 과정이 뒤따르고, 그럼으로써 앞서 살펴본 근대의 쌍둥이 강박관념에게 길을 내주게 된 것이

Ohio University Press, 1985, pp. 283-312 참조.

다. 무한 공간은 무한한 통제 가능성을 시사한다. 그러한 공간은 측정 가능하고 예측 가능하며, 그래서 수학화할 수 있고, 개별적이고 구체적인 상황에 걸리지 않고 지나갈 수 있는 것이다. 이런 이유에서 근대 시기에는 비릴리오가 지적하고 있듯이 속도중심주의가 장소중심주의를 대체하게 된다(Virilio, 1986).

18세기 계몽사상을 비롯한 많은 철학적 탐색들이 인간의 보편적 권리에 대한 탐색을 시작한 이래 지금까지도 학문의 많은 영역들은 보편적인 그 무엇에 대한 탐색의 열망을 버리지 않고 있다. 이런 보편성의 탐구에 있어 국지성과 특수성의 향기를 잔뜩 머금고 있는 '장소'라는 개념은 점점 그 설자리를 잃고 쪼그라들거나, 어쩌면 무시하거나 제거해야 하는 요소로 생각되어 온 것이 사실이다. 개별적인 것보다는 항상 통용되는 원리를 발견하려는 열망에서 보면 이는 지극히 자연스러운 현상이다. 또한 기술의 발달은 전 세계적인 규모의 이동을 가능하게 했으며, 현재 벌어지고 있는 것처럼 전 세계 사람들이 월드와이드웹과 같은 동일한 기술을 사용할 수 있는 한, 실재로 한 사람이 어디에 존재하느냐는 질문은 중요하지 않게 된 것처럼 보인다. 비릴리오가 지적하듯, 전 세계는 속도중심주의에 의해 가속화된 세계인 지구촌에서 살게 됨으로써 우리가 사는 실제 세상은 그야말로 장소 없는 장소placeless place가 되었다고도 할 수 있다.

미디어가 개입한 일상의 삶에서 우리는 내가 지금 소통하고 있는 사람이나 내가 보고 있는 인물이 비록 내 앞에 현전하지는 않지만, 그럼에도 불구하고 내 앞에 현전하고 있는 것과 같은 감sense of place(장소'感')을 느끼고 있다. 이것은 장소의 변화인가 아니면 장소에 대한 감각의 변화인가? 이런 상황이라고 하더라도, 내가 어디에 위치해 있는지는 중요하지 않다고 할 수 있으나, 신체를 지닌 인간으로 존재하는 한 그 위치가 그 어디도 아닐 수는 없다.[8] 최근 가상 공간 등을 경험한 사람들이 '장소가 마치 없는 듯이 생각할 수 있음'을 말하는 것이라면, 지금의 네트워크 공간은 과거 무한 공간의 이미지로 환원하는 것과 유사한 생각일 수 있다.

이런 생각을 연장해 보면, 근대 공간에 대한 생각들이 만들어 낸 장소의 몰락을 최근의 상황은 더욱 심화시키고 있는 것처럼 보일 수 있다. 공간과 장소를 바라보는 데 있어 '진정성authenticity', '지리적 고유함', '경험의 유일무이성' 등과 결합된 방식으로 생각하게 되면 장소의 몰락이 심화되고 있다는 생각이 잘못되었다고 말할 수는 없을 것이다. 그러나 '비장소', '장소 상실', '장소감의 상실'이라는 용어가 지칭하는 것이 무엇인지, 그리고 그 차이점은 무엇인지 정확하게 살펴볼 필요가 있다.

공간을 의미 표현을 위한 문화적 토대(Hall, 1954)로 보거나 '세계를 재현하는 방식'과 '집단 그 자체를 재현'한다고 본 부르디외Pierre Bourdieu(Bourdieu, 1977)처럼, 공간에 대한 적극적 인식을 지닌 이들도 있지만, 앞서 살펴본 것과 같이 근대적 사고가 지배하는 공간이라는 요소는 인간의 삶을 위한 물리적 배경이며 당연하게 주어진 것으로 여겨져 왔다. 특히 시간에 비해 공간이 받아 온 관심은 초라하기 이를 데 없는데, 그 이유에 대해 학자들은 다양한 방향에서 조망해 왔다. 푸코Michel Foucault는 대부분의 이론들에서 "공간은 죽은 것, 고정된 것, 비변증법적인 것, 정지된 것으로 간주된 반면 시간은 풍요로

---

8   우리는 현재 상황을 곧 살펴볼 '비장소'라는 말로 개념화할 수는 있어도, 아무런 장소적 성격을 지니지 않음, 즉 무장소無場所라는 것을 신체를 전제로 한다면 생각할 수 없다는 것이다.

움, 비옥함, 생생함, 변증법적인 것으로 간주"(Foucault, 1980: 70)해 왔기 때문이라고 보았다. 즉, 공간이 우리에게 주어진 당연한 조건으로 파악되는 경우 우리의 관심을 받는 요소는 당연히 시간이 되기 때문이다. 한편 하비David Harvey(Harvey, 2005: 254)는 비판적 사회이론의 목적이 '진보'였기 때문에 공간과 장소에서의 '존재'보다는 시간을 통한 '생성'을 더 중요하게 생각하는 경향이 나타날 수밖에 없었다고 지적한다.

포스트모더니즘의 발현 이후 여러 방면에서 장소에 대한 관심이 다시 등장했는데, 이들이 제시한 관점은 이전 장소에 보였던 주어진 것, 혹은 수동적 배경으로서의 성격이 아닌 적극적 힘에 대한 해명에 그 초점이 맞추어져 있다. 이제 장소는 점차 "사람들이 그 형상과 의미를 결정하는 사회적 실천의 산물(Berland, 2005: 258)이며, 물리적·지리적 위치location에 관한 문제를 넘어 인간의 실천이라는 요소를 포괄하는 범위에서 이해되게 된 것이다. 르페브르Henri Lefèbvre(Lefebvre, 1991)는 공간의 생산에 관한 논의를, 공간적 실천spatial practice, 공간의 재현representations of space, 재현된 공간representational space의 구분을 통해 공간이 사회적 산물로 생산됨을 밝히고 있다. 공간적 실천은 생산과 재생산을 위하여 공간에서 발생하는 각종 구체적인 흐름과 이동, 상호작용들을 말하며, 공간의 재현은 학자·도시계획가·기술 관료들에 의해 기호나 부호, 지식 등으로 표준화되고 개념화된 공간을 말한다. 재현된 공간은 공간의 거주자들과 사용자들의 상징적 이용과 상상에 의해 변화되고 전유되는 직접 체험된 공간을 말한다. 지각되는 것으로서의 공간적 실천, 인식되는 것으로서의 공간의 재현, 그리고 체험되는 것으로서의 재현된 공간은 서로 변증법적으로 작용하면서 사회적 산물로서의 공간을 생산한다는 것이다. 그가 여기서 말하고 있는 체험된 것으로서의 재현된 공간은 장소를 말한다고 볼 수 있다.

한편 이-푸 투안Yi-Fu-Tuan(Tuan, 1977)은 대상 또는 장소에 대한 인간의 경험이 감각을 통해 이루어질 때 대상과 장소가 구체적인 현실성을 획득하게 된다고 지적하면서, 즉 장소를 추상이나 개념이 아니라 직접 경험되는 현상의 측면에서 이해해야 한다고 강조하고 있다. 이들이 공통적으로 지적하는 요소는 추상적이고 객관적으로 주어진 것으로서의 공간과 그것에 인간의 감각을 통해 구체적인 실천이 결합될 때 나타나는 것이 장소라는 생각으로 요약된다. 그런데 이들의 논의에서 우리가 조심해서 살펴보아야 할 것은, 특정 공간이 장소로 지각되거나 받아들여지는 과정에 있어서 도입하고 있는 '장소성'의 의미이다. 즉, 장소가 장소이게끔 해 주는 것으로서의 장소성은 그것이 어디로부터 발현되는지가 무척 중요한 지점이다. 만약 장소성의 발현이 고유한 특정 물리적 위치나 공간적 배치에서 출현한다고 보면, 장소 없는 장소의 개념이 잃어버린 고향으로서의 정서와 정취를 상실하고 균질화된 공간이 된다는 의미가 되기 때문이며, 실제로 이런 방향에서 장소 상실에 대한 비판이 전개되고 있다. 일단 이런 방향에서 제기되는 생각을 정리한 뒤, 이런 접근이 지닌 문제에 대해 살펴보자.

장소성과 장소 상실

장소는 모든 존재가 아닌 인간적 의미의 공간을 나타낸다. 태어나고 성장한 지리 정보는 그 사람의 정체성을 구성하는 중요한 요소로 작용하며, 실제로 장소와 개인의 정체성을 연관시켜 생각하는 것은 어느 문화권에서든 발견할 수 있다. 결국 장소는 인간의 정체성에 영향을 미칠 뿐만 아니라 영향을 받아 생기기도 하는 개념이다. 스틸Fritz Steele에 의하면 장소는 장소감과 장소의 정신이라는 두 개념을 통해 이해된다. 장소감은 물리적이고 사회적인 요소들이 사람을 직접적으로 에워싸는 특별한 경우에 느끼는 독특한 경험이며, 장소의 정신은 한 인간이나 집단이 동일시하는 모호한 정신처럼 어떤 위치의 특별한 느낌이나 개성을 제공하는 특성들의 결합이다(Steele, 1981: 11).

랠프Edward Relph는 장소감이 고유하고 독특한 물리적 공간에 의해 형성된다고 보는 대표적인 사람이다. 그는 장소감이 인간이라면 누구나 가지는 능력으로서, 환경 지각을 위한 학습된 기술이라고 말한다(Relph, 2001: 309). 즉, 장소감은 어떠한 공간으로부터 받게 되는 인상을 의미하며, 주어진 환경으로부터 파악된다. 장소는 특정한 공간에 대하여 시간적으로 축적된 이미지의 총체로서, 공간의 정체성이 되는 것이다. 특히 랠프는 장소가 장소성을 지니기 위해 반드시 필요한 요소로서 '진정성authenticity' 개념을 도입한다.[9] 장소감이 진정하고 순수한 것일 수도 있고, 반대로 작위적이거나 인공적일 수도 있

---

9   여기서 진정성이라는 용어를 사용하는 것에서 벤야민W. Benjamin이 금방 떠오를 수 있다. 사실 벤야민은 그가 《아케이드 프로젝트》 등에서 보여 주는 장소에 대한 독특한 시각만으로도 중요한 부분을 제시할 수 있는 학자인데, 여기서는 벤야민의 아우라에 대한 논의와 랠프의 장소에 대한 논의가 보여 주는 유사성에 대해서만 지적하고자 한다. 유일무이성, 진정성authenticity을 통해 기술복제 시대의 아우라 상실에 관해 지적한 벤야민과, 진정성 상실을 통해 장소가 장소 상실로 이어진다고 보는 랠프의 주장은 상당히 유사하다. 그래서 벤야민의 아우라를 논의할 때 예술작품이나 사물 그리고 특정 장소(물리적 대상)가 지니고 있는 특성으로서의 아우라를 바라보면 아우라의 한 측면만 보는 것이고, 체험하고 실천하는 감각의 구조화된 양상으로서의 아우라(인간의 신체성)를 놓치게 된다. 그럴 경우 디지털 시대에 새롭게 등장하는 아우라 현상을 설명하기에 무리가 있다(김상호, 2010). 이와 유사한 이유로 랠프의 장소 상실에 대한 논의는 곧 살펴볼 오제의 비장소와 같은 새로운 장소 현상 그리고 새로운 장소감에 대한 설명으로 나아가지 않고, 과거의 진정한 장소에 대한 향수에 머물고 있음을 볼 수 있다.

다는 것인데, 진정한 장소감은 장소의 정체성을 인습적 방해 없이 순수하게 경험하는 것이다. 개인 또한 공동체의 일원으로서 어떤 장소에 속한, 그래서 내부에 있는 느낌을 가질 때 '무의식적'으로 참된 장소감을 느낀다고 보는 것이다(Relph, 1976: 145-152). 그가 여기에서 말하고 있는 진정한 장소성의 의미는 이것이 없다고 생각한 장소, 즉 '장소 상실placelessness'에 대한 설명을 통해 더 정확하게 이해된다.

랠프가 말하는 장소 상실은 진정한 장소성을 훼손하는 부정적인 것들을 말한다. 그가 말하는 '장소 상실'의 예들은 틀에 박힌 관광 건축물과 인공 경관, 상상력과 조형으로 만들어진 디즈니월드와 같이 복제된 장소들, 역사의 보존과 재구성을 위해 복원된 모조품과 장소들, 새로운 스타일과 기술의 추구를 통해 만들어진 장소들, 똑같은 패턴으로 만들어진 교외 주택단지나 쇼핑 플라자와 같은 장소들을 말한다. 랠프에게 장소성은 단순히 '장소가 가지는 성질'이 아니라 거기에 더해 '진정성'이 포함되었을 때를 나타낸다. 랠프의 논의는 장소가 지니는 고유한 특성인 장소성의 상실로 인해 근현대 공간에서 드러나는 여러 가지 문제점을 지적한다는 점에서 중요하게 받아들일 수 있다. 그러나 그의 장소에 대한 주장은 특히 현대 미디어 환경에서는 받아들이거나 수용하는 데 무리가 있다. 그의 주장을 받아들여서 가상공간이나 전자적 사회구성체에도 과거 장소에 장소성을 부여했던 가치들을 실현해야 가상공간이 정말 제대로 된 인간 활동의 장소가 된다는 주장들(이호규, 2002)도 있다. 그러나 오제의 비장소에 대한 논의를 통해 장소에 대한 다른 시각을 살펴보면 랠프의 주장이 다소간 현실성을 결여하고 있다고 비판할 수 있다.

비장소non-places

　오제Marc Auge(Auge, 1992; 2017)는 어떤 의미가 부여될 수 있는 공간에는 사람들의 실천적 행위가 풍부하게 발생하고 개개인의 경험에 의해 매개되는 '인간적 장소'만이 존재하는 것이 아니라, 사람보다 텍스트나 이미지에 의한 매개가 중심이 되는 '비장소non-places' 역시 존재한다고 주장한다. 웨버(Webber, 1964)는 도시에서 사는 사람들의 삶에서 본질적인 내용은 장소가 아니라 그 속에서 벌어지는 사람들 간의 상호작용이라고 주장한 바 있는데, 기술의 발달로 인해 사람들 간의 상호작용 패턴이 변화했고 이는 거주지나 일하는 물리적인 장소에 대한 귀속 의식을 약화시켰다는 것이다. 오제의 비장소 개념은 앞서 살펴본 랠프의 '장소 상실'에서도 일단을 엿볼 수 있는데, 그럼에도 불구하고 장소에 대한 진정성 상실에 주목하여 '장소 상실'을 주창한 랠프의 논의와 비장소에 관한 오제의 논의 사이에는 일정한 차이가 존재한다.[10]

　오제가 말하는 비장소의 이용자들은 일시적으로 비장소의 공간과 계약관계에 놓이게 되고, 이는 개인이 기존에 소속된 집단에서 공유하고 있던 정체성과는 무관하게 형성되는 계약에 기반을 두게 된다. 즉, 비장소에서의 상호작용은 기존의 전통적인 사회적 실천과 다른 형태의 상호작용을 통해 형성되는, 장소에 대한 새로운 인식의 등장

10　이 지점에 대해 오제의 《비장소》를 번역한 이상길은 해제에서 다음과 같이 지적하고 있다. 사실 오제의 책 본문보다 이상길의 해제가 '비장소'를 이해하고 정리하는 데 훨씬 명료하게 도움을 준다. "오제는 새로운 비장소에 대한 논의가 새로운 것을 '종래의 것이 지닌 본질을 비튼 것'으로 간주하려는 복고주의적 시각을 배격한다. 그리하여 비장소에 대한 그의 기술과 설명은 하이데거 이래 장소 담론이 암묵적으로 전제해 온 과거/전통/공동체/시골에 대한 노스탤지어와 단절한 상태에서 이루어지는 것이다"(Auge, 1992; 2017, 192쪽).

을 야기할 수 있다는 것이다(정헌목, 2013: 121). 이런 점에서 두 입장은 차이를 보이는데, 오제가 말하는 비장소는 장소가 없는 곳이 아니라, '전통적인(인간적인) 장소가 아닌 곳'이라는 것이다.

오제가 말한 비장소는 전통적인 장소의 상실이라는 관점에서 벗어나 접근할 것을 주문하는 것이다. 그는 장소 상실이나 장소 감각의 상실no sense of place을 말했던 메이로비츠Joshua Meyrowitz(Meyrowitz, 1985; 2018)와는 다르게,[11] 전자 미디어 시대 그리고 최근 벌어지는 디지털 환경이 만들어 낸 새로운 공간들에서 인간이 경험하는 것은 단순히 장소의 '상실'이 아니라 기존의 전통적인 사회적 실천과 다른 형태의 상호작용이 출현할 것이고, 이것은 나름의 공간 논리에 따라 작동한다는 것이다. 이미지나 텍스트, 각종 코드와의 상호작용을 통해 형성되는 장소에 대한 새로운 인식을 통해, 그리고 그런 공간 속에서 벌어지는 상호작용을 통해 사람들 사이의 관계를 새롭게 조망할 필요성을 야기할 수밖에 없다.

오제(Auge, 1992)는 "관찰 위성으로부터 찍힌 사진과 항공 쇼트 등은 우리에게 사물에 대한 전 지구적 관점에 익숙하게 만든다. 고층 사무실 구역과 주상복합 빌딩들은 영화들이 그러듯이, 그리고 더 중요하게는 텔레비전까지 그러듯이 시선을 교육시킨다"고 지적하면서 새로

---

11 메이로비츠의 책《장소감의 상실》을 번역한 김병선도 서문에서 이와 유사한 지점을 언급하고 있다. "주로 텔레비전을 지칭했던 메이로비츠의 전자 미디어를 오늘날의 전자 미디어로 확장시키려 할 때는 조심스럽게 생각해 볼 여지가 있다"고 지적하고 있다. 왜냐하면, 오늘날의 전자 미디어가 사회적 행동에 미치는 영향은 정보 시스템과 사회적 상황 변화를 거치기는 하지만 기존의 장소 감각을 없애는 것이 아니라 새로운 장소 감각을 생성할 수도 있다. 전자 미디어의 확산이 가시적 차이들 간의 경계를 없애는 것처럼 보이지만 동시에 또 다른 장소에서 뚜렷한 경계를 강화하거나 새로운 장소감을 출현시키고 있을지도 모른다(Meyrowitz, 1985; 2018, xi-xiii쪽. 역자 서문).

운 장소 감각의 형성 원인을 지적하고 있다(158쪽). 즉, "텔레비전과 인터넷을 통해 개인들에게 부과되는 각종 테크놀로지는 중심이 축소되고 편재한다는 감각을 창출하면서 시내와 변두리, 혹은 도시와 비도시 사이의 대립을 점점 더 의미 없게 만든다"는 것이다(161쪽).

오제가 비장소 개념을 통해 제시하는 것은 근대성에 의해 형성된 공간과 장소에 대한 개념이 이제는 더 이상 통용되기에 어려운 상황에 진입했다는 사실이다. 그러나 새로운 기술 환경이 창출하는 새로운 비장소라는 것이 있고, 전통적인 장소가 있다는 것이 아니다. 이 분법적인 구분에 의해 딱 떨어지는 '전통적인 장소'와 '비장소'가 존재할 수 없고, 이는 공간에 존재적 특성을 부여하려는 오랜 습관의 흔적일 뿐이다. 실제로 나름의 역사와 정체성을 보유한 곳으로 여겨지던 기존의 공공 공간들도 기술의 발달과 함께 그 성격을 스스로 변화시키고 있다. 결국 전통적인 장소의 변화는 정도의 차이일 뿐 '새로운 공간'의 등장을 스스로 야기하고 있다고 말할 수 있다. 오제가 제기하는 비장소 개념에서 중요한 지점은, 공간의 물리적인 변화에 의해서만 '장소 상실'이라고 불리는 현상이나 '비장소'로 개념화될 수 있는 새로운 장소가 출현하는 것이 아니라는 것이다. 보다 중요한 장소의 변화에 있어서 핵심적인 내용은 인간 주체가 비장소를 만들어 낸다는 점이다. 이런 점에서 보면, 주체의 지향성과 그리고 새로운 기술을 체화하고 전유하는 인간 주체의 몸은 새로운 장소 개념을 고찰하는 시작점이 된다는 것이다.

오제에 따르면, 장소와 비장소는 모호한 양극성을 이루는 개념이며 결코 순수한 형태로 존재하지 않는다. 그는 오히려 비장소의 물리적이고 고정적인 성격보다는 유연성과 가변성을 더욱 강조하기에 이른다. 즉, 동일한 공간이 어떤 이에게는 장소, 다른 이에게는 비장소일 수 있으며, 같은 사람에게도 단기적으로는 비장소, 장기적으로는 장소일 수 있다는 것이다(Auge, 1992: 2017: 194). 이런 오제의 논의는 지향성과 몸을 염두에 둔 현상학적 장소 이해와 연결될 수 있다. 왜냐하면 "실제 세계에서 장소와 비장소는 서로 긴밀히 얽혀 있으며 어떤 장소든 비장소로서의 잠재적 속성을 지니기" 때문이다(194쪽).[12]

신체성과 미디어 그리고 장소

우리가 새로운 장소의 출현을 그 옛날의 장소가 파괴된다는 복고적 시각에서 볼 것이 아니라 긍정적이고 적극적으로 검토해야 한다는 것은 인간의 몸과 미디어의 관계를 고려하면 더욱 분명해진다. 낭시Jean-Luc Nancy(Nancy, 1991)는 "모든 현전은 신체의 현전"이라고 말하는데, 이 말은 곧 장소화는 신체화를 함의하고, 역으로 신체화는 장소화를 함의한다는 것이다. 심리, 사회, 정치 등과 같은 다른 어떤 단일 요인보다 유기적인 신체는 장소가 나타나는 다양한 모습을 연결시킨다. 존재한다는 것은 장소 안에 신체적으로 존재한다는 것이며, 여기서 신체는 단순히 유기체로서 우리의 육신을 의미하는 것이 아니다. 그것보다 메를로-퐁티가 '살flesh'로 명명한 우리의 신체를 중심으로 포섭되는 세계와의 모든 연결을 말한다(김상호, 2013). 미디어는 감각 밀도의 전환을 통해 우리의 살을 변화시키며, 변화된 살은 당연히 변화된 장소를 만들어 낸다. 앞서 살펴본 '비장소'의 출현은

---

12 메를로-퐁티는 '만지는 손'과 '만져지는 손'에 대해 설명하면서, 우리가 오른손으로 왼손을 만질 경우, 어디에 지각의 초점을 두느냐에 따라 만지는 손과 만져지는 손이 될 수 있다고 지적한다.

이런 상황을 말하고 있다고 본다.

기존의 공간에 대한 생각은 공간은 단순히 세계의 구조를 뜻하며, 3차원의 환경이며, 그 속에서 사건과 사물들이 발생된다고 보아 왔다. 반면에 장소에 대한 개념은 바로 사람들의 기억 속에 구성되고 또한 계속적 만남을 통한 역사성에 근거한 감정 이입에 의해 나타난다는 해석이 주류를 이루어 왔다. 예를 들어, 장소를 의미가 있는 공간으로 규정하면서, 사람들이 자신이 행동하는 공간에 의미를 부여하게 되면 그들에게는 더 이상 공간이 아니라 장소가 된다고 보는 방식이 대표적이다. 따라서 장소에 대한 감각, 즉 토포필리아topolhilia 는 사람과 장소를 정서적으로 연결시키는 지각, 태도, 가치 그리고 세계관들이다(Tuan, 1974). 이 토포필리아는 물리적 위치location가 아니라 감정의 구조에서 비롯된다. 여기에서 말하는 감정의 구조는 단순히 우리 마음의 문제가 아니다. 오히려 감정의 구조가 아니라 감각 밀도의 변화라고 말하는 것이 정확하다. 신체 그리고 몸의 문제라는 것이다. 우리의 신체의 확장과 변화에 의해, 우리가 구성하는 장소에 대한 의미는 변화한다. 즉 신체적 변화가 다른 장소를 만들어 내는 것이다.

앞서 논의해 온 내용들을 신체성을 중심으로 생각해 보는 데 있어서, 외연과 강도라는 개념은 갈래를 정리하는 데 도움을 준다. 외연extensity이라는 개념은 이미 용어에서부터 데카르트의 연장res extensa 을 떠올리게 한다. 외연 공간이란 강도intensity 공간을 설명함으로써 더 분명하게 다가오는데, 강도 공간이라는 것은 그 안에 존재하는 어떤 물질이나 생명이든 그 실체들이 분명히 살아 있고 역동적으로 운동하며 감응하는 그런 공간이다. 외연 공간은 강도 공간이 상정하는 그런 요소들이 다 사상되고 추상화된 공간이다. 이는 앞서 계속 언급한 바 있는 형식적인 공간이며, 범기하학화의 결과물로 생각된 공간이다. 근대의 공간은 공간 개념을 주로 기하학적으로 투명해진 공간, 즉 외연적인 공간으로 재구성했다.

합리주의자들 그리고 기하학적으로 사고했던 사람들의 공간이 외연 공간이라면 강도 공간은 주로 경험주의자들 특히 신체적 경험을 중시했던 사람들의 공간인데, 강도라는 것은 내가 경험함을 통해서 비로소 알 수 있는 것들이기 때문이다. 이는 신체를 중심으로 생각한다는 점에서, 신체적 경험이 오히려 순수한 진리와 법칙을 오염시킬 수 있다고 생각한 합리주의자와 근대 과학자들에게는 제거되어야 할 문제점이지 의지해서 살펴볼 지렛대가 아니었던 것이다. 근대성의 중심에 외연 공간에 기반한 범기하학주의와 그 법칙성의 추구가 있다면, 20세기에 들어와서 전개된 베르그송Henri Bergson이나 들뢰즈Gilles Deleuze와 같은 철학자들에게서는 강도 공간을 통한 그 비판이 주를 이루게 된다. 강도 공간은 공간과 장소라는 구분으로 살펴본다면, 장소와 밀접한 관련성을 지닌 개념이라고 할 수 있다. 왜냐하면 공간이 장소로 파악된다는 것은 공간이 강도로 차 있고, 그 강도가 계속 역동적으로 변화하고 있으며, 그런 변화를 추동하는 '사건'들이 장소를 만들어 낸다고 보기 때문이다. 감성이나 감응과 같은 요소들이 최근 커뮤니케이션을 설명하는 데 있어서 중요한 요소로 다시 등장하고 있는 현상은, 비장소와 같이 새롭게 등장하고 있는 공간에 대한 이런 시각 변화와 무관하지 않다.

사물에 신체를 지닌 주체가 반응하는 것을 감응affect이라고 한다면, 이는 그리스어의 'pathos'와 연결된다. 이 감응의 핵심적인 지점이 바로 신체라고 할 수 있는데, 감응은 생명과 생기 그리고 그것에 기반한 변화와 반응 등과도 연결되지만, 신체라는 지점과 연결되어 있기 때문에 죽음 그리고 소멸과도 연결된다. 즉, 장소를 만들어 내는 근본 지점인 신체가 지니는 이 변화와 소멸의 가능성이 불변의 진리와 객관적 법칙의 발견을 목적으로 하는 사람들에게는 반드시 피해야 하고 극복해야 하는 지점이다. 이런 점에서 연장 공간은 경험 이전에 우리에게 이미 주어져 있는, 다시 말해서 경험에 대하여 독립적으로 존재하는 추상적 법칙, 즉 '*apriori*'의 질서이며, 강도 공간은 내가 신체를 통해 파악함으로써 존재하게 되는 공간이다. 그런데 여기에서 조심할 점은 '존재한다'는 것은 "공간 안에 있지 않고 공간에 거주한다"(Merleau-Ponty, 2002: 223-227).는 말이라는 것이다. 연장 공간 속의 한 지점을 차지하고 있다는 것이 아니라 강도 공간 속에 거주한다는 것이다.

오제의 말처럼 장소와 비장소가 선명히 이분법적으로 구분될 수 없듯이, 외연 공간과 강도 공간도 실체적으로 구분될 수 있다고는 볼 수 없다. 실체적 구분이란 A와 B가 완전히 구분되어서 떨어질 수 있다고 보는 것이다. 데카르트가 정신*res cogitans*과 연장*res extensa*이라는 두 실체가 서로 완전히 구분되며, 하나를 설명하기 위해 다른 하나는 필요하지 않은 실체로 생각한 것이 대표적이다. 이에 반해 형식적인 구분은 개념적으로는 구분이 되지만 실체로서는 구분이 안 된다고 보는 것이다. 스피노자^{Baruch Spinoza}처럼 몸과 마음이 구분될 수 있지만, 그것은 개념적이고 형식적인 구분일 뿐이고 실체적으로는 구분이 안 된다고 보는 것이 대표적이다.

스피노자는 몸과 정신은 하나인 것인데 우리가 그것을 몸과 정신으로 구분해 낼 수 있다고 보았다. 몸과 정신은 하나의 실체의 다른 두 가지 속성이라는 것, 즉 우리의 근본 실체는 몸도 정신도 아니고, 몸과 정신 이전에 존재하는 근본 실체의 속성이 몸과 마음이라는 것이다. 이런 점에서 보면, 외연 공간이라는 것이 있고 강도 공간이라는 것이 따로 존재한다고 생각하는 것은 무리가 있다. 물리적으로 동일한 공간을 외연 공간으로 그리고 강도 공간으로 볼 수 있다는 것인데, 이 가름의 중심에 인간의 신체와 그 신체가 개입하는 사건이 있다고 볼 수 있다. 매클루언의 '테트라드tetrad'는 새로운 미디어의 도입과 인간 감각 비율의 변화가 만들어 내는 공간성의 변화를 도식적으로 표현한 것이라고 할 수 있다.[13]

기술이 개입하게 되면, 처음에는 신체적인 경험의 강도에 의해 형성되던 공간 혹은 장소가 점점 더 지표적이고 좌표적으로 확립된 공간, 즉 연장 공간의 특성을 더 많이 보이게 되는 것을 알 수 있다. 전통적으로 감응의 세계에 속하는 것으로 여겨지는 인간의 경험들, 예를 들면 '눈이 좋다'라든지 '나무의 질을 촉감으로 알아낸다'는 것들이 '시력이 몇 점 몇이다', '이 나무의 경도는 얼마이다'라는 지표적이고 좌표적인 공간으로 재편된다. 사막에 사는 베두인족들이 이전에 신체를 통한 감응의 세계에서 네비게이션의 좌표를 따라 이동하게 되는 현상 역시 비슷한 맥락에서 이해할 수 있다. 기술이 개입함으로써 일어난 이러한 신체 감각 비율의 변화는 강도적 공간을 연장적 공간으로 전환하고 있는 것이다.[14] 또한 외연 공간으로 생각되던

---

13 케이시의 책(Edward, S. Casey, Getting Back into Place, Indiana University Press, 2009) 맨 마지막 문단에는 재미있는 주장이 하나 있는데, 그는 공간과 장소를 이분법으로 구분해서 보지 말고 공간, 장소, 사이트, 시간의 네 방향으로 이루어진 테트라드로 생각해 볼 것을 제안하고 있다.

14 현대 미디어의 발달 양상을 외파explosion와 내파implosion로 구분하면서 외파라는 기술적 확장과 속도 증대의 양상을 설명하고 있는데, 이 외파는 정확하게 연장 공간의 확대와 심화와 같은 맥락을 지니고 있다. 매클루언이 《미디어의 이해》를 통해서 비판하고 있는 부분과 하이데거가 《존재와 시간》에서 비판하는 현대 기술에 의한 외연 공간의 지배적 확장은 동일한 현상을 겨냥하고 있다고 보아야 할 것이다.

많은 공간과 장소들이 강도 공간으로 즉각 전환되는 경험 역시 새로운 미디어 환경에서 급증하고 있다. 오제의 《비장소》에 등장하는 많은 비장소의 예들과 SNS 공간도, 상황과 주체들의 활동 그리고 지향하는 지점에 의해 연장 공간이 강도 공간으로 전환됨을 보여 준다고 할 수 있다.

장소에 대해 다시 생각하기

공간과 장소에 대한 현대적 관심은 바슐라르Gaston Bachelard의 상상적인 토포스, 푸코의 헤테로토피아, 데리다Jacques Derrida의 공간화한 건물의 바탕, 들뢰즈-가타리Félix Guattari의 이산적인 국지성, 리오타르Jean-François Lyotard의 사회적·정치적으로 격리된 오지 등으로 나타난다. 장소는 공간 혹은 시간 속으로 사라지기는커녕 도처에서 다른 방식으로 넘쳐나고 있다. 이리가레이Luce Irigaray(Irigaray, 1992)와 같이 페미니즘적 요소를 장소와 결합한 논의에서는 체험된 신체의 주름들에 의해 명료해짐과 동시에 복잡해진다. 장소 자체는 그 신체 안에 싸여 있지만, 역으로 장소의 작용이 그 신체를 싸고 있음을 보여 주고 있는 것이다.

고대 세계에서는 장소의 우위성이 자연물리적이고 형이상학적이고 우주론적이었다. 그에 반해 최근 장소 논의의 새로운 기초는 매우 다층적이다. 이는 당연히 신체적인 것이지만, 그것뿐만 아니라 바슐라르처럼 심리적이기도 하고, 들뢰즈와 가타리처럼 유목론적이기도 하며, 데리다처럼 건축적이기도, 푸코처럼 제도적이기도, 이리가레이처럼 성적이기도 하다. 장소의 중요성에 대한 새로운 인식은 장소와 관계 맺는 방식이 리좀rhizome적이라는 것을, 그리고 장소는 인간적 배경과 비인간적 배경에서 다양한 방식으로 등장한다는 것을 인식하길 요청한다. 이 다양성은 단순히 숫자의 다양성이 아니라 근본적인 이질성에 대한 인식을 의미한다. 그리고 장소는 존재자적인 것이 아니라 사건적이고, 진행 중인 어떤 것이고, 하나의 사물에 한정할 수 없는 어떤 것이다.

최근 공간 개념이 아니라 장소 개념이 보이는 우선성 혹은 우위성이란 유일무이한 장소의 우위성이 아니고, 더군다나 이 장소의 혹은 어떤 장소의 우위성도 아니다. 왜냐하면 이런 표현은 모두 '단순한-현전-으로서-장소'를 함의하고 있기 때문이다.[15] 장소의 우위성이란 많은 복잡한 방식으로 사물에 장소를 부여할 수 있는, 그리하여 많은 복잡한 결과를 초래할 수 있는 어떤 사건의 우위성이다. 그것은 장소 안에 다르게 존재하는 문제이며, 그래서 그 사건성을 다른 방식으로 경험하는 문제라고 할 수 있다.

아낙시만드로스는 모든 존재는 아무런 형태를 지니지 않은, 존재의 근원적인 것으로서 아페이론apeiron을 말한 바 있다. 한계를 의미하는 페라스peras · limit 앞에 부정어 a를 붙인, 한계 혹은 경계를 지니고 있지 않다는 의미이다. 경계와 한계를 부여받음으로써 비로소 하나의 존재가 된다는 것이며, 역으로 존재한다는 것은 어떤 의미에서든 이 한계를 지니고 있다는 의미일 것이다. 우리 인간은 어떤 변화된 환경에 존재한다 하더라도 신체성을 바로 이 한계로 지닐 수밖에

---

15 하이데거는 《존재와 시간》에서 시간성과 시간을 혼동해서는 안 된다고 말한다. 시간은 현대사회에서 보여 주는 그 통속성 및 세계-내부성이라는 성격상, 시간성이 바닥 수준에 떨어진 동질적인 잔재일 뿐이다. 이는 근대 초기에 공간이 지닌 존재를 열어젖히는 힘으로서의 장소를 그저 하나의 평평한 판으로 만든 것과 마찬가지다(Heidegger, 1997, 429-439). 각주 7의 겝서Gebser의 논의와도 동일한 내용이다.

없다. 다시 말하지만 이 신체가 육신만을 의미하는 것은 아니다. 이 한계를 통해서 장소도 출현한다.

존재를 가능하게 하는 바로 이 경계는 두 가지 의미에서 두려움을 초래한다. 그 하나는 경계가 존재하지 않을 때이다. 무한히 열려 있음에 대한 두려움, 즉 광장 공포이며, 또 다른 하나는 경계 지워졌을 때 그 범위 안에 갇혀 움직이지 못한다는 밀실 공포이다. 광장과 밀실을 규정하는 이 경계가 외부에서 주어진 것인가 아니면 주체가 설정할 수 있는 것인가의 문제, 그리고 그 설정의 능력이나 그 설정을 가능하게 하는 힘의 근거는 무엇인가에 따라 장소에 대한 우리의 감각은 변화한다. 동시에 이것은 수많은 정치적·윤리적 문제를 동반한다. 이런 점에서 장소를 설정하는 힘의 중요한 동력으로서의 미디어는 장소론 논의에서 지금보다 더 적극적으로 검토될 필요가 있다.

참고문헌

Norberg-Schulz, C.,《실존, 공간, 건축》, 태림문화사, 2002.

김상호, 〈엔텔레키를 중심으로 해석한 맥루한의 미디어 개념〉,《언론과 사회》12
　　권 4호, 2004, 79~116쪽.

_____, 〈확장된 몸, 스며든 기술: 맥루한 명제에 관한 현상학적 해석〉,《언론
　　과학연구》9권 2호, 2009, 167~206쪽.

_____, 〈아우라와 재매개: 벤야민과 매클루언의 맞물림〉,《언론과학연구》10
　　권 2호, 2010, 105~138쪽.

_____, 〈미디어가 메시지다: 메를로-퐁티의 현상학을 통해 살펴본 매클루언
　　의 미디어론〉,《커뮤니케이션이론》9권 3호, 2013, 58~98쪽.

_____, 〈미디어 존재론〉,《언론과 사회》24권 2호, 2017, 143~190쪽.

김영균, 〈플라톤에게 있어서 생성과 공간〉,《철학》62집 1권, 2000, 55~81쪽.

모리스 메를로 퐁티,《지각의 현상학》, 류의근 옮김, 문학과지성사, 2002.

알베르트 아인슈타인,《상대성이론》, 장헌영 옮김, 지만지, 2008.

연효숙, 〈들뢰즈의 기관 없는 신체와 개체성의 문제〉,《헤겔연구》34호, 2013,
　　259~280쪽.

유재민, 〈두 종류의 공간 개념: 아리스토텔레스에게 독립적 공간관의 성립 가능
　　성을 중심으로〉,《철학연구》120집, 2018, 193~216쪽.

이마누엘 칸트,《순수이성비판 1》, 백종현 옮김, 아카넷, 2006.

이태수, 〈아리스토텔레스의 공간이해〉,《인간, 환경, 미래》제11집, 2013, 3~30쪽.

이호규, 〈가상 공동체 개념정립 - 공간, 장소 그리고 신뢰를 중심으로〉,《언론과
　　사회》10권 3호, 2002, 88~116쪽.

황수영,《근현대 프랑스철학, 데까르뜨에서 베르그손까지》, 철학과 현실, 2005.

Auge, Marc, *Non-Lieux: Introduction a une Anthroplogie de la Surmodernite*,
　　Paris: Editions de Seuil, 1992.(《비장소》, 이상길 · 이윤영 옮김, 아카넷, 2017.)

Bachelard, Gaston, *The Poetics of Space*, Boston: Beacon Press, 1969. (《공간의

시학), 곽광수 옮김, 동문선, 2003.)

Berland, Jody, "place" in T Bennet, L. Grossberg and M. Morris, eds., *New Keywords: A Revised Vocabulary of Culture and Society*, Oxford: Blackwell, 2005, pp. 256-258.

Bourdieu, Pierre, *Outline of Theory of Practice*, trans. R. Nice, Cambridge University Press, 1977.

Casey, Edward, *Getting Back into Place*, Indiana University Press, 2009.

Foucault, Michel, Surveiller et punir: Naissance de la prison, 1975.((감시와처벌: 감옥의 역사), 오생근 옮김, 나남출판, 2003.)

Foucault, Michel, "Questions on Geography," in Colin Gordon, ed. *Power/ Knowledge: Selected Interviews and Other Writings 1972-1977*, NY: Pantheon Books, 1980, pp. 73-77.

Gebsr, Jean, *The Ever-Present Origin*, trans. Noel Barstad & Algis Mickunas, Ohio University Press, 1985.

Hall, Edward, T., *The Hidden Dimension*, 1966,((숨겨진 차원), 최효선 옮김, 한길사, 2002.)

Harvey, David, *The Condition of Postmodernity: An Inquiry into the Origin of Cultureal Change*, 2005.((포스트모더니티의 조건), , 구동회 · 박영민 옮김, 한울 아카데미, 2018.)

Heidegger, Martin, "An ontological consideration of place," in *The Question of Being*, New York: Twayne Publishers, 1958.

Irigaray, R., *Elemental Passions*. trans. J. Collie & J. Still. NY:Routledge, 1992.

Lefbvre, Henri, *The Production of Space*, trans. by D. Nicholson-Smith, Oxford: B:ackwell, 1991.((공간의 생산), 양영란 옮김, 에코리브르, 2011.)

McLuhan, M., *Understanding Media: The Extension of Man.* Gingko Press, 1964.((미디어의 이해), 김상호 옮김, 커뮤니케이션북스, 2011.)

McLuhan, Marshall & Eric McLuhan, *The Laws of Media: The New Science*. Toronto University of Toronto Press, 1988.

Meyrowitz, Joshua, *No Sense of Place: The Impact of Electronic Media on Social Behabior*, NY: Oxford University Press, 1985.((장소감의 상실: 전자미디어가

사회적 행동에 미치는 영향》, 김병선 옮김, 커뮤니케이션북스, 2018.)

Nancy, Jean-Luc, *The inoperative Community*, MN: Uniuversity of Minnesota Press, 1991.

Reichenbach, Hans, *The Philosophy of Space and Time*, trans. M. Reichenbach & J. Freund, NY: Dover Publications, 1957.(《시간과 공간의 철학》, 이정우 옮김, 서광사, 1986.)

Relph, Edward, *Place and Placelessness*, 1976. (《장소와 장소상실》, 김덕현 · 김현주 · 심승희 옮김, 논형, 2005.)

Steele, Fritz, *The Sense of Place*, Boston: CBI Pub, 1981.

Tuan, Yi-Fu, *Space anf Place: The Perspective of Experience*, MN: The University of Minnesota Press, 1977.(《공간과 장소》, 구동회 · 심승희 옮김, 대윤, 1999.)

Virilio, Paul, *Speed and Politics*, trans. M. Polizzotti, NY: Semiotext, 1986.

디지털 공간의 매개로서
모빌리티 확장 현상에 관한 연구

박정아

디지털 공간 확장 매개로서 모빌리티 환경

진보적 모던 공간Modren Spatial이 선호하는 '앞선 기술'이 오늘날까지도 여전히 19세기 대량생산 방식과 산업화의 기술이라는 점은 중요하다. 오늘날 중요한 개혁은 현재 디지털 기술 분야에서 일어나는 개혁이라고 해도 과언이 아니다. 현대 공간 측면에서 볼 때 디지털 기술 분야가 전달하는 상징체계는 그 엔지니어링 내용보다 훨씬 중요하다. 이는 공간에서 발견되는 기술 기반의 디지털 요소들이 모빌리티의 확장과 더불어 발전할 것이라는 데 관심을 가질 요소로 충분하다.

4차 산업혁명이 예고되고 5G 시대의 기술 상용화를 논하는 오늘날, 학문적·정책적 의제의 다양한 분야에서 '모빌리티mobility'의 문제가 무대의 중심에 있다. 어떤 사람들은 너무 적게 이동하는 데 비해 다른 어떤 사람들은 너무 많이 이동하는 문제, 부적절한 형태로 또는 부적절한 시간에 발생하는 모빌리티 문제 등, 모빌리티와 관련된 여러 논쟁들이 지금 벌어지고 있다. 이와 같은 주제와 문제들이 점차 사회과학에서 '모빌리티' 전환, 혹은 '새로운 모빌리티 패러다임'의 일환으로 분석되고 있다. 따라서 본 연구는 이러한 사회가 다양한 모빌리티를 수반하고 그 핵심에 모빌리티 시스템들이 디지털 공간에 자리 잡아 가고 있는 방향과 특징을 살펴보고자 한다.

그중 모빌리티 대표 이론가인 존 어리John Urry의 '상호의존적 모빌리티'가 디지털 공간 변화의 주도적 매개 역할을 하는 데 주목하였다. 이는 향후 근미래에 적극적으로 도입될 스마트 모빌리티를 활용한 디지털 공간의 발전 방향과 관련하여 디자인의 방향성과 역할을 논의하는 데 그 목적이 있다.

이동-movement의 문제가 오늘날 사람들의 삶과 다양한 사회조직의 작동에 결정적 요소라는 것은 분명하다. 모빌리티는 사용자가 어디에서라도 움직이면서 서비스를 받을 수 있는 이동성을 의미하는 단어로, 모바일 웹Mobile WEB이 우리 생활 속에 정착되면서 점차 사용이 늘고 있다. 본 연구에서는 사람들의 육체 이동이나 사물의 물리적 이동이 아닌, 비물리적 접근성을 요하는 기술 기반의 공간 이동에 중점을 두었다.

본 연구의 범위 및 방법은 다음과 같다. 첫째, 존 어리의 모빌리티 이론에서 상호의존적 부분에 중점을 두고 다양한 인쇄 매체·시각 매체에서 나타나고 움직이는 사람과 장소를 통해 영향을 받는 상상 이동, 지리적·사회적 거리를 초월하는 가상 이동, 메시지·텍스트·이동전화를 매개로 전달되는 통신 이동에 범위를 두고자 한다. 둘째, 이러한 모빌리티 특성 요소들을 추출하여 미디어 철학자 빌렘 플루서Vilem Flusser의 기술적 상상의 이론적 기반을 토대로 그에 따른 내용을 뒷받침 한다. 셋째, 모빌리티와 기술적 상상의 내용을 분석하여 현대 디지털 공간에서 보여지는 사례를 연구하고 분석한다. 이러한 분석을 통해 공간 현상의 급격한 변화를 주도하는 근원으로 '모빌리티' 환경이 디지털 공간의 확장 매개로서 담당하는 역할과 그 발전 방향을 제시하고자 한다.

모빌리티의 발전과 사회적 배경

모바일Mobile과 모빌리티Mobility 개념

'모바일Mobile'이라는 용어는 가장 상징적으로 이동(휴대)전화에 사용되는 것처럼, 그리고 그 외 이동 인간·이동 가족·이동 병원·이동 주방 등에 쓰이는 것처럼, 이동하거나 이동할 능력이 있는 것을 의미하는 데 사용된다. 이 시대의 많은 기술들이 사람들이 일시적으로 이동하게 해 주는 새로운 방식을 개발하는 데 본격적으로 활용되고 있으며, 여기에는 '이동할 수 없는 장애인'에게 이동 수단을 얻게 해 주는 다양한 물리적 인공신체 기술이 포함된다(Adams, 1999: 95).

모바일이라는 용어는 군중mob이라는 의미, 즉 떼 지어 몰려다니는 무리, 무질서한 집단이라는 의미가 있다. 군중은 어떤 경계 내에 완전히 고정되지 않고 이동한다는 바로 그 이유 때문에 무질서한 것으로 간주되며, 따라서 감시 추적과 사회적 규제가 필요하다고 여겨진다. 오늘날의 세계는 이른바 스마트몹[1]을 포함한 수많은 위험한 군중 또는 무리를 생성하고 있는 듯하며, 이에 따라 알려진 장소나 특정 경계 안에서 그들을 조사, 규제, 고정시킬 수 있는 새로우면서도 광범위한 물리적·전자적 시스템을 필요로 한다(Thrift, 2004: 582~604).

'모빌리티Mobility'는 물리적 이동의 시간성을 포함한다. 그 범위는 서 있기, 편하게 앉거나 눕기, 걷기, 등산하기, 춤추기 등과 같은 신체적 움직임에서부터 기술에 의해 확대된 자전거, 버스, 자동차, 기차, 배, 비행기, 휠체어, 목발 등에 이르기까지 매우 다양하다. 네트워크로 연결된 컴퓨터와 임베디드 컴퓨터[2]를 통한 일대일, 일대다, 다

---

1 하워드 라인골드Howard Rheingold는 이동전화와 인터넷 등 모바일 기술의 발달로 이를 적극적으로 활용하는 사람들이 언제 어디서나 쉽게 의견을 교환하고 연대하며 자신들의 의사를 적극적으로 표명할 수 있는 조건이 형성되었다고 주장한다. 이렇게 모바일 기술을 활용해 적극적으로 연대하고 행동하는 집단을 스마트몹smart mobs이라고 명명하고 이를 제목으로 한 책을 출간했다. 하워드 라인골드, 《참여군중》, 이운경 옮김, 황금가지, 2003 참조.
2 첨단 기능이 들어 있는 컴퓨터, 가전제품, 공장자동화 시스템, 엘리베이터, 휴대폰 등 현대의 각종 전자·정보·통신 기기는 대부분 임베디드 시스템을 갖추고 있다. 대개의 경우 그 자체로 작동할 수도 있지만, 다른 제품과 결합해 부수적인 기능을

대다 커뮤니케이션 같은 가상 이동은 물론이고, 멀티미디어를 통한 이미지와 정보 이동까지를 포괄한다(Urry, 2014: 34).

모빌리티의 편재성을 통한 인간의 기술적 복제는 '휴먼에서 포스트휴먼으로, 사용자에서 행위자로' 넘어가는 과도기의 현상이다. 기술적 복제의 대상이 인간이 된다는 것은 신체와 정신의 직접적인 복제 형태인 사이보그와 인공지능을 의미하는 것이 아니라, 인간의 몸이 세계를 경험하기 위한 일종의 혼종적 플랫폼이 되는 것이다. 스마트폰, 스마트워치, 헤드 마운트 디스플레이head mounted display 등은 사용자의 몸을 플랫폼으로 활용할 수 있도록 설계되었다. 스마트폰 사용자는 눈떠서 눈을 감기까지 하루 종일 스마트폰에서 눈과 귀, 손을 떼지 못하는 보철적 존재이다(Lee, 2018: 118).

상호의존적 모빌리티

브뤼노 라투르Bruno Latour는 《인간 · 사물 · 동맹: 행위자네트워크 이론과 테크노사이언스》에서 사회관계는 결코 장소에 고정되거나 위치하지만은 않으며, '순환하는 실체circulating entities'를 통해 다양하게 구성된다고 했다. 이 순환하는 실체란 사람, 돈, 아이디어, 메시지와 텍스트들이 고정되어 있지 않고 순환하는 것을 의미한다. 멀리 떨어져 있는 사람들 사이에도 관계를 유지시키는 순환하는 실체들이 많이 존재한다. 순환하는 실체로 인해 사람들 간에 직접 접촉과 온라인

수행할 때에 한해 임베디드 시스템이라고 한다. 컴퓨터의 경우에는 전용 동작을 수행하거나 특정 임베디드 소프트웨어 응용프로그램과 함께 사용되도록 디자인된 특정 컴퓨터 시스템 또는 컴퓨팅 장치를 일컫는다. 컴퓨터 외에 휴대용 개인정보 단말기PDA에 들어 있는 음성 솔루션, 텔레비전 · 전기밥솥 · 냉장고 · 자동차 등에 내장되어 있는 웹 기능 등도 모두 임베디드 시스템이다.

만남 등 다중적이고 다양한 거리에서 사회 내 관계성이 발생한다.

역사적으로 사회과학은 현존하는 사람들 사이의 대면 상호작용에 기반을 두었으며, 지리적으로 근접한 공동체에 초점을 두었다. 사회과학은 '현존의 형이상학', 즉 사회적 존재의 기반으로서 다른 사람들과의 직접적인 현존을 전제로 한다. 그러나 사람들과 사회적 집단의 연결은 근접성에 기초하지 않는다. 다양한 형태의 '상상된 현존imagined presence'이 존재하며, 그것은 사물·사람·정보·이미지의 이동을 통해 발생하고, 다양한 사회적 공간을 가로지르는 연결과 그 공간에 대한 연결을 수반한다(Chayko, 2002, Urry, 2014, p.103 재인용). 사람들이 부재할 때, 사람과 장소의 다양한 연결에 의존하는 상상된 현존이 나타날 수 있다. 현존은 간헐적인 것이고, 성취되고 수행되는 것이며, 연결과 통신의 과정과 항상 상호의존적인 것이다. 다음은 존 어리가 상호의존적 모빌리티를 다섯 가지로 분류한 것이다.

〈표 1〉 존 어리의 상호의존적 모빌리티

No	내용	특징
1	• 시공간 형태로 조직됨 • 직장, 여가, 가족생활, 즐거움, 이주, 탈출	사람들의 육체 이동
2	• 선물이나 기념품 교환 생산자 • 소비자, 판매자로서의 역할	사물의 물리적 이동
3	• 다양한 인쇄 · 시각 매체 • 움직이는 장소와 사람의 이미지를 통해 영향을 받음	상상 이동
4	• 종종 실시간으로 이루어짐 • 지리적 · 사회적 거리를 초월	가상 이동
5	• 메시지, 텍스트, 편지, 전신, 전화, 팩스, 이동 전화를 매개로 전달 • 개인 대 개인 메시지를 통한 이동	통신 이동

〈표 1〉 존 어리의 상호의존적 모빌리티에서 필자는 사람들의 육체 이동이나 사물의 물리적 이동이 아닌, 움직이는 장소와 이미지를

통한 상상 이동, 실시간으로 이루어져 지리적 거리를 초월하는 가상 이동, 디지털 기술의 발전에 의한 통신 이동, 세 가지 부분에 중점을 두고 디지털 공간과의 연관성을 찾고자 한다.

새로운 모빌리티 패러다임과 모빌리티 전환

사회생활의 네트워킹이 장소나 가정이 아니라 점차 새로운 '포털 portal', 즉 각각의 사회적 네트워크의 새로운 중심이 된다. 네트워크를 구축하는 데 장소, 가정, 맥락이 덜 중요하게 되고, 대신 각 개인과 개인들의 특수한 네트워크가 중요해진다. 또한 이렇게 '개인화된 네트워크'와 접촉을 유지하기 위해 많은 이동 시간을 사용한다. 이처럼 신뢰를 회복하고, '부재적 현존absent presence'을 유지하고, '연결된 현존 connected presence'을 통해 이벤트를 재조정하기 위해, 종종 이동 중에도 '업무'가 이루어진다. 오늘날 삶의 가장 핵심적인 변환은 매일매일의 출퇴근, 또는 1년 단위의 휴가나 일주일 단위의 가족 방문 등에서 나타나는 특정한 이동–공간movement-space이, 가정·직장·사회의 사이에 있는 더욱 확대되고 정교화된 '사이공간들' 또는 비결정적인 시공간으로 변환되는 것이다. 다양한 모빌리티의 성장, 새로운 기술, 네트워크의 확장으로 인해, 네트워크 자본이 매우 중요해지는 '사이공간적' 사회생활의 새로운 장이 만들어지고 있다(Urry, 2014: 490).

모빌리티 패러다임 전환은 사람의 교통과, 메시지·정보·이미지의 통신이 디지털화된 흐름을 통해 어떻게 겹쳐지고 일치·융합되는지도 포함한다. 특히 최근 기술의 발전으로 상상 이동과 가상 이동, 가상공간virtual space, 증강현실augmented reality, 혼합현실mixed reality과 같은 부분도 연관성이 높다. 사람과 사물이 시공간을 통해 결합되고 사람의 이동을 감소시키면서 이동하는 공간이 존재하게 된다. 따라서 이러한 상상된 현존을 통해 정보의 생산과 공유 과정에서 인간은 미디어이자 콘텐츠이자 플랫폼으로서 기능하는 것이다.

디지털 공간 매개로의 모빌리티

모바일 플랫폼의 대중화에 의한 디지털 패러다임에서 시간과 공간은 탈역사적, 탈경계적 움직임을 보이기 시작했으며, 모빌리티를 통해 공간을 경험할 때 사용자는 정보를 접할 수 있는 맥락에서 해당하는 시간과 공간을 선택할 수 있게 되었다.

빌렘 플루서는 이러한 변화의 기저에 기술적 상상Technoimagination이 자리 잡고 있다고 주장한다. 입장들, 시간적 체험, 공간적 체험이라는 기술적 상상의 세 가지 층위는 기술과 인간, 기술과 예술의 관계 변화를 살펴볼 수 있는 의미 있는 기준으로 기능한다. 기술적 상상은 생성된 그림들을 개념의 상징으로 해독할 수 있는 능력(Flusser, 200: 226)이다. 이러한 능력은 코드화된 세계와 구체적인 체험에 기반한 세계의 결합을 위해 필요하다. 필멸의 존재인 인간은 코드화된 세계를 통해 삶의 의미를 부여받음으로써 타인과 소통을 통한 공존이 가능하게 된다(Flusser, 2001: 226-227). 코드는 사용자 간의 합의에 근거한 기호이기 때문이다.

기술적 상상의 입장들과 시·공간의 체험
입장들은 특정한 개체의 상황과 관점을 바탕으로 형성된다. 그렇기에 주관적이며 복수성을 가진다. 기술적 상상에 기반한 복수의 입장들의 발현은 객관적 입장의 유효성에 의문을 제기하고 나아가 객관적 진리를 해체시키기도 한다.

기술적 상상 아래 선형적이고 역사적인 시간과 공간 개념은 변화한다(Flusser, 2001: 236). 선형적이고 역사적인 문자 기반의 상상에서 시간과 공간은 독립적인 개념이었으나, 기술적 상상을 통해 '여기'와 '지금'을 중심으로 시간과 공간은 하나가 된다. 기술적 상상의 개념에서 플루서가 주목하는 것은 '여기-지금'의 세계가 코드 구조의 확장이 아닌 코드를 공유하는 인간들의 확장을 통해 형성된다는 점이다. 플루서는 기술적 상상의 확장성 혹은 작동의 원리가 기술적 진보가 아닌 '타인을 위한 활동과 관심 변수의 확장'에 있다고 말한다.

모빌리티는 인간을 기반으로 여기-지금의 세계를 구축한다. 가까이 혹은 먼 어딘가에 접속할 수 있는 가상 세계가 별도로 존재하고 그곳에 접근하는 사용자로서 인간을 가정하는 것이 아니라, 사용자의 관심을 중심으로 지금-여기의 세계가 생성되는 것이다. 디지털 공간의 모빌리티를 통해 나타나는 시간과 공간이 통합된 지금-여기의 세계는 특정 모티프를 기반으로 결합하는 것이 아니라, 사용자의 관심과 의지를 통해 생성되는 지금-여기의 세계 자체인 것이다.

인간은 기술을 통해 변화한 환경에 적응하고 기술은 인간의 경험

〈그림 1〉 디지털 공간의 모빌리티

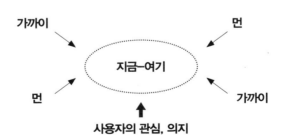

을 근거로 변화한다. 모바일 기술은 기존의 습관적인 적응 패턴을 중단하고 체화된 매체로서 새로운 패턴을 형성하도록 한다(Hansen, 2006: 29). 모빌리티는 모바일 기술과 인간이 결합된 패턴이자 패턴을 형성하는 환경이다. 이러한 모빌리티를 통해 형성되는 새로운 패턴은 기술적 이미지로 발전해 '인간-기술 상상'으로 전환하는 기술적 상상의 중심이 된다.

모빌리티는 시간과 공간 경험의 변화를 통해 사용자가 존재하는 방식을 변화시킨다. 움직일 수 없는 동일시의 주체로 규정되던 전통적인 의미에서, 컴퓨터를 통해 인터페이스를 통제할 수 있는 움직이는 주체인 사용자로 재정의된다(Mi, 2007: 447). 그러나 책상 앞에 앉아 컴퓨터 스크린에 붙박인 사용자에게 움직이는 주체란 사용자로의 위상 변화를 상징하는 은유에 불과하다. 고정된 몸과 함께 미디어가 표상하는 시간과 공간을 이동하는 시선으로 규정되던 관람객[3]은 사용자로의 위상 변화를 통해 몸의 통제권을 획득했지만, 모바일 기술을 통해 비로소 스크린 앞에 고정된 몸을 자유롭게 움직일 수 있게 되었다.

미디어 침투 공간으로의 비장소

모바일 환경에서의 모빌리티가 보여 주는 공간적 특성은 '비장소 nonplaces'인 부분도 포함한다. 비장소는 인류학자인 마르크 오제Marc

---

3 앤 드리드버그Anne Friedberg는 '움직이는 가상의 시선mobilized virtual gaze'을 제시하며 스크린을 통시적으로 분석한다. 르네상스 시대 회화의 원근법적 재현부터 가상현실에 이르기까지 기술의 발달을 통한 스크린의 점진적인 변화에 따라 분열되었던 관람객의 신체와 시선의 관계가 다양한 양상으로 나타난다. Friedberg, Anne, *The Virtual Window: From Alberti to Microsoft*, MA: The MIT Press, 2009, p. 245.

Auge가 제시한 개념으로 전통적인 '인류학적 장소anthropological place'와 대비되는 공간을 가리킨다. 인류학적 장소가 전통적인 정체성과 관계성을 바탕으로 역사성을 가지고 있는 공간이라면, 비장소는 텍스트나 이미지에 의해 매개되며 계약관계에 기반해 일시적이다. 또한, 정주하지 않는 부동의 장소로 새로운 정체성을 가지게 되고 끊임없는 현재성을 지니는 공간이다. 마르크 오제는 이러한 비장소성을 가진 대표적인 공간으로 대규모 환승 공간인 공항, 대형 쇼핑몰, 규격화된 테마파크 등과 같은 장소를 제시한다(Auge, 2008: 75-115).

〈표 2〉 장소와 비장소를 구분

개념 요소	장소	비장소
정체성	여행자Traveller	승객Passenger
관계적	Crossroad 만남, 공유, 기념	Interchange 이동, 순환, 통과, 점유, 접속
역사성	거주, 기념Monument	역사적인 것으로 정의될 수 없음. 부동산Housing estate
구분	인류학적인 장소	인류학적인 장소(주거 또는 거주)가 아닌 공간

미디어 침투 공간으로서 비장소는 현대의 모바일 문화 특성을 보여 주는 전형적인 공간으로 간주될 수 있다. 첫째, 비장소는 공간적 이동성spatial mobility에 의해 형성된 공간이다. 산업혁명 이후 정주성定住性의 사회에서 비정주성, 즉 노마드nomad의 사회로 전환되면서 교통수단의 발전은 필연적으로 비장소의 증가를 초래했다. 철도역, 공항 등은 대표적인 장소이며 그 이후 나타난 지하철도 마찬가지다. 이와 함께 이동하는 중에 대기하거나 휴식을 취하는 공간, 그리고 사람과 사람이 만나는 공간이 증가하게 된 것도 사회적 이동성 증가를 반영하는 것이다.

둘째로 비장소는 모바일 미디어가 이용되는 전형적인 공간이기도 하다. 전통적으로 비장소는 책이나 신문과 같은 아날로그 미디어들이 이용되는 곳이었다. 철도의 발달로 이동 중에 읽을 수 있는 작은 책, 즉 문고판 책은 대표적인 비장소의 미디어였다. 이동하는 인간, 즉 '호모 모빌리스homo mobilis'라고 부를 수가 있는 현대인들은 스마트폰, 태블릿 PC, 노트북, 휴대용 게임기, 디지털 카메라 등으로 무장하고 비장소를 방문한다. 비장소에서 호모 모빌리스는 SMSshort messaging service, 채팅, SNSsocial network service를 통해 다수와 커뮤니케이션하고, 모바일 인터넷으로 정보 검색을 하며, 혼자 또는 지인과 컴퓨터 게임을 한다. 호모 모빌리스는 어느 장소에서라도 노트북으로 작업을 하며 업무 공간과 사교 공간의 구분을 모호하게 만들고 있다. 또한 블루투스 오디오와 스피커로 자신의 정서에 맞는 음악을 듣거나 컴퓨터 게임에 몰입하면서, 타인과 세계로부터 차단된 자신만의 비장소 공간으로 전유한다. 한편 비장소는 호모 모빌리스에게 텍스트 캡처text capture라는 새로운 디지털 카메라의 용도를 만들어 내고 있다. 비장소에 넘쳐 나는 포스터와 같은 홍보물이나 열차시간표 같은 텍스트 정보 등은 휴대전화나 전용 카메라에 의해 포착된 뒤 추후에 네트워크나 저장 매체에 저장되어 또 다른 활용을 기다리는 새로운 정보로 다시 태어난다. 모바일 미디어를 연결시켜 주는 와이파이Wi-Fi는 호모 모빌리스가 방문하는 비장소의 아이콘이다.

셋째로 공간성 측면에서 볼 때, 비장소는 모바일 미디어에 의해 새로운 실재reality가 창출되는 공간이기도 하다. 이런 공간의 전형적인 사례는 혼합 공간mixed reality이라 할 수 있는데, 스마트폰이 제공하는 위치 기반 서비스LBS: location-based service 앱이나 증강현실AR: augmented reality 앱은 실재 공간에 정보 공간을 덧붙여 혼합 공간이라는 새로운 실재를 우리에게 제공한다. 이런 점에서 비장소는 단순히 일상적으로 경험하던 물리적 실재가 아니다. 과거 우리가 육체의 이동에 의해 공간을 전유했다면, 이제는 모바일 미디어를 통해 '가상적으로virtually' 실재하는 장소를 나만의 장소로 전유하게 된 것이다.

비장소에서 형성되는 정체성은 타인과의 관계에 기반한 것이 아닌 공간과의 계약관계에 귀속된다.

이동 중일 때에도 시간과 장소의 제약 없이 스크린과 마주할 수 있게 되면서, 장소 기반으로 이루어지던 커뮤니케이션 또한 존재 기반으로 변화했다. 이는 소재지 중심의 시스템 단위가 체계적으로 배열되지 않은 사람 기반의 시스템person-based systems의 침투 아래서 약화되었음을 의미한다(Kim, 2008: 125).

디지털 요소와 비물리적 이동의 연관 사례들

사례 선정 기준은 최근 2016~2019년 사이 디지털을 매개로 한 공간을 중점적으로 분석하였다. 특히 모빌리티 패러다임의 중심이 되는 디지털 요소가 공간의 비물리적 이동 부분과 어떻게 연관되는지를 알아보고, 디지털 공간에 확장적 현상을 제공하는 부분을 분석하였다.

〈DECISION FOREST〉, 아모레퍼시픽 미술관

2018년 아모레퍼시픽 미술관 개관전 〈Rafael Lozano-Hemmer : Decision Forest〉는 대형 인터랙티브 공공 프로젝트를 통해 일상의 공간에서 많은 사람들과 교감해 온 라파엘 로자노해머Rafael Lozano-Hemmer의 전시로 이루어졌다. 인터렉티브 미디어 아트 전시로 관객이 직접 작품에 참여하는 방식으로 이루어졌다. 그가 제시하는 미디어 연출의 개념은, 기본적으로 장소와 그 공간에서 있었던 사건과 기록을 통해 새로운 경험의 의미를 가지게 된다는 것이다. 관객들은 입방체 벽면에 투사된 이미지와 자신들의 그림자가 확대 왜곡되면서 만들어지는 이미지를 보면서 발길을 멈추고 구경을 하다가 스스로 재미있는 Scene을 만들어 낸다. 결국 전시를 관람하는 사람들 자체가 그 작품과 공간의 이야기를 만들어 내는 주인공으로 동참하게 되는 것이다.

모빌리티의 개념에서 볼 때 관객들은 단순히 '거기'에 있는 것이 아니다. 그들은 상대적으로 멀리 떨어진 네트워크에 분포하는 매우 많은 가상물들의 매개를 통해 거기에 있거나 있을 수 있다. 이것은 연결된 현존connected presence으로 타인과 멀리 떨어져 있지만 거기에 있다는 것을 보여 주는 디지털 매체, 관심을 나누는 신호나 몸짓으로 공간이 가지고 있던 의미를 재해석하고 그곳에서의 경험을 재생산하여 공간에 새로운 의미와 경험을 만드는 것이다.

〈그림 2〉 맥박과 지문을 이용한 'Pulse Index'(왼쪽), CCTV를 소재로 한 'Zoom Pavilion'(오른쪽), 2018.

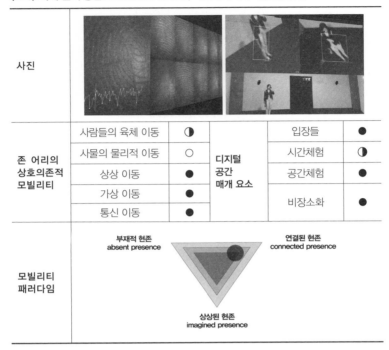

〈표 3〉 사례 분석 종합 DECISION FOREST, 아모레퍼시픽 미술관, 2018

사진						
존 어리의 상호의존적 모빌리티	사람들의 육체 이동	◐	디지털 공간 매개 요소	입장들	●
	사물의 물리적 이동	○		시간체험	◐
	상상 이동	●		공간체험	●
	가상 이동	●		비장소화	●
	통신 이동	●			

IDIA랩, 스톤헨지 프로젝트

IDIA 랩Lab은 대화형 3D 스톤헨지 시뮬레이션을 개발했다. 이 프로젝트는 NASA JPL 데이터를 사용하여 가상의 태양과 달을 정확히 화면에 위치시키고 지구 자전과 시간의 실제 변화를 측정하여 3D상으로 정확하게 관찰할 수 있도록 했다. 스톤헨지 pan preview를 영상으로 볼 수 있도록 제공하고 있으며, 이러한 모빌리티 환경에서 사용자는 변화한 시공간 개념을 통해 재구성된다.

모빌리티 환경에서 대상은 사용자가 된다. 역사적인 존재로서 인

〈그림 5〉 The Stonehenge Hidden Landscapes Project: Virtual Excavation & Digital Recreation, 2014. 출처 : http://idialab.org/virtual-stonehenge/

간이 시공간에 대해 가지는 일회적 현존성은 모빌리티가 가지는 원격현전을 통해 그 의미가 변화된다. 사용자는 모바일 기술과의 결합을 통해 시간과 공간에 복제되어 언제 어디서나 존재할 수 있게 된 것이다. 이때 모빌리티는 이동하는 존재와 이동의 능력, 이동을 통해 형성된 관계들을 아우르는 체계이다. 디지털을 통한 스마트 환경에서의 공간 경험은 경험의 유동적 변화, 그리고 개인화된 경험의 집단적 공유로 이해될 수 있다. 이러한 먼 거리를 잇는 커뮤니케이션과 가상의 이동을 통해 여행하고 싶은 사람들이 가상현실VR: virtual reality을 이용해 미리 체험해 보고 그곳에 직접 가 보고 싶다는 마음을 가질 수 있다. 또한 실제로 그곳에 가서 위치 기반형 증강현실 AR:Augmented Reality 콘텐츠를 이용하여 편리하고 재미있는 관광 서비스를 누릴 수도 있다. IT 강국인 우리나라 또한 관광산업 활성화를 위해 VR과 AR을 이용한 기술의 발전에 관심을 갖고 활용 방안을 고민해야 할 것이다.

〈표 3〉 사례 분석 종합 IDIA랩, 스톤헨지 프로젝트, 2014

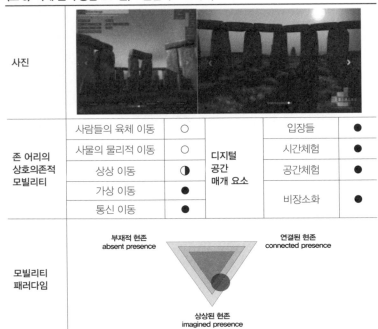

사진					
존 어리의 상호의존적 모빌리티	사람들의 육체 이동	○	디지털 공간 매개 요소	입장들	●
	사물의 물리적 이동	○		시간체험	●
	상상 이동	◐		공간체험	●
	가상 이동	●		비장소화	●
	통신 이동	●			
모빌리티 패러다임	부재적 현존 absent presence / 연결된 현존 connected presence / 상상된 현존 imagined presence				

라뜰리에Latelier, 아트랙티브 테마파크

가상현실VR과 동작 인식 기술 등 IT기술을 통해 미디어 아트로 구성된 '라뜰리에Latelier'는 시간을 초월하여 빛의 화가들과 함께 즐길 수 있는 미술 체험 공간으로, 19세기 프랑스 파리의 비현실적 공간으로 관람객들을 초대한다. 이 공간에서는 고흐, 모네, 르누아르, 고갱 등 다수의 19세기 프랑스 명화를 미디어로 체험할 수 있다.

관람객들은 고흐의 작품 속으로 직접 들어가 사운드 시스템을 통해 대화를 나누거나, 자연의 소리를 체험하는 VR 아트존, 살아 움직이는 라이브 스케치 등의 특별한 경험을 하게 된다. 액자 속 공간은 곧 현실

〈그림 8〉 라뜰리에 아트랙티브 전시 공간. '모네의 정원'(왼쪽), '테르트르 광장'(오른쪽), 2018.

이 되고, 관객은 그림의 일부가 된다. 인터랙티브 전시가 어떻게 디지털 공간에서 이미지로 형성될 수 있는지를 잘 보여 주는 사례이다.

관객은 한 장소에 머물러 있지만 공간은 변모하고 시간성을 차이를 두어 현재가 아닌 그 시절 그 화가의 화풍 속 세계와 마주하게 된다. 이러한 공간은 비물리적 이동을 통해 과거와 현재가 연결된 현존connected presence의 성향을 나타낸다. 즉, 디지털 공간에서 벌어질 수 있는 수많은 사건과 역사, 그리고 이벤트와 문화적 경험은 이미 인류의 역사와 함께 있어 온 장소가 가지는 의미이자 경험의 이야기가 되고 있다. 여기에 스마트 환경이 제공하는 참여적 관점과 소통의 매체로 그러한 장소에서 일어나고 만들어지는 디지털 공간에서의 경험을 극대화하고 동시화하며, 무엇보다 공간에서의 소통을 통해 관객이 교감할 수 있는 새로운 가능성을 만들어 가고 있다.

사진						
존 어리의 상호의존적 모빌리티	사람들의 육체 이동	◑	디지털 공간 매개 요소	입장들	●	
	사물의 물리적 이동	○		시간체험	●	
	상상 이동	●		공간체험	●	
	가상 이동	●		비장소화	●	
	통신 이동	◑				

모빌리티 패러다임	부재적 현존 absent presence · · · 연결된 현존 connected presence · · · 상상된 현존 imagined presence

바이플러스Buy+, 가상현실 쇼핑몰

중국의 전자상거래 회사 알리바바Alibaba는 2016년 가상현실 쇼핑몰 바이플러스Buy+를 시작했다. 세계 주요 백화점이 가상공간에 들어가 있어서, 사람들이 실제 쇼핑 장소에 가지 않고도 상품을 구경할 수 있다. 바이플러스 앱을 열고 VR 헤드셋을 착용하면 쇼핑을 할 수 있다. 원하는 상품을 고르면 360도로 돌려 가며 확인할 수 있고,

〈그림 11〉 타오바오淘寶의 VR쇼핑 '바이플러스Buy+', 2016. 출처: Diorama

향후 실제 촉감까지도 느낄 수 있도록 하겠다는 계획이다. 이 가상 현실에서 옷을 입어 볼 수 있고, 가상 거울을 통해 어울리는지 확인해 볼 수도 있으며, 가구와 같은 물품을 3D 입체 사진으로 보고 난 뒤 결제까지 가능하다. 가상현실 기기를 착용한 상태에서 간단한 동작으로 계좌에 로그인하고 안전하게 구매 시스템에 접속하는데, 소비자는 눈을 깜빡이거나 고개를 움직여서 결제를 진행한다. 스마트폰 사용이 가장 많은 중국은 이러한 시스템이 매우 빠르게 정착하고 있다.

경제 통합이 가속화되고 인구의 이동성이 높아지며 사이버 영역이 물리적 현실과 통합되면서, 우리의 일상생활 방식도 영향을 받고 있다. 일부 하이테크 기업의 전유물이었던 기술이 이제는 산업의 경계를 넘어서고 있다. 기술이 모든 기업에게 중요해지는 시대로 바뀌고 있는 것이다.

모바일 통신 시스템과 개인화된 네트워킹은 부재한 타인들과 접촉하게 해 줄 뿐만 아니라, 이와 동시에 타인들에 의해 감시당하게도 된다. 이로 인해 "먼 거리에서도 일종의 현존의 감각a sense of presence이 가능하게 되는 것이다. 이 기계들에 거주inhabit한다는 것은 전 세계에 걸쳐 있는 '지점들'과 연결되거나, 또는 집에서 편히 이

'지점들'과 함께 있다는 것이다. 이때 그 지점들에 있는 다른 사람들은 기묘하게도 현존하면서 부재하고, 여기 있으면서도 저기 있고, 가까이 있으면서도 멀리 있고, 집에 있으면서도 집에서 벗어나 있고, 근접하면서도 거리를 두고 있게 된다(Urry, 2004: 109-130).

〈표 6〉 사례 분석 종합 바이플러스Buy+, 가상현실 쇼핑몰, 2016

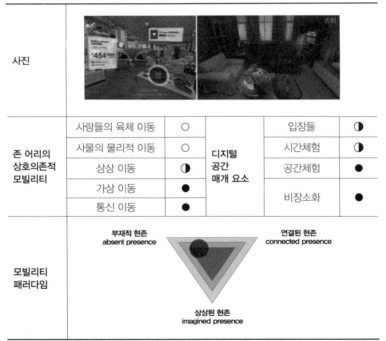

사진					
존 어리의 상호의존적 모빌리티	사람들의 육체 이동	○	디지털 공간 매개 요소	입장들	◐
	사물의 물리적 이동	○		시간체험	◐
	상상 이동	◐		공간체험	●
	가상 이동	●		비장소화	●
	통신 이동	●			
모빌리티 패러다임	부재적 현존 absent presence / 연결된 현존 connected presence / 상상된 현존 imagined presence				

본 연구에서 존 어리의 상호의존적 모빌리티의 다섯 가지를 연관성이 높은 순으로 상●, 중◐, 하○로 표기하였다. 이 중 본 연구에서 주목한 비물리적 이동인 상상 이동, 가상 이동, 통신 이동이 높은 연관성을 보였다. 이러한 모빌리티가 디지털 공간 매개 요소로 입장

들, 시간 체험, 공간 체험, 비장소화 된 부분은 대부분 높은 연관성을 나타내는 것을 알 수 있었다.

또한 모빌리티 패러다임에서 보여지는 사물, 사람, 정보, 이미지의 이동을 통해 발생하는 상상된 현존imagined presence은 가상의 공간에서 더욱 강화되고, 현재의 실제적 공간이 아닌 가상현실에서 더욱 확장되어 보여진다.

개인화된 네트워크를 구축하는 데 장소, 가정, 맥락이 덜 중요해지면서 개인과 개인들의 특수한 네트워크가 더 중요해지며 부재적 현존absent presence을 유지하게 된다. 현재의 장소가 아니더라도 우리는 부재한 장소에서 대신 또 다른 네트워크를 구축할 수 있는 것이다. 이처럼 다양한 사회적 공간을 가로지르는 연결과 그 공간에 대한 연결된 현존connected presence을 통해 종종 이동 중에도 무엇인가를 동시에 함으로써 공간에 대한 연결을 수반한다.

모빌리티 패러다임과 디지털 공간의 변화, 그리고 모빌리티 확장

오늘날 밀레니엄 세대나 Y세대로 알려진 '디지털 원주민들digital natives', 이들 젊은 세대의 비중은 현재 역사상 그 어느 때보다 높다. 세계 인구의 40퍼센트가 24세 이하이다. 이는 세계 인구의 절반 이상에게 식민주의 시대나 냉전시대에 대한 기억이 없다는 의미이다 (Parag, 2016: 27). 조그바이 애널리틱스Zogby Analytics의 조사에 따르면, 이 첫 번째 글로벌 세대는 연결과 지속 발전 가능성을 최고의 가치로 여긴다. 2025년에는 세계의 모든 사람들이 인터넷과 휴대전화를 통해 연결될 가능성이 높다. 생활이 점점 서로 연결되면서 모바일을 통한 모빌리티 환경에서 디지털 공간에 대한 발전이 반드시 필요할 것으로 생각된다.

인간은 한정된 공간을 통해 정보를 수용했지만 디지털 패러다임에서 견고한 시간과 공간은 탈역사적 움직임을 보이기 시작했으며, 모빌리티를 통해 인간은 존재 중심의 탈역사적 맥락과 온전히 마주할 수 있게 되었다.

본 연구에서는 모바일 문화에 따른 모빌리티의 패러다임과 디지털 공간의 변화 그리고 그 공간에서 실제 사람들이 느끼고 사용하는 디지털 공간의 매개로서 모빌리티 확장에 주목하였다. 각 사례에 대한 연구 분석과 모빌리티의 주요 관점을 통하여 아래와 같은 결론을 도출하였다.

첫째, 디지털 공간은 기존의 공간에서 제공할 수 없었던 다양한 가능성을 통해 상상 이동, 가상 이동, 통신 이동을 수반한 비물리적 이동의 특징을 나타낸다.

둘째, 비물리적 이동을 나타내는 모빌리티가 스마트 모바일 사회에서 더욱 성장함과 동시에 디지털 공간이 제공하는 시·공간 체험은 비장소적 특징을 포함하며 매우 중요하다.

셋째, 존 어리의 상호의존적 모빌리티의 특성을 알아보고 사례를 도출함에 따라 부재적 현존, 연결된 현존, 상상된 현존의 부분으로 대표되는 모빌리티 대표 패러다임을 추출할 수 있었다.

넷째, 스마트 모바일 환경에서의 디지털 공간에서 공간이 가지고 있는 역사문화적 특성뿐만 아니라 일시적이고 개인적인 사건Event적 경험과 같은 다양한 차원의 콘텐츠의 소통 및 재생성 과정을 고려해야 한다.

디지털 공간과 경험자의 관계는 현재 모빌리티 환경으로의 변화에 있어 기존 공간에서 경험되지 못한 다양한 가능성을 만들고 있다. 이는 기술의 발전에 따른 모바일 환경이 가지는 정보의 무한한 제공과 그 소통에서 기본적인 가능성이 시작된다. 그에 따라 디지털 공간의 확장은 더욱 다차원적으로 변화하고 결국 인간과 인간, 인간과 공간 그리고 공간과 공간을 연결하는 상호작용적 환경으로 발전되고 있는 것이다. 모빌리티 사회는 사람들과의 네트워크를 형성하고 유지하게 해 주는 능력을 의미한다. 향후 본 연구가 디지털 공간에 모빌리티 시스템의 지속 가능한 가치 비전이 되기를 기대한다.

참고문헌

Adams John, *the social implication of hypermobility*, OECD Env. Directorate, Unclassified ENV/EPOC/PPC/T 99 3/FINAL/REV1, 1999.

Auge, Marc, Translated by John Howe, *Non-Place: Introduction to an Anthropology of Supermodernity*, New York: Verso, 2008.

Flusser, Vilem, Kim Sung-jae, *KOMMUNICOLOGY: History, Theory, and Philosophy of Communication through Code*, Seoul: Communication Books, 2008.

Hansen, Mark B. N., *Bodies in Code: Interfaces with Digital Media*, New York: Routledge, 2006.

Jung, DuHee, *Technical intelligence. TQ The power to catch up with the speed of the future*, Seoul: Seolrim Press, 2017.

Nigel Thrift, *Movement-space: the changing domain of thinking resulting from the development of new kinds of spatial awareness*, Economy and Society 33, 2004.

Urry Jonh, *Small worlds and the new 'social physics'*, Global Networks 4, 2004.

Urry Jonh, *Mobilites*, Seoul: acanet Press, 2014.

Kim Sung do, *Homo Mobilicus*, Seoul: Samsung Economic Research Institute, 2008.

Aesthetics circulation society, *Contemporary Art and Aesthetics*, Seoul: Seoul National University Press, 2007.

Lee, Jin, *A Study on Mobility of Digital Game*, Ewha Womans University Graduate School, Doctoral Dissertation, 2018. (이진, 《디지털 게임의 모빌리티 연구》, 이화여자대학교 대학원 박사논문, 2018.)

이동하는 사회와
모빌리티 통치성

이동통치와 불안계급의 공간전략

신혜란

이 글은 《공간과 사회》 제27집(2017. 12)에 실린 원고를 수정하여 재수록한 것이다. 이 연구는 연암문화재단의 해외연구교수 지원금의 지원을 받아 수행되었다.

현대사회의 불안정성과 공간

이 글은 불안정성precarity 논의를 이동, 공간과 연결시키는 이론적 탐색이다. 불안정성이 증가하는 현대사회에서 개인들이 대응 전략을 발전시키는 과정을 본다. 특히 불안정성과 공간전략이 상호 구성하는 것에 주목한다. 이 연구의 주요 개념인 불안정성precarity, 불안계급precariat 논의에는 이동/이주민 연구에서 활용되는 '이동을 통한 통치(이동통치governmobility)', '항해navigation' 개념이 결합된다. 이 글에서 불안정성은 노동시장 유연화로 인해 개인의 삶에서 불안, 불확실성이 확대되고 새로운 기회 또한 증가하는 경향을 뜻한다(Lewis 외, 2015). 불안계급precar+riat은 안정적 급여생활자salariat와 대비되는 개념으로 불안정한precarious 노동자계급proletariat을 의미하며(Standing, 2012), 이동통치govern+mobility란 이동을 통해 통치와 안정이 형성·재형성되는 것(Bærenholdt, 2013)을 뜻한다.

이 글의 목적은 불안정성 논의 속에서 이동/이주의 메커니즘과 역할을 이론적으로 개념화하는 것이다. 경제구조뿐 아니라 일상생활에서도 드러나는 불안정성의 증가와 불안계급의 출현은 사회과학 전반을 비롯해 언론, 정책 분야, 대중적 담론 등에서 많은 관심을 받았다. 기존의 불안정성 관련 논의는 후기자본주의 사회의 특징과 불안계급화되는 개인의 삶에 대한 종합적인 이해를 시도했다는 점에서 그 의의가 있다. 하지만 불안계급, 불안정성을 공간, 특히 이동/이주와 관련하여 논의한 연구는 드물다. 기존 연구는 공간과 이동/이주의 관계적 역동성을 소홀히 다룸으로써 사회 불안정성이 불안계급의 공간실천과 상호작용하는 순환 관계를 놓치고 있다. 불안정성과 공간은 깊은 연관성을 가지고 있다. 특히 사물과 인간의 이동과 관련된 공간은 불안사회, 불안계급 논의에서 중요한 주제이다.

이 연구는 구조와 개인의 문제를 관통하는 불안정성 논의를 공간 연구에서 발전시키자는 제안이다. 불안계급의 특징이 두드러지는 초국적 이주민의 사례를 통해 다음의 질문을 던지며 논의하고자 한다.

이동은 통치를 위한 동원인가, 아니면 자발적인 삶의 선택인가? 불안계급으로서 이주민은 불안정성에 어떠한 공간전략으로 대응하는가?

이 글은 불안사회에서 이동을 통한 통치와 그에 대한 개인들의 공간적 대응이 상호작용함을 주장한다. 또한 자본과 인간의 이동이 불안정성을 가져오는 근본 원인인 동시에 국가나 개인이 그 불안정성을 극복하는 전략적 선택의 결과라고 본다. 이동을 통한 통치는 국가 및 사회의 전략이며, 초국적 이주민의 사례에서 두드러지는 반복적 이동과 장소 만들기는 개인들의 공간실천이다. 이렇게 사회의 전략과 개인의 실천들이 상호작용하여 서로를 강화시킨다. 이동은 통치술인 동시에 생존 전략이며, 동원이자 자발이고, 또한 그 둘의 복잡한 결합이다.

위의 주장을 위해 이 글은 다음과 같이 구성된다. '불안정성, 불안계급'에서는 불안정성, 불안계급 논의를 검토하고 공간과 이동의 메커니즘에 대한 이해가 부족함을 비판한다. 이를 극복하기 위하여 '불안계급과 공간, 이동'에서 불안계급 논의에 이주민 연구를 결합시켜 이동통치와 개인들의 항해술인 공간전략을 순환 관계로 볼 것을 제안한다. '이동: 동원과 자발의 결합, 불안정의 원인이면서 전략'에서는 이동통치 개념을 중심으로, 통치의 한 부분이 되는 이동과 불안정성에 대응하기 위해 나타나는 이동에 대해 논의한다. 통치를 위해 구체적인 이동을 동원하는 국가, 그 통치 논리를 내면화하면서 동시에 더 나은 삶을 위해 자발적으로 이동하는 사회 구성원 모두 공간전략을 활용하고 있음을 주장한다. '불안계급 항해 속 공간전략'에서는 불안계급인 이주민이 불안정한 사회에서 생존하기 위해 반복 이동, 장소 만들기 등의 공간전략을 쓰는 것을 불안정 사회에서 항해 개념을 통해 고찰한다. 마지막으로 '불안계급의 역량'에서 불안계급의 공간전략이 그들의 역량 확대에 어떤 영향을 미치는지를 중심으로 불안정성 논의의 학문적, 실천적 함의와 딜레마에 대한 논의를 제안한다.

불안정성, 불안계급

불안정성과 불안계급 개념이 대표하는 사회 변화는 최근 사회과학자들, 정책전문가들, 언론의 많은 관심을 받고 있다. 불안정성 논의의 기존 문헌들(대표적으로 Standing, 2016; Banki, 2013)은 세계 금융위기, 값싼 노동인구 유입, 산업 재구조화로 인한 생산방식 유연화, 라이프스타일 유연화, 신자유주의 이데올로기(이광일, 2013), 교육과 정부 서비스의 상품화 등으로 인해 후기자본주의의 불확실하고 불안정한 사회경제적 조건(Lewis 외, 2015)이 나타났다고 주장한다. 그중 세계적인 노동 이주로 인한 노동시장의 변화는 그 변화의 핵심에 있다. 자본의 이동이 경제의 세계화 및 고용 불안정, 노동시장의 유연화를 가져왔다면, 이에 더해 이주 정책의 변화, 비공식적 이주 통로의 발전은 국경을 넘는 노동력 이동을 증가시켰다. 노동력 이동은 다시 사회 불안정성을 강화시키는 원인이 되며, 그 과정에서 이주민들은 더욱 불안계급화된다.

구조와 개인의 문제를 통합적으로 논의하고자 하는 시도들이 일찍이 있었다. 예를 들어 하버마스Jurgen Habermas(Habermas, 1984, 1987)는 후기자본주의 사회에서 정부·시장과 같은 시스템의 도구적 합리성이 생활세계의 소통적 합리성을 잠식시켜, 결국 생활세계가 시스템에 필요한 가치 생산을 하지 않는 것이 문제라고 지적했다. 카스텔Manuel Castells의 네트워크 이론(Castells, 1996, 1997, 1998)은 네트워크 사회의 상호의존성과 연결성이 강해지는 가운데 정체성, 가치, 자기결심, 가정, 기존의 조직 등은 약해지므로 시민사회에서 저항이 일어나지 못한다고 비판하였다. 벡Ulrich Beck의 위험사회론(Beck, 1992)은 자연재해뿐만 아니라 사회 활동의 각종 위험에 맞닥뜨리는 현대사회 구성원들에게는 위험 인식이 삶의 중요한 한 부분이 된다고 보았다.

위의 개념들에 비해 불안계급 논의는 현대사회 개인들이 처한 조건, 그로 인한 감정적 상태에 초점을 맞춘다(Munck, 2013). 불안정성 precarity 개념은 후기자본주의에 들어 개인의 생활세계 전반에 걸쳐 불확실성, 불안정성이 대두되는 상황을 포괄한다. 사회과학에서 중요한 연구 주제로 여기지 않던 주체의 일상에 주목한 것이다.

가장 중심이 되는 불안정성의 배경은 고용 안정 보장이 없는 노동시장 조건이다(Coe, 2012). 대량생산 방식의 포디즘 시대에 사람들은 일정한 장소에서 표준 노동시간에 일을 하고 일정한 나이에 퇴직을 했다. 이른바 포스트포디즘 시대에 들어와서는 다품종소량생산 방식에 세계 전반적으로 제조업 비중이 낮아지며 서비스직 비중이 늘어나고, 변화가 심한 금융경제의 중요성이 커지면서 불안정성이 증가되었다.[1] 다양해진 시장 상황에 맞추기 위해 노동시장은 유연해

---

1 반면 불안정성 논의에 대해 인간 사회와 노동시장은 항상 불안정했고 유연한 노동시장은 기업에서 늘 원하는 것이기 때문에 포디즘이 오히려 예외적인 상황이었다는

졌다. 계약직, 비정규직 고용이 늘어났고 노동시간과 장소가 다양해 졌으며 퇴직 시기도 다양해졌다. 그 결과 사회 구성원이 한 회사에 서 오랫동안 일할 수 있는 안정성이 사라지고 옮겨야 하는 상황에 자주 놓이게 되었다. 단기 프로젝트 중심, 줄어드는 복지, 가족생활 의 불안정이 높아지면서 빚을 지고 감정적인 괴로움에 몰리는 사람 들이 많아지는 것이다(Neilson and Rossiter, 2005). 다르게 표현해서, 다른 직장, 국가로 옮기는 것이 예전보다 자유로워졌다. 이러한 점에서 불안정성 논의는 현대사회의 사회 변동을 일상의 문제로 이해하려 는 시도이다.

특히, 청년들의 고용 불안정이 사회문제가 되고 불안계급을 가리 켜 위험하다고 하는 이유는 그들이 단기 프로젝트, 계약제 고용에서 장기간 머물면서 그들의 라이프스타일과 정치적 경향 또한 예측하 기 힘들고 불안정해지기 때문이다(Standing, 2012). 복잡한 계약 때문에 고용 문제가 생겼는데 책임 소재가 불분명할 때 불안은 커진다. 스 탠딩Guy Standing은 불안정한 사회에서 개인이 불안, 소외, 아노미, 분 노(4As: anxiety, alienation, anomie, anger) 감정을 가지게 되고 미국 트 럼프 대통령 같은 극단적인 정치인을 지지하는 성향이 강화된다고 주장한다. 다른 학자들(Butler, 2006; Waite, 2009; Woon, 2014) 역시 현대사 회의 구조 및 생활양식과 감정의 관계를 강조하였다. 감정, 감성의 중요성이 높아진 것은 이주민 연구와 지정학 연구에서도 마찬가지 다. 이주민 연구에서 향수 정서의 변화, 적응 과정에서 겪는 내면 갈 등, 정체성의 혼란(El, 2009; Conradson and McKay, 2007) 에 대한 논의가 증 가하고 있다. 지정학에서 테러리즘, 반이슬람 정서(Moisi, 2009) 등과

비판도 존재한다(Neilson and Rossiter, 2008).

같은 논의도 감정의 중요성을 보여 준다.

불안계급을 이루는 주된 집단은 안정적인 사회적 지위를 가지기 힘든 청년들, 전통적으로 불안정한 고용 조건을 받아들여 온 여성, 노인, 장애인, 복지 수혜자, 범죄자, 이주민들 등이다(Standing, 2016). 같은 맥락에서 한국 사회에서는 흔히 불안정성의 대표 집단으로 청년들, 노인들이 언급된다. 박인권(2017)의 논문에서 얘기하듯이, 소비와 재생산에서 배제당하는 사회적 약자들에게 삶의 불안정성은 커진다.

하지만 스탠딩은 누가 불안계급인가라는 물음에 불안계급은 특별한 희생자나 영웅이 아니라 평범한 일반인, 즉 '우리 다수'라고 주장한다. 불안계급(Jørgensen, 2016) 개념의 핵심은 특정한 집단이 아닌 사회 구성원 다수의 불안계급화precariatisation 경향이다. 불안계급화란 특정 계급, 연령, 젠더 집단 등에 국한되지 않고 인구의 다수가 현대 사회의 생산과 소비 방식, 노동시장 구조, 삶의 방식의 변화 등으로 인해 높은 불안정성을 삶의 일부로 갖게 되는 경향성을 뜻한다. 불안계급이라는 개념은 개인들의 조건이 아니라 개인들의 물질적, 심리적 안녕이 불안정성에 의해 영향을 받는 방식을 논하는 것이기 때문에, 결국 현대사회의 다수 개인들이 불안계급이 된다는 것이다.

불안사회 특징 중 하나는 시간과 공간이 조직되는 방식의 변화이다. 사람들이 시공간을 활용, 조직, 구성, 관리, 조율하는 방식이 달라지며 그들이 사회와 삶에 대해 느끼는 감정도 달라진다는 것이다(Standing, 2012). 근대사회로 진입하면서 시간과 공간의 표준화가 이루어졌는데, 후기자본주의에 들어서면서 시간과 공간은 분리되고(Giddens, 1991) 탈표준화된다. 노동뿐 아니라 생활 전반에 걸쳐 기술 의존도가 커지면서 시공간의 다양한 경계가 허물어졌다. 컴퓨터 시스템은 노동, 놀이, 사교, 가족생활 관리 등이 한곳에 모일 수 있도록 했다. 일과 놀이의 시공간 구분은 PC, 노트북, 스마트폰, 태블릿과 같은 기기들의 사용을 통해 무너진다. 뿐만 아니라 국제적인 업무 협력이 많아져 과거와 같이 근무 시간을 지키기는 힘들어졌다.

공간의 탈표준화로 한 성격으로 규정할 수 없는 공간과 장소가 늘어나는 것도 후기자본주의 사회 특징이다. 여기에 크게 기여한 것은 통신 기술의 발달이다. 인터넷 가상공간에서 체험을 교류하여 장소로서의 공간에 국한되지 않는다(오세일, 조재현, 2016). 다양한 장소를 일시적으로 사용하는 현상도 증가했다(Madanipour, 2017). 먼저 온 사람이 자리를 맡는 핫데스킹hot-desking과 몇 시간 단위로 쓸 수 있는 대여 사무실, 회의실이 증가했다. 생활비가 싸고 경치가 좋은 곳에서 몇 주에서 몇 달, 몇 년까지 체류하는 협업공간co-working space(Gandini, 2015)에서 다양한 사람들과 네트워킹을 하고 커피숍에서 유연한 형식으로 일하는 라이프스타일이 확대되었다. 국제적인 계약관계가 많아져 화상회의, 출장, 답사, 단기 체류 등도 빈번해 정주 개념도 흔들리게 되었다.

한국 사회 맥락의 불안사회 논의(곽노완, 2013; 이진경, 2012)는 비정규직, 기본소득을 중심으로 이루어졌다. 한국의 비정규직 문제는 세계적 불안정성, 노동시장 유연화의 대표적 사례이다(Standing, 2016). 한국 전체 노동인구의 32.3퍼센트가 비정규직으로 OECD 회원국 중에서 가장 높은 비율을 차지하기 때문이다(Kim, 2017). 구조 조정을 통해 비용 절감, 경영 효율화 등을 하려는 기업들은 평생직장 개념이 강했던 과거에 고용된 노동자들을 해고하기보다는 해고가 쉬운 비정규직을 새롭게 고용하는 방식을 선택했다. 지금 정규직인 세대가 퇴직을 하고 나면 비정규직이 더욱 대세가 되어 그 변화가 더 큰 효과를 발휘할 것으로 예상된다. 하지만 불안사회를 보는 공간 관련 연구는 아직 본격적으로 이루어지지 않았다. 불안계급은 주거불안계급(박미선, 2017)으로, 도시 빈곤층 주거지는 불안 공간(이영아, 2017)로 재개념화될 수 있다. 이는 불안정성의 증가가 야기하는 현상, 특히 사회적 불평등이 나타나는 양상에서 공간이 핵심적인 요소임을 의미한다.

불안계급과 공간, 이동

불안정성 논의에 이주민 연구 접근을 결합하면 구조와 개인의 상호 구성식 순환 관계를 볼 수 있다. 불안정성, 불안계급에 관한 기존 논의는 후기자본주의 현대사회의 변화와 특징을 종합적으로 진단한 기여에도 불구하고 불안정성의 핵심 주제라고 할 수 있는 이동, 이주에 관한 접근에서 한계를 보이고 있다. 이동, 특히 노동력의 국제 이주를 불안정성 증가의 주요 원인으로 보고 그로 인한 사회의 변화에 불안계급이 영향을 받는다는 단순한 접근을 하고 있다. 그러한 구조주의적 접근은 이동의 메커니즘과 이동하는 개인 혹은 이동으로 인한 사회의 변화에 영향을 받는 주체의 역동성을 놓치고 있다. 반면 이주민들의 경험 사례에 집중한 이주민 연구에서는 그러한 주체의 전략 실천을 구체적인 사례들을 통해 보여 주고 있다. 본 연구는 불안계급 논의에 이주민들의 공간전략을 보여 주는 이주민 연구, 권력과 이동의 관계를 밝히는 이동 연구의 개념을 결합시켜 다음과 같이 논의를 발전시킨다.

첫째, 이 연구는 배런홀드(Bærenholdt, 2013)의 이동통치 개념이 뜻하듯이 이동의 메커니즘을 통해 작동하는 권력의 중요성을 논한다. 불안계급 논의의 한계는 국가를 세계경제 동향의 일부 또는 주어진 배경으로만 상정한 것이다. 이 연구는 국가 역시 다양한 전략을 통해 위기를 극복하려는 주체라는 것에 주목한다. 기존 문헌은 또한 자본의 이동에 집중하여 국제적 이주민을 자본의 이동에 영향을 받는 수동적인 존재로 여겼다. 국가와 개인이 불안사회에서 자신의 위기를 극복하기 위하여 이동을 전략적으로 활용하는 측면에는 충분한 주의를 기울이지 않은 것이다. 하지만 이주민은 생존 전략으로서 이동을 실천하여 선주민(흔히 원주민) 및 다른 이주민들에게 또 다른 형태의 불안정성을 만들어 내어 새로운 이동을 촉발한다.

둘째, 이 연구는 구조와 개인의 상호작용 측면에서 불안정성의 증가 자체뿐만 아니라 주체들의 불안정성에 대한 대응을 중요하게 여긴다. 특히, 초국적 이주민의 사례에서 불안계급이 불안정한 사회에 대응하는 항해술(Vigh, 2009)이 잘 드러난다. 이 연구에서 국가의 이주 정책을 비롯한 사회의 이동, 개인의 이주 실천은 동원과 자발이 얽혀 있는 산물이며 불안정성을 가져오는 원인인 동시에 국가와 개인의 전략이다. 이 연구에서 주목하는 상호작용은 불안정성과 주체의 상호작용, 다른 주체들(국가와 개인)의 대응 간 상호작용을 포함한다. 이주민 연구에서 논한 이주민들의 대응 전략과 이주/이동 연구에서 국가가 이동을 통치 전략으로 활용하는 방식에 관한 논의를 통해 불안사회 논의를 더욱 풍부하게 할 수 있을 것이다. 특히 이주민들의 반복적 이동, 다양한 장소 만들기와 같은 공간적 실천에 주목한다.

이동: 동원과 자발의 결합, 불안정의 원인이면서 전략

여기서는 이동이 일어나는 메커니즘에 관한 이동 연구의 논의를 불안사회 개념과 함께 논의한다. 특히, '이동을 통한 통치[governmobility'(Bærenholdt, 2013) 개념과 불안사회의 이주민 사례를 통해 '국가가 어떻게 이동을 통하여 통치하는가', '개인이 어떻게 이동을 통하여 삶의 문제를 해결하려 하는가'에 주목한다. 이 연구에서 주목하는 지점은 이동을 통한 통치, 특히 국가가 이동/이주를 '통하여' 통치(Sheller, 2016; Jensen, 2011)하는 것이다.

근래 들어 이동 연구는 이동의 다양한 역학과 메커니즘에 관한 연구 분야로 떠올랐다. 일어난 이동 량에 기초해 현재와 미래의 수요, 공급에 초점을 두던 때와 달리, 이동/이주가 사회 변화에 미치는 영향이 커지면서 이동 연구는 독립적인 연구 분야로 급격히 성장하게 되었다. 이동 연구는 사람의 이동뿐만 아니라 자본, 시설, 정책 아이디어, 지식의 이동 등을 다룬다. 국가의 전통적인 주요 통치 전략인 인구 조절에서 이주의 중요성은 예전에 비해 크게 증가하였다. 전통적으로 인구문제에서 출산율과 사망률에 비해 이주는 주요 사안이 아니었다. 가족, 직장, 비자 등으로 이주가 제한되어 전체 인구 형태에 큰 영향을 끼치지 않았기 때문이다. 21세기 들어 자본 이동의 증가로 노동 수요가 급변할 가능성이 높아지고, 이동을 가능케 하는 공식적, 비공식적 방법 또한 세계적으로 많이 발전했다. 한국으로 유입되는 초국적 이주민 수도 급증했다. 2018년 말 기준, 한국 체류 이주민은 236만 7,600명에 이르러 전체 인구의 4.6퍼센트인데, 이는 2010년 들어 매년 8~9퍼센트 증가한 수치다(법무부, 체류 외국인 현황).[2]

최근 몇 년간 이동 관련 분야에서 이동이라는 실천과 권력 간의

---

2   http://www.index.go.kr/potal/main/EachDtlPageDetail.do?idx_cd=2756 2020년 3월 4
    일 확인.

관계에 대한 관심이 높아졌다(Jensen, 2011; Sheller and Urry, 2006; Sheller, 2016). 이동이 발생하는 구조의 핵심에 지정학적 권력관계, 인종/민족 간 권력, 국가의 통치권력 등 권력이 자리잡고 있음을 인식하게 된 것이다. 이주의 원인에 대한 기존 논의에서 맑시즘에 기초한 거시경제적 접근인 세계체제 이론world system theory을 제외한 나머지 접근(신고전경제학적 접근, 가족, 네트워크)들은 이주민 개인의 동기 부여와 국가의 이주 정책에서 이주의 원인을 찾는 것이 대세였다 (Massey 외 1994).

이동통치는 초국적 이주를 권력-이동 관계에 비추어 발전시킨 주목할 만한 개념이다. 이동통치는 푸코의 통치성governmentality 개념 (Foucault, 1978)을 발전시킨 개념이다. 물리적, 제도적 강제를 통한 권력이 아니라 도처에 있는 권력, 관계적이며 이동하는 끊임없이 형성 중인 권력이라는 권력 개념을 통해, 푸코는 근대국가의 성립이 합리화를 통해 영토를 규정하고 장악하는 과정이었다고 설명했다. 이동을 위해서 통치하는 것이 아니라 이동을 통하여 통치한다는 것은 이동에 내재되어 있는 권력을 작동하게 하는 것이며, 이동이 통치 자체의 일부분이 된다는 것을 의미한다(Bærenholdt, 2013: 27-30). 이동은 권위의 외부에 존재하는 어떤 것이 아니라 새로운 형태의 권위가 되는 것이다(Cresswell, 2006, 2014).

이동통치의 제도적 형태인 이주 정책은 이동을 동원하거나 통제하는 역할을 통해 규범 형성에 직접적이고 큰 영향을 미친다. 정치적 지형에 따라 다르긴 하지만, 다수의 국가들은 노동인구가 충분치 않을 때 외국인노동자 유입을 확대시킨다. 예를 들어 한국의 경우, 노동력 수요와 공급의 차이를 완화시킬 수 있는 이주노동자, 특히 선호되는 유형인 고학력 기술직 이주노동자에게 이주 기회를 주고

(Qin, 2015), 중소기업 노동력 부족으로 중국 조선족 유입을 장려하며, 국제 경쟁에서 한국 대학의 경쟁력 제고를 위해 외국인 학생과 교수의 유입을 장려하고, 결혼 시장의 문제를 해결하기 위해 외국인 여성의 결혼 이주(Lu 외, 2016: 이병렬, 김희자, 2016)를 장려한다. 반면에 이주민, 난민 유입을 통제하거나 성장을 규제하는 정책 등을 통해 이동을 규제하기도 한다. 보수적인 정권 하에서는 선호하는 인구 유형과 그렇지 않은 인구 유형을 차별하는 정책이 더욱 선명했다.

이주 정책을 통한 이동통치의 사례는 선명한 통치 의도 또는 그로 인해 결과적으로 얻어지는 이익을 보여 준다. 예를 들어, 국가가 제공하지 못하는 돌봄 복지를 개인이 이동과 이주를 통해 해결하고 있다는 사실은 여러 측면에서 함의를 갖는다. 근대 한국 사회에서는 국가가 아니라 개인들이 강력한 가족 이데올로기를 통해 강제적으로 또는 강제된 자발적 노력으로 복지 기능을 떠맡아 왔다. 한국 사회는 1990년대 들어서 복지가 꾸준히 증가했지만, 그럼에도 불구하고 이동통치는 세계화의 심화 속에서 국가의 위기를 해소하는 공간전략으로 여전히 중요하다. 근대국가의 복지 기능이 강했던 서구 국가들에서도 후기자본주의 시기 들어 재정 위기와 정당성 위기(Habermas, 1975)가 발생하면서 이동을 통한 통치의 필요성은 증가하였다.

이동통치의 통치 의도와 효과의 측면에서 강조되어야 할 점은 통치의 훈육적인 효과이다. 푸코가 본 통치술은 숫자(통계와 계량), 인구, 지도와 같이 근대사회에서 정당화를 이루는 상식을 만들어 내는 실천이었다. 통치 기술은 "품행의 가능성을 제한"하고 "가능한 행동 반경을 구조화"(Foucault, 1982: 221) 한다(김동완, 신혜란, 2016). 따라서 통치술로서의 이동은 사회가 형성되는 과정에 대한 질문이다(Bærenholdt,

2013: 20). 사회의 상식과 표준이 되는 이데올로기를 통해, 그것을 통치술로 하여 근대국가가 유지되는 것이다. 훈육적인 이동 또한 단지 국가의 정책뿐만 아니라 사회 규범, 상식, 표준conduit · conduct(인도하는 것을 목적으로 하는 행위)(김동완, 신혜란, 2016), 이데올로기, 젠더 역할 등과 긴밀히 연계되어 있다(Sheller, 2016). 자동차를 가지는 것의 이미지가 긍정적일 때, 기반 시설인 도로와 주차장을 건설하는 것은 당연한 상식이 된다. 대중교통을 이용하는 것이 환경 윤리적으로 보일 때 대중교통을 늘리는 것이 상식이다. 이주가 고향에 남겨진 부모를 등지는 행위로 비춰지는지 아니면 자기 꿈을 실현하는 당연한 행위로 여겨지는지는 해당 사회의 상식에 달려 있다.

　국가나 사회의 이동통치 논리를 개인이 내면화하기 때문에 도처에 있는 권력, 관계로서의 권력, 통치 의도가 일상을 통한 실천으로 나타난다. 개인이 통치의 논리를 내면화하는 것은 특정 사회에서 무엇이 정상이고 비정상인지를 배우는 과정이다. 더 나은 삶을 위해 다른 공간과 장소로 이동하고 공간과 장소를 만들고 변화시키는 것이 미래를 위해 투자하는 진취적인 자세로 여겨지는 상식 형성이 중요한 통치술이 되는(Bærenholdt, 2013) 것이다. 세계화 속 신자유주의적 경쟁, 네트워크 강화 속에 개인들이 더 좋을 수도 있는 기회를 찾아 나서는 적극성을 가지는 것은 권장할 만한 사회 표준이 된다. 다양한 경험의 가치가 높아지면서 관광과 단기 이주도 삶의 낭비가 아니라 의미 있는 투자, 그 자체로 가치 있는 것으로 여겨지게 되었고, 이에 따라 이동의 논리는 개인에게 내면화된다.

　그렇다면 불안사회에서 불안계급은 단지 국가와 사회의 이동통치 권력의 실천에 통치를 받고 이동의 논리를 자유의지 없이 내면화하는 존재인가? 구조와 행위의 관계에 관한 논쟁은 사회과학의 오랜 논쟁적 사안이다. 이 연구는 행위자의 상대적 자율성이 있다고 전제하고, 이 자율성에 대항품행의 전략으로 활용되는 실천도 포함 된다고 주장한다. 불안정한 고용관계로 인하여 시공간에서 일상의 실천을 이루는 방식이 달라진 현대사회에서 개인의 자율성은 한계 가 있을 수밖에 없다. 불안정한 고용 상태에서 유망한 직업을 얻기 위해 다양한 능력을 개발해야 하는 개인들에게는 저항할 시간도 모 자란다(Standing, 2016). 그럼에도 불구하고 상대적 자율성이나 불안정 한 상태를 헤쳐 나가는 개인적, 집단적 반응과 전략에는 많은 차이 가 존재한다(Guo et al., 2011). 예컨대, 다른 연구들(Waite, 2009; Neilson and Rossiter, 2008)은 월스트리트 점령 운동이나 런던 증권거래소 점거 운 동의 예처럼 불안계급의 정치적 저항이 가능하다고 주장한다.

이 연구는 이동통치에 대한 비판으로 주체가 불안정한 상황에서 취하는 전략에 관심을 가져야 한다고 주장한다. 국가도 주체 중 하 나로서 이동을 통해 통치하는 전략을 활용하는 것으로 여긴다. 그 외에 국가 주도의 장소 만들기도 공간을 통해 경제적, 정치적 어려 움을 극복하는 전략이라 할 수 있다. 일정 기반 시설과 기능을 특정 장소에 위치 짓고 개발하는 것에 국가가 영향력을 발휘하는 것이다. 국토 균형 발전, 혁신도시, 다양한 종류의 도시 개발, 재개발, 도시재 생, 젠트리피케이션 등이 여기에 속한다.

개인의 공간적 전략은 복잡한 형태로 나타난다. 푸코의 권력이론 에서 보자면 통치 기술과 자아의 기술은 관계적 인식론으로 통합 가 능하다(Lemke, 2002: 49). 비판, 저항이 통치성 형성 과정에 이미 "내재 되어 있으며, 필수적이기까지 하다"(Cadman, 2010: 540). 즉, 대항품행, 대항규범은 이미 권력관계의 형성 과정에 내재한다. 저항은 다양한 층위에서 이루어진다. 가령, 가족에게 복지의 짐을 지우기 위해 가족 형성을 상식으로 만드는 국가에 저항하여 가족 형성을 거부할 수도 있고, 가족을 복지의 도구가 아니라 연대와 사랑, 대안적 가치의 단위로 만들 수 있다. 국가기관이나 통치자가 그렇게 만드는 것이 아니라, 권력이란 구체적인 삶의 도처에 있으므로 그것에 대항하는 것은 그 논리를 뒤집거나 다른 방식으로 전유하는 것이다.

이동통치에서도 푸코가 주목한 질문할 권리(Cadman, 2010)를 생각해 보자면, 무엇에 질문할 것인가라는 질문에 대한 답은 다양하다. 이동하는 것이 긍정적으로 여겨지는 상식을 회의하고 다시 생각해 보는 것은, 개인이 가지고 있는 자아의 기술이 대항품행으로 나아가게 한다. 따라서 느린 삶을 지향하고 경쟁에서 이기는 것보다 삶의 가치를 추구하는 것(반세계화 시위(Death, 2011)에서처럼) 등은 하나의 대항품행이다. 다른 방식의 대항품행은, 이동을 하되 불안계급의 덫에 빠지는 것이 아니라 자신과 공동체의 발전을 위해 이동을 전략적으로 활용하는 것이다. 만약 세계화 시대에 생존하기 위해 바람직한 시대 인간상으로 제시된 표준에 의거하고 경쟁에서 이기고자 이동, 즉 유학을 가거나 대도시로 이동하는 데 그친다면 이 생존 전략은 다소 소극적인 적응에 그칠 것이다. 고학력 이주민 사례에서 반복이주가 나타나는 것이 한 예이다(Boncea, 2015; Qin, 2015; Wang 외, 2017). 그러나 이동의 동기나 이동의 결과로 자신과 공동체의 역량, 즉 선택할 자유를 더 넓힌다면 대항품행으로 볼 수 있다. 다만 이 대항품행이 권력관계 형성에 이미 내재하는 것과 같이 그 대항품행이 권력관계에서 자유롭지 않아 긴장은 늘 존재한다. 불안사회의 이동에서 개인은 이동을 통해 통치 받지만 동시에 이동을 전략적으로 이용할 권리가 있음을 인식하는 것이 중요하다.

불안계급 항해 속 공간전략: 반복 이동과 장소 만들기

이제 불안정성에 대응하는 불안계급의 '항해navigation'[3] 속에 나타나는 공간전략을 살펴본다. 항해는 바다에서 방향을 가지고 나아가는 움직임을 뜻하는데, 육지에서 움직이는 것과 달리 '움직임 속에서 움직임'을 뜻한다(Vigh, 2009: 420). 항해 개념은 좌표 자체가 흔들리는 조건에서 개인들이 탈출을 계획하거나 좀 더 나은 위치로 가기 위해 움직이는 것을 말한다. 항해 개념은 불안정하게 움직이는 사회와 그 속에서 움직이는 이주민 둘 모두를 연구 대상으로 둔다. 따라서 불안정성, 불안계급의 종합적인 논의에 유용하다. 사회과학 연구가 사회적 변화 또는 그 사회 속 행위자의 변화, 둘 중 한 측면을 보는 경향이 있는데 항해 개념은 그 두 측면의 상호작용을 보는 데 도움을 준다.

항해 개념뿐 아니라 역시 미래를 가늠하기 힘든 불안정한 사회에서 개인이나 집단이 살아남는 방식에 관한 논의 속에서 등장한 개념들이 있다. 회복탄력성resilience, 지속가능성sustainability, 적응adaptation 같은 개념들이다. 이 개념들은 공통적으로 사회안전망, 예측이 어려운 사회에서 주체가 생존, 유지할 수 있는 타협점을 찾는 실천에 관심을 두고 있다. 개인, 집단과 같은 인간 주체의 생존만이 아니라 지역사회, 도시, 국가와 같은 사회 단위 주체의 생존도 포함한다. 이 개념들은 한편으로는 불안정한 상황에서 최대한 주체의 기회 구조를

---

3 내비게이션은 위치 정보, 방향 탐색이란 뜻이 강하고 자동차 자동 탐색 시스템으로 익숙한 용어지만, 이 연구에서 바다를 연상시키는 '항해'로 이름 짓는 이유는 환경도 움직인다는 것을 전제로 하기 때문이다.

넓히고 생존 전략을 탐색하는 적극성을 보여 준다. 다른 한편으로는 근본적인 사회구조(예를 들어, 불안정성 자체나 불안정성을 가져오는 세계화)에 적극적으로 저항하는 것은 어느 정도 외면하면서 생존에 집중하는 소극성을 보여 주기도 한다.

이러한 타협적 접근이 광범위하게 환영받는 이유가 바로 고용조건 유연화, 파편화를 비롯한 불안정성 증가 현상에 있다. 노동이주 the movement of labour는 노동운동labour movement과 같은 기존의 계급운동, 사회운동의 기반을 바꾸었다(Schierup 외, 2015). 그러한 집단적 저항이 불가능해진 것은 아니지만 사회적 조건과 관계가 복잡해지면서 극복과 저항의 대상이 '세계화'와 같이 거대하거나 불확실하고 막연해졌다. 위기가 닥쳤을 때 상처받아도 완전히 쓰러지지 않고 다시 회복할 수 있는 회복탄력성, 장기적으로 생존·공존할 수 있는 지속가능성, 굳이 동화하지는 않지만 적응하는 자세, 망망대해에서 항해할 수 있는 항해술과 같은 개념이 등장한 이유이다. 특히 적극적 불안계급인 이주민의 삶에서는 이런 전략이 두드러진다.

불안계급은 이 불안정성에 고통받는 희생자이면서 동시에 불안정성을 새로운 기회로 여겨 전략을 세운다. 불안, 화, 혼돈 속에 놓인 무기력한 불안계급의 모습을 보이거나 불안사회에서 오히려 새로운 기회를 찾는 적극적 모습을 보인다. 이 연구는 초국적 이주민에게서 잘 나타나는 후자의 모습, 즉 적응력, 유연성, 탄력성을 가지고 생존 방식을 모색하는 모습에 집중한다. 이 적극성은 이주민의 불리한 위치, 즉 그 존재상 처음부터 가지게 되는 불안정성의 다른 면이다. 예를 들어, 불안사회에서 실업 후 재취업되는 비율이 남성보다 여성이 훨씬 높은 것에 대해 스탠딩(Standing, 2016)은 여성들이 이미 불안계급화되었기 때문이라고 설명한다. 젠더 역할의 제약 때문에 여성들은 비정규직 고용 조건을 마다하지 않거나 일부러 택한다는 것이다.

항해 과정에서 공간은 전략 자체이거나 전략의 방식이다. 공간을 마련하는 것 자체가 전략이고, 공간을 통해 이동하고 장소를 변화시키는 자유를 실현하는 것 역시 전략의 주요 방식이 되기 때문이다. 사회가 이동(공간 사이의 움직임)과 공간을 통해서 통치하듯이, 사회 구성원들은 이동과 공간을 통해서 적응, 생존하고 저항하며 궁극적으로는 이동과 공간이 통치 자체, 전략 자체가 된다. 초국적 이주민들의 사례에서 두드러지게 나타나는 두 가지 공간전략은 1) 반복된 이주, 2) 장소 만들기로 볼 수 있다.

첫 번째 공간전략은 반복적 이동/이주(Triandafyllidou, 2013)이다. 계절농업을 위한 계절 이주민처럼(Reid-Musoon, 2014) 이주민들이 반복적으로 두 장소를 왔다 갔다 하거나 다양한 장소로 연거푸 옮기는 것이다. 전통적인 이주 연구는 이주민들이 목표를 달성한 후(주로 목돈, 직장 마련) 귀국하거나 가족들을 자기가 이주한 곳으로 데려온다고 전제했다. 하지만 현대사회에서는 반복적인 이동이 증가하고 있다. 돌봄노동을 비롯한 이주 노동 분야에서 단기적으로 일하며 초국적 이주민들이 국제적으로 이동을 반복하는(Guo et al., 2011) 것이다. 반복 이동이 가능한 이유 중 하나는 통신기술의 발전과 이동/이주의 공식, 비공식 통로의 발전이다. 사람들이 기존 네트워크를 유지하고 새로운 기회와 장벽을 극복한 방법에 대한 정보를 얻을 수 있는 사회적 조건이 갖춰졌다.

이 글은 이동에 이동/이주의 중독성이 결과적으로 따라온다고 주장한다. 이동/이주를 통해 긍정적인 결과를 얻어서가 아니라 다른 곳의 기회를 고려해 보는 것이 삶의 한 부분이 되었고, 도시뿐 아니라 농촌으로 가는 등(McAreavey, 2012) 새로운 길을 생각하고 시도해 보는 것이 삶의 방식, 형태로 자리 잡게 되었기 때문이다. 이런 반복된 이동의 원인과 함의는 정착지에서 계속 다른 직장을 알아보는 삶의 형태에서도 마찬가지이다. 불안사회의 다수의 불안계급이 이러한 방식으로 살아간다. 고용 안정이 보장이 안 되기 때문에 시작한 것이지만 그것이 삶의 형태로 자리 잡은 이상 차라리 고용 안정보다는 다양한 경험을 찬양하게 되는 것이다.

  이렇게 중독적인 반복 이동/이주가 개인의 역량을 넓혀 주는지, 아니면 불안정성만 높이는 소모적인 결과인지는 딜레마이다. 불안정성 학자들은 그것이 개인에게 얼마나 많은 시간과 노력의 투자를 요구하는지가 간과되고 있다고 지적한다. 취업 기회를 알아보고 이력서를 준비하고 지원하고 면접을 보는 것은 물론, 다른 나라로 옮겨서 정착하는 것에는 상당한 투자 비용이 필요하다. 스탠딩(Standing, 2016)의 지적대로 불안정성을 극복하기 위하여 끊임없이 다른 직장을 알아보거나 다른 장소의 기회를 모색하는 것은 결국 임금 없이 개인의 시간과 노동을 쏟는 일이다. 하지만 이동으로 새로운 세계를 경험하여 개인 역량이 확대되는 효과도 있다. 심지어 떠밀려서 이주를 한 경우에도 결과적으로 이주민들의 역량이 강화되는 사례들이 많다. 한국으로 이주한 베트남 결혼 이주 여성들이 이주 경험을 통해 사회현상에 눈을 뜨게 되고 정의를 위해 자원봉사를 하는 경우(Kim and Shin, forthcoming)가 대표적이다. 한국이 포용적인 사회가 되도록 하는 이런 활동은 다음에 설명하는 장소 만들기로 볼 수 있다.

  두 번째 공간전략은 이주민 밀집 지역(이 연구에서 엔클레이브 enclave와 동의어로 쓴다.)(Barry and Miller, 2005 참고)과 같은 장소 만들기 실천이다. 주거 공간을 마련하는 공간실천이나 각종 일시적 공간 마련도 포함한다. 불안정성이 사회 구성원들에게 가져오는 정체성 위기는 초국적 이주민에게 더 크게 다가오는 문제이다. 고향과 집이 가지는 기억, 의미, 가치가 자신이 누구인가를 정의하는 데 큰 역할을 하는 것처럼, 공간은 먹기, 살기, 놀기 등의 일상 실천을 통해 정체성이 공고화되는 과정의 일부이다. 이주민들이 자신들의 문화와 정서를 유지하며 교류할 수 있는 공간, 이주민을 대상으로 하는 사업(Katila and Wahlbeck, 2012; Wang, 2012), 종교 공간(Garbin, 2014), 문화 공간 등을 만드는 것은 자기 정체성을 유지하고 발전시키려는 노력의 일환(Phillips, 2015; Schiller and Çağlar, 2013)이다.

안정된 밀집 지역을 만드는 것뿐만 아니라 각종 집회, 문화 활동, 점유 운동occupy movement도 장소 만들기의 일환이다. 박미선(2017)이 제시하듯이, 많은 청년들이 주거 불안계급 범주에 들어가 장기적으로 안정된 장소를 마련하기 힘들게 되었고 이주민들의 비슷한 특징을 보인다. 소통 기술의 발전 때문에 일시적 장소를 만드는 것이 가능해졌고 문화적으로 세련된 것으로 여겨지게 되었다. 초국적 삶의 영구적 일시성permanent temporariness이 가능해져서(Collins, 2012) 단기 이주가 증가하였다. 장소 만들기에 참여하는 구성원들도 멤버십이 강하다기보다는 프로젝트 위주의 멤버십인 경우가 많다. 불안사회에서 불안계급의 대표적인 공간 활동으로 여겨지는 점유 운동은 일시적 장소 만들기의 특성이 극대화된 경우이다. 차도를 점거하거나 주거권을 주장하며 빈집을 점유하는 스쿼팅squatting(Vasudevan, 2015), 월스트리트 점령 운동이나 런던 학생들의 점유 운동 등이 대표적인 예다. 주로 상징적인 효과가 있는 특정 장소에 사람들이 몇 달에서 몇 년까지 물리적으로 존재하면서 목소리를 내는 식이다.

위의 두 공간전략은 이주민의 생존을 도모하는 데 도움이 되지만 동일한 선상의 계급적 실천은 아니다. 반복 이동/이주는 개인이 선택하는 전략인 데 비해, 장소 만들기는 집단 실천이기 때문이다. 실천 자체로 보면 반복 이동은 소극적인 대응인 반면, 장소 만들기는 계급적 실천으로서 저항의 의미가 더 크다. 이주민의 장소 만들기는 한국 구로, 대림 지역의 조선족 이주민 밀집 지역처럼 저항 공간으로서 정체성과 계급 특성이 두드러지기 때문이다. 현대사회에서 드문 특성인 이러한 가시성은 사회문제화에 기여하고 단결과 연대, 협력, 투쟁도 쉽게 한다. 하지만 장소 만들기의 집단성도 처음부터 의도한 것이 아니라 마침 한곳에 모이게 된 이주민들의 실천이다. 그렇게 보자면 반복 이동도 결과적으로 저항의 의미를 나타낸다. 편리에 따라 필요한 정도만 노동을 소비하려는 자본의 욕구에 오히려 더 나아가 그 전에 개인들이 그만두고 옮겨 버리는 실천이기 때문이다. 특히 비공식 이동은 이동통치에 저항하는 실천이다.

두 공간전략은 공통적으로 종종 여의치 않은 조건 때문에, 그리고 예산이 충분하지 못해서 비공식적으로 이뤄지는 경우가 많다(Bastia, 2014). 비공식성은 비공식 경제를 넘어서서 삶을 조직하는 방식의 한 부분으로 자리 잡은 세계적인 현상으로 세계도시, 경제적 선진 사회에서도 오히려 증가했다(Roy, 2005; Roy and AlSayyad, 2004). 미등록 이주민을 포함한 이주민(Huschke, 2014)들이 도착지에서 원만한 정착을 위해 공식적·비공식적 노동시장, 주택 시장, 송금 체제에 기댄 결과 공식-비공식, 합법-불법의 경계는 흐려진다(Chauvin and Garcés-Mascareñas, 2012). 이런 사회적 협상은 단지 이주민의 노력과 실천만으로는 이루어질 수 없고 선주민의 개입이 필수적이다(Schapendonk, 2017; Shin and Park, 2017). 이윤을 추구하는 사기업뿐만 아니라 공공 영역의 참여자들도 이해관계 또는 이주민과의 관계에 따라 비공식성의 유지, 발전에 결과적으로 이바지하게 된다(Rogaly, 2009; Shin and Park, 2017).

불안정성을 항해하는 다양한 전략은 공통적으로 다음과 같은 의문을 안겨 준다. 그 항해술은 불안정성과 같은 구조적인 문제에 해법이 될 수 있는가? 공간전략은 근본적인 문제는 회피하면서 작은 전략 전술을 짜는 것으로 위기를 단기간만 극복하는 것일 수 있다. 이동을 통한 통치에 순응한 형태이며 시간과 에너지를 낭비하는 표류와도 같다. 하지만 불안계급이 취할 수 있는 다른 모습에 비교하면 적극적일 수 있다. 가령 취업 의사를 잃고 불안감에 괴로워하며 인간관계를 차단하고 시간을 때우는 모습보다 항해는 더 나은 곳을 모색하는 적극성을 보인다. 게다가 현대사회 변화는 예전처럼 질서 있고 거시적인, 해석 가능한 변화라기보다는 일상적으로 나오는 소음에 가깝기 때문에(Vigh, 2015) 장기적인 전략을 가지기 힘든 한계가 있다. 근본적인 해결책을 위한 실천을 가져오기 힘든 조건이 사회구조 속에 이미 내재되어 있기 때문이다.

불안계급의 역량

불안계급, 불안정성 개념과 논의에 새로운 시각을 제안한 이론적인 탐색으로서 이 글의 주장은 다음과 같이 요약할 수 있다. 자본의 이동과 이주 노동자의 이동은 현대사회의 불안정성을 강화시킨다. 높은 불안정성에 대한 대응으로 국가와 개인은 이동을 통치와 생존의 전략으로 삼는다. 불안정성과 주체들의 대응은 상호작용한다. 이주민 개인의 이동/이주 결정은 통치 논리가 이동을 통해 내면화된 강제된 자발성인 동시에 계층 상승을 위한 자발성의 결과이다. 특히 불안계급이 불안정성을 항해할 때 나타나는 모습은 다양하다. 불안정성과 관련하여 기존 문헌이 불안anxiety, 소외, 화와 같은 감정을 중심으로 얘기했다면, 이 연구는 적극적 불안계급인 초국적 이주민이 새로운 기회를 위해 지속적으로 이동/이주하는 모습과 밀집 지역 같은 장소를 만드는 실천을 항해의 중심 내용으로 논의했다.

이 연구는 학문적으로 국가와 사회, 행위자가 모두 공간전략의 주체라는 함의를 가진다. 위기를 공간적 해법으로 넘기는 공간적 땜질 Spatial fix은 자본에만 해당하는 것이 아니며, 개인과 국가도 위기에 빠졌을 때 공간적인 문제 해결을 찾는다는 것이다. 또 하나의 함의는 불안정성과 불안계급의 공간실천이 보여 주는 상호 구성식 순환 관계이다. 국가의 공간전략이 이주민에게 통치의 논리로 작용하였고, 그 논리를 내재화한 이동은 다시 사회의 불안정성을 높인다. 그리고 이 불안과 이동은 점점 발전하기도 한다. 초국적 이주민은 불안계급의 대표적인 특징을 보여 준다는 점에서, 이 논의는 불안사회의 불안계급 전반에 대한 함의를 갖는다.

학문적 함의의 복잡성과 마찬가지로 이 연구의 실천적 함의도 간단하지 않다. 불안정성은 한편으로는 사회의 다수에게 사회 안전망 없이 불안한 상태를 경험하도록 하기 때문에 누구를 원망할지도 명확히 알지 못하는 피해자의 상황을 경험하게 한다. 기술 혁신으로 인한 인공지능의 발전과 그로 인한 노동시장의 변화는 많은 이들을 더 불확실한 상황에 처하도록 할 것이다. 다른 한편으로는 사회 구성원이 시공간을 이용하여 자신의 삶을 개척할 수 있는 가능성을 갖게 되기도 한다. 국가가 이동을 통치의 전략으로 삼았듯이, 개인이 이동을 생존 전략으로 적극 이용하여 적어도 단기적으로 삶의 대안을 마련한다. 이것은 장기적으로는 결국 구조적 한계에 개인이 원하는 것을 포기하여 자신의 역량capability, 즉 선택할 수 있는 자유를 침해하는 것(Sen, 1999)일 수 있다. 복지를 담당해야 하는 국가가 그 책임을 지지 않으면서 개인이 이동하여 위기를 극복하고 새로운 가능성, 주로 착취될 가능성을 찾아 헤매고 극복하는 모습일 수 있다. 하지만 오히려 이 글은 이주민의 사례를 통해 개인이 그렇게 수동적인 존재가 아니며, 능동적으로 할 수 있고 할 수밖에 없는 절박성을 주장했다. 불안계급이 어떤 식으로 헤쳐 나가고 항해해 나갈 것인가의 모습은 좀 더 구체적인 개인의 상황과 개인의 능력, 사회적 네트워크 등에 달려 있을 수밖에 없다.

불안계급의 출현이 함의하는 바는 많다. 사회가 불안정성을 중심으로 어떻게 재정의되는지, 정치적인 지형이 어떻게 바뀌는지, 사회 구성원은 어떻게 불안정성에 피해를 당하는 동시에 전략적으로 이용하는지, 일-휴식-재충전의 성격이 어떻게 변하는지, 불안정한 사회 조건이 어떻게 이주민뿐만 아니라 선주민도 정체성 위기에 처하게 하는지, 우리가 왜 감정과 정서를 이야기해야 하는지 등의 질문을 던진다. 불안정한 사회의 특성과 결과적으로 나타나는 사회적인 문제가 앞으로 계속해서 드러날 것이기 때문에 불안정성, 불안계급 논의는 더욱 활발해질 것이다.

참고문헌

곽노완, 〈노동의 재구성과 기본소득〉, 《마르크스주의 연구》 제10권 제3호, 2013, 94~114쪽.

김동완 · 신혜란, 〈대항품행 그리고 성미산 스타일〉, 《경제와 사회》 제111권, 2016, 174~204쪽.

오세일 · 조재현, 〈한국사회의 삶의 질 저하 현상에 관한 사회학적 성찰-신자유주의 노동시장의 불안정성을 중심으로-〉, 《생명연구》 제42권, 2016, 127~167쪽.

이광일, 〈신자유주의 지구화시대, 프레카리아트의 형성과 '해방의 정치'〉, 《마르크스주의 연구》 제10권 제3호, 2013, 115~143쪽.

이병렬 · 김희자, 〈한국이주정책의 성격과 전망〉, 《경제와 사회》 제90권, 2011, 320~362쪽.

이진경, 〈프롤레타리아트와 프레카리아트 : 정규직 노동자와 비정규직 노동자의 비대칭성에 관하여〉, 《마르크스주의 연구》 제9권 제1호, 2012, 173~201쪽.

Bærenholdt, J. O., "Governmobility: The powers of mobility.", *Mobilities*, Vol. 8, No.1, 2013, pp. 20-34.

Banki, S., "Precarity of place: A complement to the growing precariat literature.", *Global Discourse*, Vol. 3(3-4), 2013, pp. 450-463.

Barry, C. R. and P. W. Miller, "Do enclaves matter in immigrant adjustment?", *City&Community*, Vol. 4, No. 1, 2005, pp. 5-35.

Bastia, T., "Transnational Migration and Urban Informality: Ethnicity in Buenos Aires' Informal Settlements", *Urban Studies*, Vol. 52, No. 10, 2014, pp. 1810-1825.

Beck, U., Risk society. *Towards a new modernity*, London: Sage, 1992.

Boncea, I. "Brain drain or circular migration: the case of Romanian physicians." *Procedia Economics and Finance*, Vol. 32, 2015, 649-656.

Butler, J., *Precarious life: The powers of mourning and violence*, Verso, 2006.

Cadman, L., "How (not) to be governed: Foucault, critique, and the political", *Environment and Planning D: Society and Space*, Vol. 28, No. 3, 2010, pp. 539~556.

Castells, M., *The rise of the network society*, Oxford, UK: Blackwell, 1996.

Castells, M., *The power of identity*, Oxford, UK: Blackwell, 1997.

Castells, M., *End of millennium*, Oxford, UK: Blackwell, 1998.

Chauvin, S. and B. Garcés-Mascareñas, "Beyond Informal Citizenship: The New Moral Economy of Migrant Illegality", *International Political Sociology* Vol. 6, No. 3, 2012, pp. 241-259.

Coe, N. M., "Geographies of production III.", *Progress in Human Geography*, Vol. 37, No. 2, 2012, pp. 271-284.

Collins, F. L., "Transnational mobilities and urban spatialities: Notes from the Asia-Pacific", *Progress in Human Geography*, Vol. 36, No. 3, 2012, pp. 316-335.

Conradson, D. and D. Mckay, "Translocal subjectivities: Mobility, connection, emotion", *Mobilities*, Vol. 2, 2007, pp. 167-174.

Cresswell, T., *On the move: Mobility in the modern western world*, Taylor & Francis, 2006.

Cresswell, T., "Mobilities III Moving on." *Progress in Human Geography*, Vol. 38, No. 5, 2014, pp. 712-721.

Death, C., "Counter-conducts in South Africa: power, government and dissent at the world summit", *Globalizations*, Vol. 8, No. 4, 2011, pp. 425-438.

El, H., "Constituting citizenship through the emotions: Singaporean transmigrants in London", *Annals of the Association of American Geographers*, Vol. 99, 2009, pp. 788-804.

Foucault, M., *The History of Sexuality*. Volume one: An Introduction. Pantheon, 1978.

Foucault, M., "The subject and power.", *Critical Inquiry*, Vol. 8, No. 4, 1982, pp. 777~795.

Gandini, A., "The rise of coworking spaces: A literature review." *ephemera*, Vol. 15, No. 1, 2015, pp. 193-205.

Garbin, D., "Regrounding the sacred: transnational religion, place making and the politics of diaspora among the Congolese in London and Atlanta", *Global Networks*, Vol. 14, No. 3, 2014, pp. 363-382.

Giddens, A., *Modernity and self-identity: Self and society in the late modern age*, Stanford: Stanford university press, 1991.

Guo, M., N. W. Chow and L. A. Palinkas, "Circular migration and life course of female domestic workers in Beijing", *Asian Population Studies*, Vol. 7, No. 1, 2011, pp. 51-67.

Habermas, J., *Legitimation crisis*, Boston: Beacon, 1975.

Habermas, J., *The theory of communicative action*, Vol. 1. Trans. T. McCarthy. Toronto, Canada: Fitzhenry & Whiteside, 1984.

Habermas, J., *The theory of communicative action*, Vol. 2. Trans. T. McCarthy. Boston: Beacon, 1987.

Huschke, S., "Fragile Fabric: Illegality Knowledge, Social Capital and Health-seeking of Undocumented Latin American Migrants in Berlin", *Journal of Ethnic and Migration Studies*, Vol. 40, No. 12, 2014, pp. 2010-2029.

Jensen, A., "Mobility, space and power: On the multiplicities of seeing mobility", *Mobilities*, Vol. 6, No. 2, 2011, pp. 255-271.

Jørgensen, M. B., "Precariat − What it is and isn't − Towards an understanding of what it does", *Critical Sociology*, Vol. 42, No. 7-8, 2016, pp. 959-974.

Katila, S. and Ö. Wahlbeck, "The Role of (Transnational) Social Capital in the Start-up Processes of Immigrant Businesses: The Case of Chinese and Turkish Restaurant Businesses in Finland", *International Small Business Journal*, Vol. 30, No. 3, 2012, pp. 294-309.

Kim, D. Y., "Resisting migrant precarity: a critique of human rights advocacy for marriage migrants in South Korea", *Critical Asian Studies*, Vol. 49, No. 1, 2017, pp. 1-17.

Kim, Y. and HR. Shin, "Governed mobilities and the expansion of spatial capability of Vietnamese marriage migrant activist women in South Korea", *Singapore Journal of Tropical Geography*, forthcoming.

Lemke, T., "Foucault, governmentality, and critique", *Rethinking Marxism*,

Vol. 14, No. 3, 2002, pp. 49~64.

Lewis, H., P. Dwyer, S. Hodkinson, and L. Waite, "Hyper-precarious lives:
Migrants, work and forced labour in the Global North", *Progress in
Human Geography*, Vol. 39, No. 5, 2015, pp. 580-600.

Lu, M. C., J. Zhang, H. L. Chee, and B. S. Yeoh, "Multiple mobilities
and entrepreneurial modalities among Chinese marriage migrants in
Malaysia", *Current Sociology*, Vol. 64, No. 3, 2016, pp. 411-429.

Madanipour, A., "Temporary use of space: Urban processes between flexibility,
opportunity and precarity", *Urban Studies*, 2017, 0042098017705546.

Massey, D. S., J. Arango, G. Hugo, A. Kouaouci, A., A. Pellegrino and J.
E. Taylor, "An evaluation of international migration theory: The North
American case", *Population and development Review*, Vol. 20, Vol. 4, 1994,
pp. 699-751.

McAreavey, R., "Resistance or resilience? Tracking the pathway of recent
arrivals to a 'new'rural destination", *Sociologia Ruralis*, Vol. 52, No. 4,
2012, pp. 488-507.

Moisi, D., *The geopolitics of emotions. How Cultures of Fear, Humiliation and
Hope are Reshaping the World*, London: The Bodley Head, 2009.

Munck, R., "The Precariat: a view from the South", *Third World Quarterly*,
Vol. 34, No. 5, 2013, pp. 747-762.

Neilson, B. and N. Rossiter, "From precarity to precariousness and back
again: labour, life and unstable networks", *Fibreculture*, Vol. 5, 2005, 022.

Neilson, B. and N. Rossiter, "Precarity as a political concept, or, Fordism as
exception." *Theory, Culture & Society*, Vol. 25, No. 7-8, 2008, pp. 51-72.

Phillips, D., "Claiming spaces: British Muslim negotiations of urban
citizenship in an era of new migration", *Transactions of the Institute of
British Geographers*, Vol. 40, No. 1, 2015, pp. 62-74.

Qin, F., "Global talent, local careers: Circular migration of top Indian
engineers and professionals", *Research Policy*, Vol. 44, No. 2, 2015, pp.
405-420.

Reid-Musson, E., "Historicizing precarity: A labour geography of 'transient migrant workers in Ontario tobacco", *Geoforum*, Vol. 56, 2014, pp. 161-171.

Rogaly, B., "Spaces of work and everyday life: labour geographies and the agency of unorganised temporary migrant workers", *Geography Compass*, Vol. 3, No. 6, 2009, pp. 1975-1987.

Rogaly, B., "Spaces of work and everyday life: labour geographies and the agency of unorganised temporary migrant workers", *Geography Compass*, Vol. 3, No. 6, 2009, pp. 1975-1987.

Roy, A., "Urban Informality: Toward An Epistemology Of Planning", *Journal of the American Planning Association*, Vol. 71, No. 2, 2005, pp. 147-158.

Roy, A. and N. AlSayyad, *Urban Informality: Transnational Perspectives from the Middle East, Latin America, and South Asia*, Oxford: Lexington Books, 2004.

Schapendonk, J., "Navigating the migration industry: Migrants moving through an African-European web of facilitation/control", *Journal of Ethnic and Migration Studies*, DOI: 10.1080/1369183X.2017.1315522, 2017.

Schierup, C. U., R. Munck, B. Likic-Brboric and A. Neergaard, A. (Eds.), *Migration, precarity, and global governance: Challenges and opportunities for labour*, OUP Oxford, 2015.

Schiller, N. G. and A. Çağlar, "Locating migrant pathways of economic emplacement: Thinking beyond the ethnic lens", *Ethnicities*, Vol. 13, No. 4, 2013, pp. 494-514.

Sen, A., *Development as Freedom*, New York: Anchor Books, 1999.

Sheller, M. and J. Urry, "The new mobilities paradigm", *Environment and Planning A*, Vol. 38, No. 2, 2006, pp. 207-226.

Sheller, M., "Uneven mobility futures: A Foucauldian approach", *Mobilities*, Vol. 11, No. 1, 2016, pp. 15-31.

Shin, H. and S. Park, "The Regime of Urban Informality in Migration: Accommodating Undocumented Chosŏnjok Migrants in their Receiving Community in Seoul, South Korea", *Pacific Affairs*, Vol. 90, No. 3, 2017, pp. 459-480.

Standing, G., "The precariat: from denizens to citizens?", *Polity*, Vol. 44, No. 4, 2012, pp. 588-608.

Standing, G., *The precariat: The new dangerous class*, London: Bloomsbury Publishing, 2016.

Triandafyllidou, A. (Ed.), *Circular migration between Europe and its neighbourhood: choice or necessity?*, Oxford: Oxford University Press, 2013.

Vasudevan, A., "The makeshift city: Towards a global geography of squatting", *Progress in Human Geography*, Vol. 39, No. 3, 2015, pp. 338-359.

Vigh, H., "Motion squared: A second look at the concept of social navigation", *Anthropological Theory*, Vol. 9, No. 4, 2009, pp. 419-438.

Waite, L., "A place and space for a critical geography of precarity?", *Geography Compass*, Vol. 3, No. 1, 2009, pp. 412-433.

Wang, H., W. Li, and Y. Deng, "Precarity among highly educated migrants: college graduates in Beijing, China", *Urban Geography*, 2017, pp. 1-20.

Wang, Q., "Ethnic entrepreneurship studies in geography: a review", *Geography Compass*, Vol. 6, No. 4, 2012, pp. 227-240.

Woon, C. Y., "Precarious geopolitics and the possibilities of nonviolence", *Progress in Human Geography*, Vol. 38, No. 5, 2014, pp. 654-670.

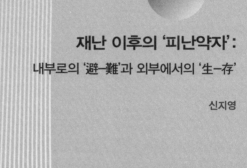

재난 이후의 '피난약자':
내부로의 '避–難'과 외부에서의 '生–存'

신지영

이 글은 《민족문학사연구》 69호(2019. 4)에 실린 원고를 수정하여 재수록한 것이다.

사회운동 근거ground에 대한 질문: 일본 재해 8주기와 세월호 5주기

'자연재해'란 형용모순이 되어 버린 듯하다. 천재天災처럼 보일지라도, 재해의 원인이나 과정에 인재人災의 요소가 깊이 작용하고 있다는 것을 2011년 3월 11일부터 일어난 동일본 지진·쓰나미·원전 사고와 2014년 세월호 사고는 뼈저리게 느끼도록 했다. 동일본 지진·쓰나미·원전 사고는 인간이 만든 과학기술을 인간이 통제할 수 없게 되었고, '과학기술 발전'의 결과는 낙관적인 것도 예측할 수 있는 것도 아님을 알려 주었다. 이는 곧 '인간'의 한계를 자각하게 한다. 다른 한편 세월호 참사는 국가나 시스템이 '국민'을 보호하지 않았다는 점에서 '국민'이 '난민화'될 수 있다는 점을 실감하게 했다. 이는 곧 '국가-국민'의 근거를 질문하게 한다.

재해 앞에서 드러난 '인간'의 한계와 '국민'이란 위치의 흔들림은, '재해'에 대한 인식의 전환을 요청하는 듯하다. 재해에 '대처'하기 위해서 보편적인 인간이나 국민을 상정한 뒤 사회적 안전 시스템을 정비하는 것이 아니라, 과연 '어떤 존재에게' 재해이며, '무엇으로부터의' 피난인지를 근본적으로 묻게 된다. 특히 재해 이후에 전개된 '재해'에 대한 반응과 인식의 변화 과정을 보면, 재해와 관련해서 전개된 사회운동이 인간-국가-정상성이라는 기준에서 벗어나 내부의 다양한 마이너리티들 사이의 관계를 통해 사회운동의 새로운 방향성과 이론을 만드는 것이 가능했는가를 질문하게 된다. 이 글이 세월호 이후 5년이 흐른 현재(2019), 2011년 동일본 지진·쓰나미·원전 사고 이후 5년이 흐른 2016년 무렵 일본에서 그간 사회운동에 대해 어떤 논의가 있었는가를 살펴보고 '재해 후 사회운동'을 재인식

하려는 이유는 여기에 있다.[1]

2019년 3월 7일에 세월호특별법 제정을 촉구하며 5년간 유지되어 온 세월호 천막을 철거하고 "세월호 추모 기억 전시 공간(기억공간)"을 설치하기로 결정한 것은 상징적인 의미를 지니게 되었다.[2] 세월호 참사 5주기를 맞아, 지난 5년간 사회운동이 어떤 방향으로 흘러왔는가를 생각해 볼 수 있는 계기가 되었기 때문이다. 세월호 참사의 진상 규명을 요구하는 활동은 촛불혁명을 만들어 내는 기폭제로 작용하는 등, 한국 사회의 삶의 조건을 성찰하고 새로운 질서를 요구하는 성과를 거두었다. 그러나 세월호 유가족 단식장 앞에서 일어났던 '피자 폭식' 행위가 단적으로 보여 주듯, 진보적인 사회활동과 별도로, 지난 5년간 마이너리티에 대한 혐오가 확산되어 왔음을 부정할 수 없다. 인권운동사랑방의 미류는 이러한 현상에 대하여 "민주주의와 인권의 가치가 부정되는 것을 넘어 정치의 기반 자체가 허물어지기 시작"했다고 진단하며[3] "새롭게 등장하는 대중적 움직임들에 혐오와 배제의 언어가 가득할 때 어떻게 대응해야 할까?"라고 질문한다.[4]

2018년 중반 제주도에 예멘 난민이 단체로 유입되자 확산되기 시작한 난민에 대한 혐오도 여전히 진행 중이다. 김현미는 난민 혐오

---

1 세월호 참사와 2011년 동일본 지진 · 쓰나미 · 원전 사고는 재해 원인과 규모, 피해 당사자와 범위 등에서 큰 차이가 있다. 그러나 세월호 참사 때 동일본 지진 · 쓰나미 · 원전 사고가 언급되곤 했듯이 대중들의 반응 속에서 그 두 재해가 오버랩되었다. 즉, 이 글은 재해 자체를 비교하려는 것이 아니라, 재해 후 '5년'이라는 시점에 초점을 맞춰 '재해 후 사회운동'이 내포한 문제들을 생각하기 위한 것이다.
2 고영득, 〈광화문광장 '세월호 천막' 다음주 자진철거…기억공간 조성〉, 《경향신문》, 2019년 3월 7일.
3 미류, 〈지금 여기, 차별금지법 제정이 필요한 이유〉, 《차별금지법 궤도에 올리다》, 2018. 발표자료집, 6쪽.
4 미류, 〈평등에 거듭 도전해야 한다면〉, 《인권운동》, 2018, 124쪽.

는 10년간의 신자유주의적 보수 우파 정권에서 가속화된 경제 격차와 불안 이후, "'이게 나라냐'로 시작해 '모든 권력은 국민으로부터 나온다'는 국민특권주의적 정서가 강화된 문재인 정부를 관통하는 사회장 속에서 구성"된 것이라고 말한다.[5]

이는 5년간 전개되어 온 세월호-촛불-정권 교체로 이어지는 사회운동 속에서 마이너리티의 자리가 얼마나 인식될 수 있었는가를 질문하게 한다. 인간-국가-정상성이라는 범주에 들어가지 않는 존재들의 자리는 이 과정에서 모색될 수 있었을까? 마이너리티가 겪는 문제는 특정 '마이너리티'의 문제가 아니라, 곧 인간, 국가, 정상적 신체를 지닌 사람들 속에 포함된 내재적 문제라는 점을 인식할 수 있었을까?

이런 질문은 동일본 지진·쓰나미·원전 사고 이후 5년이 지난 시점에서 전개된 일본의 논의들을 상기시킨다. 재해 5주기가 된 2016년, 일본의 잡지들은 재해 이후 사회운동의 변화와 피해지의 현재를 다루는 특집을 잇달아 게재한다. 이 특집에는 세 가지 흐름이 두드러졌다. 하나는 '법을 통한 싸움'의 가능성과 한계였다.[6] 또 다른 하나는 재해 당시뿐 아니라 재해 이후 계속해서 상처를 입어 온 '마음'에 대한 고찰이었다.[7] 마지막으로 탈원전과 반원전 운동의 공과功過

---

5 김현미, 〈난민 포비아와 한국 정치적 정동의 시간성〉, 《황해문화》, 새얼문화재단, 2018, 211쪽.
6 《주간 금요일週刊金曜日》 1083호, 2016년 4월 8일.
7 〈특집: 3·11 이후의 사회운동-교차하는 사람들3·11以後の社会運動—交差する人々〉, 《현대사상》, 靑土社, 2016년 3월; 《현대사상 2016년 4월 임시증간호 총특집=imago: '마음'은 부흥했을까?現代思想 2016年4月臨時増刊号 総特集=〈こころ〉は復興したのか》, 靑土社, 2016년 3월.

에 대한 물음이 새로운 민주주의에 대한 요구로 나타나 있었다.[8]

이러한 특집들은 탈원전 반원전 운동이 거둔 성과와 확장성에도 불구하고, 이러한 운동의 근본에는 인간-국가-정상성이라는 근거가 변함없이 작동했던 것이 아닌가라는 질문을 내포하고 있다. 재해 이후 탈원전 반원전 운동은 유례없는 규모로 전국적으로 확산되었지만, 다른 한편에서는 후쿠시마산 식품에 대한 '품평 피해'가 발생했다. 원전 사고로 오랫동안 비가시화되었던 '도호쿠 : 도쿄=지방 : 도시' 사이의 위계가 드러났지만, 도호쿠 지방을 '내부 식민지'로 호명하는 것은 도호쿠 지방에 사는 재일조선인들의 비판에 직면했다. 식민주의의 폭력과 지배를 받았던 정도나 양상이 달랐던 도호쿠 지방민과 재일조선인의 역사를 '식민지'라는 말로 연결해 그 차이를 지워 버리는 것에 대한 비판이었다. 방사능에 대한 공포가 병과 장애에 대한 공포가 되면서 젊은 여성들이 우선 피난 대상으로 이야기되자, 탈원전 반원전 운동 속에 장애인 차별이나 재생산의 자기결정권에 대한 이해가 부족하다는 것이 장애인운동이나 여성운동의 비판 대상이 되었다. 또한 법을 통한 탈원전 반원전 운동의 일정한 성과에도 불구하고, 이러한 운동이 법 밖의 존재들(재일조선인, 이주 여성들, 동물)을 배제할 수 있다는 우려에 부딪혔다.

이처럼 탈원전 반원전 활동의 근거에는 인간의 기술 지배에 대한 믿음, '병이나 장애가 없는 정상 신체'에 대한 강조, '국민의 권리로서 헌법'의 강조, '개인화된 부흥론' 등이 내재되어 있었다고 할 수 있다. 재해 후 5년간 전개된 탈원전 반원전 운동의 성과에도 불구하고,

---

8 〈특집 2011년 이후의 '운동'을 생각한다特集 2011年以降の〈運動〉を考える〉, 《주간 금요일週刊金曜日》, 2018년 3월 16일.

재해 후 5년간 마이너리티의 갈등은 심화되었고, 방사능 오염을 망각시키기 위한 부흥 이벤트인 도쿄올림픽 개최가 결정되었으며, 사가미하라 학살과 같은 신인종주의적 혐오범죄가 일어났다.

이러한 상황은 재해 후 사회운동과 '생존'을 위해 방사능 오염 지역에서 '피난'한다는 행위의 의미를, 인간-국가-정상성의 척도에서 벗어나 사유해야 할 필요성을 제기한다. 이때 대두되는 것이 재해 당시 피난이 늦었거나, 피난을 할 수 없었거나, 피난했음에도 되돌아왔거나, 피난의 대상으로조차 여겨지지 않았던 "피난 약자" 혹은 "재난 약자"들이다.[9]

'피난 약자'나 '재난 약자'라는 말은 재해 이후 일본에서 대두했다. 재해의 순간 신속하게 피난할 수 없는 노인, 장애인, 아이 등을 일컫는 말이다. 이 말은 재해부터 현재로 이어지는 8년간의 경험 속에서 그 현실성을 획득하고 있다. 특히 재해 이후 쏟아져 나온 다양한 장르의 기록 속에는 신속하게 피난을 갈 수 없었던 '피난 약자, 재난 약자'가 많이 등장한다. 전문적인 작가, 촬영가, 감독, 기자 등이 아닌 아마추어에 의해 찍히고 기록된 피난 약자들의 모습은, 과연 '피난'과 '생존'이 무엇인지를, 그 당연해 보이는 말들의 근거를 되묻는다. 그들은 '생존'하기 위해서 방사능 지대에 머물 수밖에 없거나 혹은 그곳으로 되돌아갈 수밖에 없다. 즉, 생존은 단지 독립된 개체로서 목숨만 연명한다고 획득되는 것이 아니며 주변의 사람, 자연, 마을과의 관계를 구축함으로써 비로소 획득되는 것임을 피난 약자의

---

9 피난약자/재난약자라는 말에 '약자'라는 말을 쓰이고 있듯이, 재해 순간 피난을 신속하게 할 수 있는 능력은 '강함'으로 치부된다. 그러한 점에서 '재난약자, 피난약자'라는 말 자체가 위계화되어 있다는 점은 간과할 수 없다. 따라서 이 글에서는 ' '로 묶어 사용한다.

역-이동 혹은 멈춤을 통해 인식하게 된다. 그리고 탈원전 반원전 운동 속에서조차도 나타나는 적자생존 약육강식이라는 생존경쟁의 논리나 정상성 중심주의를 벗어나, '타자'와의 관계를 통해 피난과 생존을 고민하도록 한다.

따라서 이 글은 2011년부터 최근까지 생산된 아마추어의 기록물 중 주로 '피난 약자' 및 '재난 약자'가 등장하는 영상, 인터뷰, 수기 등의 기록물을 살펴보려고 한다.[10] 주디스 버틀러Judith Butler가 '인간 공통의 조건'이라고 했던 피난 약자들의 '취약성'을 통해,[11] 피난의 순간 타자와의 상호주관적 관계가 인간-국가-정상성을 넘어서 모색될 수 있는가를 질문하기 위해서이다.

재해 5년 후에 되묻는 '피난'과 '생존'

어려움을 피하고避難 삶을 존재하게 하다生存

2011년 3월 11일 동일본 지진·쓰나미·원전 사고 5주기에 게재된 일본 잡지의 특집이나 사회운동의 방향성을 보면, 기존의 사회운동으로 변화되지 못한 무의식과 감각의 문제를 제기하고 있어서, 사회운동의 '근거'에 대한 보다 근본적인 성찰을 하게 만든다. 과연 '피난'이란 무엇이며, 그 피난으로 인해 얻어지는 '생존'이란 무엇인

---

10 본 글에서는 주로 정식 출판되거나 발매된 영상 작업을 중심으로 했다. 그러나 그 외에도 수많은 아마추어 영상 작업, 기록 작업이 있다. 특히 〈아워플래닛 TV〉의 영상 교육 활동 및 기록영상들은 매우 소중한 자료이자 표현물이다. 여기서는 지면 관계상 다루지 못하지만 다음 과제로 남긴다. 또한 지면상 이 글에서는 피난과 여성의 문제를 본격적으로 제기하지 못했다. 광범위한 기록물과 영상이 있으므로 이후 다른 글을 통해서 보충할 수 있기를 바란다.
11 주디스 버틀러, 《불확실한 삶》, 양효실 옮김, 경성대학교출판부, 2008년, 61쪽.

가 하는 문제이다.

생존survive은 어원상 생명vivere를 뛰어넘는sur=super · above over 활력의 의미를 담고 있으며, 피난refuge는 어려움을 피하기 위한 끊임없는re 도망flee을 의미한다. 한자를 보아도, '피난避難'은 어려움을 피하는 것이며, '생존生存'이란 목숨을 연명하는 게 아니라 살아감으로 존재하는 것이다. 이때 '어려움'이란 무엇이며 '존재한다'는 것은 무엇일까? '어려움'은 각각이 놓여 있는 계급, 성, 신체적 조건 등에 따라 다르다는 점에서 타자와의 관계를 포괄하며, '존재한다'는 것은 한 생명이 환경과 맺는 관계 속에서 획득된다는 점에서 코먼commons에 대한 사유를 포괄한다.

주디스 버틀러는 "우리 각자는 부분적으로는 우리의 신체—욕망과 물리적 취약성의 부지로서의, 단언적이면서도 동시에 노출된 공공성의 부지로서의—의 사회적 취약성에 의해 정치적으로 구성된다"[12]고 함으로써 '인간'이란 스스로 선택한 적 없고 소속감도 없는 "무선택적 특성을 띤 복수의 동거cohabitation를 적극적으로 보존"해야만 살아갈 수 있으며, "그들의 삶과 복수성—그들이 일부를 형성하는—을 보존할 의무를 짊어지고 있"다고 말한다.[13] 재해 당시부터 현재까지 이어져 온 '피난'의 상황은 어떤 극한의 상황에서도 타자와의 관계 형성이 중요하고 그것이 '생존'의 근본 조건임을 보여준다. 생명을 '연명'하는 데 그치지 않고 그 어떤 극한의 상황에서도 '존재'할 수 있는 조건은 무엇일까? '천재天災'가 아닌 '인재人災'를 야기한 근본 원인인 인간-국가-정상성에 기반한 관계를 넘어서 타자와의

---

12 주디스 버틀러, 《불확실한 삶》, 46쪽.
13 주디스 버틀러, 《불확실한 삶》, 75~76쪽.

상호주관성이 모색되지 않는다면, 방사능을 피했다고 하더라도 재해를 야기하는 구조를 재생산하게 된다. 이러한 점을 염두에 두고, 재해 5년 뒤 수면 위로 올라온 논점들을 살펴보자.

첫째, 법을 통한 싸움과 그 한계이다. 2016년 4월에는 가처분 신청을 통해 재가동한 원전을 멈춘 사례가 보도되었다. 일본 오쓰 지방법원은 후쿠이현 간사이전력이 재가동시키려고 한 다카하마 원전 3,4호기에 대해 운전 정지 명령을 내린다. 이는 원전이 한 번 재가동되면 돌이킬 수 없게 된다는 위기의식에서 벗어나, 시민 활동의 요구가 '가처분 신청'이라는 법을 활용하여 관철된 예였다.[14] 비슷한 시기에 일본 정부는 피해지였던 도호쿠 여러 지방에 대해서, '피난기준'에 따르면 마을로 돌아가도 된다는 판결을 내리고 방사능에 대한 조사나 피난민에 대한 지원을 중단하기 시작했다. 피난기준을 믿을 수 없는 젊은 사람들은 마을로 돌아가지 않았고 75세 이상의 노인들만 돌아가 마을은 노령화되었으며 노인들의 건강을 장담할 수 없었고, 피난 중인 사람들은 '권고'를 받아들이지 않았다는 이유로 배상과 지원이 끊길 위기에 놓인다. 이에 미나미소마 시민들은 "피난기준 철회" 소송을 일으켰고, 늘 검은 옷을 입고 있던 법관들이 흰색 방사능 보호복을 입고 현지 조사를 하는 사진이 인상적으로 실렸다.[15]

이러한 법적 싸움은 필요하고 중요하지만, 법을 통한 싸움의 근거에는 일본 국적을 가진 '국민'들만이 주체가 될 수 있다는 점이 간과

---

14 〈가처분에서 1승을 거두면 원전은 멈춘다-탈원전 변호사단 전국 연락회 공동대표 河合弘之(かわい ひろゆき)〉,《주간 금요일週刊金曜日》1083호, 2016년 4월 8일, 20~23쪽.
15 〈후쿠시마 제1원전 사고로 재판관이 처음으로 현장검증〉,《주간 금요일週刊金曜日》1083호, 2016년 4월 8일, 26~27쪽.

되어서는 안 된다. 같은 시기 재일조선인 고등학교가 고교무상화 정책에서 제외된 것에 대한 소송이 있었지만, 이 소송은 여론의 거센 반발에 부딪혀 패소했다.[16]

둘째로, 《현대사상》 2016년 3월호 특집과 특별판 부록의 주제가 보여 주듯이 갈등, 마음, 케어, PTSD 등이 집중적으로 논의된다. 2016년 3월호 《현대사상》 특집은 〈3·11 이후의 사회운동 – 교차하는 사람들3·11以後の社会運動—交差する人々〉이었다. 탈원전 반원전 운동이 관저 앞 데모에서 국회 앞 데모로 변화하는 과정, 다양한 정체성을 지닌 사람들이 거리에서 교차하며 일으키는 화학반응, 법을 통한 투쟁의 공과, 부흥 프로세스가 피난자에게 끼친 영향, 방사능에 의한 건강과 장애의 발생에 대한 예측 등이 골고루 담겨 있으면서도 여러 글의 초점은 재해 이후의 사회적 관계 변화 및 멘탈 헬스에 초점을 맞추고 있었다.[17] 특별판 부록으로 나온 《현대사상 2016년 4월 임시증간호 총특집=imago: '마음'은 부흥했을까?現代思想 2016年4月臨時增刊號 總特集=〈こころ〉は復興したのか》[18]는 이런 경향이 보다 또렷이 드

---

16 김지운, 〈'오사카조선학원 고교무상화제외' 소송 항소심 패소〉, 《오마이뉴스》, 2018년 9월 28일. "고교무상화제도는 2010년 4월 일본 민주당 정권이 외국인학교를 포함, 전 일본의 고등학교에 도입"한 정책이지만 "2013년 2월 아베 정권은 북한과 재일본조선인총연합(조총련)과의 밀접한 관계와 학교 운영의 적정성이 의심스럽다는 이유로 조선학교를 고교무상화제도에서 배제"한다. 이후 조선고급학교 10개교의 학생들과 교원들은 고교무상화 제외 취소 소송 및 국가배상 소송을 제기했으나, 히로시마, 도쿄, 아이치 등 줄줄이 1심에서 패소한다.

17 〈특집: 3·11 이후의 사회운동 – 교차하는 사람들〉, 《현대사상》, 2016년 3월.

18 《현대사상 2016년 4월 임시증간호 총특집=imago:'마음'은 부흥했을까?現代思想 2016年4月臨時增刊號 總特集=〈こころ〉は復興したのか》, 青土社, 2016년 3월. 'imago' 특집은 재해 직후인 2011년에도 《현대사상 2011년 9월 임시증간호 총특집=긴급복간 imago 동일본 대지진과 '마음'의 행방現代思想2011年9月臨時增刊號 總特集=緊急復刊 imago 東日本大震災と〈こころ〉のゆくえ》을 발간한 적이 있다.

러난다. 특집의 대담 중 〈진정한 마음의 케어란〉에서는 마음의 풍경, 사회의 정신분석, 케어의 과제, 문화의 행방 등 PTSD, 상실감, 관계의 붕괴가 초래한 정신적 고통을 다루고 있으며, 이것들이 1권 특집 전체를 관통하는 주제다.

이러한 주제들은 5년간의 탈원전 반원전 활동과는 또 다른 측면에서 접근해야 할 재해 이후의 문제가 멘탈 케어의 형태로 존재함을 보여 준다. 탈원전 반원전 운동의 확산 이면에서 퍼져 갔던 무기력과 불안, 그리고 그 불안이 공분의 벡터를 제대로 찾지 못할 때 확산되었던 마이너리티 서로에 대한 공포와 혐오이다.

셋째로, 재해 이후 사회운동의 변화와 방향을 민주주의에 대한 비판과 관련시키는 경향이 눈에 띈다.《주간 금요일週刊金曜日》2018년 3월 16일자 발행호에는 〈2011년 이후의 '운동'을 생각한다〉라는 특집으로 3개의 대담과 2개의 글이 실린다.[19] 그중 아마미야 카린雨宮処凛과 히로세 준廣瀬純의 대담 〈이름 붙일 수 없는 운동이 미래를 향해 태동하고 있다〉[20]는 현재 진행 중인 민주주의에 대한 성찰을 담고 있다.

---

19 〈특집 2011년 이후의 '운동'을 생각한다〉,《週刊金曜日》, 2018년 3월 16일에 실린 다른 두 개의 대담은 다음과 같다. 〈対談01 長尾詩子×廣瀬純 생명과 경제는 저울질할 수 없다いのちと経済とは天秤にかけられない〉, 〈対談02 佐藤嘉幸×村田弘 지역을 잃은 원전 사고 피해자가 옆으로 연결되어 싸운다地域を失った原発事故被災者が 横につながって闘う〉.

20 〈이름 붙일 수 없는 운동이 미래를 향해 태동하고 있다名づけようのない運動が未来に向けて始動している〉, 〈특집 2011년 이후의 '운동'을 생각한다〉,《週刊金曜日》, 2018년 3월16일, 28쪽. 아마미야 카린의 이 발언은 의도했건 의도하지 않았건 간에 '정치적 올바름'에 대한 비판으로 읽힐 가능성이 있다. 그러나 나는 '정치적 올바름에 대한 비판담론'이 낳는 비정치적인 효과가 있다고 생각한다. 또한 '올바름'을 구성하는 물질적 토대에 대해서 섬세하게 봐야 한다고 생각하지만, '올바름이나 정의'가 정치적 투쟁을 통해 구성된다고 생각하기 때문에, '올바름이나 정의' 자체에 거리를 둬야 한다고 생각하지 않는다는 점을 밝혀 둔다.

히로세: "민주주의는 원전 재가동도 군사국가화도 저지할 수 없었어요. (…) 11월 이후 운동의 성과 중 하나는 민주주의에 대한 절망이 사람에게 확산되었던 것이라고 생각합니다. 사람들은 또 다른 '정치'를 구상하기 위해서 달려가고 있다고 할 수 있을 것 같습니다.

아마미야: 민주주의에는 올바름의 사고 정지와 같은 점이 있다는 생각이 듭니다. '민주주의'라고 하면 그것에 만족하고 분노하지 않아요. 그렇지만 올바름은 무서운 게 아니겠어요? 정의라고 이름 붙이면 사람도 죽일 수 있어요. 정의처럼 보이는 것으로부터 거리를 두고 싶다는 생각이 있을지도 모르겠습니다.

히로세가 아마미야에게 3·11이후 어떤 운동에 참여해 왔는지를 묻자, "아직 이름 붙여지지 않은 운동에 매우 관심이 있습니다"라고 답한다. 그러자 히로세는 "이름 붙여지지 않은 운동이 2011년 이후 이름을 갖게 될 운동을 준비했습니다. 그리고 오늘 다시 다른 곳에서 이름 붙여지지 않은 새로운 운동이 미래를 향해 시작하고 있다는 것이네요"라고 덧붙인다.

법의 한계, 재해 이후 방사능 오염에 대한 공포가 낳은 인종주의, 오랜 피난 생활과 방사능 공포가 낳은 불안증과 정신적 장애, 현존 민주주의에 대한 실망과 불신 속에서 "이름 붙여지지 않은 운동"은 타자와의 새로운 관계 구축―그것도 여태까지 '타자'로서 인식조차 되지 않았던 사이의 관계 구축―을 통해서 모색되어 왔다.

〈2010년대 투쟁 사이클은 무엇인가 - 새로운 주관성에서 새로운 사회 편성으로2010年代の闘争サイクルとは何か 新たな主観性から新たな社会編成へ〉는 바로 이러한 새로운 관계의 맹아를 짚어 낸다. 피난자들이 후쿠시마 제1원전 사고로 "고향을 잃었다"고 이야기되지만, 그것이 의

미하는 것은 "강한 방사능 오염에 의한 피난으로 그들이 집, 가족, 농지, 아이들이 다니는 학교, 친구와의 연결, 지역 커뮤니티를 포함한 생활 기반 전체를 잃었다는 것"을 의미한다.[21] 이들은 예전에는 '강제피난자'라고 지칭되었는데, 피난 지시 해제로 '자주피난자'로 위치 지어졌다. 그러나 앞서 미나미소마의 예에서 확인했듯이 피난 지시가 해제된 이후 '고향'으로 돌아간 자들은 1퍼센트 정도이며 대부분이 고령자다. 즉, 그들은 "후쿠시마에 원전이 설치된 이래 자신들은 국가와 매저리티에 의해 '민주주의의 외부'로 버려진 백성棄民이었음을 한 점 의심 없이 인식"하게 되었으며, "이 인식이야말로 피난자들에게 그들처럼 '외부'에 놓인 류큐인과의 연대, 즉 원전피난자가 류큐인이 '되는' 동시에 류큐인 또한 원전 피난자가 '되는' 횡단적인 결합을 가능하게" 했다고 한다.[22] 즉, "마이너리티 운동이 횡단적으로 결합되는 계기"가 "스스로 '외부'에 있다는 자각"을 통해 가능했다는 것이다.[23] 재해 속 피난 과정은 여태까지 일본의 '국민'이라고 믿었던 자들이 스스로의 취약성을 인식하고 일본 속 타자들과의 상호주관성을 형성함으로써, '인간-국가-정상성'이라는 위치에서 벗어나 "관계적이기도 탈아적ex-static이기도 한 관계 형성을 인식하는 계기가 되었다고 할 수 있다.[24]

　그러나 마이너리티 운동의 횡단적 결합은 단순히 낙관할 수 있는

21　佐藤嘉幸・廣瀬純, 〈2010년대 투쟁 사이클은 무엇인가-새로운 주관성에서 새로운 사회편성으로2010年代の闘争サイクルとは何か 新たな主観性から新たな社会編成へ〉, 《週刊金曜日》, 2018년 3월 16일, 31쪽.
22　佐藤嘉幸・廣瀬純, 위의 글, 31쪽.
23　佐藤嘉幸・廣瀬純, 위의 글, 31쪽.
24　주디스 버틀러・아테나 아타나시오우, 《박탈: 정치적인 것에 있어서의 수행성에 관한 대화》, 김응산 옮김, 자음과모음, 2016, 166쪽.

것은 아니다. 스스로 '외부'에 있다는 자각은 연대를 불러오기도 했지만 스스로가 '마이너리티'이거나 그렇게 될 수 있다는 공포와 불안이 임계치를 넘을 때, 공분의 벡터는 지배권력을 향해 가는 것이 아니라, 오히려 마이너리티 사이의 경쟁과 혐오를 확산시키기도 했다. 예를 들어, 피난의 권리를 주장할 때 장애에 대한 공포가 작동하며 이것이 젊은 여성과 아이를 보호할 대상으로 객체화하는 담론으로 연결되었다. 즉, 피난이 '어려움'으로부터의 끊임없는 탈주가 아니라, 이른바 장애가 없는 정상성을 기반으로 한 삶으로 이해되자 장애는 고통이며 피해야 할 것으로 타자화되었던 것이다.

김은정은 이러한 장애에 대한 부정적 인식을 '치료폭력'이라는 말로 지적하면서 정상성에 근거한 신체에 대한 인식을 비판한다. 치료폭력 앞에서 장애를 지닌 현재는 사라지고, 불구가 아니었던 과거와 치료된 미래만이 "접혀진 시간들folded temporalities"로 존재하게 된다는 것이다.[25] 이러한 치료폭력은 "장애인이 사회로 '돌아가기return' 전에 장애가 치료되어야 한다는 사회의 요구mandate에 내포된 전제assumption를 질문하지 않기 때문에 아이러니컬하게도 현 상태를 공고히 하는 효과를 지닌다"고 한다.[26]

이러한 인식론적 한계는 비단 장애에 그치는 것이 아니다. 피난과 생존에 대한 모색이 타자를 배제하는 인식론적 한계를 넘어설 수 있는가라는 보다 광범위한 물음과 연결된다. 이 물음 없이는 아이러니하게도 재해를 반복하는 '현 상태'를 공고히 하게 될 것이다.

---

[25] Eunjung Kim, *Curative Violence: Rehabilitating Disability, Gender, and Sexuality in Modern Korea*, Duke University Press Books, January 20, 2017, p. 1

[26] Eunjung Kim, pp. 4~5

인간, 국가, 정상성 중심의 피난과 생존에 대한 추구가 지속되는 상황에서 두 가지 눈에 띄는 사건이 일어난다. 하나는 도쿄올림픽이 '부흥'의 해결책처럼 퍼져 나가면서 도호쿠 지방의 '부흥'할 수 없는 조건이나 여전한 방사능의 위협을 감춘다. 다른 하나는 2016년 7월 26일에 일본 가나가와현 사가미하라시 장애인 시설인 '츠쿠이 야마유리엔'에서 그곳의 직원이었던 우에마츠 사토시가 침입하여 1시간 동안 장애인 19명을 찔러 죽이고 26명에게 중경상을 입히는 장애인 학살이 발생한다. 사가미하라 학살 사건의 범인인 우에마츠는 중의원 의장에게 보낸 편지에서 세계와 일본의 평화를 위해 일본 정치가를 대신하여 장애인을 지속적으로 또 대량으로 살해할 테니 자신에게 보상을 해 달라고 요구한다.[27] 우에마츠의 '필요 없는 인간이 있다'는 인종주의적 생각은, 인식론적 차원에서는 재해의 순간 누구를 먼저 피난시킬 것인가라는 논리와 통하는 부분이 있음을 부정할 수 없다.

탈원전 반원전 운동은 정부 및 도쿄전력에 대한 비판과 함께 인간 중심주의나 과학적 진보주의에 대한 비판을 강렬하게 담고 있었다. 그러나 탈원전 반원전 운동이 "병이나 장애 없는 국민의 삶"이라는 인간-국가-정상성에 근거를 둔 것이 아니라, 스스로의 취약성을 인식하고 타자와의 상호의존성을 모색하는 것이 되려면 어떻게 해야 할까?

'피난약자, 재난약자'가 재난의 순간 및 재난 이후에 겪게 되는 '비非이동'을 살펴보는 것은, '피난'과 '생존'을 한 존재를 둘러싼 관계 속에서 생각하게 한다. 더 나아가 '피난'의 방향성과 '생존'의 의미를

---

27 신지영, 〈'타자' 없는 듣고-쓰기 — 사가미하라 장애인 학살사건, 그 이후〉, 《문학3》, 2017, 창작과비평사, 9~18쪽.

바꾼다. 방사능 지대로부터 피난해 나오는 것만이 '피난避難'이 아니다. 국가-인간-정상성의 기준에서는 예상할 수 없는 또 다른 (어쩌면 방사능보다 더한) 재해와 그 이후에 지속되는 어려움難을 피해서避, 방사능 지대로부터 탈출하는 것이 아니라 그 방사능 지대에 머물거나 되돌아갈 수밖에 없었던 피난약자들의 행위가 있다. 이러한 행위는 생존이 단지 목숨을 부지하는 게 아니라 (아니, 목숨을 부지하기 위해서라도), 자신의 취약성을 인식하고 타자와의 상호주관적 관계를 통해 유지되는 것임을 다시금 인식하게 한다. 방사능이 있는 곳에서 살아도 괜찮다는 의미는 결코 아니다. 그러나 이 어쩔 수 없게 발생해 버린 피난약자들의 '머묾'이라는 행위는, 부흥경제-국민-치료와는 다른 방식으로 '피난과 생존'을 상상하게 하며, '어쩔 수 없다는 체념'을 극복한 사회운동을 상상하게 한다.

기민·난민이 된 농민들: '마을을 가장 마지막에 떠나겠다'

〈이타테 마을, 나의 기록飯舘村 わたしの記録〉(2013)은 아마추어 감독 하세가와 겐이치長谷川健가 찍은 다큐멘터리 영화로 호소야 슈세이細谷修平가 편집과 구성을 담당하고 비영리 독립 미디어 단체인 'OurPlanetTV'가 제작했다.[28]

이 다큐 영화를 찍은 하세가와 겐이치는 이타테飯舘村 마을에서 낙농업을 하며 농사를 지었으며 이타테 마을 전담을 책임지는 지구장이자 후쿠시마현 낙농업 협동조합 이사이다. 하세가와 씨뿐 아니라 아들도 농축산업 후계자로 온 가족의 터전이 이타테 마을에 있었다. 2011년 3월 12일 원전 사고로 마을 전체가 방사능에 오염되어 마을

---

28 예고편은 다음 링크를 참고. https://www.youtube.com/watch?v=PpjbxmAeMco

사람 모두가 피난을 가야 할 상황에 처하자, 그는 2011년 4월 중순 비디오 카메라를 구입하여 독학으로 촬영을 공부하여 마을의 변화를 기록한다.

즉, 이 다큐 영화는 방사능에 의해 파괴되어 가는 마을 공동체와 자연의 변화 과정인 동시에, 카메라를 손에 잡아 본 적이 없던 그가 기록자이자 표현자로 변화하는 과정이기도 하다. 그는 2011년 4월 23일부터 8월 23일까지 약 37시간에 걸쳐 촬영했고, 독립 미디어 'OurPlanetTV'는 이를 68분으로 편집하는 것을 도왔다. 즉, 아마추어 감독의 탄생 과정은 곧 독립 미디어 단체와의 공동 작업 과정이기도 했다. 이 여러 겹의 변화와 협업 그리고 새로운 주체로의 변화 속에서 〈이타테 마을, 나의 기록〉은 생성되었고 상영될 수 있었다.

그런데, 그가 기록했던 4월부터 8월에 걸친 시기는 이타테 마을에 방사선량이 가장 높았던 시기였다. 왜 그는 하루라도 빨리 피난을 가지 않고 가장 방사선량이 높은 그 시기에 4개월간 이타테 마을에 남아 기록하기로 결심한 것일까? 그는 2백 명에 달하는 이타테 마을 전 인구가 피난 생활을 하는 상황에서 "당사자의 시선으로 자신이 실제 느끼는 것을 전달하여 후세에 남겨야 한다"고 생각했다고 한다.[29] 그런 만큼 영화를 찍는 것도 내레이션을 하는 것도 하세가와씨지만, 주로 찍힌 것은 마을 사람들, 마을 공간들, 자연들이다. 내레이션 없이 사람들의 소리, 바람 소리, 길거리 소음 등이 마을 풍경과 함께 장시간 지속되기도 한다. 즉, 이 다큐의 주인공은 마을이다. 그리고 '나'와 맺고 있는 마을 전체의 관계성이 드러난다. 즉 이를 보면, 생존은 내가 이러한 마을 전체(사람, 장소, 자연, 그리고 그것에 깃

---

[29] 영화에 대한 기본 정보는 다음의 링크를 참고. http://www.ourplanet-tv.org

든 기억을 모두 포괄한)와 맺는 관계이며, 피난은 피난 권고가 내려진 직후에 완결되는 것이 아니라 이 모든 관계성과 긴 시간 동안 결별함으로써만 가능하다는 것을 알게 된다.

재해 이후 피난에 이르는 과정은 마을 전체가 맺고 있었던 상호의존성이 하나하나 깨지면서 진행된다. 먼저 마을 커뮤니티의 붕괴가 시작된다. 낙농업을 그만두기로 결정하는 회의가 열리고 '낙농 여성부회 해산회'가 열린다. 이후 우체국, 주유소, 영업부 등이 6월 30일로 문을 닫는다. 마을의 안전을 지키기 위한 패트론patron(마을 순찰회원을 일컫는 일본식 영어)의 활동은 이어지지만, 마을의 슈퍼, 자동판매기 등이 차차 사라지며 인적이 드문 곳으로 변화해 간다. 이어 마을의 각 장소가 지닌 기억들이 펼쳐진다. 아내의 부모 집에 깃든 추억, 이타테 속 '마에타' 마을의 간판, 천문관측소 등이 그것이다. 그러나 3개월 동안 돌보지 않은 마을에는 잡초가 무성하게 자라나 있다.

다음으로는 하세가와 씨 가족들이 뿔뿔이 흩어지는 과정이 비춰진다. 하세가와 씨 집은 아들에게 낙농업을 물려주면서 3대가 함께 살 요량으로 최근 리모델링을 끝냈다. 그러나 젊은 아들과 임신한 며느리 그리고 손주는 방사능에 오염된 이타테 마을에 살 수도 낙농업을 지속할 수도 없으므로 피난을 결심한다. 마을 사람들이 모두 피난하거나 가설주택으로 옮긴 뒤, 하세가와는 그곳 피난 주택지에서 마을 축제를 연다. 그러나 젊은이들은 거의 모두 그곳을 떠난 상태이다.

이 과정들은 일본 안의 '농민, 시민, 국민'이었던 사람들이 점차 기민화·난민화되어 가는 과정을 보여 준다. 그 기민화·난민화 과정에는 단지 '사람'의 이동만이 있는 것이 아니라 마을을 형성하고 있는 공동체적 관계 전체(일, 가족, 장소, 자연 등 모든 요소를 포함한 관계)

의 붕괴가 있다. 인상적인 것은 방사능에도 불구하고 남아서 마을을 기록하기로 결심한 하세가와의 행동과 세 가지 말이다. 하나는 식구들과 마지막 만찬을 하면서 했던 말, "내가 이런 일에 질까 보냐, 나는 도망가지 않아"이다. 다른 하나는 "나는 지구장地區長으로서 가장 마지막으로 피난한다"는 결심이다. 세 번째는 촌장과의 견해차이다. 몇몇 사람들의 귀향이 논의되는 상황에서 하세가와는 "귀향은 마을 사람들이 모두 함께해야 한다"라고 말하면서 마을이 집단적으로 이동할 것을 주장하는데, 이는 개별적 자주 피난을 말하는 촌장과 다른 견해이다.

물론 이 다큐 영화 속에는 잘 가꿔진 일본 농촌에 대한 향수가 짙게 나타나 있고, 다큐의 스토리텔링은 어디까지나 감독과 독립 미디어의 시선에 의해서 편집된 기록이다. 재해가 일어나기 이전의 농촌 공동체에 대한 이상화된 내러티브가 전제되어 있는 측면이 있기 때문에, 오히려 일본의 이러한 농촌 공동체 외부에 있어야 했던 존재들에게 재해 이전의 이 마을이 어떤 곳이었을지를 질문하게 된다.

그럼에도 하세가와가 지구장으로서 마지막까지 남아 찍어야 한다고 결심하는 부분이나, 마을 전체가 함께 피난/복귀해야 한다는 굳건한 주장은, '피난'이란 관계 전체의 이동을 통해서 가능하다는 것을 보여 준다. 방사능을 피했다고 안전한 삶이 시작되는 것이 아니다. 살아가면서 형성된 크고 작은 관계가 곧 생존을 위한 조건이며, '피난' 후에 이 관계를 지속하거나 혹은 새로운 관계를 구축할 수 있는가가 '생존'을 결정짓는다.

그런데 재해를 통해 마을, 즉 삶을 구성하는 관계 전체가 조명되자, 여태까지 비가시화되어 있던 관계가 드러난다. 특히 마을 주민들이 동물 및 자연과 맺는 관계가 매우 인상적으로 찍혀 있다. 첫 장면부터 바람에 흔들리는 논과 밭 그리고 바람 소리가 화면을 메운다. 무성하게 잡초가 자란 사이로 싱싱한 블루베리와 곡식, 동물들이 클로즈업된다. 열매와 곡식이 익어 갈수록 마을 일부인 그것들과, 방사능 때문에 마을 일부가 될 수 없는 주민들 사이의 기묘한 어긋남이 드러난다. 더 이상 낙농업을 할 수 없게 된 주민들은 소를 살처분시키기로 결정한다.

방사능에 오염된 소를 한 마리씩 검사하고 살처분장으로 가야 하는 소를 선별해 트럭에 하나하나 싣는 아주머니의 모습, 트럭에 실린 소 곁에서 차마 떨어지지 못하는 모습 등이 그려진다. 특히 하세가와는 내부의 기록자로서, 고통스러운 상황과 마주하게 되는 주민들을 찍으러 온 카메라맨도 화면에 담는다. 이 장면에서는 고통과 피해를 기사화하는 매스컴 보도에 대한 묘한 저항감도 느껴진다.

일반적으로라면 이 장면들은 한 가계의 경제적 손실이라거나, 한 가정이 유지되는 삶의 기반이 상실되었다는 식으로 설명될 것이다. 그러나 이러한 설명은 불충분할 뿐 아니라 '생존'이 무엇인가에 대한 근본적인 물음을 결여하고 있는 것이 아닐까? 이 장면에는 마을 주민들과 동물들 사이의 일체감이 드러나기도 하지만, '쓸모'를 기준으로 동물을 판단하고 쓸모가 없어진 순간 '살처분'이라는 중성적 언어로 동물들을 '학살'하는 인간중심주의도 드러나 있다. '마을'의 관계 속에서 인간과 동물 사이의 위계는 명확했고 쓸모가 없어진 동물의 생명은 인정받지 못하게 되는 것이다.

그렇지만, 하세가와가 마을과 마을 주민들의 변화를 담으려고 할 때, 오히려 마을 주민을 둘러싼 식물, 동물, 바람 등이 부각된다는 것은 인상적이다. 이처럼 재해에 의한 피난은 생존을 위해 인간이 마을과 맺고 있었던 복잡한 상호주관적 관계 전체를 가시화한다. 마을

〈사진 1〉 살처분장에 끌려가는 소.

〈사진 2〉 소를 떠나보내지 못하는 주민과 이를 찍는 취재진들.

의 일부이지만 가시화되지 않았던 장소, 식물, 동물, 바람 소리까지 포함한 모든 관계가 '생존'을 구성하고 있었던 것이다.

생존이 주민이 맺고 있는 수많은 비가시화된 것들과의 관계 전체라는 점을 포착할 수 있었던 것은, 마을에 남아 있겠다고 결심한 하세가와의 '내부로의 피난'이란 감각에 의해서 가능했다. 그의 행위는 일반적 의미의 피난과 역행하지만, '피난'과 '생존'이 단순히 방사선을 피하는 것이 아니라, 인간을 둘러싼 모든 관계의 보존과 회복에 있음을 보여 준다. 즉, 마을 속의 비가시화되었던 타자화된 존재들(동물, 식물, 마을 전체)과의 관계를 드러냄으로써, 농민-주민-시민-국민을 중심에 둔 피난과 생존의 감각에 균열을 낸다.

'피난'할 수 없는 존재들

또 다른 '어려움難'으로부터의 피난避: 노인요양시설의 노인과 개호인

'피난약자'란 자력으로 피난할 수 없거나 신속한 피난이 불가능한 사람들을 의미한다. 그런데 재해 당시 발표된 피난 대책 매뉴얼을 살펴보면, 피난이 불가피한 지역에 존재하는 '피난약자'는 애초에 그곳에 있어서는 안 되는 존재로 규정된다. 노인, 장애인, 임신부, 아이 등은 국가의 피난 계획에서는 일반적인 피난 계획에 포함되지 않는 '비정상'이고 예외적인 존재인 것이다.

2011년 4월 22일에 발표된 〈'계획적 피난 구역'과 '긴급 시 피난 준비구역' 설정에 대하여〈計画的避難区域〉と〈緊急時避難準備区域〉の設定について〉를 보면, 방사능 피해 정도에 따라 지역이 나뉘고 각각의 대책이 홈페이지에 발표된다. "긴급 시 피난 준비구역"은 "실내 피난 지구"로 설정되어 있던 반경 20~30킬로미터의 지역 대부분으로 긴급 시에는 실내 피난이나 피난을 해야 하는 지역이다. 그런데 이때의 피난은 "자주적 피난"이기 때문에 "아이, 임산부, 개호자가 필요한 사람, 입원 환자 등은 이 지역에 들어오지 않도록 계속 부탁드립니다. 불편을 드려 죄송합니다만 협력해 주시면 감사하겠습니다"라고 쓰여 있다.[30] 즉, "아이, 임산부, 개호자가 필요한 사람" 등은 "자주적 피난"이 불가능한 자들로 이 구역에 존재한다는 것 자체가 애초에 인정되지 않는다.

한 달 정도 지난 뒤인 2011년 5월 17일에 발표된 〈원자력 피난자의 대응에 관한 당면 방침(안)原子力被災者への対応に関する当面の取組方針(案)〉[31]에서는 장애인과 노인을 분리된 항목으로 설정해 놓고 있다. 그렇지만 개정된 대응안對應案도 마찬가지로 아이, 임산부, 개호가

---

30 〈'계획적 피난 구역'과 '긴급 시 피난 준비구역' 설정에 대하여〈計画的避難区域〉と〈緊急時避難準備区域〉の設定について〉, 동일본 대지진 대응~수상관저 재해 대책 페이지東日本大震災への対応~首相官邸災害対策ページ~, 2011년 4월 22일. https://www.kantei.go.jp/saigai/20110411keikakuhinan.html
31 〈원자력피난자의 대응에 관한 당면 방침(안)原子力被災者への対応に関する当面の取組方針(案)〉, 原子力災害対策本部, 2011년 5월 17일, 21쪽. https://www.kantei.go.jp/jp/singi/genshiryoku/dai15/15_05_gensai.pdf

필요한 사람, 입원 환자 등은 자력으로 피난이 불가능하므로, "긴급 시 피난 준비구역"에 있어서는 안 되는 존재로 구분된다.

그러나 이 자력 피난이 불가능하다고 간주된 그들은 재해의 순간 그 지역에 갑자기 들어온 자들이 아니라, 원래 그곳에서 마을과 다양하고 복잡한 관계를 이루며 살아 온 자들이다. 또한 방사선량이 높아진 재해 및 그 이후의 상황에서도 그 지역에 남아서 살 수밖에 없는 사람들은 자주 피난이 가능한 사람들보다 경제적, 신체적, 물리적 이유로 피난을 갈 수 없었던 피난약자인 경우가 많다. 그럼에도 피난 대책에서 그들은 일반적인 피난이 불가능한 '비정상인'으로 구분되고, 피난 대책의 대상으로는 '세어지지 않는 존재'가 된다. 주디스 버틀러는 "특정한 정치체제에서 누가 살고 누가 죽는지 알 수 있도록 해 주는 숫자를 해석하는 방법을 찾아야만 한다"고 말하며, 이에 대해 대담자인 아타나시오우Athena Athanasiou는 "중요하지 않은/셈해지지 않는 이들이 중요해지기를/셈해지기를 요구할 때, 혹은 측정된 이들이 측정 불가능한 상태로 남는 것을 추구할 때 잠재적으로 전복적인 것이 될 수 있"다고 한다.[32]

노인요양시설의 피난 과정은, 이 세어지지 않는 '피난약자'들이 피난 대상으로서 스스로를 드러내고 '중요해지기를' 요구하는 순간을 보여 준다. 먼저 노인요양소에 입원한 노인이나 장애인들이 겪은 재해와 피난 과정을 그린 책과 다큐를 통해 피난약자에게 '피난'과 '생존'이 어떤 의미를 지니는지를 살펴보자. 첫 번째 질문은 그들은 왜 방사선량이 높아서 있으면 안 된다는 행정 권고가 내려진 곳에서 피난하지 않는(못하는) 것일까? 이때 우리는 그들이 피난을 하지 못했

---

32 주디스 버틀러 · 아테나 아타나시오우, 《박탈》, 168~169쪽.

을 뿐 아니라 어떤 의미에서는 안 할 수밖에 없었다는 사실과 만나게 된다.

2013년에 출간된 책 《피난약자避難弱者》[33]는 피난 지구에 속해 있던 노인요양시설의 개호자들을 대상으로 재해 당시의 피난 경험을 인터뷰한 책이다.[34] 1장부터 4장까지 각 장마다 하나의 노인요양시설을 중심으로 재해와 피난의 경험을 담고 있다. 5장은 재해 당시 중증이거나 말기 돌봄을 받는 노인들을 돌보았던 직원들을 인터뷰하여 실었다. 6장은 앞으로의 재해 대책에 대한 논의가 이어진다. 즉, 이 책에는 재해 당시 노인요양시설의 지역별 차이와 함께 피난을 둘러싼 노인요양시설 내부의 복잡한 양상이 드러나 있다.

첫째로, 후쿠시마 후타바군 토미오카 마을福島県双葉郡富岡町에 있는 토미오카마치입양호노인시설 동풍장富岡町立養護老人ホーム東風荘[35]의 경험을 보자. 이들의 경험은 요양원에 입원하고 있는 노인들에게 피난 과정이 '어려움難'을 피하는 과정이 아니라 오히려 갑작스러운 죽음에 이르게 하는 과정이었음을 보여 준다. 그곳에는 "다리를 구부릴 수 없는 사람, 말기 돌봄을 받고 있는 사람 등, 앉기조차 힘든 사람들이 있"으며, "산소호흡기가 없으면 호흡이 멈추는 사람도 있"는데 이들을 갑자기 이동시키는 것도 이동 수단으로 버스에 태우고 가는 것도 무리였다고 한다(피난약자/29쪽). 그럼에도 강행한 피난은 갑작

---

33 相川 祐里奈, 《피난약자避難弱者》, 東洋経済新報社, 2013. 이하 이 책에서의 인용은 (피난약자/쪽)으로 표시.

34 藤野好美, 細田重憲, 《3・11東日本大震災と〈災害弱者〉》, 生活書院, 2016; 岡田広行, 《被災弱者》, 岩波新書, 2015 등 여기서 다루는 책 이외에도 피난약자나 재난약자를 다룬 출판물들이 있다. 그중에서도 이 책은 풍부한 증언이 나오므로 주요하게 다루었다.

35 http://tateyamaso.or.jp/kochiso/

스런 노인들의 죽음으로 이어진다. 피난 생활 2일째인 14일 오후 1시 20분, 95세의 토미 씨가 숨을 거두며(피난약자/32쪽), 15일에는 98세의 스에 씨가 위독 상태에 빠졌다가 사망하며(피난약자/35쪽), 17일에도 92세의 노인이 숨을 거둔다(피난약자/42쪽).

둘째로, 이와사키시에 있는 '온 풀 후타바オンフール双葉'[36]는 노인들을 피난시킬 수 있는 인원이나 물자가 제한적인 상황에서 피난할 대상을 선별해야 할 상황에 놓인다. 그러자 개호자들은 목숨의 선별이나 수량화를 거부하고 모두가 함께 떠날 수 있을 때까지 머물러 있기로 한다. "누구를 남길까 따위, 그런 선택은 할 수 없어요. 누워 있는 사람을 두고 갈 수는 없어요"라고 울면서 말하는 직원도 있었고, "수용인들을 두고 도망하길 선택해 버리면 저는 나중에 견딜 자신이 없다"고 하기도 했다. 결국 "전원이 피난할 수 있는 대책이 마련될 때까지 남는다"는 결론에 이른다(피난약자/80쪽).

셋째로, 후쿠시마 소마시에 있는 '이타테 노인요양시설社会福祉法人 いいたて福祉会'[37]은 노인도 직원도 대부분이 피난을 가지 않고 남기로 결정한다. 위의 두 경우와 마찬가지로 이들이 고민했던 것은 말기 돌봄을 받는 사람들에게 이동이 무리라는 것, 피난 대상을 임의로 선별할 수 없을뿐더러 뿔뿔이 이동시키면 그들을 돌볼 사람이 없다는 것, 가족과 함께 피난했던 노인들이 건강이 악화되어 돌아왔다는 것, 집 안에서만 생활하면 방사선량이 그렇게 높지 않다는 점이 작용했다. 이타테 노인복지시설협의회 회장이었던 마치빙三瓶政美은 다음과 같이 생각했다고 증언한다. 국가가 정한 계획적 피난 구역의

---

36 http://honfleur-futaba.or.jp/
37 http://www.iitate-home.jp/

기준 "연간 20밀리시버트(매시간 3.8마이크로시버트)"라는 수치는 매일 밖에서 8시간, 실내에서 16시간 생활하는 것이 1년간 지속될 때의 수치다. 집 안에만 계속 있는다면 선량은 밖의 5분의 1~10분의 1 정도로 낮았으며, 애초에 고령의 노인들이어서 밖에 나가는 것 자체가 불가능했다(피난약자/121쪽). 따라서 전원이 함께 피난할 것인가, 가능한 자들만 선별적으로 이동시킬 것인가, 전원이 남을 것인가라는 세 가지 선택지 중, 아이와 임신부만 피난시키고 나머지는 남기로 결정한다.

이와 같은 예에서도 드러나듯이, 그들에게 '피난'이란 불/가능한 시도였다. 일반적인 피난 방법 속에는 '피난약자'의 상황이 반영되어 있지 않았기 때문이다. 따라서 결국 방사선으로부터의 피난이 아니라, 그들을 '비정상' 혹은 '피난약자'로 분류하는 인간-국가-정상성의 척도로부터 피난할 수밖에 없었고, 결과적으로는 '노인요양시설 내부'나 오염 지역에 머무르는 것으로 귀결되었음을 알게 된다.

그러나 이타테 노인요양시설의 잔류 결정은 주위나 매스컴으로부터 수많은 비판을 받는다. 남아 있는 직원들은 "피폭된 사람을 접촉하면 피폭당한다" 등 방사능에 대한 괴소문으로 인해 가족으로부터도 소외당하고, 가족을 피난 보내고 혼자 남은 사람들도 있었다(피난약자/125~126쪽). 매스컴에서는 왜 그들이 고선량 지역인 이타테 마을에 남는지 궁금해했다. 결국 방사능복, 마스크, 장화를 갖춰 입은 취재진이 요양시설 주변에 진을 친다. 세간으로부터는 노인 살해다, 이용자를 죽일 셈인가, 살인기업이다라는 비판을 받거나, "당신의 부모를 피난시키세요"라는 익명의 호소를 듣기도 한다. 그들이 방사능으로부터의 '피난'이 아니라 다른 방식을 모색해야 했던 것은 노인들에게 '피난'이 때로는 더 큰 어려움이나 죽음을 야기할 수 있다는 우려와,

이타테 마을이 '긴급 시 피난 준비구역'으로 설정되는 과정의 문제 등이 복합적으로 작용한 것이었다. 그러나 외부의 시선에서는 '피난을 가는가 안 가는가'의 척도로 그들의 행위가 해석되었다.

그런데 주목을 요하는 것은, '계획적 피난 지구'로 설정되는 것이 방사선량의 높음과 반드시 일치하지 않으며, 오히려 오염 지역 주민을 통제하거나 일본 전체의 혼란을 조정하려는 일본 정부의 통치성에 따른 결과라는 점이다. 원자력 재해 대책본부는 3월 23일에 이미 이타테 마을을 비롯한 가와마타 마을 야마키야 지구川俣町山木屋地区와 나미에 마을 츠시마 지구浪江町津島地区에 선량이 높다는 것을 알고 있었지만, 4월 22일에야 "계획적 피난 지구"로 설정한다. ICRP(국제방사선방호위원회), IAEA(국제원자력기구), 쿄토대와 히로시마대학의 연구팀은 3월 28~29일경에 이미 이타테 마을을 비롯한 지역은 방사선량이 24마이크로시버트까지 상승했으니 피난 권고를 해야 한다고 일본 정부에 촉구하지만, 일본 국회에서는 후쿠시마나 이타테까지 피난 지구로 설정하면 사람들이 심각하게 동요하여 혼란이 일어날 것을 우려해 '피난 지구' 지정을 망설였다(피난약자/114~5쪽). 즉, 가장 방사선량이 높았던 원전 사고 발생 초기, 일본 정부는 이타테 마을에 대한 피난 권고를 일부러 미뤘던 셈이지만, 이는 충분히 알려지지 않았다. 이 과정 속에서 주민들은 이미 많은 방사선에 노출되었을 뿐 아니라, 실내 대피의 경험을 갖게 된다.

'국가'를 믿을 수도 '피난'을 할 수 있는 요건도 없이, 노인요양시설에 노인들과 함께 남았던 개호자들의 대처는 '피난'의 의미뿐 아니라 '생존'의 의미를 다시 생각하게 한다. 5장에 실린 개호사들의 인터뷰를 보면 '노인요양시설'에서 형성된 노인과 개호자 사이의 끈끈한 상호 관계를 확인할 수 있으며, 따라서 서로가 서로의 감정 상태에 긴밀히 반응하고 있는 장면과 만난다. 개호자들은 자신들의 표정과 태도에 민감하게 반응하는 노인들과 정서적 신체적으로 긴밀히 연결되어 있었다. 따라서 피난할 것인가 잔류할 것인가라는 질문은 개호자들에게는 고통스러운 갈등을 야기한다. 이타테 노인복지시설협의회 회장 마치빙 씨는 "그렇게 간단하게 내린 답이 아니었습니다만 그 결정이 좋았는가를 물어봐도 답은 나오지 않습니다"(피난약자/183~4쪽)라고 고백한다. 아베阿部雅志(33세)는 18명이던 직원이 6명으로 줄어들고 그럴수록 무서웠지만 돌보아야 할 노인들의 상태와 주변 직원들 사이의 관계 속에서 어떤 말도 할 수 없었다고 하면서 당시의 결단에 대해서는 "누구도 책망할 수 없는 것"이라고 말한다(피난약자/190~192쪽).

어디까지나 이 이야기들은 책으로 편집된 증언이자 '재현물'이라는 점을 의식하지 않을 수 없다. 그러나 자발/비자발이 뒤섞이고 나/너가 섞이는 이 순간들은 단독자인 한 인간이 놓인 존재론적 '취약성'과 함께, 이 취약성에 기반하여 타자의 요청에 최선을 다해 응답하(거나 혹은 할 수 없)는 순간들을 보여 준다. 아타나시오우는 "성향-으로서의-박탈dispossession-as-disposition"을 이야기하면서 "책임을 떠맡으라는 타자의 부름에 영향받고, 허물어지고, 그것에 얽매이게 되는 우리 자신을 발견할 때," 그때 "어떤 종류의 정치 공간이 가능하며 열리게 되는지"를 질문한다.[38] 이때 윤리와 정치는 상호 배제적인 것이 아니라 서로의 취약성을 통해 서로의 요청에 응답하는 타자로 열린 공간 속에서 겹쳐진다.

그러나 일시적 실내 피난 상태였던 노인요양시설의 선택은 단순

---

38   주디스 버틀러 · 아테나 아타나시오우, 《박탈》, 177쪽, 180쪽.

히 "타자로 열린 공간"이라고 긍정적으로만 파악할 수 없는 지점들이 있다. 첫 번째로 이러한 결정에는 타자에 대한 요청에 응답하는 것과는 달리, 눈에 보이지 않는 방사선의 위험을 직시하고 싶지 않은 사람들의 관성이, 국가의 통치술이나 인간-국가-정상성의 척도와 접합해 버린 지점들이 있다. 이때, 도다戸田裕樹(23세) 씨의 경우는 잔류한 개호자의 내면이 시간이 지날수록 어떻게 변화해 갔는가를 보여 준다. 그녀는 당시가 취직한 지 3년째가 되면서 직장 생활에 흥미를 느끼던 때였기에 방사능에 대한 두려움보다 직장을 잃기 싫다는 마음이 컸다고 한다.

이타테 홈이 남는다고 결정해서 솔직히 안심했습니다. 익숙한 직원, 익숙한 이용자, 안정된 수입. 그럼에도 그만두는 직원도 있었습니다만, 저는 제 생활의 모든 것을 버리고 전혀 알 수 없는 방사선의 위험으로부터 피난하고 싶다고는 당시에는 생각지 못했습니다. 그만두고 싶다는 생각은 전혀 없었고, 그런 결단까지 이르지 않았습니다. 지금 생각하면 '아무런 영향도 없다'고 자신에게 되풀이해서 말했던 것 같습니다. 그렇게 생각하고 싶었던 것 같습니다(피난약자/ 204~205쪽).

이러한 방사능 위험에 대한 부정에는 방사능의 위험을 충분히 알리지 않고 거짓말과 은폐를 일삼아 '정보 피폭'이란 말까지 나왔던 당시 일본 정부에게 책임이 있다. 정부의 거짓말과 은폐가 방사능의 위험에도 불구하고 사람들을 가만히 있게 하고 정보를 얻을 노력을 막고 스스로의 생명권을 주장할 수 없는 상태로 만들기도 했다. 요양소에 남기로 결심한 사람들 중에는 그러한 은폐와 거짓말의 영향을 받은 사람들도 있었을 수 있다.

그랬던 도다 씨가 피난을 결심한 것은 결혼을 하면서부터이다. 카타오카片桐 典子(30세) 씨도 임신과 함께 피난에 대한 욕망이 격렬해지는데, 그럼에도 스스로 그만둘 수는 없었다고 한다. 그는 의사가 이타테 일을 그만두고 피난하라고 권고한 것을 계기로 작별 인사도 못하고 떠나온다. 그는 "출산이든 일이든 자신이 결론을 내는 것을 주저하면서 누군가 등을 떠밀어 주길 바랐던 것" 같다고 고백한다. 즉, 도다 씨뿐 아니라 피난하지 않고 머물기로 결정한 노인요양시설의 경우, 점차 가중되는 불안 속에서도 실제로 그곳을 떠나는 계기는 임신과 출산, 결혼이 문제가 될 때 비로소 주어진다. 개호자들이 피난을 결심하게 된 이유, 혹은 적어도 당당하게 말할 수 있는 이유가 주로 결혼, 임신과 같은 '여성의 재생산'이라는 점은 결국 피난을 결심하는 근거에 정상적 몸에 대한 기준과 장애인에 대한 부정적 인식이 전제되어 있음을 보여 준다. 인간-국가-정상성으로부터 벗어난 개호자들의 '피난'에 대한 감각은, 장애 없는 아이의 출산과 그 출산을 담당하는 여성의 몸이라는 '정상성'에 대한 추구와 공존한다.

그 어떤 평가도 내릴 수 없는 이 각각의 상황 속에서, 도다 씨가 노인요양시설을 그만둔 다음의 변화는 중요하다. 도다 씨는 이타테, 즉 자신의 직장이자 인간관계의 핵심이었던 그곳을 떠나온 뒤, 방사선의 위험에서 벗어났다는 안도감보다 스스로의 존재감을 느낄 수 없다는 우울함을 깊게 느낀다.

왜 내가 그만두어야만 하지. 원전 사고가 없었다면, 평소 대로 일할 수 있었을 텐데. 정년까지 일할 생각이었는데…. 분한 기분만이 남았습니다. 왜, 왜…라고. 부딪칠 곳 없는 분노가 북받칠 때도 있다면 초조감에 사로잡힐 때도 있었습니다(피난약자/ 212~213).

노인요양시설에서 개호자들의 삶은 노인요양시설에 머무는 노인 및 직원들과의 긴밀한 관계를 통해 형성되어 있다. 피난 간 뒤에도 요양시설 공동체와 긴밀히 연결되어 있고 다른 곳과의 연결은 아직 형성되지 않은 상태이다. 즉, 노인요양시설에서 피난할 것인가 말 것인가를 고민하는 개호자들에게 "생존生存"이란 개호자와 노인들 사이에 형성된 친밀감, 상호주관성을 어떻게 지속시킬 것인가라는 물음이기도 했다. 단지 목숨을 연명하는 것이 아니라 '살아 존재하기 위해서生存'는 이 모든 관계가 필요한 것이다.

물론 여러 가지 다른 문제들도 산재한다. 여기서 다룬 텍스트에서는 노인요양시설에 입원해 있는 노인들의 증언을 직접 접하기가 어렵다. 결혼이나 임신했을 때에만 노인요양시설을 그만두겠다고 이야기할 수 있었다는 것은 '피난약자'들을 돌보는 사람들에게 내면화된 장애에 대한 두려움을 드러내기도 한다. 그러나 노인들이 '피난대상'으로 여겨지지 않는 '비정상(그곳에 있어서는 안 되는 존재)'으로 분류되었다는 것, 노인들의 피난이란 곧 죽음으로 이어지는 경우가 많았다는 것 등은 인간-국가-정상성으로는 인식될 수 없는 '피난'의 영역이 있음을 드러낸다. 또한 피난의 순간, 피난약자를 위해 무엇이 준비되어야 하는가를 직시하게 하며, 노인들과 상호주관적인 관계로 연결되어 움직이는 개호인들의 신체를 통해 '생존'이란 곧 이 관계성 전체의 보존임을 깨닫게 한다.

항시적 피난 상태와 이중의 피난: 장애인들의 피난, 피난소, 임시 거처

재해 시 장애인의 피난 과정을 직접 보고 들을 수 있다는 점에서 이다 모토하루飯田基晴의 〈도망가지 못한 사람들 – 동일본 대지진과

장애인逃げ遅れる人々東日本大震災と障害者〉(2012)은 귀중한 다큐다.[39] 이 다큐는 후쿠시마현을 중심으로 재해를 경험한 장애인과 그들을 돌보는 활동보조원 및 개호자들의 증언으로 이뤄졌다. 이들의 경험은 장애인들에게 '인간-국가-정상성'에 맞춰진 '피난'은 반복되는 재해일 수 있다는 것을 실감하게 한다.

〈도망가지 못한 사람들〉은 영화의 하드웨어부터 '비장애인'의 감각에서 벗어날 것을 촉구한다. 시각장애인을 위한 음성 가이드와 자막 가이드가 있어서 신체 상태에 따라 세 가지 방식의 상영이 가능하다. 첫째 일반적인 음성과 자막으로 영화를 보는 것, 둘째 자막 가이드(주변의 소리 묘사를 글로 표시)와 기존 자막으로 보는 것, 셋째 음성 가이드(화면의 영상을 음성으로 표현)와 기존 음성으로 보는 것이 그것이다.

〈도망가지 못한 사람들〉은 "긴급 시 피난 준비구역"으로 설정된 지역의 장애인을 비추며, 중간에는 '동일본 대지진 대응~수상관저 재해대책 페이지東日本大震災への対応~首相官邸災害対策ページ~'의 문구가 클로즈업된다. 앞서 언급했듯이 그 내용은 "아이, 개호자가 필요한 자, 입원 환자" 등 "자력 피난"이 불가능한 자들은 이 지역에 있어서는 안 된다는 문구이다. 장애인들도 요양시설의 노인들과 마찬가지로 '피난약자', 즉 재해 시 있어서는 안 되는 '비정상'으로 간주되거나 피난 대상으로는 '세어지지 않는 자들'로 분류된다.

그러나 "긴급 시 피난 준비구역"으로 갑자기 분류되어 버린 이곳은, 원래는 실내에 피해 있을 것이 권고되었던 "실내 피난 지구"였

---

[39] 간단한 영화 소개는 다음의 링크를 참고. https://www.youtube.com/watch?v= yXnyK3WsNvU

다. 즉, 그들은 갑자기 "긴급 시 피난 준비구역"으로 들어온 것이 아니라, 그곳에서 쭉 살면서 실내 피난 중이었다. 그런데 국가가 갑자기 그곳을 '긴급 시 피난 준비구역'으로 설정하고, 그들을 그들이 쭉 살아왔던 그곳에 있어서는 안 되는 '비정상인'으로 분류한다. 이러한 분류와 명명은 비록 방사선량의 기준에 따른 것이라고는 하지만, 그들의 삶의 환경과는 관계없이 외부에 의해 갑자기 결정된 것이자, 그곳에서 여러 관계를 맺으면서 살아왔던 생존 조건을 고려하지 않은 조치이기도 하다.

장애인에게 '긴급 시 피난 준비구역'로 설정된다는 것, 즉 살던 곳을 떠나라는 것은 '이중의 피난'을 수행하라는 명령이기도 하다. 그들은 재해가 일어나지 않은 상황에서도 인간-국가-정상성 중심의 사회에서 항시적 피난을 하고 있었다고 할 수 있기 때문이다. 다큐의 첫 부분을 보면, 재해가 없는 상황에서도 장애인은 늘 비장애인 중심의 생활환경이 주는 '어려움을 피해서避難' 살아가야 하는 '항시적 피난 상태'였음을 알게 된다.

첫째로 장애인에게 비장애인 중심으로 설계된 집은 재해의 순간이 아닐지라도 위험으로 차 있다. 비장애인의 신체에 맞춰진 집은 장애인의 신체에 맞춰 재배열해 두어야 하는 항시적인 피난지이며, 장애인의 신체는 항시적 피난 상태이기 때문이다. 영화 첫 부분에 나온 시각장애인은 물주전자와 호출할 수 있는 장치를 침대와 연결해 놓았다. 만약 지진으로 이 배열이 흐트러져 버리면 위험한 상태가 된다. 집의 기존 배열이 흐트러지면 집 안에 있을 수도 없으며 밖으로 나갈 수도 없게 되고, 혼자서 피난을 하는 것은 불가능하다. 장애인에게 재해의 순간은 항시적인 피난 상태에 재해로 인한 피난 상태가 겹쳐진 '이중의 피난'이 요구되는 상황이 된다.

〈사진 3〉 침대에 달린 호출 리모콘과 핸드폰.   〈사진 4〉 침대 옆에 비치된 물주전자.

　둘째로, 인간-국가-정상성 중심으로 구성된 사회에서, 장애인은 평소에도 누군가의 도움을 받아야 하지만, 특히 재해의 순간에는 누군가에게 의존하지 않고서는 피난할 수가 없는 경우가 많다. 사실 이러한 장애인의 의존과 취약성은, 장애인에게만 특별한 것이 아니다. 오히려 늘 누군가와 관계를 맺음으로써 자신의 취약한 부분을 보충하면서 살아가는 것이 모든 존재의 조건이라는 점을 생각해 보면, 매 순간 자신의 취약성과 타인과의 관계를 인식해야 하는 장애인의 삶은 '결여'가 아니라 '관계를 맺는 능력과 기술'이 될 수 있다.

　그러나 활동 보조의 도움을 언제나 얻을 수 없는 정상성 중심의 상황에서, 이들의 취약성은 '능력'이 되지 못하며, 재해의 순간에 죽음에 이르는 요소가 된다. 영화 초반부에 나오는 사토 마사아키 씨는 근육이 수축하는 장애로 인공호흡기, 휠체어, 활동보조원과 관계를 맺으며 살아간다. 그런데 쓰나미가 몰려왔던 순간, 가족들이 그를 휠체어로 옮길 때 파도가 덮쳐 오는 것이 보였고 결국 가족들은 사토 씨를 포기하게 된다. 사토 씨는 10년 정도 24시간 활동 보조의 도움을 받으면서 살아왔다. 1주일에 단 며칠만 1시간 반 정도 홀로 있는 시간이 있는데 바로 그 시간에 지진과 쓰나미가 덮쳤다. 항상적 피난 상태인 신체를 가진 그들에게 취약성을 보완할 수 있는 관계 맺기가 제도적으로 보장되지 않을 때, 재해는 죽음으로 이어진다.

셋째로, 방사능으로 오염된 지역의 장애인들은 피난소에 갈 수도 없고 집에 머물 수도 없는 상황에서 생존의 기반을 이중으로 상실한다. 방사능의 위험에도 불구하고 마을 사람들이 모두 떠난 마을에 남아 있는 장애인 부부는, 피난소에 살면 "모두에게 폐를 끼치게 된다"고 말한다. 즉, 방사선을 피해 대피소에 간다고 해도 그곳에서 자신들의 취약성을 극복할 관계 형성이 어렵다고 판단했고, 그러한 어려움을 피해 방사선이 있어도 삶의 환경을 조성할 수 있는 집에 남은 것이다. 그러나 집에 남아 있는 것이 언제까지나 가능한 것은 아니다. 방사능의 위험도 있지만, 물자나 석유 등이 언제 도착할지 모르고 마을 사람들이 점차 떠나가 활동 보조의 도움을 받을 수 없는 상황이 되면, 다시금 생존은 위험해진다.

둘째 딸과 막내딸이 발달장애인 싱글 맘은 방사능이 두렵지만 아이들에게 마스크 등을 해 줄 뿐 피난을 가지 못한다. 피난소나 피난지에서 딸들의 장애를 이해하고 관계를 맺어 줄 가능성을 발견할 수 없었기 때문이다. 발달장애를 가진 두 딸이 학교에서 가끔 문제를 일으키는데, 익숙한 이곳 학교에서는 그래도 친구를 사귈 수 있기 때문이다. 이처럼 이중의 피난 상태인 장애인에게 이미 익숙하게 세팅된 관계의 상실은 곧 '생존'을 위협하는 변화 요인이다.

넷째로 피난소뿐 아니라 가설주택도 장애인들의 피난처가 되지 못한다. 정상인의 신체에 맞춰 급조된 가설주택은 문턱이 높아 휠체어로 자유롭게 밖을 나갈 수 없고, 화장실과 욕실도 문턱이 많아 장애인이 이용하기 어렵다. 기쿠치 씨는 뇌병변으로 거동이 불편한데 거주 지구가 원전으로부터 20킬로미터 안에 있었기 때문에 집을 떠나 피난소에서 생활해야 했다. 그녀는 장애인을 고려한 어떤 장치도 없는 피난소에서 1주일 정도 휠체어에 앉아서 생활한다. 그녀의 어머니는 그녀를 안고 옮길 수가 없었고, 그녀가 누울 수 있는 침대를 제공받지도 못했기 때문이다. 피난소 생활 16일째가 되었을 때 침대를 받고 겨우 휠체어에서 내려왔고, 4개월 반을 피난소에서 살다가 2011년 7월경에 가설주택에 들어간다. 그렇지만 현관의 문턱이 높고 가팔라서 휠체어로 넘나들 수 없었고, 손잡이가 없는 화장실은 이용하기 어려웠으며, 욕실도 혼자서는 쓸 수 없었다. 1주일에 두 번 활동 보조를 이용할 수 있을 뿐이었고 외출은 한 달에 한 번 병원에 갈 때뿐이다. 그녀에게 "지금 가장 즐거운 일은 뭐예요?"라고 묻자, 텔레비전을 보거나 가끔 창틀에 찾아오는 참새를 보는 것이며, 그 이외의 즐거움은 없다고 말한다.

이처럼 항시적 피난 상태의 신체에게 국가-인간-정상성에 기반한 '피난', '피난소', '가설주택'은 재해를 충분히 피할 수 있는 장소가 아니다. 기존에 장애인들이 자신과 외부 환경을 조화시키기 위

〈사진 5〉 너무 높은 가설주택의 문턱.

해 만들어 놓은 관계가 박탈된 곳이기 때문이다. 따라서 장애인들에게 '어려움을 피하는 것避難'은, 방사능의 위험에도 불구하고 자신의 집에 머무는 것이었다. 이러한 그들의 행위는 비장애인이 보기에는 '피난을 포기하거나 안 함'으로 비춰지고, 장애인들의 피난 불가능한 원인은 그들이 지닌 '장애'로 지목된다.

그러나 이러한 이중의 피난 불/가능한 상태의 원인은, 장애가 아니라 환경이다. 인간-국가-정상성을 중심으로 구성된 '생존 환경' 말이다. 예를 들어 이와키 자율생활센터いわき自律生活センター는 전체가 함께 피난하는 방법을 모색한다. 차량 7대에 장애인 8명을 나눠 태우고 개호자 10명이 그들을 보살피면서 이동한다. 피난처에도 그들을 돌볼 사람이 충분하고 식사도 욕실도 장애인의 신체에 맞춰 갖춰 놓았다. 이곳에 피난해 있는 고령자나 장애인을 인터뷰하자, 돌아가고 싶지 않고 이곳에 계속 머물고 싶다고 말한다.

'피넛츠ぴーなっつ'라는 이와키시의 지적장애인 생활 개호 훈련공간을 운영하는 활동가는 장애가 문제가 아니라 환경이 문제라고 단언한다. 이중의 피난 상태를 극복할 수 있는 관계 형성이 가능한 환경 말이다. 서포트 센터 피어さぽーとセンターーぴあ의 아오타青田幸 씨는 정신건강의 시작은 '연결됨'이라고 한다. 남아 있는 장애인들의 집을 돌며 이야기를 듣는 것부터 시작해야 한다는 것이다. 갑자기 '어려운 일 없어요?'라고 물으면 누군든 없다고 하지만 "지금 상황을 들려주세요" 하고 이야기를 찬찬히 들어주면 차 한 잔 하세요, 식사하세요 하면서 2~3시간씩 이야기가 길어진다고 한다. "누구도 찾아오지 않는다. 누구와도 연결되어 있지 않다는 고통스러운 생각"을 하고 있다가 이야기를 들어준다는 것으로 연결되어 가고 안심하는 마음도 생긴다는 것이다.

재해와 피난의 순간, 항시적 피난 상태인 장애인의 신체는 자신의 피난 여부를 스스로 결정할 수도 그 신체가 자신의 것이 될 수도 없다는 취약성을 드러낸다. 그러나 이러한 "육체적 취약성은 자기결정권을(약화시키는 것이 아니라 오히려) 가능"하게 할 수 있다. 또한 그러한 환경이 될 수 있도록 "육체의 불가침성을 위한 권리"를 요구해야 한다.[40] 즉, 인간-국가-정상성 속에서 장애인의 신체는 피난도 피난소 생활도 가설주택 생활도 불가능하게 되지만, 반면 장애인의 신체가 지닌 취약성에 대한 인정과 고려를 통해, 피난의 순간에도 피난소나 가설주택의 생활에서도 삶의 환경과 맺는 보다 긴밀하고 복잡한 관계 형성이 중요함이 드러난다.

이처럼 연결이나 관계 형성이 피난보다 더 중요한 생존 조건임을 다큐 〈징조 속을 헤매는 사람들兆しのなかをさまよう人々〉은 잘 보여 준다.[41] 이 다큐는 정신장애를 지닌 사람들이 지역으로부터 소외되는 것을 극복하기 위해 만들어진 '지역활동지원센터 커피타임地域活動支援センター・コーヒータイム'이 재해로 파괴되자, 그 공간을 다시 만들어 가는 과정을 다뤘다.

원자력발전소 사고 지점에서 13킬로미터 떨어진 곳에 있는 '커피타임'은 정신장애를 지닌 사람들과 지역 주민들이 모여 만든 지역사회의 교류 공간이었다. 다큐 서두에서는 정신장애를 대상으로 하는 병원이 원전에서 30킬로미터 반경 안에 다섯 군데나 있음을 지적한다. 정신장애를 비롯한 장애인 관련 시설은 도심 중심부가 아니라

---

40 주디스 버틀러 · 아테나 아타나시오우, 《박탈》, 165~166쪽.
41 https://www.youtube.com/watch?v=oEQG3Cz5WMw 시리즈 〈동일본대지진과 멘탈헬스시리_즈 東日本大震災とメンタルヘルス〉의 일환으로 만들어진 다큐멘터리.

주변부로 밀려나기 때문이다. '커피타임'은 장애시설과 지역사회의 끊어진 연결을 회복하려는 노력을 해 왔으나, 재해 이후 '커피타임'과 같은 자그마한 모임 공간도 병원도 사라진다. '커피타임'은 이러한 상황 속에서 장애인과 지역사회의 교류와 연결을 위한 장소를 재건하려는 노력과 그 속에서 되살아나는 활기를 담는다.

이 영화는 시종일관 이 행위가 '부흥'의 일환이라는 슬로건(혹은 시리즈의 취지)를 차용하지만, 각각의 취약성을 기반으로 한 관계 형성은 일반적인 부흥이나 생존의 의미와는 다르다고 생각한다. '생존'이란 1인칭으로 이야기될 수 없으며 장애인이 그들의 집과, 활동보조원과, 가족과, 지역사회와 맺는 복수의 관계성을 의미한다. 이는 장애인뿐 아니라 모든 존재에게 '생존'이란 피난의 순간에도 피난 후에도, 차별이나 어려움을 겪지 않을 수 있는 관계의 구축임을 알려 준다.

'피난'의 대상조차 아닌 존재들

방사능 지역으로의 避難, 병을 내포한 生存: 고선량 지역의 동물들

'피난약자'라고 분류된 자들의 피난을 생각할 때 다시금 잊히는 것은 '피난의 대상'조차 되지 않는 존재들이다. '피난약자'는 요양소에 입원한 거동이 불편한 노인, 장애인 등 어디까지나 인간이라는 종에 한정된다. 그러나 재해는 인간에게만 일어나는 것이 아니다. 동물은 재해의 순간뿐 아니라 재해 이후에 버림받고 방사능 지대에 남겨져 지속적인 재해를 입거나 '도축', '살처분'이라는 이름으로 인간에 의해 '학살'당한다. 인간-국가-정상성의 범주에서는 피난해야 할 대상으로 세어지지 않을뿐더러 세어야 할 필요성조차 인정되지 않은 존재들에게 '피난'과 '생존'은 어떤 의미일까?

오오타 야스스케의 책《후쿠시마에 남겨진 동물들》을 보면, 재해 후 2개월 뒤인 2011년 5월 일본 정부는 소유주의 동의를 얻어 후쿠시마에 남겨진 가축의 살처분을 결정한다. "사람의 출입이 통제되어 가축을 돌볼 수 없고, 위생상의 문제도 우려되는 데다가 방사능에 오염되어서 식용으로 판매가 불가능하기 때문이다. (⋯) 어차피 먹기 위한 수단으로 키워진 동물인데 피폭되었다면 더 이상 살려 둘 의미가 없다는 것"이고, 실험동물시설의 동물들은 "유전자 조작 생물, 병원체와 독극물, 방사선 등을 취급하는 실험시설이니만큼 환경과 생태계에 끼칠 악영향이 심각"하기 때문에 살처분의 대상이 된다"[42] 일본의 재해가 인재인가 천재인가라는 논란은 꾸준히 있었지만, 동물의 상황에서 생각해 볼 때 모든 재해는 인재이다. 동물들은 피난의 대상으로 고려조차 되지 않고 가까스로 살아남더라도 단지 '살코기'가 될 수 없다는 이유로 '살처분' 정확히 말하자면 학살의 대상이 되기 때문이다.

기타다 나오토시北田直俊의 다큐〈보이지 않는 오염 – 이타테 마을의 동물들みえない汚染 飯舘村の動物たち〉(2016)은 원전에서 20킬로미터 이내의 강제 피난 지구인 후쿠시마 이타테 마을에서 사람들이 모두 떠나고 남은 개 150~200마리, 고양이 400~800마리, 닭 50마리, 돼지 1마리를 돌보는 히라야마 간만平山ガンマン의 활동을 담은 것이다. 영화는 흑백으로 시작되어 도중에 컬러로 바뀐다. 자막이나 대사는 많지 않지만, 히라야마의 대사나 중간중간 나오는 자막 색깔이 내용

---

[42] 오오타 야스스케, 〈원전지역은 대도시의 식민지인가〉, 《후쿠시마에 남겨진 동물들》, 하상련 옮김, 책공장더불어, 2013, 131~132쪽.

에 따라서 붉게 변화하기도 하면서 인간의 언어로 말할 수 없는 (혹은 인간이 들을 수 없는) 동물들의 상태를 표현한다.

다큐에 나오는 가축, 애완동물 등은 재해 후 몇 년간 방사선량이 높아서 인간의 거주가 금지된 곳에 방치된다. 애완용으로 키워졌던 고양이나 개를 보호소에 보내려고 해도, 주인의 허가를 받을 수 없어 보호소에 보낼 수조차 없는 상태로 빈집에 묶여 있는 경우도 많다. 주인들은 1주일이나 2주일에 한 번 올 수 있을 뿐이지만 그 동물들의 소유권을 주장하기 때문이다. 가끔 주인이 찾아와 먹이를 주고 돌보지만, 개의 경우 목줄이 묶여 있어 거동이 자유롭지 않고, 때로는 줄이 얽혀 움직일 수 없어서 죽기도 하고, 야생동물의 습격을 받기도 하며, 먹을 것이 없어 굶어 죽거나 추위로 죽기도 한다.

축사에 남겨진 가축들은 더욱 심각한 상황과 마주한다. 옆의 가축들이 모두 도살당한 축사에서 썩어 가는 시체들 속에 갇혀 있기도 하고, 분뇨를 치워 주지도 먹이를 주지도 않는 축사에 홀로 버려지기도 한다. 축사에서 동물들을 풀어 준다고 안전한 것이 아니다. 물을 마시려다 도랑에 빠져 죽기도 하고 야생동물의 습격을 받기도 하는 등, 방치된 동물들은 인간이 버리고 간 땅에서 먹을 것도 없이 위험에 노출된다.

그런데 다큐와 기록물을 보면 방사선량이 높은 지역에 버려진 동물들과 공명하는 사람들이 나온다. 그들은 모두들 두려워하며 피난을 '나오는' 방사능 고선량 지대로 동물들과 함께 살기 위해 '들어간다'. 〈보이지 않는 오염 – 이타테 마을의 동물들〉에 출연한 히라야마 간만은 버려진 동물을 돌보는 일을 하다가 직장까지 그만두고 동물들이 함께 안전하게 지낼 수 있는 '복광의 집'을 만든다. 극작가이자 여배우인 후지와라 케이不二稿京는 후쿠시마에 버려진 동물들을 많

〈사진 6〉 더러운 축사에서 모기의 공격을 받 〈사진 7〉 정신이상이 된 개.
는 돼지.

이 입양한다. "후쿠시마의 마지막 사람"이라고 불리는 마츠무라도 살처분 대상이 되고 버려진 동물들을 돌보면서 후쿠시마의 방사능 속에서 사는 쪽을 택한다.

'피난'은 인간을 중심으로 이뤄지고 후쿠시마에 남겨진 동물들은 '피난'의 대상이 아니다. 이에 대해 오타 씨는 일본 정부가 후쿠시마에 남겨진 동물들을 없애고 '리셋reset'하고 싶어한다고 말한다. 동물들은 인간-국가-정상성을 위해서만 존재할 뿐, 인간에게 유용하지 않은 동물들은 더 이상 존재할 가치가 없다고 여겨지는 것이다. 이러한 에코사이드echocide에 반하여, 오타 씨는 높은 방사선량으로 주거가 금지된 곳에 그대로 머무른다. 히라야마 씨는 주거가 금지된 곳을 정기적으로 방문한다. 후지와라 씨는 방사능에 오염된 동물들을 집으로 데려온다. 그들에게는 '어려움을 피하는 것避難'이 방사능을 피하는 것과 같은 것이 아니라, 동물들이 죽어가는 상황을 피하는 것과 같은 것이 된다. 그들에게 피해야 할 '어려움'이란 방사능만이 아니라 수많은 동물들이 죽어 가는 현실이다. 따라서 그들은 '고선량 지대'에서 피난 '나오기'보다, 동물을 죽게 내버려 두는 '어려움'에서 벗어나 '나오기' 위해서, 고선량 지대에 버려진 동물과 함께

〈사진 8〉 히라야마 간만이 만든 '복광의 집'.

사는 삶으로 피난해 '들어가는' 것이다.

　이러한 행위는 '인간-국가-정상성'을 기준으로 보면, 인간이 불쌍한 동물에게 베푸는 인도주의적 보살핌으로 여겨지기 쉽다. 그러나 이것은 동정이나 시혜의 문제가 아니라, 한 존재가 살아가기 위해서 주변의 모든 존재들과 맺는 관계의 문제다. 버틀러는 "서로가 서로에게 관련되어 있는 삶의 의존성에 대한 사고는 이미 평등과 유대의 원리를 공고하게 해 준다"고 말한다.[43] 즉, 어떤 요청에 책임을 갖고 반응하는 것은 "자신의 후덕함을 증강시키는 것이 아니라, 내가 그 일부인 보다 넓은 차원의 사회성에 나 스스로를 내어 주는 것"이라고 한다.[44] 버려진 동물들을 찾아 방사선 오염 지역으로 들어가는 그들은 동물들과 깊고 내밀하게 연루되어 있다. 그리고 그들의 삶과 행위는 '우리'들이 더 광범위한 존재들과 깊고 평등하게 연결되어 있음을 자각하게 한다.

<hr />

43　주디스 버틀러 · 아테나 아타나시오우, 《박탈》, 179~180쪽.
44　주디스 버틀러 · 아테나 아타나시오우, 《박탈》, 179~180쪽.

방사선의 위험을 무릅써야 한다는 말은 결코 아니다. 중요한 것은 피난약자로서 혹은 피난의 대상으로조차 고려되지 못하면서 '국가-인간-정상성'의 외부에 놓여져 피폭당하고 있는 이 존재들을, 그들의 생존을 위한다는 이유로 다시금 '국가-인간-정상성'의 내부로 끌어들이는 방식의 '피난'을 마이너리티에게 균일하게 적용할 때, 그것이 제2 제3의 재해가 될 수 있다는 점이다.

재해 5년이 지난 시점에, 방사선량이 높은 지역에 버려지고 정신이상이 되고 살처분 당하고 죽어 가는 동물들을 그대로 버려두어서는 안 된다. 동시에 방사능 오염이 없고 병이나 장애가 없어야만 살 가치가 있다고 해서도 안 된다. 피폭으로 인한 병이나 장애와 함께 살아갈 수밖에 없는 상황이 이미 펼쳐져 있다면, 그러한 삶을 정상성의 범주로 재단하여 살처분하는 것이 아니라, 피폭당한 채 병이나 위험 속에서 사는 삶도 그 자체로 의미가 있어야 하고 그 조건 속에서의 '건강'이 모색되어야 한다. 이러한 점이 인식되지 않고 탈원전 반원전 운동이 방사능의 오염에서 벗어난 인간의, 비장애인의, 국민의 삶을 그 근본에 둘 때, 이미 피폭당했고 피폭당하고 있는 수많은 존재들은 방사선을 피해 피난했다고 하더라도 '인간-국가-정상성'이 척도가 된 관계 속에서 또다시 인종차별과 혐오와 배제의 대상이 될 수 있다.

그러한 점에서 다음의 예는 '인간-국가-정상성'이라는 범주로 포섭되지 않은 상태의 피난과 생존의 형태에 대해서 많은 것을 시사해 준다. 마츠무라가 입양한 고양이 중 두 마리는 대지진 이후에 태어났다. 방사능으로 피폭되거나 병이 있거나 장애가 있다고 해도 그러한 존재가 살아가는 시공간 또한 마츠무라 씨에게는 삶의 장소이다. 마츠무라 씨는 "폐허가 된 땅에서 새 생명이 태어나 자라는 것을 보고" "새로운 각오"를 하게 되었다고 한다. "'비록 방사능으로 오염된 곳이지만 함께 살아 보자'"[45]라고.

물론 방사능에 오염되지 않은 곳으로 여러 존재들을 옮기는 것이 최우선시되어야 한다. 그러나 그것이 가능하지 않은 상황에서는 어떻게 해야 할까? 이처럼 당장이라도 피난을 나와야 할 고선량 지대로, 동물들을 향해서 나아가는 사람들은 무엇을 가시화하는 것일까? 바로 현재 삶의 조건이 정도의 차이는 있다 하더라도 피폭과 장애와 병과 공존하며 살 수밖에 없도록 변화했음을 직시하게 하고, 인간-국가-정상성을 넘어선 피난과 생존의 의미를 사유하게 한다. 이러한 인식이 가능할 때, 피난 대상으로 여겨지는 것조차 불가능했던 존재들의 피난과 생존을, 하루라도 더 빨리 가능하게 하는 조건을 만드는 실천도 가능해질 것이다

피난 대책 외부의 '집단 피난': 후쿠시마 초중급 조선학교

재일조선인 커뮤니티와 긴밀한 관련을 맺고 있는 조선학교는 일본의 공립학교에 준하는 교육체제를 갖고 있음에도, 각종 학교로 분류되어 있어서 일본의 다른 초중고 학교처럼 지원과 교육 보장을 받지 못한다. 따라서 일본 재해 이후 국가 및 자치제의 피폭 대책에서 조선학교가 빠진 사례는 매우 많았다. 예를 들어 "원전 사고 후인 4월 초, 후쿠시마현이 실시한 방사선 모니터링 대상이 되었던 '초등학교, 중학교, 도시공원, 아동복지시설 등'에서, 처음에는 후쿠시마

---

45 오오타 야스스케, 〈저자 후기 – 분노와 슬픔 속에 얼핏 찾아드는 행복〉, 《후쿠시마의 고양이》, 하상련 옮김, 책공장더불어, 2015.

초중급 조선학교는 제외"되어 있었다.[46] 그러나 후쿠시마 조선 초중급 학교의 피난 과정을 살펴보면, 오히려 일본의 교육정책과 피난정책의 외부에 있었기 때문에 후쿠시마 조선 초중급 학교의 '집단 피난疏開'이 가능했음을 알 수 있다. 또한 인간-국가-정상성 외부에서 이뤄진 '집단 피난'은, '피난'과 '생존'이 마이너리티 집단에게 어떤 의미를 갖는가를 통해 인간-국가-정상성을 근본으로 한 피난과 생존의 한계를 명확히 드러내 준다. 량영성은 당시 조선학교를 지키기 위해서 재일동포들 스스로가 애를 써야 했으며, 오히려 그러한 열악한 조건에 있었기 때문에 "'집단 소개疏開'도 정부의 방침에 묶이지 않고 실행할 수 있었다"고 말한다.[47] 방사능이라는 '어려움'을 피해 그들은 일본의 일반 사회에 속하려 애쓴 것이 아니라, 오히려 마이너리티 집단으로서 다른 마이너리티 집단을 향해 가는 '집단 피난'을 시도했던 것이다.

후쿠시마 조선 초중급 학교[48]는 1971년 4월 1일에 개교했다. 학생은 초급부 11명(남 4명, 여 7명), 중급부 5명(남 5명, 여 0명)으로 총 16명이다. 교원은 8명, 특별강사는 3명이며 주변의 일본 학교 3곳과 교류하면서 지역 주민이나 일본 행정과도 관계를 맺고 있었다.[49] 즉, 작지만 조선학교의 특성과 경험을 지켜오면서 지역사회와도 관계를 맺고 있었다고 할 수 있다.

---

46 梁英聖, 〈4 原発事故後の新潟・福島朝鮮初中級学校を取材して〉, 《原発災害下の福島朝鮮学校の記録―子どもたちとの県外避難204日》, 明石書店, 2014, 56쪽.
47 梁英聖, 〈4 原発事故後の新潟・福島朝鮮初中級学校を取材して〉, 56쪽.
48 후쿠시마 조선초중급학교 블로그 https://blog.goo.ne.jp/chongsongchol
49 鄭成哲, 〈1 避難生活と合同生活の歩み〉, 《原発災害下の福島朝鮮学校の記録―子どもたちとの県外避難204日》, 明石書店, 2014년, 10~11쪽.

재해가 일어나고 방사선량에 대한 정보가 불명확한 상태에서 조선학교는 자체적으로 4월 29일 보호자회를 갖고 생물분자생리학자인 채황식蔡晃植 씨를 불러 강연을 듣는다. 그때 학부모들은 "선생님이라면 자신의 아이를 학교에 보내겠습니까?"라고 질문하고, "자신이라면 보내지 않는다"는 채황식 씨의 대답을 듣고 피난을 결정한다.[50] 그러나 피난을 해서 학생들이 뿔뿔이 흩어지게 될 경우 조선학교의 재건립은 불투명할 수 있었다. 당시 후쿠시마 초중급 조선학교에는 9개의 가정에서 온 15명의 학생들이 있었다. 만약 피난으로 인해 이들이 뿔뿔이 흩어지게 되면 조선학교의 재건은 사실상 어려워지는 상황이었다.[51] 이러한 상황은 일본 전역에 1백 개 정도 있는 조선학교가 공통으로 안고 있는 문제였으며, 조선학교가 폐쇄된다는 것은 단지 학교 교육의 폐쇄가 아니라 전통적 민족교육과 아이덴티티, 재일조선인 커뮤니티와의 연결이 사라지는 것이 된다고 구영태 교장은 판단한다.

비록 당시 학교의 방사선량은 운동장이 0.9, 학교 안은 0.5로 후쿠시마의 다른 지역보다 낮은 편이었다. 그렇지만 학생들을 지키는 것과 조선학교를 지키는 것 사이에서 갈등이 시작되었다고 구영태 교장은 말한다. 방사능의 위험에서 '피난'하는 것과, 재일조선인 및 조선학교 커뮤니티가 유지되도록 하는 것生存을 어떻게 하면 공존시킬 수 있을까? 이러한 고민 끝에 나온 것이 후쿠시마 조선초중급학교가 집단으로 니가타 조선초중급학교로 이주하는 것이었다. 이는 일본 전국에서 전례가 없는 학교 간 집단 피난, 일본의 일반적인 표현

---

50 梁英聖, 〈4 原発事故後の新潟・福島朝鮮初中級学校を取材して〉, 55쪽.
51 鄭成哲, 〈1 避難生活と合同生活の歩み〉, 15쪽.

으로 말하자면 '집단 소개'였다.

이러한 집단 피난疎開이 가능했던 이유로 후쿠시마 조선학교 구영태 교장과 선생님들은 다음과 같은 요소를 든다. 두 학교 모두 규모가 크지 않았으며, 받아 주는 니가타 조선학교에 설비와 준비가 갖춰져 있었다. 조선학교가 주로 기숙사 생활을 했고 재일조선인 커뮤니티를 통한 자원봉사와 보호자의 이해도 있었으며, 교장선생님이 단신單身으로 부임하고 있었을 뿐 아니라 교원 전원이 젊고 독신이었기에 이동하기가 쉬웠다고 한다.[52] 이처럼 일본 교육체제의 외부에 있었다는 것과 다른 마이너리티 집단과의 긴밀한 연계가 있었다는 것은 재해의 순간 조선학교가 집단으로 이동할 수 있는 조건이 된다.

특히 집단 피난 과정을 촘촘히 살펴보면, 단순히 방사능을 피해 집단 피난을 행한 것이 아니라 그 안에서 합동교육, 합동 기숙사 생활 등 새로운 교육적 시도들이 이뤄졌음을 확인하게 된다. 더 나아가 그 합동교육과 합동생활을 지원하는 어머니회의 봉사활동 등 재일조선인 공동체의 활동과 긴밀히 관련되어 있었다. 특히 《원전 재해 하의 후쿠시마 조선학교의 기록原發災害下の福島朝鮮学校の記錄》이라는 책은 2011년 5월 15일부터 2012년 11월 18일까지 지속된 204일간(하루는 도치키 조선학교의 샛별학원행사 참여)의 집단 피난, 합동활, 합동교육 과정을 상세히 기록해 두고 있어서 미래의 합동교육을 위한 자료가 된다.[53]

---

52 梁英聖,〈4 原發事故後の新潟・福島朝鮮初中級学校を取材して〉, 55쪽.
53 具 永泰(編集), 大森 直樹(編集), 遠藤正承(翻訳),《原發災害下の福島朝鮮学校の記録──子どもたちとの県外避難204日》, 明石書店, 2014, 3~4쪽.

첫째로 김현지 선생님은 처음 실시된 합동교육의 의미를 밝히기 위해, 합동교육이 학생별로 어떤 변화를 이끌어 냈는지 상세하게 기록하고 있다. 2011년 5월 15일부터 12월 3일까지 160일간의 합동교육 및 합동생활을 기록했는데, 다음 인용문처럼 먼저 집단 피난 이전의 모습을 꼼꼼히 적었다.

> (후쿠) 초1 남자 A : 다소 불안정하고 난폭한 현상이나 화를 내는 현상, B를 질투하는 현상 등이 있었다.
>
> (후쿠) 초1 남자 B: 안정되어 있지 않고 흥분하고 가만히 있지 못하는 경향이 있다. 입학식도 수업도 불가능하고 식사도 불가능하며 모든 음에 t를 붙여서 말하는 것 등.
>
> 초2 남자 C, 초2 여자 D: 남자애는 형으로서의 자각이 있음, 여자애는 여자들끼리 있고 싶어 하고 1학년생을 피곤하게 했다.[54]

집단 피난 이후에도 날짜별로 다시금 체크하고 기록하여 합동교육과 합동생활에서 어떤 점이 바뀌었는지를 다음과 같이 이야기한다. 남자 A는 기숙 생활을 함께할 사람이 늘어서 좋아하지만, 남자 B는 엄마를 찾다가 점차 니가타 생도와 익숙해지기 시작하고 있으며, 남자 C는 방장이 되어 형으로서 기숙사 생활을 즐기고 있고, 여자 D는 중학부나 고학부 언니들과 같은 방을 써서 엄마 보고 싶다는 타령을 안 하게 되었다고 말한다. 너무나 사사로운 내용이지만, 집단 피난 전후에 이뤄진 기록과 돌봄을 통해 다음과 같은 교육적 효과를

---

54   金賢智, 〈2 合同授業と合同生活の歩み〉, 《原発災害下の福島朝鮮学校の記録——子どもたちとの県外避難204日》, 明石書店, 2014, 22쪽.

끌어낸다.

후쿠시마 1년생은 니가타에 와서 2명 클래스가 4명 클래스가 되었고 동시에 후쿠시마 저학년생들은 기숙사 생활을 통해 많이 성장할 수 있었다. (…) 2인 클래스 때는 개인행동이 눈에 띄었으나, 4인 클래스가 되면서 협조성, 클래스의 단결력이 자라나게 되었다. 저학년들은 기상에서 취침까지 일과를 거의 스스로 할 수 있게 되었다. 이것은 니가타에서의 합동 클래스 생활과 기숙사 생활을 통해서 얻은 성과라고 할 수 있다. 합동생활에 대해서 말하자면 저학년 단계에서는 일반적인 교양보다도 실체험을 통한 교양이 더 큰 효과를 얻는다는 것을 합동 클래스 생활, 기숙사 생활에서 많이 발견할 수 있었다.[55]

이처럼 조선학교의 학교 간 집단 피난은, 학생 한명 한명의 변화와 갈등을 기록할 수 있는 조건이었기 때문에 가능했을 뿐 아니라, 그 기록은 집단 피난과 합동 교육의 공과를 섬세히 살펴볼 수 있는 것이 되었다.

특히 주목해야 할 것은 집단 피난, 합동교육, 합동생활이 재일조선인 커뮤니티와 맺는 관계이다. 정성철 선생님은 학생들이 동급반 학생이 늘어서 좋아했지만 다른 한편으로 집에 돌아가고 싶다든가 부모를 만나고 싶다든가, 자기 방이 좋다 등의 불만을 말하며 집중하지 못하는 경우도 발생했으며, 특히 식사 등이 해결되지 않아 고통스러워했다고 회상한다.[56] 이러한 문제점을 극복할 수 있었던 것은

---

55 金賢智, 〈2 合同授業と合同生活の歩み〉, 44~45쪽.
56 鄭成哲, 〈1 避難生活と合同生活の歩み〉, 17~18쪽.

재일조선인 여성 모임의 힘이다. 식사 문제는 니가타 어머니회의 협력으로 해결되었다.[57] 이처럼 재일조선인 네트워크는 학교와 일본 정부로부터의 피난 대책이 없어도, 그들 스스로가 학생들 보호에 적극적으로 참여하는 주체가 되어 갔다.[58] 그러나 재일조선인 사회 안에서 여성, 어머니의 젠더적 위치에 대해서는 이번에 다룬 텍스트에는 그려져 있지 않으며, 본 논문에서도 본격적으로 다루지 못했다. 향후 구술조사 등을 통한 보완이 필요하리라고 생각한다. 다만, 조선학교가 단지 학교에 그치는 게 아니라 재일조선인이 살아가기 위해서 필요한 네트워크 장소가 되어 있다는 점은 여러 곳에서 확인할 수 있다.

이처럼 후쿠시마와 니가타 초중급 조선학교의 집단 피난과 합동 교육은 일본 교육체제 내부의 집단 피난이나 이동에도 참고가 될 수 있다. 예를 들면, "후쿠시마와 니가타 양 조선학교의 학교 집단 이주 시도는 장단기적인 집단 이주와, 이주 당시 아이들의 마음 케어도 포함한 중요한 사례"가 될 것이며, 니가타의 준비가 철저했다는 점을 비롯하여 일본 사회에 많은 논점을 제공해 준다고 평가하는 기사가 보도되고 있다.[59]

이러한 예는 마이너리티 집단의 취약성에 기반한 상호의존이, 다수자가 중심에 놓인 피해와 생존의 한계를 비추면서 확장된 경우라고 할 수 있다. 집단 피난의 성공은 일본 사회에서도 유례가 없는 사

---

57 鄭成哲, 〈1 避難生活と合同生活の歩み〉, 17쪽.
58 梁英聖, 〈4 原発事故後の新潟・福島朝鮮初中級学校を取材して〉, 56~57쪽.
59 藍原寛子, 〈放射能〈集団疎開〉の成果と課題 - 福島朝鮮学校が新潟に′市民団体がネットワーク結成の動き〉, 日経ビジネスオンライン, 2011年11月9日 https://business.nikkeibp.co.jp/article/life/20111107/223680/

례였다. 이에 대해 다음과 같은 평가가 있다. "재일조선인들은 일상적으로 박해나 다양한 차별이나 곤란을 짊어지고 살아왔을" 것이며, "이런 사람들은 서로 돕고, 연대와 인연 등이 매우 강할 것"이기 때문에 집단 피난이 성공할 수 있었을 것이라는 논리다.[60] 실제로 이번 집단 피난의 사례에서 볼 수 있듯이 마이너리티 집단으로 오랜 세월 버텨 온 재일조선인 커뮤니티는 대재해가 일어났을 때, 정부의 보호를 기대하는 것이 아니라 자발적으로 정보를 모으고 자주적인 연결망을 통해 조선학교와 재일조선인 커뮤니티 양쪽을 지켰다.

일본 교육제도나 행정적 연락에서 배제되어 있는 마이너리티 집단의 상태는 당연히 개선되어야 하며 평등하고 동등한 제도적 행정적 지원이 이뤄져야 한다. 그러나 이러한 마이너리티 집단의 상태는 결여가 아니며 오히려 국가-인간-정상성을 근본으로 하고 있는 정부의 제약에서 자유로운 논의와 피난을 할 수 있는 잠재성을 지니고 있기도 하다.

무력감·불안·난민화를 껴안고: 연결로서의 생-존과 내부로의 피-난

재해 이후 5년이 지난 시점에서 일본에서는 헌법이나 국민에 기댄 투쟁의 가능성과 한계, 현존 민주화운동 속에서 '타자'와의 관계, 사회 전체의 불안이 야기한 정신적 고통, 마이너리티에 대한 혐오의

---

60 小出裕章/聞き手:朴日粉,〈3 福島初中生徒の避難はうれしい(インタビュー)〉,《原発災害下の福島朝鮮学校の記録——子どもたちとの県外避難204日》, 明石書店, 2014, 48쪽.

확산과 마이너리티 사이의 갈등 심화 등의 현상이 나타났다. 이러한 현상의 근원에는 인간-국가-정상성을 중심으로 한 사회운동이나 인식론의 한계가 있었다.

재해 이후 만들어진 기록들(영상, 책, 증언 등)에는 방사능 오염 지역에서 피난하지 못한 채 머물거나, 피난 나와야 할 곳으로 다시 돌아가거나, 피난의 대상으로조차 고려되지 않는 존재와 그들의 상황이 나타났다. 이들 인간-국가-정상성 밖의 존재들은, 자기 자신들이 '시민'이 아니라 '기민棄民'임을 깨닫게 된 농축산업 종사자이고, '피난약자'로 분류되는 노인과 장애인이고, 피난의 대상으로조차 고려되지 않는 동물이거나, 재일조선인과 같은 '국민 밖의 존재들'이다. 그들은 인간-국가-정상성에 맞추거나 통합됨으로써 목숨을 부지하는 것이 아니라, 그들의 취약성에 기반하여 타자와 긴밀한 관계를 맺음으로써 폐쇄적이지 않은 관계를 창출한다. 이러한 노력 속에서도 다음 세 가지 지향점은 이 과정이 결코 단순하고 쉽지 않으며 끊임없이 제기되어야 할 문제와 질문을 마주하는 과정에 있음을 보여준다.

먼저, 새로운 형태의 '불안 및 무기력'과 마주하고 있다는 점이다. '케어 스테이지 유토피아ケア·ステーション ゆうとぴあ' 이사장 스즈키鈴木絹江의 말은 재해 이후 겪게 된 새로운 '불안'을 다음과 같이 적절하게 표현한다.

지금 내게 가장 고통스러운 것은 '무력감'이다. 원전이라든가 사회는 나 같은 사람의 힘 따위로는 어찌할 수 없다, 나 한 사람으로는 어쩔 수 없다, 바뀌지 않을 거라는 엄청난 무력감, 그것과 만나 버렸다"〈도망가지 못한 사람들〉, 2012).

아무리 "힘내라, 힘내야지" 생각을 해도, "흘러내리는 눈물이 가슴 속에 잔뜩 들어차 있"다는 것이다. 이성적 판단으로 제어되지 않는 이 "엄청난 무력감"의 근원에는 두 가지 요소가 있다. 하나는 자신이 자립생활운동을 해 왔지만, 정치에 대해서도 전기나 원전에 대해서도 무관심했고 몰랐다는 점에 대한 자각이다. 그녀는 "당연히 국가는 용서할 수 없다. 그렇다면 당신은 무엇을 했는가라고 물으면 나는 아무것도 하지 않았다고 생각했다"고 말한다. 또 하나는 실체를 알 수 없고 인식할 수 없지만 계속해서 몸과 마음에 영향을 주는 방사능의 무서움이다. 스즈키 씨는 거동이 불편하여 휠체어 생활을 하는 장애인인데 "방사능의 무서움은 자신이 인식하지 않으면 모르는 것이다. 그런데 몸이 이상하다, 현기증, 빈혈, 혹은 코피 등"의 증상이 있다고 말한다. 아무리 자신이 좋아하는 것들로 주변을 채워 안심할 수 있는 장소를 만들어도 "방사능 때문에 위험하다"는 생각이 든다고 말한다.

이러한 스즈키 씨의 생각은 재해 5년이 흐른 시점에서 도쿄올림픽 개최가 선전됨으로써 방사능이나 재해로 인한 문제를 망각하게 하는 상황(혹은 망각하고 싶어지는 마음을 권력이 이용하는 상황)에 대한 비판으로 작용할 수 있다. 이러한 엄청난 무력감 및 불안감과 싸우기 위해 스즈키 씨는 '시민의 건강을 지키는 네트워크'를 만든다. 엄청난 무력감과 인식할 수 없다는 불안을, 주변과의 연결을 통해 새로운 생존 조건을 만듦으로써 극복하려고 시도한다. 단지 생존survival하기 위해서 피난하는 게 아니라, '엄청난 무력감'이나 불안으로 위험을 망각하고 싶어지는 욕망에 무너지지 않고, 생명vivere을 뛰어넘는sur 활력生存을 갖춘 '관계'를 만들기 위한 시도이다.

다음으로 '난민화'의 예외 없는 확산과 마주하고 있다. 마츠모토

스미코松本寿美子 씨는 재해 이후에 장애인인 자신이 살아갈 수 있는 새로운 장소를 물색하면서 친구 타무라시 후네히키 씨와 이야기를 나눈다. 머물 곳을 찾아 전전하는 마츠모토에게 타무라시는 "네가 혼자 살아온 것을 봐 왔어. 대단하다고 생각해"라고 말한다. 그러자 마츠모토 씨는 "옛날과 다르다, 옛날의 나와는 다르다"라고 말한다. 이 말에는 인간-국가-정상성 중심의 사회에서, '이중의 피난 상태'에 놓여 있으면서도 주변과 관계를 맺고 적응하면서 살기 위해 애써 온 시간과, 그 시간을 통해 향상된 관계 형성의 능력이 표현되어 있다. 그녀의 삶은 피난의 연속이었지만, 타자와 관계를 맺고 스스로를 내어주고 활력을 만들어 내려는 행위인 '피난refuge-반복적인 도망 행위'를 포기하지 않았고, 그 속에서 피난과 생존의 의미를 계속 구축해 왔음을 보여 준다. 즉, 두 사람이 나누는 이야기는, 피난의 '당연히 그래야 하는 모습'이란 없으며, 반복하여re=again, anew, backward 도망갈flee 장소를 찾아내는 과정이 '피난refuge'임을 드러낸다. '피난refuge'을 인칭명사화하면 '난민refugee'이 된다는 것은, 단순히 글자상의 연관이 아니라 늘 피난 중인 존재 조건이 지닌 난민성을 보여 주는 것이기도 하다.

그러나 여러 가지를 타협하고 감수한 끝에 잠정적으로 머물 곳을 정한 마츠모토 씨는 이렇게 말한다. "앞으로 진전한다는 느낌이 들지 않는다. 무엇도 진전이 없고, 자신도 그러하다. (…) 아무것도 변하지 않았다"《도망가지 못한 사람들》. 항시적인 재해 상태 혹은 이중의 피난 상태인 장애인에게 재해 이전과 이후는 정도의 차이가 있을지언정 거대한 변화가 아니다. 정상인 중심 사회에서 장애인으로서 어려움을 피할 수 있는 장소를 만드는 피난 상태가 지속되어 왔기 때문이다. 그럼에도 더 나은 생존 공간, 즉 주변과 관계를 맺고 최대한의 활력을 이끌어 낼 수 있는 '생존'에 대한 탐색을 멈추지 않는 마츠모토 씨의 노력은 인간-국가-정상성 중심인 사회로부터의 끊임없는 '피난'이자, 끊임없이 이어지는 불/가능한 관계 맺기의 시도이기도 했다.

무기력, 불안, 난민화라는 새롭게 마주하게 된 문제들 앞에서, 어떤 사회운동이 가능할까? 예를 들어 하세가와 씨는 관계와 활기를 재구축하는 '생존'을 고민하고, 국가-인간-정상성이라는 틀로부터 끊임없는 도망하는 '피난'을 위해서 장애인 재해 대책을 모색한다. 피난 예상 시간을 체크하고, 피난이 불가능할 때 옥내 퇴실하면서 버틸 수 있도록 고글, 방호복, 판초poncho 등을 준비하고 피난 훈련을 하며, 물과 물자, 전기를 공급할 수 있는 축전기 등을 구입한다. 앞서 언급한 스즈키 기누에 씨는 남편과 함께 만든 '시민의 건강을 지키는 네트워크'에서 장애인들과 지역 사람들이 함께 안전한 먹거리를 논의하고, 방사능 측정소를 만들고, 방사능 측정계를 만드는 활동을 전개한다. 이 행위들은 단순히 방사능으로부터의 피난이라든가, 인간-국가-정상성 속에서 가까스로 목숨을 부지하는 것에 멈추지 않는다. 자신을 둘러싼 환경과 주변 커뮤니티와의 관계 맺기와 상호 관련성을 형성하기 위한 노력이며, 이것이 곧 생존과 피난의 의미임을 드러낸다.

마지막으로 결론을 내릴 수 없으며 계속 질문해야 할 두 가지 문제에 대해서 간단히 언급해 두자. 하나는 피난과 생존을 인간-국가-정상성을 비판하는 방식으로 모색하더라도, 방사선량이 높은 지역이 위험하다는 것을 간과해서는 안 된다. 그렇다면, 이러한 명백한 위험성에도 불구하고 앞서 언급한 행위들이 지닌 잠재성을 평가해도 괜찮은가 하는 문제이다. 이 문제에 대해서 스베틀라나 알렉시예비치

Svetlana Alexievich는《체르노빌의 목소리》중 〈오래 전에 숨어 버렸지만 다시 나갈 방법도 만들지 않았다〉라는 장에서 다음과 같이 말한다.

주변 사람들이 다 이 땅에서는 살면 안 된다고 외치죠. 그런데 나는 된다고 대답해요. 이 땅 위에서 사는 법을 배워야 해요. 용기를 가져야 해요. (…) 인류 역사상 최대의 기술적 재난이고, 우리가 입은 손해는 상상 밖이며, 물질적인 피해만 겨우 계산할 수 있을 정도예요. 그럼 비물질적인 피해는? 체르노빌은 우리의 상상력에 충격을 입혔어요. 우리의 미래를 타격했어요. 우리는 미래를 두려워하게 되었어요. 그러면 계속 숨어 있든지, 안 숨어도 되는 방법을 생각해 내야 했어요. 희생자 수로는 체르노빌보다 자동차 사고가 세계에서 1위를 차지해요. 왜 아무도 자동차 생산을 막지 않죠? (…) 체르노빌 후에 가고 싶은 사람은 다 떠났고, 이제 남은 사람은 죽고 싶은 게 아니라 살고 싶어서 이곳에 있어요.[61]

마법이나 거짓 소문과는 거리를 두면서도 방사선으로 오염된 땅에 머무르는 이유에 대해서 밝히는 이 장에는 "사람이 치료를 받듯이, 더러워진 땅도 치료받을 수 있"으며 속도가 느리더라도 땅의 자정 능력을 개발하고 체르노빌에서 살아갈 수 있는 과학적 방법을 모색해야 한다고 주장하는 사람의 말이 실려 있다. 그는 이러한 시도를 위해서 슬라브인의 전통이 지닌 게으름이나 차르 정권 시기에 길들여진 수동성에서 벗어나야 한다면서 〈농장을 위한 안내서〉, 〈가정

---

61 스베틀라나 알렉시예비치,《체르노빌의 목소리: 미래의 연대기》, 김은혜 옮김, 새잎, 2011, 218~219쪽.

을 위한 안내서〉 등을 만든다. 이 속에는 방사능으로 오염된 지역에서 방사능 피해를 최소화하면서 농작물을 기르고 매끼 밥을 지어 먹고 살면서, 오염된 자연을 정화시킬 수 있는 방법이 과학적인 근거를 기반으로 제시되어 있다. 그러나 이 방법들은 슬라브족의 전통적인 삶의 방식에 변혁을 일으키는 것이기 때문에 사람들에게 쉽게 받아들여지지 않는다.

그럼에도 그의 행위가 중요한 것은, 방사능으로 오염된 지역에서 살아가는 것은, 단지 방사능과 병과 장애를 수동적으로 받아들이는 것이 아니라, 그곳에서밖에 살 수 없는 존재들과 함께 그곳의 환경을 정화하는 새로운 관계를 구축하는 것임을 보여 주기 때문이다. 그는 피난 대상이 된 땅의 미래를 이렇게 말한다. "꿈꾸고 싶어요. 가까운 미래에 체르노빌 발전소를 폐쇄하는 꿈이에요. 건물을 무너뜨리고 그걸 받치고 있는 터를 초록색 풀밭으로 만드는 꿈을 꾸고 싶어요."[62] 이러한 꿈은 피난과 생존을 '인간'에 한정하여 모색하는 상상력에 비판을 가한다. 실비아 페데리치Silvia Federici는 주변의 모든 것들을 먹어치우고 삼키며 뚱뚱해지는 신체적 확장을 비판하면서 "지구에서 살아가는 다른 유기체—인간과 비인간의 신체, 나무들, 강, 바다, 별들—와 마법적인 지속"을 맺는 신체에 대해서 말한다.[63] 만약 인간-국가-정상성에서 벗어나 온갖 유기체와 무생물과 마법적인 지속을 맺는 '생존'과 '피난'을 상상할 수 있다면 '생존'의 '피난처'는 체르로빌 밖이나 후쿠시마 밖에 있지 않다. 오히려 우리는 '공

---

62 스베틀라나 알렉시예비치, 《체르노빌의 목소리: 미래의 연대기》, 225쪽.
63 Silvia Federici, *Beyond the Periphery of the Skin: Rethinking, Remaking, and Reclaiming the Body in Contemporary Capitalism (Kairos)*, Pm Pr, 2019, p. 5.

통의 피난처'를 체르노빌의 한가운데, 후쿠시마 한가운데로부터 구축할 수 있는 방법을 상상해야 할 것이다.

두번째로, 재해 및 재해 이후의 상황을 말하고 듣는 행위와 기록의 문제에 대해 간단히 언급해 두자. 이 글에서는 재해 이후에 찾아오는 불안과 무기력을 인간-국가-정상성을 넘어서 어떻게 듣고 표현할 것인가를 사유했지만, 이러한 재현에 따라오는 윤리적 문제에 대해서는 충분히 논의하지 못했다. 이는 쏟아져 나오는 기록물의 외연과 내연을 확장하기 위해서도 심층적으로 사유되어야 한다.

불충분하지만 간단히 덧붙이자면, 여기서 다룬 기록물에 대해서는 다음과 같은 점이 더 논의되어야 한다. 첫째로 〈이타테 마을, 나의 기록〉에서는 하세가와가 찍은 영상물 속에, 의도했는지 어떤지는 알 수 없지만 마을을 형성해 온 주체적 존재로 자연과 풍경이 부각된다는 점이 좀 더 깊이 논의되어야 한다. 인간의 입장에서 찍은 다큐의 한계는 명확하지만, 그 속에서 우연히 드러난 관계가 지닌 긍정성이 있다. 두 번째로, 《피난약자》의 증언은 개호를 받는 노인들의 말이 직접 인용되어 있지 않으며 책 구성을 위해 편집된 내용임을 기억해야 한다. 이는 증언과 재현 사이의 편집 과정이 어떤 변형을 일으켰을지 고려하면서 보도록 해 준다. 세 번째로, 〈도망가지 못한 사람들 – 동일본 대지진과 장애인〉에서 말하고 듣는 행위의 중요성이 루미 씨의 발화를 통해 환기되고 있음을 주목해야 한다. 스스로를 발언의 주체로 놓아 본 경험이 드물고, 피난소에서 장애인은 폐를 끼친다는 차가운 태도와 부딪히며 계속 마음을 다쳤던 루미 씨는 더 이상 자신의 이야기를 하지 않게 되었다고 한다. 그러한 루미 씨의 말이 괜한 불만이 아니라 정당한 요구이며 그들의 목소리가 의미를 얻을 장소가 필요하다는 점을 〈도망가지 못한 사람들〉은 역설하고 있다. 넷째로, 〈보이지 않는 오염 – 이타테 마을의 동물들〉에서는 정신장애를 앓거나 짖거나 고통스러하는 인간의 것이 아닌 소리들에 귀를 기울일 필요가 있다. 또한 이처럼 인간이나 정상성의 기준으로는 재현될 수 없는 부분을 위해서 영화가 자막이나 촬영 및 편집에 어떤 장치를 두고 있는가도 분석되어야 한다. 예를 들어, 영화가 흑백에서 컬러로 바뀐다거나, 글자의 색깔이나 편집이 달라진다거나, 동물들의 울음소리가 많이 나오는 부분 등이다.

다섯번째로, 《원전 재해 하의 후쿠시마 조선학교의 기록》은 소중한 기록이지만, 마이너리티 집단에 대한 인터뷰나 기록이 야기하는 윤리적 문제가 가시화된 경우다. '코마프레스ㅋㅁㅍ레스'라는 독립영화 단체는 3월 11일 지진이 일어나고 얼마 지나지 않았을 때, 지진과 방사능으로 위험한 그곳에 들어가 촬영하고 〈동일본 대지진 동북 조선학교의 기록 2011. 3. 15.~3. 20〉을 발표한다. 이 영상은 일본, 한국, 재일조선인 사회에 큰 충격을 주었고, 이후 동북 조선학교를 방문하거나 인터뷰하여 소개하려는 움직임이 많아졌다.

그러나 코마프레스가 〈도호쿠東北 학교 지진부터 1년〉이란 영상을 제작하려고 다시금 동북 조선학교에 도착했을 때, 그곳에서는 증언과 촬영과 소개라는 행위에 대한 격렬한 거부감이 형성되어 있었다고 한다.[64] 학교 선생님들은 사람들의 질문에 응대하기 위해, 잊고 싶은 그날의 기억들을 (그러나 잊어서는 안 된다는 생각과 함께) 반복해서 상기해야 했다. 자꾸만 찾아오는 사람들이나 인터뷰 요구 때문에 학교의 가장 기본적인 일상을 지키는 것도 힘에 부쳤다고 한다. 이

64　コマプレス、〈地震から一年' 東北朝鮮学校をみつめる〉、《インパクション》187号'、2012年 9月.

러한 도호쿠 학교의 상황은 재해의 순간뿐 아니라 재해 이후의 시간을 어떻게 기록하고 표현할 수 있을까에 대해 물음을 던진다.

재해가 닥친 그 순간 '피난'이란 무엇이며, 재해 이후 '생존'이란 무엇일까? 피난은 누구에게 가능하며 누구에게 가능하지 않은가? 생존이란 타자를 포함한 공동체와 어떤 관계를 맺는 것으로 추구되어야 할까? 인간-국가-정상성에 기반한 '피난'은 피난에 성공했을 때조차도, 피난과 생존을 위계화하거나 관계를 분리시킨다. 그렇다면 인간-국가-정상성이라는 척도로 회귀하는 목숨을 연명하기 위한 '생존'에서 벗어나, 활력과 관계를 생성할 수 있는 '생존'을 모색하려면 어떻게 해야 하며 또한 어떤 표현과 기록이 필요할까?

이러한 질문들은 현재 '우리'가 맞이하고 있는 '재난의 시대'에 '피난'과 '생존'을 타자와의 상호주관성 속에서 사고하게 하고, 사회운동의 근거에도 '인간-국가-정상성'이 이미 전제되어 있지 않은가를 성찰하게 한다. 이러한 물음들이 세월호 참사 5주기를 지낸 한국 사회에서도, 코로나 바이러스와 함께 새로운 인종주의가 나타나고 있는 2020년 현재의 한국 사회에서도, 또 재해 이후를 살고 있는 이름 모를 사회에서도, 기존의 사회운동이 지닌 '근거'를 질문하고 인간과 비인간이 함께 '생존'할 수 있는 '피난처'를 지속적으로 만들고 상상하는 마법적인 힘이 될 수 있다면 좋겠다.

참고문헌

영상자료

〈이타테 마을, 나의 기록飯舘村 わたしの記録〉(長谷川健一, 2013)

〈도망가지 못한 사람들 – 동일본 대지진과 장애인逃げ遅れる人々東日本大震災 と障害者〉(飯田基晴, 2013)

〈징조 속을 헤매는 사람들兆しのなかをさまよう人々〉(2011)

〈보이지 않는 오염 – 이타테 마을의 동물들みえない汚染 飯舘村の動物たち〉(北 田直俊, 2016)

〈동일본대지진 동북 조선학교의 기록 2011. 3. 15~3. 20〉(コマプレス, 2011)

2차 자료(한국어)

고영득, 〈광화문광장 '세월호 천막' 다음주 자진철거…기억공간 조성〉, 《경향신 문》2019년 3월 7일.

김현미, 〈난민 포비아와 한국 정치적 정동의 시간성〉, 《황해문화》, 새얼문화재단, 2018, 210~228쪽.

미류, 〈지금 여기, 차별금지법 제정이 필요한 이유〉, 《차별금지법 궤도에 올리다》, 발표자료집, 2018.

미류, 〈평등에 거듭 도전해야 한다면〉, 《인권운동》, 2018.

박준배, 〈"세월호 참사 현장, 그곳에 역사를 새깁니다" – 광주서 9일 '팽목 4 · 16 기억공간 조성을 위한 집담회〉, 《News1》, 2019년 3월 7일.

신지영, 〈'타자' 없는 듣고-쓰기 – 사가미하라 장애인 학살사건, 그 이후〉, 《문학 3》, 창작과비평사, 2017.

스베틀라나 알렉시예비치, 《체르노빌의 목소리: 미래의 연대기》, 김은혜 옮김, 새 잎, 2011.

오오타 야스스케, 《후쿠시마에 남겨진 동물들》, 하상련 옮김, 책공장더불어, 2013.

조주영, 〈'취약성' 개념을 통한 상호주관적 인정관계의 재구성: 인정에 대한 버 틀러의 논의를 중심으로〉, 《한국여성철학》, 제30권, 한국여성철학회논문집,

2018, 35~62쪽.

주디스 버틀러, 《불확실한 삶》, 양효실 옮김, 2008.

주디스 버틀러 · 아테나 아타나시오우, 《박탈: 정치적인 것에 있어서의 수행성에
관한 대화》, 김응산 옮김, 자음과모음, 2016.

2차 자료(외국어)

Kim, Eunjung, *Curative Violence: Rehabilitating Disability, Gender, and
Sexuality in Modern Korea*, Duke University Press Books, January 20,
2017.

Federici, Silvia *Beyond the Periphery of the Skin: Rethinking, Remaking, and
Reclaiming the Body in Contemporary Capitalism (Kairos)*, Pm Pr, 2019

《週刊金曜日》 1083호, 2016.

《週刊金曜日》, 2018.

－〈対談 01 いのちと経済とは天秤にかけられない〉, 《週刊金曜日》, 2018.

－〈対談 02 佐藤嘉幸×村田弘 地域を失った原発事故被災者が 横につながって
闘う〉, 《週刊金曜日》, 2018.

－〈名づけようのない運動が未来に向けて始動している〉, 《週刊金曜日: 特集
2011年以降の〈運動〉を考える》, 2018.

－佐藤嘉幸 · 廣瀬純, 〈2010年代の闘争サイクルとは何か 新たな主観性から新た
な社会編成へ〉, 《週刊金曜日》, 2018.

《現代思想》, 青土社, 2016.

《現代思想 2016年4月臨時増刊号 総特集=〈こころ〉は復興したのか》, 青土社,
2016.

コマプレス, 〈地震から一年 東北朝鮮学校をみつめる〉, 《インパクション》 187号,
2012.

相川 祐里奈, 《避難弱者》, 東洋経済新報社, 2013.

藍原寛子, 〈放射能 〈集団疎開〉の成果と課題－福島朝鮮学校が新潟に 市民団体が
ネットワーク結成の動き〉, 日経ビジネスオンライン, 2011.

岡田広行, 《被災弱者》, 岩波新書, 2015.

具永泰 編集, 大森直樹 編集, 遠藤正承 翻訳, 《原発災害下の福島朝鮮学校の記

　　録―子どもたちとの県外避難204日》, 明石書店, 2014.

小出裕章/聞き手:朴日粉, 〈3　福島初中生徒の避難はうれしい(インタビュー)〉,
　　《原発災害下の福島朝鮮学校の記録―子どもたちとの県外避難204日》, 明石
　　書店, 2014.

藤野好美, 細田重憲, 《3.11東日本大震災と〈災害弱者〉》, 生活書院, 2016.

인터넷 홈페이지 자료

독립미디어 아워플래닛-TV http://www.ourplanet-tv.org

후쿠시마 초중급 조선학교 블로그 https://blog.goo.ne.jp/chongsongchol

養護老人ホーム 東風荘 http://tateyamaso.or.jp/kochiso/

〈原子力被災者への対応に関する当面の取組方針案〉, 原子力災害対策本部, 2011
　　년 5월 17일(https://www.kantei.go.jp/jp/singi/genshiryoku/dai15/15_05_
　　gensai.pdf)

〈〈計画的避難区域〉と〈緊急時避難準備区域〉の設定について〉, 東日本大震災への
　　対応～首相官邸災害対策ページ～, 2011년 4월 22일,(https://www.kantei.
　　go.jp/saigai/20110411keikakuhinan.html)

社会福祉法人いいたて福祉会 http://www.iitate-home.jp/

特別養護老人ホーム オンフール双葉 http://honfleur-futaba.or.jp/

모빌리티 사회와 유가윤리

윤태양

원한다면 언제, 어디든 갈 수 있는 세계의 아이러니

얼마 전 세간은 서울에서 부산까지 이동 시간을 20분으로 단축 시킬 수 있다는 하이퍼루프Hyperloop에 대한 이야기로 떠들썩했다. HTT^{Hyperloop Transportation Technologies}의 창업자이자 CEO인 더크 알본 Dirk Ahlborn은 하이퍼루프 기술에 대해 "전 세계 어디든 사람과 물건 을 몇 시간 안으로 보낼 수 있다는 뜻"으로 "거주와 직업 선택의 자 유가 더 확대"될 것이라 말한다. 그에 따르면 하이퍼루프라는 새로 운 이동 기술은 한국의 불균형한 지역 구조를 수정하는 대안이 될 수도 있다. "한국의 경우 10여 분 만에 서울 도심으로 진입할 수 있 게 되면 새로운 위성도시를 수도권에 건설해도 굳이 살려고 하지 않 을 것"이기 때문이다.[1]

모빌리티 테크놀로지는 우리의 실제적인 삶을 변화시키는 중요한 요소 중 하나다. 경부고속도로가 강남을 서울의 또 다른 중심으로 만든 것이나, 1가구 1자동차가 당연해지면서 필로티 건물이 늘어간 것이 대표적 사례다. 사회학의 새로운 패러다임으로 이동성Mobility을 제시한 존 어리John Urry는 그것을 현대 사회조직의 작동과 사람들의 삶을 결정짓는 매우 중요한 요소로 지목해 왔다.[2] 그는 '모빌리티 패 러다임'을 선언하고 그 안에 기존 사회학의 관심사였던 계층 이동은 물론, 자동차·철도·항공 등을 이용한 사람과 화물의 이동, 자본의 이동, 정보의 이동 나아가 통신기술을 통한 가상 이동까지 모두 포

---

[1] 〈[Hello CEO] 서울~부산 20분 주파할 '하이퍼루프'…'저비용 고효율' 10년 후엔 충 분히 수익〉, 《매일경제》 2018년 11월 16일자.
[2] 존 어리, 《모빌리티》, 강현수·이희상 옮김, 아카넷, 2014. 특히 '한국어판 서문'과 제 1부 제1장 '이동하는 사회생활' 참고.

함시켰다.

이러한 어리의 지목은 요즘 들어 경험적으로 더욱 증명되는 듯하다. 정보 검색 웹사이트의 상호였던 '구글Google'은 이제 '검색' 혹은 '검색한다'는 의미의 일상적인 단어로 의미가 확장되었다. 애플의 아이폰의 등장 이후 스마트폰은 '노모포비아no mobile phobia'라는 말까지 등장시키며 우리 삶을 채워 왔다. SNS와 스마트 기기의 결합은 더욱 강력하다. 인스타그램을 인수하면서 명실상부 세계 최대의 SNS 업체가 된 페이스북은 인공지능 번역 서비스와 결합된 온라인 연결망으로 국경과 언어의 경계를 희미하게 만들고 있다.

확실히 모빌리티 테크놀로지는 우리의 육체적/정신적 이동 가능 거리를 비약적으로 발전시켰다. 우리는 '언제든' '어디든' 갈 수 있는 것처럼 살며, 언제나 '온라인'이다. 그러나 문제는, 그럼에도 불구하고 우리 사회에서 소외와 고립이 끊이지 않는 문제로 제기되고 있다는 것이다. 필자는 이 문제가 모빌리티 테크놀로지에 의해 확장된 세계와 개개인이 실질적으로 살아가는 현실 사회의 괴리에서 발생하는 것으로 추정한다. 이러한 괴리 속에서 다른 사람들과의 관계에서 경험하는 소외, 곧 불통, 단절, 고립, 이탈 상태를 어떻게 해소할 것인가.

소외의 문제: 두 가지 접근

정문길에 따르면, 소외에 대한 연구는 크게 두 종류로 나눌 수 있는데, 철학적 · 규범적 · 이론적 접근이 하나이고, 경험적 · 사회적 · 심리적 접근이 다른 하나이다. 전자가 주로 구조적 문제를 파헤치는 데 관심을 기울였다면, 후자는 과학적 검증을 지향하며 사회심리학적 관점에서 해명하려 한다.[3] 본고는 후자의 대표적 학자인 멜빈 시면Melvin Seeman의 논의를 중심으로 소외에 대한 접근들을 검토하고, 한국 현대사회에서 관계적 소외의 문제를 확인한다. 이어 오류의 문제해결력을 상호성과 관계성의 측면에서 점검하고 그 한계에 대한 대안으로 현대적 재해석을 시도한다.

소외에 대한 접근 1: 고립된 개아個我의 본질 상실

'소외疏外 · alienation' 개념의 사용은 서구 근대사회의 성립부터이지만, 그것이 특히 중요하게 고려되기 시작한 것은 헤겔의《정신현상학》과 마르크스의《경제학 철학 수고》에서부터이다. 잘 알려진 바와 같이 소외를 처음 제기한 것은 헤겔이지만, 그것을 정립시킨 것은 마르크스다.

마르크스의 소외를 중요한 문제로 부각시킨 루카치Lukács György는 이미 인간 소외를 현대의 핵심 문제로 지목한 바 있다. 마르크스에게 소외는 생산물로부터의 소외, 나아가 생산물이 인간으로부터 분리-대립하거나 자립하여 인간을 억압하고 종속시키는 힘으로 작용하게 되면서 인간이 주체성을 상실하는 것이었다.[4] 그에게 소외는 인간이 그의 본질적인 존재 방식을 잃은 것이다.

마르크스에서 인간의 본질적 존재 방식은 자유롭고 의식적 활동인 노동이다. 이것은 유적 존재로서 인간 종 전체의 본질적 특성이다. 하지만 분업과 사적 소유에 기반한 자본주의의 구조 속에서 인

---

3 정문길,《소외》, 문학과지성사, 1984, 11~16쪽 참조.
4 이하는 손철성,《마르크스《독일 이데올로기》》, 서울대학교 철학사상연구소, 2003, 151~155쪽, 마토바 아키히로 · 우치다 히로시 · 이시즈카 마사히데 · 시바타 다카유키 엮음,《맑스사전》, 이신철 · 오석철 옮김, 도서출판b, 2011. '소외' 항목 참조.

간은 생산물로부터도 생산 과정으로부터도 소외된다. 그에 따르면 이로부터 유적 존재로부터의 소외가 도출된다. 그러므로 그에게 소외는 본질적 존재 방식의 상실이며, 구조적으로 해결되어야 할 문제이다.

이후 소외에 대한 철학적·규범적·이론적 접근의 대부분은 마르크스주의적 해석의 계승이나 비판을 통해 이뤄졌다.[5] 예컨대 질베르 시몽동Gilbert Simondon은 현대사회의 소외는 고도로 전문화된 기술이 낳은 산업자본주의 시대의 고립과 단절에 의한 것이라고 말한다. 여기서 전문화된 기술의 대표적인 예는 자동화된 거대 기계이다. 시몽동은 기술의 발달이 아니라 기술의 발달에 대응하는 인간의 관계 방식이 적절하지 못함을 지적한다. 그에게 있어 소외의 해결은 인간과 기술의 탈인간중심적 상호 협력적 공존을 통해 가능하다. 시몽동에 따르면, 마르크스적인 소외 진단이 노동으로 환원될 수 없는 기술과 관련된 소외를 고려하지 못했다는 것이다.[6]

한편, 한국 동양철학계에서도 소외의 문제를 고려한 연구들이 있다. 일례로 김보경은 현대사회 사람들이 겪는 소외의 원인으로 대대적 관계의 해체를 지목하면서, 그 요인으로 다시 두 가지를 지적한다. 하나는 사람들이 관계를 맺는 가운데 그 자신의 도덕적 본성이 발현되지 않는 것인데, 이는 자본주의와 신자유주의 체제에서 맺어지는 관계의 대부분이 경쟁과 갈등을 기본으로 하거나 부추기기 때문에 일어난다. 다른 하나는 도덕 공동체의 해체인데, 이는 개인

---

5 박홍원, 〈인간 소외와 커뮤니케이션 - 마르크스 소외이론의 현재적 함의〉, 《커뮤니케이션 이론》 10(4), 2014, 124~126쪽 참조.
6 김재희, 〈질베르 시몽동에서 기술과 정치〉, 《철학연구》 108, 2015, 126~131쪽 참조.

의 욕망과 개인주의를 최우선으로 추구하는 서구적 공동체가 한 사람의 삶에서 불가분의 요소이자 토대인 공동체와 공동체의 공의公義 구현을 간과하고 있기 때문에 일어난다. 이에 대한 그의 대답은 세 가지이다. 하나는 도덕적 본성의 회복으로 그 방법은 경敬 공부이고, 두 번째는 대대적 관계의 정립으로 그 방법은 혈구지도絜矩之道이다. 마지막은 도덕적 공동체의 복원인데 그 방법은 예의 실천과 정명正名이다.[7]

이와 달리 홍승표는 소외를 도덕성의 상실로 한정하지 않는다. 그는 소외를 정상적 인간의 모습으로부터의 일탈로 간주하고, 우리의 정상적 모습을 우주적 존재로서 자신을 자각하고 사랑에 충만하여 삶을 즐기는 인간이라고 규정한다. 그는 현대사회 소외의 원인을 다음 세 가지, 곧 자아 확장을 위한 투쟁, 소비와 쾌락의 추구, 그리고 자아 확장 투쟁에서의 패배라고 주장한다. 그에 따르면, 우주적 존재로서 인간은 원래 "지금 있는 그대로 엄청난 가치를 내장하고 있는 위대한 존재"인데 이를 버리고 외물을 좇는 것이 가장 큰 문제이다. 이 문제는 현대사회에서 인간이 스스로를 욕망과 소비, 쾌락을 추구하는 존재로 규정하고 있기 때문에 발생한다. 이에 따라 그에게 소외 극복의 핵심은 본래의 정상적 모습, 곧 '우주적 존재로서의 나'를 자각하는 것이다.[8]

---

7 김보경, 〈유교 사상을 통한 소외 개념의 구성〉, 《한국학논집》 55, 2014, 109~147쪽 참조.
8 홍승표, 〈동양사상과 새로운 소외론〉, 《동양사회사상》 23, 2011, 221~248쪽 참조.

소외에 대한 접근 1: 고립적 본질주의의 문제

그러나 노동으로 보든, 기술로 보든, 도덕성으로 보든, 우주적 자아로 보든, 소외에 대한 이상의 접근들은 그 원인을 인간의 본질적 상태 혹은 모습의 상실로 규정하고 있다. 이렇게 인간의 본질적 모습의 상실 혹은 본질적 모습으로부터의 이반으로 규정하고 그 본질의 상실을 일으키는 것을—자본주의든, 시장경제든, 자동화든—'체제'로 규정할 때, 이러한 이론들은 체제와 개인의 억압적 대립 구조를 세우고, 체제에 의해 상실된 본질을 회복하기 위한 개인의 저항적 노력을 강조한다. 그러다 보니 이러한 이론의 귀결은 언제나 고립된 개아個我의 본질적 상태의 회복을 주장하는 고립적 본질주의로 귀결하게 된다.

소외에 대한 이러한 고립적 본질주의에는 두 가지 문제가 지적될 수 있다. 하나는 본질을 무엇으로 볼 것이냐에 대한 논의가 불식되기 어렵다는 점이다. 인간의 본질에 대한 설명들이 가지는 공통점 중 하나는 그것이 보통 형이상학적 대전제가 된다는 것이다. 문제는 그 대전제를 받아들이지 않는 사람들에게 그것은 회복되어야 할 본질로 간주되기 어렵다는 것이다.

비록 그 역시 고립적 본질주의에서 벗어나지 못한 듯하지만, 홍승표가 '새로운 소외론'을 꺼내면서 지적한 것 역시 같은 맥락이다. 그의 지적처럼, 인간의 본질이 노동을 통해 실현된다고 가정했던 마르크스에게 소외의 핵심은 소외된 노동이고 소외의 극복은 참된 노동의 재현이다. 본능적 욕망을 추구하는 존재로 인간을 규정했던 프로이트에게 소외의 핵심은 금욕주의 문화이다. 인간을 이성적 존재로 보면 소외는 이성의 억압이고, 도덕적 존재로 보면 도덕성의 상실이다.[9] 우리는 이들을 모두 회복해야 하는가, 아니면 이들 중 하나만 회복하면 되는가.

고립적 본질주의의 또 다른 문제는, 우리가 느끼는 소외에는 본질로부터의 소외만 있는 것이 아니라는 것이다. 우리는 우리 자신에 대한 상실 혹은 자신으로부터의 이반에서도 소외를 느끼지만, 우리가 느끼는 소외의 다른 한 종류는 분명 타인과의 관계, 연결, 소통, 소속감 등의 상실 혹은 이반으로부터도 발생한다. 우리는 고립, 불통, 단절, 이탈의 상황에서 느껴지는 그 외로움 역시 소외의 하나로 간주해야 한다. 즉, 고립된 개아의 본질의 상실이 아닌 내가 속한 공동체와 내가 맺고 있는 관계의 상실에서도 소외는 발생한다는 것이다.

이는 소외에 대한 기존의 고립적 본질주의를 대체하려는 시도가 아니다. 다만 그것이 소외의 문제에 너무나 제한적으로 접근하고 있다는 점을 지적하고 관계주의적 접근을 통해 보완하고자 하는 것이다. 말하자면, 소외의 의미에 자신이 속한 사회와 그 안에서의 관계에 대한 상실, 그로부터의 이탈, 고립을 빠뜨려서는 안 된다는 것이다.

소외에 대한 접근 2: 사람과 사람의 관계의 상실

한 접근은 소외의 문제를 중요하게 고려했던 많은 사회학자들에게서 발견할 수 있다. 그들은 소외의 문제를 다루면서 그것을 가치 내재적 개념으로 사용하는 철학적 지향을 배제하고, 가치중립적인 과학적 용어로 사용하고자 했다. 이리하여 이들에게 소외는 소외된 주체의 정신적 · 심리적 상태를 규정하는 것으로 사용되었는데, 대표

---

9   홍승표, 〈동양사상과 새로운 소외론〉, 223쪽 참조.

적 연구자인 시먼에 따르면 소외의 여섯 가지 형태는 다음과 같다.[10]
①무력감powerlessness, ②무의미성meaninglessness, ③무규범성normlessness
④가치적 고립value isolation 혹은 문화적 소원cultural estrangement, ⑤자기
소원self estrangement, ⑥사회적 고립social isolation 등이 그것이다.

시먼의 소외 이론은 전통적인 공동체의 소멸이 파괴적 결과를 낳
는다는 것을 중심 주제로 하는 대중사회 이론에서 출발한다. 그에
따르면 소외는 독립변수인 현대적 사회구조로부터 발생하여 종속변
수로서 개인들의 두드러진 행동을 야기하는 결정적 매개변수이다.
즉, 시먼에 따르면 이상의 여섯 가지 소외의 형태는 다섯 가지 현대
사회의 구조적 경향에 따라 발생한다. 그것은 ⓐ혈연관계의 비인격
화, ⓑ관료제·기계화·표준화·세속화, ⓒ사회적 분화와 분업 의존,
ⓓ유동성 증대로 대인 관계의 직접적 유대 관계 감소, 그리고 ⓔ규
모의 확대이다. 그리고 매개변수로서 소외는 개인의 두드러진 행동
들인 정치적 변동성, 무모한 쟁의, 대중운동, 인종 편견, 정신적 무질
서, 결석, 낮은 정보 수준, 자살 등을 낳는다.

시먼의 분석이 의미를 갖는 것은 소외가 결국 사람과 사람의 관
계가 쇠락하고 상실되어 가는 과정에서 야기된다는 점을 환기시켰
다는 것이다. 이러한 시먼의 지적은 현대 한국 사회에서도 유의미한
것으로 간주되기 충분하다. 한국 사회에서 소외는 세대·성별·국적
을 가리지 않고 나타나는 전반적 현상이다. 소외에 대한 국내 연구
는 노인층, 장년층, 청소년층, 아동층, 외국인 노동자, 결혼 이주 여
성, 장애인, 대학생 등 여러 집단을 대상으로 하지만, 공통적으로 그

---

10 시먼에 대한 논의는 정문길, 앞의 책《소외》와《소외론연구》를 참조. 정문길, 《소외
    론연구》, 문학과지성사, 1984.

원인을 혈연관계와 같은 직접적인 유대 관계의 약화 혹은 상실에서
찾고 있다.

소속감은 인간의 가장 기본적인 욕구이다. 이것을 부정할 수 있을
까? 인간은 본래 사회적이다.[11] 그렇기에 고립된 인간에게는 물질적
인 것으로는 충족되지 않는 것이 있다. 줄리엣 쇼어Juliet B. Schor는 그
것을 강한 우정, 강한 가족 귀속감, 강한 공동체 연대감이라고 지적
한다.[12] 소속감, 공감, 유대감을 통해 사회적 동물로서 인간은 그 스
스로를 인정받는다.

모빌리티 테크놀로지의 발달과 심화되는 소외의 현상

문제는 이동과 통신의 영역에서 모빌리티 테크놀로지의 발달과
그것이 가져온 개인적 세계의 외견적 확장이 적어도 현재까지는 이
러한 문제를 해결하기보다 심화시키고 있다는 점이다. 이런 점에서
SNS 이용과 외로움의 관계를 분석한 연구들을 검토해 볼 필요가 있
다. 이들 연구를 종합하자면, SNS의 이용은 의외로 기존의 직간접적
대면 관계의 사람들과의 관계를 유지하거나 발전시키기 위해서이
다. 이는 (전) 세계적 연결망으로서 SNS의 기능이 실제적으로는 작
은 사회 안에서 작동하고 있다는 것을 보여 준다. 또한 SNS 기술은
오히려 소외를 부추기는 측면이 있다.

통계청에 따르면 2017년 기준, 한국인의 약 82.7퍼센트가 SNS를

---

11 제레미 리프킨, 《공감의 시대》, 이경남 옮김, 민음사, 2010, 29~35쪽 참조.
12 브라이언 파머 외 엮음, 《오늘의 세계적 가치》, 신기섭 옮김, 2007, 104~124쪽 참조.

사용하고 있다.[13] 줄기차게 오는 일방적 광고성 스팸 전화·메시지·메일를 제외한다면, 우리의 전화 통화, 메시지, 메일, SNS는 우리의 동료, 친구, 지인, 가족 사이에서 오가고 있다. 노지영·주효진(2012)에 따르면, SNS 이용 목적 중 상위값 세 가지는 ① 연예인이나 정치인 등 유명한 사람들과 더 친해지기 위해서, ②원래 알고 있던 사람들과 더 친해지기 위해서, ③오프라인에서 대하기 어려운 사람들을 편하게 대하기 위해서이다.[14] ②와 ③은 모두 이미 알고 있던 사람들과의 관계에서의 활용이다.

한편, 2014년 KT경영연구소는 SNS를 개방형과 폐쇄형으로 구분하고 이용자 실태 조사를 벌였는데, 2013년 3월에서 2014년 2월까지 개방형 SNS의 월 활동사용자MAU는 865만 명에서 1,019만 명으로 154만 명이 늘어난 반면, 같은 기간 폐쇄형 SNS의 월 활동사용자는 503만 명에서 1,320만 명으로 2배 이상 증가했다.[15] 박현선·김상현(2014)은 폐쇄형 SNS로 이동하는 배경에 프라이버시 침해 우려와 함께 오프라인의 강한 연결 관계를 바탕으로 강화된 소속감의 충족이 있다고 분석했다.[16]

조금 더 세부적이면서 분명한 연구 결과도 있다. SNS 사용 실태와 외로움의 관계를 분석한 최영·강형미·김지현의 연구가 그것이다.[17]

---

13 국가통계포털(2018. 12. 07).
14 노지영·주효진, 〈SNS 이용목적이 온라인 사회적 자본에 미치는 영향에 대한 경험적 연구〉, 《한국자치행정학보》 26(2), 2012, 261~281쪽.
15 〈개방형 SNS지고 폐쇄형 SNS뜬다〉, 《경향신문》, 2014년 06월 19일자.
16 박현선·김상현, 〈SNS 이용자의 폐쇄형 SNS로의 전환의도에 영향을 미치는 요인에 관한 연구〉, 《Information Systems Review》, 16(3), 2014, 135~160쪽 참조.
17 최영·강형미·김지현, 〈SNS 이용 및 이용자 특성이 외로움에 미치는 영향: 소셜 스낵으로서의 눈〉, 《커뮤니케이션학 연구:일반》 26(1), 2018, 155~184쪽 참조.

그들에 따르면 온라인 소셜 네트워크가 기존의 오프라인 인간관계 유지용이라는 기존의 연구가 다시 확인되었으며, SNS의 이용은 외로움을 줄이기보다 다소 증가시킨다. 이는 오프라인에서의 대인 관계가 외로움을 감소시키는 것과 상반된다.

시먼도 지목하고 있는 것처럼, 소외에는 자기소외와 같이 기존의 이론적·철학적·규범적 분석이 적절한 종류도 있다. 하지만 상술한 국내 연구들을 고려한다면, 특히 현 상황에서 소외를 단지 고립된 개아의 본질 상실에서만 야기된 것으로 간주할 수 없다는 것은 분명해 보인다. 그러므로 소외에 대한 접근은 관계적인 측면에서도 이뤄져야 한다.

그렇다면 이러한 관계적인 측면에서 소외라는 문제는 어떻게 해결되어야 하며, 어떻게 해결될 수 있는가. 즉, 만약 소외를 해결해야 할 문제로 간주한다면, 그것의 해결 방향과 방법은 어떠해야 하는가. 시먼 등 사회학적 접근이 가지고 있는 한계가 바로 여기서 드러나는 듯하다. 사회 현상의 분석이라는 그 본래의 목적에서도 그렇지만, 특히 소외에 대해서는 엄격한 과학적 방법론에 입각하여 가치중립적 개념으로 그것을 간주한 까닭에 그 해결 방향과 방법의 도출에 있어 어려움이 있다.

정문길이 지적한 사회학적 논의의 문제 중 하나도 여기에 있다. 즉, 시먼 등의 사회학적 논의는 태도의 심리적 징후를 추출하고 체계화하는 데 집중하고 있다는 것이다.[18] 그러므로 여기서 다시 철학적·규범적 논의가 요구된다. 하지만 여기서 다시 이뤄져야 할 철학적·규범적 논의는 기존의 고립적 본질주의적 접근들과 달리 사람과

---

18 정문길, 《소외론연구》, 231~233쪽 참조.

사람의 관계를 중심에 두고 이뤄져야 할 것이다.

　모빌리티 테크놀로지의 발전에 따라 커진 세계와 실제로 개인적 삶의 대부분을 구성하고 있는 작은 사회의 괴리가 점점 심화되고 있는 아이러니는 주목해야 할 문제이다. 이러한 점은 어리 역시 지적하고 있다. 그는 대면 대화와 업무상의 만남, 가족 및 친구와의 친목만남이 점차 더 중요해진다고 예측했는데, 그의 주장(2006)으로부터 10여 년이 지난 지금 그의 예측은 분명한 사실로 확인되고 있다. 공-현존과 느슨한 관계, 대화를 통해 맺고 공고해지는 직접적인 만남이 중요하다면, 그러한 관계 아래서 우리에게 요구되는 구체적인 행위 지침은 무엇일 수 있을까. 필자가 현대 한국 사회의 소외 문제를 해결할 하나의 대안으로 '오륜五倫'을 제시한 것은 바로 이러한 까닭이다.

작은 사회와 관계에서의 덕목, 오륜

　소외를 진단하면서 관계를 중심에 두게 되면, 이제 소외는 '체제에 맞서는 개인의 저항'이 아닌 '타자와 맺는 관계의 회복'에 중점을 두게 된다. 관계는 상호적이다. 이러한 상호 관계의 한 주체로서 사람들이 갖춰야 하는 덕목, 수행해야 하는 역할은 무엇인가. 정서적 연결을 회복하고 유대감과 소속감을 되찾아 줄, 인간을 소외로부터 건지고 관계와 사회를 회복시킬 한 방법으로, 유가철학이 오랫동안 말해 온 오륜五倫을 제안한다. 이를 위해서는 우선 오륜이 작은 사회의 회복과 어떻게 연결되는지를 밝혀야 한다. 또한 오륜이 현대적으로 설득력을 가지고 있는지, 설득력을 가지려면 어떻게 할 수 있는지가 설명되어야 한다. 여기에서는 우선 오륜이 상호적 관계를 핵심 문제로 삼고 있다는 점을 밝히고, 그것이 현대사회에 적용되기 위해서는 현대의 논리와 언어를 가지고 창의적으로 재해석될 필요가 있음을 설명한다.

오륜의 관계성과 상호성

작은 사회의 핵심은 관계성과 상호성이다. 유가철학이 관계를 중심에 두었다는 것은 널리 알려져 있는 사실이다. 선진 유가 철학자들 중 두 번째 위대한 스승이자 후대 신유학의 이론적 지향이 되기도 했던 맹자孟子는 양주楊朱와 묵적墨翟의 무리를 처단하고 공자孔子의 도를 부흥시키는 것을 자신의 소임 중 하나라고 말했다. 그는 양주를 극단적 위아주의자로 취급하여 무군無君이라고 비판하고, 묵자의 겸애설을 무부無父라고 공격한다.[19] '무군'과 '무부'는 사회적 관계와 가족적 관계로부터의 이탈을 의미한다. 양자에 대한 맹자의 비판은 개인의 삶에서 상호적 관계의 누락을 상상할 수 없었던 유가철학의 근본적인 태도를 여실히 보여 준다.

임헌규는 이를 분석하면서 양주를 자유주의적 개인실체론자로, 묵자를 전체주의적 사회실체론자로 구분하고는 맹자에 대해서는 "인간의 개인성은 타인, 즉 사회를 향하고 있다는 점과 사회는 개인의 인간성에 토대를 두고 있다는 것을 말하려 했다"고 강조한다.[20] 신정근 역시 오륜을 관계를 전제하고 관계 속에서 상호에게 요구되

---

19 《孟子》〈滕文公〉下, 聖王不作 諸侯放恣 處士橫議 楊朱墨翟之言盈天下 天下之言不
   歸楊 則歸墨. 楊氏爲我 是無君也 墨氏兼愛 是無父也. 無父無君 是禽獸也. … 楊墨之
   道不息 孔子之道不著 是邪說誣民 充塞仁義也. … 吾爲此懼 閑先聖之道 距楊墨 放
   淫辭 邪說者不得作.
20 임헌규, 〈고전 유가에서 인간의 덕과 훌륭한 삶: 플라톤과의 대조를 통해서〉, 《동양
   고전연구》 41, 2010, 333~359쪽 참조.

는 "관계윤리"로 규정한다. 그는 동중서董仲舒를 인용하며 관계를 벗어나서는 사람도 규범도 성립할 수 없다는 생각이 삼강오륜의 근간에 있다는 점을 지적한다.[21]

김수중은 양주·묵적과 맹자의 차이점을 지적하면서 상호성을 관건으로 지목한다. 그는 양주와 묵적이 맹자의 현실적 적대자들이라기보다 유가 윤리설 정립에 있어 매우 중요한 "논리적 라이벌"들이었을 것이라 추측하고, 그 차별성을 다음과 같이 지적한다. 즉, 양주의 위아주의는 구심求心에, 묵자의 겸애주의는 원심遠心에 치우쳐 있는 반면, 맹자의 경우 구심과 원심에 대응하는 인仁과 의義로 양자를 포괄하며, 나아가 구심과 원심을 지양하고 종합하는 상호성相互性의 원칙에 해당하는 예禮와 지智를 함께 제시한다는 점에서 차별성을 가졌다고 주장한다.[22]

맹자에게 있어 개인과 사회의 기본인 상호적 관계, 관계의 상호성은 오륜에 대한 그의 언급에서 분명하게 드러난다. 잘 알려져 있다시피 〈등문공滕文公〉 편에서 맹자는 부자父子관계, 군신君臣관계, 부부夫婦관계, 장유長幼관계, 붕우朋友관계를 지목하고 친親, 의義, 별別, 서序, 신信을 관계의 핵심 덕목으로 결합시켰다.[23] 비록 그 명칭은 후대에 붙여진 것이지만, 오륜은 인간관계의 다섯 가지 대표적 종류와 각각에 요구되는 핵심 덕목으로 유가철학에 전승되었다.

맹자에 이어 선진 시대 유가철학의 대미를 장식했던 순자荀子 역

---

21 신정근, 〈유교 윤리의 '동반성'에 대한 현대적 재해석〉, 《동양철학》 34, 2010, 525~557쪽 참조.
22 김수중, 〈원시유가의 덕목들과 도덕원리〉, 《철학연구》 51, 2000, 42~68쪽 참조.
23 《孟子》〈滕文公〉上, 人之有道也 飽食 煖衣 逸居而無敎 則近於禽獸. 聖人有憂之 使契爲司徒 敎以人倫. 父子有親 君臣有義 夫婦有別 長幼有序 朋友有信.

시 사회를 인간의 기본적인 생활 조건으로 규정했다. 그의 논증은 매우 현실적인데, 사람들의 개체적 나약함을 사회의 구성을 통해 보완할 수 있다는 것이다.[24] 사회의 형성과 의미에 대한 규정은 상이하지만, 순자에게서도 사회 안에서 사람들이 관계에 따라 서로에게 요구하고 요구받는 어떤 역할이나 덕목이 있다는 지적은 동일하다. 순자는 그것을 분分이라고 표현한다. 그는 군신, 부자, 형제, 부부를 천하의 근본적인 관계로 제시하면서 《논어》의 '정명正名'을 확장하여 각자에게 요구되는 분수가 있음을 지적한다.[25]

이상과 같이 오륜은 사람들에게 필수불가결한 사회 안에서 사람들이 맺어 가는 관계를 크게 구분하고, 그에 따라 일정하게 서로에게 요구하고 요구받는 덕목들이다. 그것은 특히 성리학적 재해석을 거치며 인간의 본질로 간주된 인의예지신仁義禮智信의 오상五常과는 차이가 있다. 오륜은 상호적 관계, 관계의 상호성을 기본 전제로 두고 있다. 그렇기에 오륜은 상호성과 관계성을 중심으로 한 작은 사회가 현대사회에서 괴리되어 가는 문제에 한 해답이 될 수 있다.

오륜의 전통적 문제와 현대적 재해석의 시도들

작은 사회의 상실이라는 문제의 답으로 오륜을 제안하기 위해서

---

24 《荀子》〈王制〉, 力不若牛 走不若馬 而牛馬爲用 何也. 曰 人能羣 彼不能羣也. 人何以能羣. 曰 分. 分何以能行. 曰 義. 故義以分則和 和則一 一則多力 多力則彊 彊則勝物 故宮室可得而居也.

25 《荀子》〈王制〉, 君臣 父子 兄弟 夫婦 始則終 終則始 與天地同理 與萬世同久 夫是之謂大本. 故喪祭 朝聘 師旅一也. 貴賤 殺生 與奪一也. 君君 臣臣 父父 子子 兄兄 弟弟一也 農農 士士 工工 商商一也.

는 아직 해결해야 할 문제가 남아 있는데, 그것은 바로 오륜이 현대인들에게 충분한 설득력을 가지고 있는지, 설득력을 가지려면 어떻게 해야 하는지의 문제이다. 이 문제를 해결하기 위해서는 특히 오륜에 제시된 다섯 관계가 현대사회에서도 대표성을 가질 수 있는지와 오륜이 요구하는 덕목들이 현대사회에서도 설득력을 가질 수 있는지가 우선 논구되어야 한다.

유가철학의 현대화를 위한 여러 논의가 있었던 만큼 여러 진단도 있어 왔지만, 특히 오륜에 대해서는 수직적 신분사회에서 등장한 일방적 의무의 요구라는 고정관념이 있어 왔다. 특히 박정희 군사독재 시절을 거치면서 충忠과 효孝가 결합되고, 군국주의적 상하 관계가 고착된 한국 현대사회에서 이러한 우려가 더욱 강한 것 역시 인정해야 한다. 이런 면에서 '오륜은 상급자를 제어할 수단이 없다는 점에서 표면적으로는 평등해 보이나 실제로는 불평등하다'는 오우五虞의 주장은 설득력을 갖는다.[26] 오륜이 현대에서 설득력을 갖기 위해서는 수직성, 일방성 대신 수평성과 상호성을 인정받아야 할 것이다.

하지만 오륜의 상호성은 분명하다. 그것은 특히 유가철학의 다른 지침인 삼강三綱, 즉 군위신강君爲臣綱·부위자강父爲子綱·부위부강夫爲婦綱과 대비할 때 더욱 두드러진다. 삼강의 '강'은 중심성을 상징한다. 이 말은 곧 그 반대편에 주변성을 설정하고 있다는 뜻이다. 임금·아비·남편은 신하·자식·아내의 중심으로서 일방적 수직 관계의 우위를 점하게 된다. 그러나 오륜이 요구하는 친, 의, 별, 서, 신은 일방에게 요구되는 것으로 보이지 않는다.

물론 이에 대해서도 기존의 수직 관계가 확립되어 있는 상황에서

---

26 신정근, 〈유교 윤리의 '동반성'에 대한 현대적 재해석〉, 538~540쪽 참조.

아랫사람이 윗사람을 제어할 수단이 없다는 점에서 표면적으로만 평등으로 보일 뿐이라는 지적이 있을 수 있다. 그리고 이러한 '실제적 불평등' 사례는 적지 않다. 하지만 이것은 오륜의 문제가 아니라는 점도 함께 지적되어야 한다. 이것은 만민평등의 원칙이 훼손되어 오륜의 '실현'이 가로막히고 있는 것이지 오륜 그 '자체'가 야기한 문제가 아니다.

한편으로 오륜은 한 개인이 놓일 수 있는 가정적·사회적, 수직적·수평적 관계 대부분을 포괄한다고 할 수 있다. 그러나 군신 관계처럼 현대사회에서 그대로 받아들이기 어려워 보이는 관계 역시 포함되어 있다는 점에서 재고의 여지는 남아 있고, 노사 관계와 같이 새로운 관계도 생겨났다. 외국 문화에 대한 이해가 넓어지면서 기존 한국 사회의 강압적 나이 위계에 대한 회의는 장유 관계에 대한 새로운 정립을 요구하기도 한다. 이런 면에서 오륜에 대한 재해석과 변용은 언제나 열려 있어야 한다.

현대사회에서 설득력을 얻기 위해 오륜에 재해석과 수정을 더한 사례로는 신정근이 제시한 신新삼강오륜을 들 수 있다. 그는 기존의 오륜이 제시한 다섯 관계에 수정을 요구하면서 다음과 같이 신삼강오륜을 제시했다. 즉, 부자유친을 인인유친人人有親으로 넓히고, 군신유의를 노사유의勞使有義로 바꾸고, 소비자와 생산자의 상호 존경을 소생유경消生有敬으로, 정부와 민간의 공동 노력을 민관유혜民官有惠로, 붕우 관계를 넓혀 국가 간 관계에 대하여 국국유신國國有信으로 대체한 것이 그것이다.[27]

다만 사람과 사람의 관계의 복원, 작은 사회의 회복을 지향하고

---

27 신정근, 〈유교 윤리의 '동반성'에 대한 현대적 재해석〉, 549~550쪽 참조.

있는 필자와 달리 그가 제시한 신삼강오륜은 오히려 더욱 보편적으로 그 범위를 넓히고 있다는 점에서 차이를 갖는다. 이것은 필자와 그의 재해석이 지향에서 차이를 갖기 때문이다. 일례로 그는 부자유친의 친을 사람과 사람 사이의 관계에서 보편적으로 지향해야 할 가치로 두고 부자 관계를 인인 관계로 확장한다. 이것은 한편으로 유가가 지향하고 있는 차등적 사랑의 보편적 확장이라는 가치를 재현하는 것이지만, 다른 한편으로 부자 관계에서 드러나는 '나와 나의 부모'라는 구체성을 희박하게 만드는 것이기도 하다. 후술하겠지만 필자는 부자 관계를 확장하기는 하되, 그것이 어디까지나 직접적인 대면 관계에서의 혈연관계로 한정하고자 한다. 이렇게 보자면, 민관 유혜나 국국유신의 경우 본고가 지향하는 대인 관계에서의 직접적 유대의 회복을 통한 소외의 해결과는 역시 거리가 있다.

한편, 오륜에 대한 것은 아니지만 고재욱의 오상에 대한 재해석도 음미할 만하다.[28] 고재욱은 한스 퀑Hans Küng의 '세계윤리선언'에서 제시한 문제들의 해결 방안을 오상의 재해석을 통해 찾고자 한다. 그러면서 그는 '생명 존중과 비폭력적 문화에 대한 의무'와 인을, '문화적 연대와 공정한 경제 질서에 대한 의무'와 의를, '문화적 관용과 진실한 생활에 대한 의무'와 신을, '문화적 평등권과 남녀 사이의 동반자적 의무'와 예를, 마지막으로 '실천을 위한 교육'과 지를 연결하여 설명한다.

그의 재해석은 현대사회의 문제를 적절히 지목하면서 그에 해당하는 오상의 덕목들을 '현대의 논리와 언어'로 설명하고 있다는 점

---

28 고재욱, 〈유가윤리의 특성과 오상의 현대적 의의〉,《태동고전연구》35집, 2015, 147~171쪽 참조.

에서 특히 주목할 만하다. 특히 그는 현대사회의 지향점을 오상에 대입하면서 오상이 현대인이 지향해야 할 가치임을 설득력 있게 제시한다. 말하자면 생명 존중, 비폭력, 연대, 공정, 관용, 진실, 평등 등의 현대의 도덕적 가치가 어떻게 과거의 유가적 가치와 일맥상통하는지를 설명하면서 과거의 유가적 가치를 현대의 도덕적 가치로 재현하려 한 것이다. 그러나 다른 한편으로 이미 우리가 생명 존중, 비폭력, 연대, 공정, 관용, 진실, 평등 등의 지향점을 가지고 있다면 왜 그것을 다시 인의예지신으로 치환해야 하는지에 대해서는 설득력이 충분하지 않아 보인다. 또한 양자는 모두 지향점으로서 제시되었을 뿐 구체적인 방법론과는 거리가 있어 보인다. 오상은 한편으로 인간에게 내재한 도덕적 본성을 의미하면서, 다른 한편으로 인간이 지향해야 할 완전한 도덕적 인간상을 가리키기도 한다. 이와 달리 오륜은 개인이 가정적·사회적으로 맺게 되는 사람과 사람의 구체적 관계에 있어서 자신과 서로를 대하는 구체적인 방법을 제시한다. 이것은 필자가 작은 사회의 회복을 위한 방법으로 오상이 아닌 오륜을 제안한 이유이기도 하다.

새로운 오륜

이상의 논의를 바탕으로 필자는 다음과 같이 오륜의 재해석을 제안한다.

우선 오륜의 재해석을 통해 해결하고자 하는 목표가 사람과 사람의 직간접적인 대면으로 맺어지는 작은 사회의 회복에 있음을 주지할 필요가 있다. 이에 따라 그 범위는 우선 작은 사회 속 직간접적인 대인 관계로부터 출발해야 한다. 물론 그것을 넓게 확장하여 적용할 수는 있겠지만, 최초의 설정은 사람들 사이의 구체적인 관계로 한정하는 것이 그 지향을 실현하는 데 더욱 유효할 것이다. 또한 이것은 친친·인민仁民·애물愛物의 유가적 실천 과정에 근거하기도 한다.

한편, 오륜의 재해석과 재해석된 오륜의 실천은 특히 한국 현대사회에서 더 이상 그 자체로 당위를 인정받기 어렵다는 점을 인정해야 한다. 예를 들어 한국 사회에서 부자유친이나 군신유의 등은 박정희로부터 이어진 군부독재정권으로 말미암은 왜곡된 선입견이 만연한 탓에 그대로 받아들여지기 어려운 면이 있다. 또한 기존의 가부장제에 대한 회의와 반발이 그 탓을 유학에 돌리고 있는 현 시대의 상황도 간과할 수 없다. '본래 공맹의 뜻은 그렇지 않다'든지 하는 식의 설명은 공맹의 권위가 충분히 받아들여지고 있어야 한다는 전제가 필요하다는 점에서, 역시 설득력을 충분히 가질 수 있을지 의문의 여지가 있다.

하지만 현대사회에서 널리 공의되고 있는 사회적·도덕적 가치들이라 할 수 있는 자유, 평등, 공정, 존중, 배려, 인정, 합의, 신의, 질서 등을 실현하는 방법론이라면 오륜은 '오래된 지혜'로서 그 가치를 더욱 환하게 드러낼 수 있다. 나아가 오륜이 지시하고 있는 다섯 가지 관계가 현재에도 개인이 맺는 직간접적 대면 관계를 포괄할 수 있음을 밝히고, 아울러 각각에 배속된 덕목들이 저 공의된 현대적 가치의 실현에 맞닿아 있음을 보일 수 있다면, 작은 사회의 회복이라는 당면 문제의 해결 방안으로서 그 당위를 충분히 인정받을 수 있을 것이다.

이를 위해 먼저 오륜의 다섯 관계, 즉 부자·군신·장유·붕우·부부 관계에 대한 현대적 재해석이 필요하다. 여기에서 필자는 이들 관계를 구분하는 두 축으로 수직·수평 관계와 혈연적·비혈연적 관계를 제안한다.[29] 현대사회에서 사람과 사람 사이의 관계는 평등이 근본적이지만 일시적이고 우연적인 수직 관계가 성립할 수 있다는 것은 주지의 사실이다. 또한 일반적으로 사람들이 혈연관계의 사람과 비혈연관계의 사람을 다르게 받아들인다는 것 역시 분명한 사실이다. 이렇게 볼 때, 오륜의 다섯 관계는 다음과 같이 재정리될 수 있다.

	Non Blood	Blood
Vertical	君臣 boss and employee 義 righteousness	父子 father and son 親 love
		長幼 senior and junior 序 precedence
Horizontal	朋友 friends 信 faith	夫婦 husband adn wife 別 distinguish

이렇게 되면 오륜의 다섯 관계는 한 개인이 삶을 살아가며 맺게 되는 관계들을 나누어 아우를 수 있는 대표적 관계가 된다. 즉, 그 재해석된 의미에 따르자면, 부자 관계는 혈연적 관계이면서도 수직적 관계들, 즉 비단 아버지와 아들뿐 아니라 어머니와 딸, 조부모와 손자녀, 숙부모와 조카 등 항렬의 차이 혹은 부모뻘 이상으로 간주될 수 있는 나이 차이가 있는 관계를 대표한다. 이렇게 보자면, 군신 관계는 비혈연적인 사회적 관계 중에서도 일시적이고 우연적이지만 수

---

29 유가 윤리가 가족과 사회라는 두 축으로 구성되어 있다는 것에 대한 상론은 김수중, 〈원시유가의 덕목들과 도덕원리〉, 51~54쪽 참조.

3부 이동하는 사회와 모빌리티 통치성 _ 391

직적인 관계로 해석될 수 있는 관계들을 대표한다. 상급자와 하급자, 고용주와 노동자, 스승과 제자 등은 지시·지도·관리 등의 책임과 이행이 이뤄지는 관계라는 점에서 수평적이라기보다 수직적이다.

한편 장유 관계는 혈연적 관계에서도 수평적 관계들을 대표한다 할 수 있는데, 예컨대 형제자매와 사촌들 그리고 그들의 연인이나 배우자들에 대해서는 부자 관계로 대표되는 수직적 관계들에서 요구되는 것과는 다른 덕목이 요구되기 때문이다. 마찬가지로 친구 관계나 선후배 관계, 동료나 팀원 간의 관계 역시 수직적이라기보다 수평적이다. 그러나 또한 장유 관계는 수직적 관계성도 함께 가지고 있는데, 특히 나이 위계가 강한 한국 사회에서는 매우 중요한 지점이 여기에 있다.

부부는 상술한 네 관계와는 매우 다른 관계로 간주되어야 하는데, 비혈연적 관계에서 혈연적 관계로 변했지만 언제든 다시 비혈연적 관계가 될 수 있다는 긴장이 배후에 놓여져 있다는 점에서 특히 그러하다.

그렇다면 우리의 작은 사회를 구성하는 이 다섯 관계, 곧 이렇게 재해석된 의미로의 오륜의 여러 관계 속 한 사람으로서 우리는 어떻게 해야 할까. 여기에는 물론 앞서 말한 모든 사회적·도덕적 가치의 지향과 실천이 요구되겠지만, 각 관계들의 특수성을 바탕으로 이러한 사회적·도덕적 가치들 중에서도 특히 요구되는 것을 지목할 수 있다.

예컨대 부자 관계와 같은 혈연적 수직 관계는 자연스럽고도 본래적인 애착과 기대가 있을 것이지만, 또한 반대로 바로 그러한 애착과 기대 때문에 서로에게 상처를 주고받기도 한다. 따라서 이러한 혈연적 수직 관계에서는 서로를 있는 그대로 인정하고 존중하면서도 자연스럽게 우러나는 애착을 서로에 대한 지지로 드러내는 것이 특히 요구된다고 할 수 있다.

최근 한국 사회에서 일방에 대한 부당한 부담의 문제는 특히 비혈연적 수직 관계에서 이른바 '갑질'이라는 이름으로 더욱 두드러지게 나타난다. 본래 오륜의 다른 덕목들처럼, 군신 관계에서의 의義는 쌍무적 요구였다. 그러나 그것이 삼강의 군위신강君爲臣綱과 병용되고, 다시 한국 사회의 특수한 군사주의적 위계 문화에 결합되면서 마치 일방적이고 전적인 충성과 복종을 의미하는 것처럼 되어 버렸다. 이러한 기이한 왜곡을 떨치고 본래의 의미를 되찾는 한편, '갑질'의 문제를 해결하기 위해서는 우선 그러한 수직 관계가 우연적이고 일시적인 것이라는 점에 대한 분명한 인식이 널리 퍼져야 한다. 아울러 우연적이고 일시적인 수직 관계보다 더 근본적 관계인 평등을 실현하기 위해 상호 존중과 인정 속에서 공정과 공평에 노력해야 할 것이다.

한편 같은 혈연관계라 하더라도 장유 관계 즉, 형제자매와 그 배우자들과 같은 수평적 관계는 그 안에 수직성이 결착되어 있다는 점에서 나이 위계가 유달리 뚜렷한 한국 사회의 실정상 자칫 그것이 본질적·고정적 수직적 관계로 변질되지 않도록 조심할 필요가 있다. 이때 장유의 질서는 서로가 서로를 배려하고 공동의 결정은 합의를 통해서 이뤄 내는 것, 그리고 서로의 자유를 침해하지 않으면서 공평하게 서로의 역할을 분담하는 것이 매우 중요한 내용이 될 것이다.

수평적 관계라도 친구나 동료, 선후배 등의 비혈연관계, 즉 붕우 관계에서는 수직적 관계로의 변질과 자유의 침해를 조심함과 동시에 서로의 요구를 명확하게 드러내고 조율하고 이행하는 합의와 신의가 중요한 덕목으로 간주될 수 있다. 특히 협력 관계에 있는 경우 이러한 합의와 신의는 더욱 중요한데, 비명시적 기대와 요구는 일방에게 부당한 부담으로 전가되고 나아가 불필요한 불신 비용을 낳기 십상이기 때문이다.

오륜의 다른 네 관계와 달리 부부 관계는 서로 다른 두 개인이 만나 육체적·정신적 애착을 바탕으로 공동의 삶을 영위하며 맺는 수평적 협력 관계이며 그 관계는 비혈연적 관계에서 혈연적 관계로 바뀐 관계이다. 또한 부부는 각자 가지고 있던 혈연관계를 맺어 주는 꼭짓점이자 부자 관계나 장유 관계 등 다시 다른 혈연관계들의 중심축이 된다는 점에서 매우 중요하고 독특하다. 이러한 점에서 부부는 언제나 가족의 중심이 된다.

그러나 주의할 것은 우선 그 육체적·정신적 애정의 유지를 위해 다른 혈연관계에서보다 더 많은 노력이 상호 간에 지속적으로 필요하다는 점이다. 사실 부부는 서로 다른 가족문화를 가진 두 혈연집단을 잇는 매개이자 두 가족문화가 맞부딪히는 바로 그 지점이다. 한편으로 부부는 그러한 다름으로부터 하나의 새로운 가족공동체를 형성하고 운영해야 하는 동료이기도 하다. 그렇기에 부부간의 별은 단지 서로의 역할이나 개인적 성향의 다름을 인정하고 존중하는 것을 넘어 양 집단의 차이를 배려하고 현명하게 화합시키는 것을 포함한다. 부부는 그 바탕에 타고난 혈연적 관계나 계약된 사회적 관계가 아닌 서로에 대한 애정이 있음을 명심하고 서로의 특별함을 지켜야 한다.

맹·순의 시대, 그리고 지난 2천여 년 동안 신분제는 사람들 사이에 본질적 수직 관계가 있는 것마냥 사람들을 구속해 왔다. 그러나 지금은 다르다. 자유와 평등은 보편 가치로 지향되고 있고, 사람들 사이의 생물학적으로 정해져 있는 본질적 우열이 있다는 믿음은 더 이상 받아들여지지 않고 있다. 나이도, 직업도, 지위도 모두 그와 나의 본질적 수직 관계가 아니라는 생각이 더 널리 인정받고 있는 시대인 지금이야말로 오히려 오륜이 다시 제 의미를 드러낼 수 있는 적기이다.

모빌리티 시대, 작은 사회의 회복과 오륜의 재해석

우리나라에서 소외에 대한 연구는 1990년대까지 매우 활발하게 진행되다가 2000년대 중반을 기점으로 줄어들고 있다. 그러나 소외는 지금도 여전히 만연한 문제라는 점에서 여전히 논의의 가치를 가지고 있다. 필자는 관계를 중심에 놓고 소외를 고민하고, 또 관계를 늘 중심에 두어 왔던 유가철학을 현대적으로 재해석함으로써 이 논의에 일조할 수 있을 것이라 기대한다.

본고에서 필자는 소외의 한 원인으로 작은 사회의 상실을 제기했는데, 그 배경에 이동 기술과 통신 기술의 엄청난 발달이 개인의 세계에 가져온 엄청난 확장이 있음을 지적했다. 양자의 괴리에서 사람들은 가족과 친구, 지인과 동료로 이루어진 작은 사회 속에서 맺는 관계를 통해 얻었던 소속감과 연대감, 연결과 자기존재를 상실하고 있다. 이러한 작은 사회의 상실이 곧 현대사회, 특히 한국 사회의 소외를 야기했다.

필자는 작은 사회의 회복을 위해 오륜이 한 해결 방안이 될 수 있음을 제안했다. 오륜이 제시하는 관계에서의 덕목을 상호 실천하기 위해 노력한다면 우리 삶을 대부분 채우고 있는 직간접적 대면 관계가 회복될 수 있을 것이라 믿기 때문이다. 그리고 이를 위해서는 오륜을 현대적으로 재해석할 필요가 있다는 점도 함께 주장한다. 현대에는 현대의 논리와 언어가 설득력을 갖기 때문이다. 동양철학에서 선현의 지혜를 당대의 논리와 언어로 재해석하는 창의적 시도들은 전혀 새로운 것이 아니다. 처음 제시되었던 명제들이 주소註疏와 토론을 통해 새로운 의미로 확장·재탄생되어 온 사례는 무수히 많다. 작은 사회의 상실이라는 현대사회의 문제를 해결하기 위해 오륜 역시 현대적으로 재해석될 수 있음은 분명하다.

본고에서 필자는 오륜의 다섯 관계, 즉 부자·군신·장유·붕우·부부 관계를 수직·수평 관계와 혈연적·비혈연적 관계라는 두 축으로 혈연-수직 관계, 비혈연-수직 관계, 혈연-수평 관계, 비혈연-수평 관계로 구분했다. 부부는 비혈연-수평 관계에서 혈연-수평 관계로 이행된다는 점에서 따로 분류했다. 이어 각 관계의 특수성을 드러내고 그에 조응하는 몇몇 현대의 사회적·도덕적 가치들과 연결함으로써 오륜의 다섯 덕목들인 친, 의, 서, 신, 별의 내용을 재해석했다. 추상적으로 여겨지던 오륜이 이러한 구체적이고 비근한 내용으로 재해석되면, 상실된 작은 사회 속 구체적이고 비근한 관계의 회복에서 실제적인 효용을 가질 수 있을 뿐 아니라 충분한 설득력을 가질 수 있을 것이다. 그리고 오륜의 이러한 재해석에 의지한다면, 현대의 발전된 모빌리티 테크놀로지, 고속 이동수단이나 SNS 등은 오히려 우리가 잃어 왔던 작은 사회의 회복을 위한 매우 유용한 수단이 될 것이다.

참고문헌

孟子, 《孟子》

荀子, 《荀子》

고재욱, 〈유가윤리의 특성과 오상의 현대적 의의〉, 《태동고전연구》 35집, 2015, 147~171쪽.

김보경, 〈유교 사상을 통한 소외 개념의 구성〉, 《한국학논집》 55, 2014, 190~147쪽.

김수중, 〈원시유가의 덕목들과 도덕원리〉, 《철학연구》 51, 2000, 45~68쪽.

김재희, 〈질베르 시몽동에서 기술과 정치〉, 《철학연구》 108, 2015, 123~151쪽.

노지영 · 주효진, 〈SNS 이용목적이 온라인 사회적 자본에 미치는 영향에 대한 경험적 연구〉, 《한국자치행정학보》 26(2), 2012, 161~281쪽.

마토바 아키히로 · 우치다 히로시 · 이시즈카 마사히데 · 시바타 다카유키 엮음, 《맑스사전》, 이신철 · 오석철 옮김, 도서출판b, 2011.

박현선 · 김상현, 〈SNS 이용자의 폐쇄형 SNS로의 전환의도에 영향을 미치는 요인에 관한 연구〉, 《Information Systems Review》, 16(3), 2014, 135~160쪽.

박홍원, 〈인간 소외와 커뮤니케이션—마르크스 소외이론의 현재적 함의〉, 《커뮤니케이션 이론》 10(4), 2014, 101, 150쪽.

브라이언 파머 외 엮음, 《오늘의 세계적 가치》, 신기섭 옮김, 2007.

손철성, 《마르크스 《독일 이데올로기》》, 서울대학교 철학사상연구소, 2003.

신정근, 〈유교 윤리의 '동반성'에 대한 현대적 재해석〉, 《동양철학》 34, 2010, 525~557쪽.

임헌규, 〈고전 유가에서 인간의 덕과 훌륭한 삶: 플라톤과의 대조를 통해서〉, 《동양고전연구》 41, 2010, 333~359쪽.

정문길, 《소외》, 문학과지성사, 1984.

_____, 《소외론 연구》, 문학과지성사, 1984

제레미 리프킨, 《공감의 시대》, 이경남 옮김, 민음사, 2010.

존 어리, 《모빌리티》, 강현수 · 이희상 옮김, 아카넷, 2014.

최영 · 강형미 · 김지현, 〈SNS 이용 및 이용자 특성이 외로움에 미치는 영향: 소셜 스낵으로서의 눈〉, 《커뮤니케이션학 연구: 일반》 26(1), 2018, 155~184쪽.

홍승표, 〈동양사상과 새로운 소외론〉, 《동양사회사상》 23, 2011, 221~248쪽.

〈[Hello CEO] 서울~부산 20분 주파할 '하이퍼루프'…'저비용 고효율' 10년 후
  엔 충분히 수익〉, 《매일경제》 2018년 11월 16일. http://news.mk.co.kr/
  newsRead.php?year=2018&no=718489
국가통계포털 http://kosis.kr/statHtml/statHtml.do?orgId=127&tblId=DT
  _12719N_2014_060&vw_cd=MT_ZTITLE&list_id=342_34205_020_
  B_02&seqNo=&lang_mode=ko&language=kor&obj_var_id=&itm_
  id=&conn_path=MT_ZTITLE (2018.12.07.)
〈개방형 SNS지고 폐쇄형 SNS뜬다〉, 《경향신문》 2014년 6월 19일. http://news.
  khan.co.kr/kh_news/khan_art_view.html?art_id=201406191437311

모빌리티 시대 기술과 인간의 공진화

2020년 2월 28일 초판 1쇄 발행

지은이 | 김태희 · 이진경 · 최진석 · 김환석 · 주은우 · 김상호
         박정아 · 신혜란 · 신지영 · 윤태양
펴낸이 | 노경인 · 김주영

펴낸곳 | 도서출판 앨피
출판등록 | 2004년 11월 23일 제2011-000087호
주소 | 우)07275 서울시 영등포구 영등포로 5길 19(양평동 2가, 동아프라임밸리) 1202-1호
전화 | 02-336-2776   팩스 | 0505-115-0525
블로그 | bolg.naver.com/lpbook12
전자우편 | lpbook12@naver.com

ISBN 979-11-87430-91-9 94300